국제이주와 사회통합

한국문화사 다문화사회 전문가 시리즈

국제이주와 사회통합

International Migration and Social Integration

임동진 박미정 김민주 김옥녀 김태환
김화연 류이현 방용환 우영옥 이혜경
장익현 하정봉 황미혜

한국문화사

머리말

현대는 '국제이주의 시대'로 불릴 만큼 인구 이동이 일상화된 시기이다. 2024년 기준, 세계 인구의 약 3.7%에 해당하는 약 3억 402만 명이 자국이 아닌 다른 나라에서 거주하고 있다. 국제이주는 개인이 출생한 국가를 떠나 다른 국가에서 최소 1년 이상 거주하는 경우를 말하며, 노동, 교육, 결혼, 피난 등 다양한 형태로 나타난다. 따라서, 국제이주 현상과 이주민에 대한 사회통합 정책을 이해하는 것은 매우 중요하다.

본 저서를 집필하게 된 이유는 크게 세 가지이다. 첫째, 국제이주와 사회통합 분야의 중요성에도 불구하고 국내 관련 전문 서적이 부족하다. 둘째, 이 분야는 정책, 교육, 사회, 경제, 법 등 여러 전문 분야의 이론과 실천을 아우르는 다학제적 접근이 필요하다. 셋째, 각 대학에서 다문화사회 전문가 양성을 위한 교육교재가 필요하다. 이를 위해 한국이민정책학회 소속 분야별 전문가들로 집필진을 구성하였고, 책의 일관성과 완성도를 높이기 위해 각 장의 구성과 내용을 심도 있게 논의하여 본 저서를 완성하였다.

본서는 총 13장으로 구성되어 있으며 각 장의 구체적인 내용은 다음과 같다. 제1장에서는 고대부터 현대에 이르는 인류의 이주 과정을 시계열적으로 검토하며, 이주의 순환 고리가 어떻게 변동과 형성을 거쳐 국가주의 체계로 확장되었는지를 분석하였다. 이를 통해 이주, 국가, 국제이주의 개념을 명확히 정의하였다.

제2장에서는 국제이주를 설명하는 주요 이론과 유형 등 이론적 기초를 제공한다. 행위 중심, 구조 중심, 관계 중심 이론을 소개하며, 통합모형으로 제시된 국제이주체계론은 국제이주에 대한 체계적인 이해와 현실적인 적용에 도움을 줄 것이다.

제3장에서는 노동 이주, 여성의 국제이주, 난민, 국제이주의 안보화 등 다양한 이슈를 범주화하여 국제이주의 다면적 현상을 분석하고, 이러한 현상이 일상생활과 어떻게 연관되는지를 제시하였다.

제4장에서는 세계화와 국제이주 간의 상호작용을 고찰하였다. 세계화와 무역, 노동 이주, 두뇌유출 등을 통한 이주의 자유화와 개발 간의 관계를 논의하고, 국제적 아젠다와 국제이주의 관계, 전 세계적·지역적 이민 거버넌스 체제를 설명하였다.

제5장에서는 한국 사회가 직면한 이민자 사회통합의 방향을 모색하기 위해 사회통합의 개념, 이론, 모형을 체계적으로 검토하였다. 국내외 사회통합지표를 분석하여 한국의 입국 전·후 단계별 사회통합 수준을 진단하고, 정책적 발전 방안을 제시하였다.

제6장에서는 국민과 이민자 간의 사회통합을 위해 이민자의 사회권, 시민권, 국적 등 법적 이해를 바탕으로 이민자의 권리와 법적 지위에 대한 논의를 전개하며, 국민과 이민자의 공존을 위한 이민법의 방향성을 제시하였다.

제7장에서는 한국의 다문화사회로의 전환 과정에서 등장한 사회통합정책의 개념과 발전 과정을 다루며, 법무부, 여성가족부, 교육부, 고용노동부 등 주요 부처의 정책 내용과 전달체계를 분석하고, 부처 간 연계, 정책의 한계 및 개선 과제를 종합적으로 검토하였다.

제8장에서는 미국과 캐나다의 이민 및 사회통합 정책을 살펴보았다. 두 국가의 국제이주 역사적 발전, 국제이주의 현황, 이민정책, 사회통합 정책,

그 성과와 과제를 심층적으로 논의하고, 이민 및 사회통합 정책의 주요 내용과 특징을 비교하였다.

제9장에서는 영국과 프랑스의 이민 및 사회통합 정책을 고찰하였다. 두 국가는 국제이주와 사회통합 정책의 대표적 사례 국가로, 역사적·정책적 측면에서 상당한 차이를 보이는데, 이 두 국가의 이민정책과 사회통합 모델의 차이를 비교하였다.

제10장에서는 일본과 싱가포르의 이민 및 사회통합 정책을 다루었다. 저출산·고령화 대응 방안으로써 이민자 유치와 정착 노력에 주목하면서, 외국인 노동자 유입·관리 및 사회통합 정책에 대해 그 성과와 과제를 비교하였다.

제11장에서는 국제이주에 따른 사회갈등의 발생 원인과 양상을 국내외 사례를 통해 분석하였다. 이민자 유입으로 인한 갈등은 사회통합의 구조적 조건과 직결되며 제도적인 대응의 한계를 드러내므로, 사회갈등을 진단하고 지속가능한 통합 전략의 방향을 제시하였다.

제12장에서는 디지털 기술의 발전이 이민자 사회통합에 미친 영향을 다각적으로 고찰하고, 미디어 재현, 가짜뉴스, 혐오 표현 확산 등의 문제를 조명하였다. 또한 디지털 시대에 요구되는 사회통합 전략과 정책적 대응 방안을 제시함으로써 바람직한 통합의 방향을 모색하였다.

제13장에서는 국제이주의 새로운 양상과 사회통합의 미래 방향을 고찰하였다. 디지털 노마드, 기후난민, 기술 발전 등은 국제이주의 패러다임 변화를 초래하며, 글로벌 거버넌스와 초국가적 협력을 요구하고 있다. 이에 대응하는 주요 국가들의 사회통합 정책, 지역사회 기반 모델 등을 분석하고, 한국 사회에 주는 시사점을 제시하였다.

이 책은 국제이주와 사회통합이라는 복합적 주제를 종합적으로 이해할 수 있도록 구성되었으며, 교육과정과 정책 현장에서 실질적인 도움을 줄 수 있는 내용을 담고자 노력하였다. 그럼에도 불구하고 미흡한 부분은 저자들의 한계에서 비롯된 것으로, 지속적인 조언과 연구를 통해 보완해 나가고자 한다. 이 책이 보다 포용적이고 지속 가능한 이주 사회를 설계하는 데 의미 있는 나침반이 되기를 기대한다.

   마지막으로, 본 저서의 발간에 참여해 주신 모든 저자분들과, 책 출판을 흔쾌히 맡아주신 한국문화사 김진수 사장님께 저자들을 대표하여 깊은 감사의 말씀을 드린다.

2025년 6월
저자 대표 임동진·박미정 씀

목차

머리말　4

제1장　국제이주의 개념과 역사_김태환　17
　제1절 서론　17
　제2절 국제이주의 개념　18
　　1. 이주의 개념　18
　　2. 국제이주의 전제로서 국가의 개념　20
　　3. 국제이주의 개념　23
　제3절 국제이주의 역사　24
　　1. 고대 및 중세 인류의 이주　24
　　2. 근대 이후 인류의 이주　29
　　3. 근·현대 동아시아와 한국인의 이주　35
　　4. 현대사회의 국가 간 이주　40
　제4절 국제이주와 세계화시대의 도래　44
　　1. 세계화시대: 국제이주를 대하는 국가들의 복잡성과 취약성　44
　　2. 이주와 정주: 경계의 공간을 확장하며 재편되고 있는 세계　49
　제5절 결론　52

제2장　국제이주 이론과 유형_이혜경　57
　제1절 서론　57
　　1. 국제이주 이론의 개념　57
　　2. 국제이주 이론의 발전사　58
　제2절 행위 중심 이론　62
　　1. 신고전경제학 거시이론　62
　　2. 신고전경제학 미시이론　63
　　3. 신이주경제학 이론　65

제3절 구조 중심 이론 66
  1. 상대적 과잉인구이론 66
  2. 노동시장분절론 67
  3. 세계체제론 69
제4절 관계 중심 이론 71
  1. 사회자본론 71
  2. 누적원인론 75
  3. 국제이주체계론 76
제5절 결론 83
  1. 국제이주 이론의 학문적 가치 83
  2. 국제이주 이론의 정책 유용성 84

제3장 국제이주의 현상과 주요 이슈_류이현 89
제1절 서론 89
  1. 국제이주 현상 89
  2. 국제이주의 주요 이슈 89
제2절 국제이주와 노동이민 90
  1. 산업화의 역사와 노동이민 90
  2. 아시아의 노동이민 93
  3. 한국의 노동이민: 유출과 유입 95
제3절 국제이주의 여성화 96
  1. 국제이주와 여성 96
  2. 인종, 성별(sex & gender), 계급의 교차성(intersectionality) 97
  3. 한국, 여성의 국제이주: 유출과 유입 101
제4절 난민과 국가 102
  1. 난민의 현황과 특성 102
  2. 난민과 국제정치 105
  3. 한국 사회와 난민: 유출과 유입 106
제5절 국제이주의 안보화(securitization)·이민법의 형사절차화(crimmigration) 107
  1. 개념 정의 및 국제적 동향 107
  2. 이민자와 범죄의 실상 109

3. 한국의 사례　　　　　　　　　　　　　　　　　　111
　제6절 결론　　　　　　　　　　　　　　　　　　　　　112
　　　1. 각 절별 요약 및 전망　　　　　　　　　　　　　112
　　　2. 한국사회의 정책적 시사점　　　　　　　　　　　113

제4장　세계화와 국제이주_장익현　　　　　　　　　　117
　제1절 이론적 배경　　　　　　　　　　　　　　　　　117
　　　1. 세계화의 개념　　　　　　　　　　　　　　　　117
　제2절 세계화와 국제 이주　　　　　　　　　　　　　　121
　　　1. 세계화와 국제이주의 관계　　　　　　　　　　　121
　　　2. 이주에 대한 국제기구의 정책적 논의의 변화　　　123
　제3절 글로벌 경제, 무역, 그리고 이민　　　　　　　　130
　　　1. 이민과 무역　　　　　　　　　　　　　　　　　130
　　　2. 이민과 개발, 경제성장　　　　　　　　　　　　132
　제4절 세계화 시대의 이민정책 구조　　　　　　　　　134
　　　1. 국제기구와 이민정책의 구조　　　　　　　　　　134
　　　2. 이민정책의 지역거버넌스: 아시아, 유럽, 아메리카　138
　제5절 결론　　　　　　　　　　　　　　　　　　　　　142

제5장　사회통합 이론과 단계_김옥녀　　　　　　　　147
　제1절 서론　　　　　　　　　　　　　　　　　　　　　147
　제2절 사회통합 개념과 대상　　　　　　　　　　　　　148
　　　1. 사회통합의 개념과 구분　　　　　　　　　　　　148
　　　2. 사회통합의 대상　　　　　　　　　　　　　　　152
　제3절 사회통합의 이론과 모형　　　　　　　　　　　　155
　　　1. 베리(Berry)의 문화변용 이론　　　　　　　　　155
　제4절 사회통합의 구조　　　　　　　　　　　　　　　162
　　　1. 사회통합의 기본원칙　　　　　　　　　　　　　162
　　　2. 사회통합의 차원과 영역　　　　　　　　　　　　164
　　　3. 국내외 사회통합지표　　　　　　　　　　　　　167

제5절 사회통합의 단계 173
　1. 입국 전 단계의 사회통합 173
　2. 입국 직후 조기적응 단계의 사회통합 175
　3. 입국 초기단계와 정착단계의 사회통합 178
제6절 결론 181

제6장 사회통합과 이민자 관련 법_우영옥 185
제1절 서론 185
제2절 이민법의 구조: 주권과 인권 186
　1. 초국가 시대 국민과 외국인 186
　2. 국경관리에 따른 주권과 인권 188
제3절 이민자의 법적 지위와 기본권 189
　1. 이민자의 법적 지위 189
　2. 이민자의 기본권 190
제4절 이민자 관련 법원 196
　1. 대한민국 헌법 196
　2. 국제법규·국제조약 200
　3. 법률 201
　4. 관습법과 판례법 206
　5. 지방자치법(조례) 208
제5절 결론: 사회통합을 위한 이민법의 방향 210

제7장 국제이주와 사회통합: 한국_박미정 213
제1절 서론 213
　1. 한국의 국제이주 현황 213
　2. 연구의 범위와 접근방법 215
제2절 한국의 사회통합정책 개관 217
　1. 사회통합정책의 개념과 목표 217
　2. 부처별 사회통합정책 220
제3절 한국 사회통합정책의 전달체계 및 프로그램 228

1. 법무부의 이민자사회통합센터　　　　　　　　　229
　　2. 여성가족부의 가족센터　　　　　　　　　　　　230
　　3. 교육부의 중앙다문화교육센터　　　　　　　　　232
　　4. 고용노동부의 외국인력지원센터　　　　　　　　233
　제4절 한국 사회통합정책의 한계 및 개선 방안　　　235
　　1. 한국 사회통합정책의 주요 한계　　　　　　　　236
　　2. 한국 사회통합정책의 개선 방안　　　　　　　　238
　제5절 결론　　　　　　　　　　　　　　　　　　　239
　　1. 한국 사회통합정책의 발전 방향　　　　　　　　239
　　2. 사회통합정책의 지속 가능성을 위한 제언　　　240

제8장　국제이주와 사회통합: 미국, 캐나다_임동진　245
　제1절 서론　　　　　　　　　　　　　　　　　　　245
　제2절 미국　　　　　　　　　　　　　　　　　　　247
　　1. 국제이주의 역사적 발전　　　　　　　　　　　247
　　2. 국제이주 현황 및 이민정책　　　　　　　　　　249
　　3. 이민자 사회통합 정책　　　　　　　　　　　　253
　　4. 성과와 과제　　　　　　　　　　　　　　　　256
　제3절 캐나다　　　　　　　　　　　　　　　　　　259
　　1. 국제이주의 역사적 발전　　　　　　　　　　　259
　　2. 국제이주 현황 및 이민정책　　　　　　　　　　261
　　3. 이민자 사회통합 정책　　　　　　　　　　　　266
　　4. 성과와 과제　　　　　　　　　　　　　　　　268
　제4절 결론　　　　　　　　　　　　　　　　　　　271
　　1. 국가별 이민정책의 비교　　　　　　　　　　　271
　　2. 국가별 이민자 사회통합 정책의 비교　　　　　273

제9장　국제이주와 사회통합: 영국, 프랑스_황미혜　279
　제1절 서론　　　　　　　　　　　　　　　　　　　279
　제2절 영국　　　　　　　　　　　　　　　　　　　280

  1. 국제이주의 역사적 발전 280
  2. 국제이주 현황 및 이민정책 282
  3. 이민자 사회통합 정책 285
  4. 성과와 과제 291
 제3절 프랑스 296
  1. 국제이주의 역사적 발전 296
  2. 국제이주 현황 및 이민정책 300
  3. 이민자 사회통합 정책 307
  4. 성과와 과제 311
 제4절 결론 314
  1. 국가별 이민정책과 이민자 사회통합 정책의 비교 314
  2. 한국에의 정책적 시사점 316

제10장 국제이주와 사회통합: 일본, 싱가포르_하정봉 321
 제1절 서론 321
 제2절 일본 323
  1. 국제이주의 역사적 발전 323
  2. 국제이주 현황 및 이민정책 325
  3. 이민자 사회통합 정책 331
  4. 성과와 과제 333
 제3절 싱가포르 335
  1. 국제이주의 역사적 발전 335
  2. 국제이주 현황 및 이민정책 337
  3. 이민자 사회통합 정책 346
  4. 성과와 과제 349
 제4절 결론 350
  1. 국가별 이민정책의 비교 350
  2. 국가별 이민자 사회통합 정책의 비교 352

제11장　국제이주로 인한 사회갈등과 사례 연구_김민주	357
제1절 서론	357
1. 연구의 목적 및 필요성	357
2. 연구의 범위와 접근방법	360
제2절 국제이주로 인한 사회갈등	361
1. 갈등의 개념 및 특성	361
2. 국제이주로 인한 사회갈등의 배경 및 특징	365
3. 국제이주로 인한 사회갈등 요인과 유형	367
제3절 국내외 사례 연구: 국제이주와 사회갈등의 사례	370
1. 국제이주로 인한 사회갈등 사례: 국외 사례 분석(스웨덴의 게토화)	370
2. 국제이주로 인한 사회갈등 사례: 국내 사례 분석	375
제4절 갈등 해결 및 사회통합 구체적 사례 연구	380
1. 갈등 해결 및 사회통합 사례: 국외 사례 분석	380
2. 갈등 해결 및 사회통합 사례: 국내 사례 분석	384
제5절 결론: 미래 한국 사회의 국제이주와 사회통합	388
1. 한국사회의 미래: 국제이주 증가로 인해 예상되는 사회갈등 유형	388
2. 한국 사회에서 갈등 해결 및 사회통합 방안 및 정책적 시사점	390
제12장　국제이주와 디지털시대의 사회통합_김화연	397
제1절 서론	397
1. 디지털시대, 이민자 사회통합의 의의와 패러다임의 변화	397
2. 연구의 범위와 접근법	399
제2절 국제이주와 미디어의 상호작용	400
1. 사회통합과 미디어, 수용성	400
2. 이민자 관련 미디어 재현의 이중성	403
제3절 디지털시대의 혐오의 확산과 관련 이론	407
1. 디지털 속 혐오의 확산	407
2. 관련 이론	411
제4절 결론	414
1. 디지털시대 사회통합의 방향과 과제	414
2. 정책적 시사점과 제안	415

제13장　국제이주와 사회통합의 미래 전망_방용환　　419

　제1절 서론　　419

　　1. 국제이주의 주요 특징과 변화　　419

　　2. 글로벌 경제 및 사회적 영향　　422

　　3. 국제이주와 사회통합 관련 주요 국제기구 및 정책　　424

　제2절 인구변동과 이주 패턴의 변화　　427

　　1. 세계 인구구조 변화와 국제이주 현황　　427

　　2. 국제이주 패턴 변화 요인　　429

　제3절 주요 국가별 사회통합 전략과 정책적 과제　　435

　　1. 북미(미국·캐나다) 사례: 다문화 정책과 이민자 지원 프로그램　　436

　　2. 유럽 사례: 사회통합 모델과 난민 정책　　438

　　3. 아시아 사례: 한국, 일본, 호주의 사회통합 정책 비교　　440

　　4. 지역사회 기반 사회통합 모델: 협력적 접근과 지역 맞춤형 정책　　442

　제4절 사회통합의 미래 방향과 디지털 기술 활용　　444

　　1. 디지털 기술을 활용한 맞춤형 사회통합 정책의 전략적 발전 방향　　444

　　2. 글로벌 협력과 이민 정책의 미래에 관한 심층적 논의　　446

　제5절 결론　　448

　　1. 글로벌 국제이주 관리 거버넌스 개선 방향　　448

　　2. 한국 사회에 주는 정책적 시사점: 지속가능한 사회통합 전략의 재구성　　449

　　3. 국제이주와 사회통합 연구의 미래 과제와 발전 방향　　451

저자소개　456

제1장 국제이주의 개념과 역사

김태환

제1절 서론

인류의 역사를 나누어보면 크게 구석기 시대까지의 수렵·채집시기, 신석기 시대부터 시작된 농경시기, 그리고 산업혁명 이후 오늘에 이르기까지의 세 주기로 구분할 수 있다(Malcolm swanston, 2021). 첫 번째 구석기 시대는 1만 년 전까지의 시기이고 두 번째 주기에서는 인구증가 및 인구이동이 토지와 식물, 동물, 물, 바람 등이 제공하는 에너지의 제공 및 이용 여부와 관련되었다. 세 번째 오늘에 이르기까지의 주기는 인구증가와 인구이동의 가감이 인구학적 변동과 개척이동, 전염병의 확산 및 대기근 그리고 격화하는 경쟁 환경이 만들어내는 폭력적 상황들과 밀접한 관계가 있다.

국제이주는 현재 전 세계의 모든 영역에서 시기와 장소를 가리지 않고 진행되고 있다. 세계화는 다양성 수용과 포용 가치의 확산을 예견하였지만, 국제이주의 현실은 기대와는 다른 행보를 보였다. 물론 근대 이후의 야만적 노예제와 강제이주를 당연시하던 시기만큼은 아니지만, 이주를 대하는 힘 있는 세력과 국가들은 여전히 경제적 착취, 사회적 배제, 문화적 종속을 정당화하는 권력적 세계질서를 주도하고 있다.

이러한 문제의식을 바탕으로 제1장 2절에서는 이주, 국가 그리고 국제이주를 설명하는 배경적 논의를 들여다보고 각 용어의 개념을 정의하였다.

제3절 '국제이주의 역사'를 다루는 절에서는 고대, 중세, 근대 그리고 오늘에 이르는 이주의 역사를 고찰하고 이를 시계열적 선상에서 논의한다. '근·현대 동아시아와 한국인의 이주' 부분에서 두 영역을 구분하여 논의를 전개하였지만 이 의도를 온전히 살리기에는 역부족이었음을 밝힌다. 다만 이러한 시도 덕분에 동아시아의 이주역사가 주변 국가, 민족들 간 실타래 같은 지역 네트워크로 매우 복잡다단하게 연계되어 있음을 다시 한번 확인하였다. 또한 제1·2차 세계대전이 낳은 불가항력적 이주 유발의 동인이 자국민 우선주의, 냉전 체제의 확장, 경제적 이익 추구 논리에 따른 기형적이며 충격적인 강제이주의 상황을 빈번하게 촉발하였다는 사실에 주목하였다.

'국제이주와 세계화시대의 도래'를 다루는 제4절 '세계화 시대'에서는 이주 현상의 복잡성에도 불구하고 국제사회에서 영향력을 행사하고 있는 국가들이 여전히 이민자의 생사여탈권을 좌우하고 있음을 설명하였다. 또 우리가 신망해야 할 국제기구·국제조약이 오히려 힘 있는 국가들이 행사하는 정치, 외교 및 행정권한보다 미약하고 또 허약하다는 점도 지적하였다. '이주와 정주'에서는 국제이주의 양상이 경계의 공간을 무한 확장하며 미래 사회를 어떻게 견인하려는지를 들여다본다.

제2절 국제이주의 개념

1. 이주의 개념

인간은 누구나 거리와 공간의 영역을 넘나들며 이주(move)와 정주(settlement)를 교차하는 삶을 살고 있다. 사람에게 정주는 이주의 결과이며 이주는 또 다른 정주를 위한 선택의 결과이다. 인간의 삶 속에서 고착화한 정주나 이주현상은 가능하지도 않고 자연스럽지도 않다.

인류 이주의 역사는 인구이동의 역사이기도 하다. 인류의 이주는 개인의 이주인 동시에 집단의 이주이다. 이주를 통해 인간이 얻고자 한 것은 인류의 생존과 번영이었다. 정주는 이주가 선택한 결과이지만 정주가 언제나 성공적인 생존과 번영을 보장하지는 않았다. 이주는 인구의 이동을 유발하였고 정주는 인구의 증가를 유발하였다. 이주를 통해 정주를 선택한 사람들은 집단촌락을 형성하였고 시간이 흐르면서 도시를 만들었다. 또 도시의 성장은 더 많은 인구를 유입시켰고 이는 도시 번영의 자양분이 되었다.

이주를 위한 지식과 정보는 많을수록 좋고 이것은 성공적인 생존과 번영의 디딤돌이다. 따라서 인류는 이주를 위한 정보들을 주변의 땅과 물, 산과 계곡, 식물 생태계, 동물 생태계, 경쟁 집단의 존재와 특징을 파악하고 기록하면서 습득한다. 이주를 위한 지식들은 달과 태양과 지구행성의 주기 그리고 밤 하늘 별의 움직임을 이해하기 시작하면서 더 의미 있게 축적되었다. 이러한 지식 축적은 시간이 지나면서 지도 제작의 필요성과 중요성을 절감하게 하였다. 자기가 속한 주변 공간으로부터 더 멀리 떨어진 세계까지 알려줄 지리 정보는 생존에 유용한 지식을 제공하였다. 발전하는 지도제작 기술은 지구 전반에 대한 이해를 더 넓게 하였고 여기에 더해 인류의 이동 수단이 발달하면서 이동 공간의 확장은 커져 갔다.

인구의 이동은 이주를 유발하는 다양한 동기와 선택 기제들에 의해 추진력을 얻기도 하고 제한을 받기도 한다. 이주의 추진력은 생물학적인 것과 환경적인 것으로 구분할 수 있다. 생물학적 추진력은 인간의 신체적 조건 및 적응 능력과 긴밀하게 연계된다. 환경적인 추진력은 자연환경과 조건에 영향을 받는다.

인구이동과 정착 양상은 인구밀도와 지리적 공간에 의해서도 영향을 받는데, 이는 이용 가능한 자원 및 토지와 인과 관계를 가진다. 기후는 토양의 비옥도를 결정하고 이동과 정착 범주의 확장 여부를 결정한다. 질병은 영양결핍과 관련이 있으며, 영양은 출산과 건강에 직접적인 영향을 미친다. 이렇게 이주는 인간과 자연, 건강과 질병, 자원 활용과 관련한 여러 요인들과 상호 복잡하게 연계되어 있다.

이주는 이주 경로를 개척한다. 장기적인 관점에서 보았을 때 이주 후의 정착은 인구의 증가, 문명의 발전으로 이어졌다. 인구는 증가의 주기와 쇠퇴의 주기를 교차하며, 주변의 다른 종족이 인구증가를 경험하고 있을 때 또 다른 지역에서는 인구의 소멸 또는 전멸의 위기를 마주하기도 한다.

이주와 정주의 메커니즘은 상호 간 밀고 당기는 관계를 지닌다. 대체로 안정적인 환경에서는 정주를 선택하고 불안정한 환경에서는 이주를 선택한다. 이주를 선택하는 이유는 경쟁의 심화, 혹독한 기후 환경, 불안한 양육조건 등이며 정주를 선택하는 이유는 안전한 주변 환경, 높은 식량획득 가능성, 통제 가능한 기후 및 자연환경, 안정적 양육조건 때문이다. 그러나 인간이 이주를 선택하는 또 다른 특별한 이유도 존재하는데, 이는 모험심, 개척정신, 미지의 세계로 나아가려는 호기심 등이다.

이렇게 살펴본 다양한 이주 선택의 동기와 이유들로부터 우리는 이주의 개념을 다음과 같이 정의할 수 있다. 이주의 개념은 "사람이 자신이 살고 있는 공간 영역으로부터 일정한 지역 경계의 공간으로 이동하여 거주한다는 것"이다. 여기에서 거주의 의미는 이주와 정주의 두 범주를 모두 포함하는 생활공간을 말한다.

2. 국제이주의 전제로서 국가의 개념

국가는 크게 역사적 전통에서 비롯된 민족의식을 기반으로 하는 민족국가와 민족성보다는 공동체의 정치적 시민적 가치에 자발적으로 동의하는 시민국가로 구분할 수 있다. 첫째, 민족국가는 지역, 언어, 혈연, 전통문화 그리고 민족의식을 공유하며 오랜 시간 역사적 경험을 공유하고 같은 지역에서 공동의 가치와 신념체계 등을 쌓아온 공동체이다. 둘째, 시민국가는 인종, 관습, 종교, 언어 등이 서로 같지 않음에도 불구하고 사회정치적 이념, 시민적 가치에 스스로 동의한 사람들이 공동체를 구성하는 국가이다. 국가의 정체성이 민족국가이든 시민국가이든 혹은 존립 양태와 국가 지향성을 추구하는 방향이 상이하다 해도, 모든 국민국가는 자국 사람들에게 국민의 지위를 주는 국적을 부여하고 이를 통해 신성하고도 강력한 국가 지배력을 행사한다(김태환, 2022).

주권국가의 권리와 의무에 대해 규정하고 외교주권을 인정한 최초의 근대 협약은 1617년의 베스트팔렌 조약이었다.[1] 이 조약 이전의 유럽 중세사회는 왕 또는 교회의 영주가 귀족이나 신하에게 영토를 주고 귀족이나 신하는 군역 및 세금을 납부하는 주종 관계의 봉건제(feudal system)가 기본 통치 방식이었다. 당시 중국 등 아시아권 국가들의 지배 형태도 발전 양상은 달랐지만 세력이 있는 사람이 토지를 소유하고 지역을 통치하는 방식이어서 유럽과 크게 다르지 않았다. 따라서 베스트팔렌조약 이후 비로소 오늘날의 외교 교섭권이 행사되는 근대 국민국가가 만들어졌다고 볼 수 있다.

국가의 기원단계로부터 중세 국가 그리고 베스트팔렌조약 이후 오늘에 이른 국민국가는 중앙집권적 제도들과 법 이론의 확보, 민주주의 가치와 이념 등을 기반으로 국가 위상의 공고화, 공익적 권위의 확보, 국제법상의

---

1 1617년 유럽의 16개 국가와 66개의 제국들이 신성로마제국 베스트팔렌에서 체결한 조약이다. 이 조약으로 프랑스, 스웨덴 등 여러 협약국들의 영유권 지역이 결정되었고, 스위스, 네덜란드 등은 국가의 독립이 인정되었다. 이 조약은 전쟁의 승자와 패자가 불평등한 조건에서 강압에 의해 맺는 조약의 형태가 아닌, 주변 국가들이 오랜 기간 각고의 인내와 노력으로 성취한 외교적 협약이었다.

고유한 지위 등을 획득함으로써 항구적 지위를 단단히 하였다.

　국적을 가진 국민은 국가의 구성원으로서 국민주권의 주체가 된다. 국민국가에서 국민은 공동체 안에서 정치적 참여가 보장되는 자유로운 시민의 신분을 보장 받는다. 국민은 자신이 속한 국가 공동체에서 인권, 재산권, 참정권, 행복추구권 등을 비롯한 천부적인 권리를 인정받는다. 또한 출국 및 타국에서 자국으로의 입국이 언제든 가능하고, 해외의 다른 국가에서 신체 및 재산상의 안전에 위해가 있는 경우 자국 정부의 외교적 보호를 받는다.

　국가 혹은 국적이 없는 개인이 지구촌 관계망 속 사적·공적 영역에서 할 수 있는 일은 이제 거의 없다. 개인이 가진 정체성과 소속의 가장 앞자리에는 우리가 원하든 원하지 않든 언제나 국가가 존재한다. 이 과정에서 국민에 속하지 않는 '외국인'이란 범주가 자연스럽게 상대적 차별의 개념으로 부각되었다.

　이러한 논의를 배경으로 국가의 개념을 정의하면, "국가는 기본적으로 같은 문화, 언어, 전통을 공유하는 공동체이다. 또한 사람들에게 시민권을 부여하고 다른 국가들 및 외국인에 대해 배타적이며 우월적 권리를 부여하고, 국가 구성원을 민족과 종족의 이름으로 또는 시민의 이름으로 관리하며 유지시키는 주체"이다. 국제법상 국가는 "국민, 영토, 정부, 다른 국가들과 외교적 관계를 맺을 의사와 능력 등 네 가지 요건을 가지고 있는 주체"이다. 국제협약에서 정의한 국가(State, nation state, country)는 "주권적 권한을 행사할 수 있는 권한을 부여 받아 그러한 자격에서 활동하는 연방국가의 구성단위 또는 국가의 기관이나 기구 및 정치적 하부조직을 가진 주체"이다.[2]

2　국가 및 그 재산의 관할권 면제에 관한 국제협약 제2조.

3. 국제이주의 개념

국제이주(international migration)는 지구촌이 국가 간 관계 속에서 이주문제를 다루는 국제화(internationalization)와 연계되는 개념이다. 세계화가 20세기 이후 국가 간 정치·경제·문화 활동의 전 세계적인 교류 과정에서 잉태된 초국가적 현상이라면, 국제화는 19세기 이후 민족국가 간의 관계에서 형성된 국가들 사이의 상호관계라고 할 수 있다.

국제이주는 국가 영역의 영토를 벗어나 지리적·물리적 경계를 넘는다는 이민의 의미를 갖는다. 초국화(transnationalization)와 맥락을 같이하는 의미인 국제이주는 국가의 경계를 넘는다는 사실에 방점을 두는 개념이다.[3]

국제이주(international migration)는 국내이주(in-migration)와 대비되는 개념이다. 국내이주는 이주(move) 또는 지역 이주(migration of area)의 개념으로 이해되고 사용하는 용어이지만 본래 국제이주의 의미도 지역 이주라는 넓은 의미의 개념에 포함되는 용어였다. 그러나 오늘날 지구촌에서 이주는 국가의 경계를 전제로 한 이주와 그렇지 않은 이주로 구분하여 사용한다. 이제는 국내이주만 자연스럽게 지역 이주의 개념으로 이해되고 사용된다.

사람은 이동하는 존재이다. 사람의 이동은 가까운 주변으로부터 조금 먼 지역 그리고 자신이 살고 있는 자연지형 혹은 도시지형의 경계를 수시로 넘나든다. 이동하면서 인간은 머물고 싶은 공간이나 지역이 있으면 잠시 머물기도 하고 필요하다면 일정 기간 정주하기도 한다. 보다 먼 거리로 이주할 때 사람들은 지역의 경계를 넘는 이동을 한다.

국제이주는 원칙적으로 강제이주(deportation)를 제한한다. 국제법상 허용

---

3   박재창(2020)은 켐브리지와 톰슨(Cambridge & Thompson)의 '국제화'가 신자유주의와 연관되면서 인간의 자본이론과 더 가깝게 결속한다는 개념으로 이해하였다.

되는 근거 없이 이민자를 추방하거나 또는 강요적 행위에 의하여 이민자를 합법적으로 거주하는 지역으로부터 강제적으로 퇴거하는 행위는 있을 수 없다.[4] 현대사회에서 국제이주를 하려는 사람은 주권 국가들이 엄정하게 행사하는 출입국관리법을 준수해야 한다. 국가 간 영역을 넘을 때의 입국, 통과, 체류, 정주 및 출국에 관한 조건을 규정하는 법령은 국제조약 준수의 토대에서 국가들이 제정하기 때문이다.[5]

국민국가 체제가 공고히 되기 이전에는 사람들의 경계를 넘는 이주와 정주는, 지역 이주의 개념과 다르지 않았다. 그러나 오늘날 국제이주의 개념은 달라졌다. 국민국가 체제가 공고화 된 현 시점에서 국제이주의 개념을 정의하면 "국제이주는 국가의 경계를 넘는(beyond the borders) 인구이동을 말하며 이는 국가 간 유출이민과 유입이민을 모두 포함하는 이민(migration)"을 뜻한다. 오늘날 국가 간 이민정책에서 출발지에서의 유출이민(emmigration)과 도착지에서의 유입이민(immigration)은 엄격하게 구분되어 사용하고 있다.

제3절 국제이주의 역사

1. 고대 및 중세 인류의 이주

1) 고대 인류의 이주

인류의 조상인 호모 사피언스(homo sapiens)는 약 12만 년 전 아프리카로

---

4   국제형사재판소에 관한 로마규정 제7조.
5   난민의 지위에 관한 협약, 부속서 제13항.

부터 이주하기 시작하여 오늘날 지구촌 전역에 걸쳐 살고 있는 지역으로 확산되었다(Malcolm Swanston, 2021). 초기 인류는 익숙한 주변 세계로부터 점차 광활한 미지의 땅으로 나아갔다. 매우 무모하고 위험한 도전인 미지의 땅으로의 이주는 왕성한 호기심의 발로이거나 용감하고 절박한 사람들의 선택이었다. 생존을 위한 성공적인 이주를 위해서 인간은 새로운 환경이 제시하는 도전에 기민하게 대처하고 적응해야 했다.

이주를 시작한 초기 인류는 자신의 위치를 확인하며 주변 공간에 대한 탐색과 정보 획득을 위해 본능적으로 대응했다. 수만 년 전부터 많은 시간이 흐른 수천 년 전까지 인류는 생존을 위해 이동할 때 목적지를 향한 도정에서 길을 잃는 일이 허다했고, 이는 대단히 위험한 상황이었다. 이주는 언제나 위험을 감수해야 했고 불안과 공포를 동반했다. 그럼에도 불구하고 인류는 새로운 주변 환경의 생경함에 적응하며 계속되는 도전에 맞서 싸우고 또 이겨냈다. 만일 적응하지 못하거나 도전에 실패하면 생명을 잃거나 혹은 그에 상응하는 혹독한 대가를 치렀다.

구석기 시대의 인구집단은 서로 매우 멀리 떨어져서 생활하고 있었을 것이다. 수렵과 채집에 종사하였던 구석기인들은 낮은 출산 및 낮은 사망률을 보였다. 넓은 지역을 이동하며 살았던 구석기인들은 높은 이동성 때문에 아기와 함께 이동하는 것이 힘들었고 또 위험하였다.

낮은 인구밀도는 감염성 질병의 발생과 증가를 방지하는 역할을 하였고 낮은 출산율은 이동하면서 생활하는 유목생활의 결과였다. 신석기 시대로 들어서면서 땅을 경작하는 농경생활이 확산되었다. 정착을 선택하는 사람들이 늘어나면서 인구밀도는 높아지기 시작했고 이동성이 낮아지면서 출산율과 도시 사망률도 점차 높아졌다(Massimo Livi-Bacci, 2009). 기원 전 1만 년 경부터 인간은 토지에 씨를 뿌리고 인간의 삶에 도움을 줄 수 있는 동물종을 길들이고 사육하기 시작하였다. 이전 시대 수렵과 채집 그리고 유목

생활 등 이동으로 생존해 온 인간은 점진적으로 정착생활로 전환하였다.

인구이동과 정착 그리고 인구증가는 다양한 강도로서 상당히 넓은 지역적 공간에서 발생한다. 농업의 확산은 인구증가를 가져왔고 인간의 생존능력을 향상시켰다. 때론 정착생활과 정착지의 인구증가는 질병을 확산시켜 갑작스런 인구소멸과 인구이동의 촉매 역할을 하였다. 안정적인 경작과 가축의 사육은 정주와 함께 인구의 극적인 증가를 불러왔다. 고대 인류의 이동과 정주의 변주는 수천 년에 걸쳐 여러 가지 방식과 형태로 이루어지고 또 전파되었다.

수만 년 동안 인구이동과 인구증가는 가용자원의 증가에 비례해 변화해 왔으며, 가용자원의 고갈은 인간에게 극복하기 어려운 고통과 도전과제를 부과한다. 새로운 땅에 사람들이 정착하고 토지를 사용하는 행위도 자원 활용의 일환이다. 자원은 고정된 것이 아니며 인류의 끊임없는 활동에 대응하여 증가 또는 감소한다(Massimo Livi-Bacci, 2009).

인구학자들에 의하면 구석기 시대인 3만 5천 년부터 3만 년 전까지 세계 인구는 수십만을 넘지 않았다. 이후 신석기 시대로 이어지는 3만 년 동안 인구는 평균적으로 연간 1,000명 당 0.1명 정도의 작은 수치로 증가하였다. 서기 1만 년 전 신석기 문명이 이집트 상류 지역으로 확산되던 시기에 인구는 600만 명 수준이었고 인구증가율은 1,000명 당 0.4명으로 증가하였고, 서기력이 시작되는 시기 지구상의 인구는 2억 5,000만 명이 되었다(Massimo Livi-Bacci, 2009). 이후 다시 이주와 정주를 번갈아 하면서 인류는 놀라운 수준의 인구변동과 인구증가의 시대를 맞았다. 산업혁명시대에 인구는 10억 명이 되었고, 21세기로 들어선 지금 세계 인구는 80억 명을 넘어섰다.

인류의 이주는 삶의 터전을 확장시켰고 인구의 증가를 촉진했다. 역사 속에서 큰 규모의 인구감소와 인구소멸의 위기 상황들을 헤쳐 나온 인류는 문명성장을 위해 새로운 이주 경로를 개척해왔고 다양한 방법으로 정착지를 개발하였다. 이주의 동기와 원인은 복잡한 알고리즘을 가진다. 역사 속에서 '이주'를 일견 단순하게 생각할 수도 있지만, 그 경로를 들여다보면 이주를 선택하게 된 수많은 다양한 동기와 이유들을 발견할 수 있다.

2) 중세 이후 인류의 이주

중세 시대의 중심세력이라 할 수 있는 문화권은 아시아의 몽골, 중국, 인도 그리고 유럽과 오스만제국을 포함한 이슬람권, 중앙 아메리카권, 아프리카권 등으로 크게 나눌 수 있다. 이들 권역의 정치·경제 주도 세력들이 당시 유럽 문화에 비해 열등하며 후진적 사회수준에 머물러 있었다는 주장들이 있지만, 이는 유럽 중심의 역사학이 그들의 세계지배를 합리화하기 위해 만들어낸 기록일 가능성이 크다.

한 집단의 문화는 서로 다른 가계들과 다양한 인종, 민족의 이력들로 구성되어 있다. 서기 10세기경에 이르기까지 인류의 이주 영역은 매우 제한적이었다. 사람들이 원하는 곳을 마음대로 갈 수 있기 위해서 보다 많은 다른 세상에 대한 지식과 이동을 위한 기술이 있어야 했다.

이주를 감행하고 때로 성공적인 새 정착지를 발견하는 일은 선구자적 탐험가, 지식인 및 지도자들의 모험심에 힘입었다. 중세 이후 인류 이주의 역사에는 기록할 만한 업적을 보유한 많은 사람들이 있었다. 이 시기에 인류의 이동과 문명 간 교류 그리고 신대륙을 향한 도정에 기여한 선구자들과 용기 내어 집단이동을 선택한 민족 중 일부를 여기에 소개한다.

탐험정신을 갖고 있었으며 지식인이었던 아랍의 선지자 알 마수디(Al-Mas'udi, 서기 896~956)는 역사학자이며 지리학자였다. 그는 페르시아와 북아프리카, 아라비아해 그리고 동아프리카의 해안과 스리랑카 등을 여행하면서 상세한 관찰기록을 남겼다. 알 마수디는 오스만이 비잔틴을 정복하기 전인 947년경 쓴 글에서 당시 흔히 말하던 지명 콘스탄티노플을 '이스탄불'이라고 고쳐 말하였다(Malcolm Swanston, 2021). 그는 배를 타고 멀리까지 항해하는 모험도 감행하는 학자이기도 했는데 여행을 통해 중앙아시아의 튀르크족, 인도의 무역과 신앙 그리고 중국 당나라 말기 황소의 난 등의 사실들도 기록하였다.

이탈리아와 시칠리아 땅을 이어받아 1130년 시칠리아 왕국을 건설한 왕 루제르 2세는 영토와 주변 강역에 대한 관심이 남달랐다. 그가 통치한 곳은 원주민인 시칠리아인과 아랍인, 비잔틴인, 롬바르디아인, 바이킹과 결합된 노르만인 등 다양한 민족으로 구성되어 있었다. 그는 통치과정에서 매우 포용적이고 관용적인 정책을 시행하면서 제국을 발전시켰다. 루제르 2세는 당시 이 지역에서 높은 식견을 가진 알 이드리시(Al-Idrisi)에게 세계를 여행할 수 있는 수준의 지도와 책을 만들라고 지시하였다. 이에 따라 알 이드리시는 왕국이 다스리는 지역을 넘어 그동안 알려지지 않았던 원거리의 세상을 탐험하며 기록한 70장의 상세한 지도를 제작하였다. 이 지도로 말미암아 그 이전에는 사람들이 몰랐던 지식, 몰랐던 정보들을 획득하였고, 이를 기반으로 더 멀리 이동할 수 있는 지식을 가지게 된다. 이 지도는 오늘날 우리가 보고 있는 세계지도의 기초가 되었다.

콜럼버스는 현재의 미국, 아메리카 땅에 상륙하지는 못했지만, 그가 달성한 탐험 도전은 높이 평가되었다. 1504년까지 그가 항해하며 발견한 땅과 문명 탐험의 기록들로 말미암아 '아메리카'라는 지명이 콜럼버스가 발견한 땅으로 지칭되었다. 아메리카의 지명은 1507년 지도 제작자 마르틴 발트제뮐러(Martin Waldseemuller)의 지도에 공식 명기되었고 세월이 흐른 지금도 변하지 않고 사용되고 있다.

한편 유럽의 이주 역사에서 특기할 만한 민족이동과 이를 통한 국가형성 집단 중에 오늘날의 영국이 있다. 브리튼 섬은 서기 43년부터 410년까지 로마제국에 속해 있었다(Malcolm Swanston, 2021). 로마 군대는 많은 신병을 게르만계 부족으로부터 충원했는데, 앵글족과 색슨족도 그 중 일부였다. 인구증가의 압력에 떠밀린 이들 민족은 환영받지 못하는 이주민이 되면서도 브리튼의 동해안으로 계속해서 넘어왔다. 이들 민족은 언어와 문화를 바꿀 정도로 많은 수로 증가했고, 결국 이 땅에 자기 민족의 이름을 붙여 앵글족의 땅, 즉 잉글랜드(Angleland)라고 부르기 시작했다.

유럽에 국한시켜 볼 때, 예수의 탄생 이후 18세기까지 이주와 정주를 오가며 증가한 인구는 3배 정도의 수준에 머물러 있었다. 이 시기까지 인류의 이주는 비교적 제한적이었고 인구증가도 점진적 과정을 통한 것이 아니라 인구소멸 위기와 극복의 반전을 거듭하면서 소폭에 그쳤다. 이를테면 로마제국 말기 유스티니아누스 황제 시기 이민족의 유입과 전염병의 확산은 이 지역을 인구소멸 위기 상황으로 몰아갔다. 1340년에서 1400년 사이에 유럽인구는 거의 30%가 감소하였다. 원인은 흑사병인데 이 병은 1347년 시실리에서 처음 발병하여 1352년 러시아까지 확산하면서 당시 약 8천만 명이었던 유럽의 인구를 크게 감소시켰다(Massimo Livi-Bacci, 2009).

14세기 중엽에 시작된 대역병은 오랜 기간 동안 여러 지역으로 확산 이동하며 인구위기에 봉착하게 하였다. 이후 오랜 시간이 지나도록 이주와 정주의 과정 속에서 인류는 인구증가를 위한 획기적 전기를 만들지 못했다. 탐험과 개척의 시대, 격동의 시대를 지나고 있었지만 18세기까지 인구 정체의 상황은 지속되었다.

2. 근대 이후 인류의 이주

1) 문명 간 만남과 교역의 증가

인류학자들은 근대가 시작되는 시기를 15세기부터라고 본다. 1400년대에 이르면서 인류는 해상을 통한 경쟁의 각축을 벌이면서 대륙 간, 문화 간 문명들이 생소하면서도 경이로운 만남을 가지기 시작하였다. 탐험과 개척의 바닷길이 열리면서 세계는 상호 교류하는 네트워크를 만들어 갔지만, 현실에서 문명 간 만남은 힘의 불균형으로 인한 충돌과 갈등, 지배력의 팽창이라는 모습으로 발현되었다.

많은 학자들이 해양시대의 시작을 유럽이 만들었다고 하지만, 근대이전 유럽과 아시아의 바닷길도 여러 문명권으로부터 다양하게 펼쳐졌고 교역도 매우 활발했다. 11세기가 되면서 인류의 항해술과 선박 건조 기술이 진일보하였고, 점차 더 먼 거리로 항해하며 교역할 수 있는 기반이 조성되었다.

근대 초의 시기까지 아시아의 해양은 적어도 모든 상인들에게 정치·군사적으로 강한 세력의 압박을 받아 심하게 불균형하거나 혹은 기울어진 교역지대는 아니었다. 해상 교역 경로가 확장되면서 동양과 서양의 만남이 활발해지고 교류하는 물품의 종류가 다양해졌다. 특히 주목할 만한 물품들은 향신료와 차 그리고 비단 등 면직물이었다. 인류의 교역은 이때부터 육상교역과 해상교역이 상호 조우하는 국면으로 발전하였다. 해상교역은 매우 먼 바다를 항해하는 고된 여정이었지만 그를 보상할 만큼 이익도 컸다. 근대 이후 인도양부터 중국의 남해로 이어지는 항해 길은 페르시아와 아랍 그리고 중국 무역상들의 활동으로 대성황을 이루었다.

문명 간 만남을 국제이주의 차원에서 살펴보면 특히 아프리카 동쪽의 해안 지역에 아랍과 페르시아인 그리고 중국인들이 모여 사는 수십 개의 도시들이 생겨났다. 1500년에 이르면 말라카에 구자라트인[6]들이 매년 수천 명 왕래하였고, 인근 지역에 정주하는 사람도 1000명이나 되었다.(주경

---

6 인도의 구자라트 지역에 거주하며 구자라트어를 사용하는 인도아리아인 민족이다. 구자라트지역은 페르시아 상인들이 무역 거점으로 삼기 시작하면서 부를 축적, 번영하던 지역이었다.

철, 2008)

필리핀 마닐라는 1560년 이후 중국 화교들이 이주하여 거주하는 지역이 되었다. 화교의 대거 이주는 스페인 정복자들이 마닐라를 중심으로 중국과 교역하기를 기대하며 상업을 주업으로 하는 중국인들을 유입하는 정책에 힘입었다. 당시 루손 섬에 거주하는 중국인 화교가 2만 5천 명에 이르렀다. 1603년 스페인 정복자들과의 갈등으로 이들 화교들이 대부분 무참하게 학살되는 비극이 일어났었지만 비극 이전의 마닐라는 상업 교역의 결과 이주의 규모가 크게 증가한 사례이다.

1534년 프랑스의 자크 카르티에(Jacques Cartier)는 세인트로렌스를 탐험하였다. 탐험 결과 프랑스인들의 현지 이주와 정착이 진행되었다. 시간이 흘러 1608년 퀘벡이 설립되었고 1627년에 100인 조합인 회사가 이곳의 식민지화를 목표로 창립되었다. 1663년 이주 후 정착한 사람들 1만여 명이 이곳에 거주하였고 이후 100년 동안 인구는 11배로 증가하였다.

한편 아일랜드의 경우 1846년과 1847년의 대기근으로 인해 감자농사가 피폐해졌고, 이 시기 기근과 빈곤의 상황은 절망적 수준으로 악화되었다. 여기에 더해 전염병의 유행과 확산도 커져 사망자 수는 그 이전의 기간보다 110만 명에서 150만 명이나 더 많았다. 대기근은 결국 아일랜드인의 거주지 대탈출을 불러왔고, 이후 1854년까지 매년 약 20만 명의 사람들이 아일랜드를 떠났다(Massimo Livi-Bacci, 2009).

2) 개척이주와 강제이주

인류 이주의 역사에서 지배와 수탈로 점철한 불균형한 문명 만남의 시초는 유럽인들의 아프리카, 아메리카, 아시아로의 배를 통한 무역 경로 개척과 대륙으로의 진입이었다. 특히 근대 이후 국제이주의 역사를 이야기할 때 그 중심세력을 유럽으로 이야기한다. 이주사의 흐름에 대항해 시대를 열고 개척한 유럽 세력이 이후 지구촌 발전의 세계질서를 만들어 냈다는 설명은 일견 설득력을 지닌다. 탐험과 개척 역사의 기록, 지도의 제작, 항해술의 개발, 무역 시스템의 체계화 등을 만들어낸 유럽의 우월성이 아시아 및 아프리카의 후진성을 능가하면서 지구촌에 표준을 제공하고 새 질서를 제공했다는 것이다.

유럽이 지대한 역할을 수행하였다는 주장에 공헌한 학문은 19세기 자본주의 발전이 성장을 견인했다는 이론 경제학 그리고 민족주의가 공동체의 진보에 긍정적 영향을 줄 수 있다고 주장한 민족주의 역사학이었다. 물론 이를 부인하는 주장을 하는 학자들도 있다.

포머란츠(Pomerranz, 2000)는 18세기 유럽과 영국의 경제를 비교하는 실증연구에서 이 시기의 중국, 영국, 일본, 인도의 경제·사회를 비교하였다. 그 결과 이들 지역의 사회 발전 단계는 우열을 가리기 어려울 정도로 비슷하였다(주경철, 2008). 그럼에도 불구하고 19세기 이후 거의 모든 부문에서 유럽이 타 지역들을 압도하며 정치·경제·사회적 우위를 점하고 세계질서를 주도하는 패권을 쥐게 된 동력은 따로 있었다. 포머란츠는 이 동력을 유럽의 해외 식민지 건설과 수탈 그리고 산업혁명의 시대를 열게 한 석탄자원 덕분이라고 하였다.

마이클로버츠(Michael Roberts)는 16세기와 18세기에 유럽 전역에서 벌어진 전쟁의 영향을 강조하였다. 전쟁의 유산 덕택에 유럽이 타 지역보다 더 우세한 무기를 개발, 사용할 수 있었고 선박의 발전과 해군의 발달, 군 조직의 현대화로 군대를 이용한 효율적인 식민통치가 가능하게 되었다는 것이다.

유럽인들의 항로 개척과 이동은 이주를 감행하는 위험에 대한 보상으로 얻을 수 있는 막대한 땅과 재물에 대한 욕심이 근본 동인이었다. 결국 정복을 위한 이주는 이주한 지역에서의 전쟁을 수반하였고 이는 그 지역에 파괴와 기근을 유발시켰다.

페루는 유럽인의 정복전쟁으로 인해 황폐화되었고, 이어지는 유럽인들의 정복지 강제이주는 사회적 혼란을 심화시켰다. 특히 전염병의 상륙과 확산은 당시 페루에 거주하고 있는 인구를 치명적으로 감소시켰고 그 결과 이 지역은 무엇으로도 회복할 수 없는 낙후 지역으로 전락하였다.

한편 1607년 북아메리카 동부해안에 잉글랜드 최초의 영구 정착촌인 제임스타운이 세워졌다. 1620년에는 잉글랜드에서 종교박해를 피해 건너온 당시에는 '필그림스(Pilgrims)'로 알려진 청교도 정착민이 플리머스를 세웠다. 8년 뒤 매사추세츠만에 식민지가 세워졌고, 이후 10여 년 동안 2만여 명의 정착민이 뉴잉글랜드로 건너갔다. 1608년에 프랑스인들은 퀘벡(Quebec)에 정주하고 북아메리카 동부 삼림지역에 거주하던 인디언 이로쿼이족(Iroquois)이 거주하던 세인트루이스 계곡에서 정착생활을 시작하였다. 정착 이후 100년 동안 약 1만 5천명의 이주자가 노르망디, 파리 인근지역 그리고 프랑스 중서부 지역을 출발해 이 처녀지에 도착하였다. 이들 중 2/3는 거주 후 프랑스로 되돌아갔다.

이 시기 이후에는 이민이 대폭적인 인구증가에 거의 기여하지 못하였지만, 현재 6백만 명에 이르는 프랑스 출신 캐나다인의 대부분은 당시 이 지역에 남았던 5천명의 프랑스 이주민의 후손이다(Massimo Livi-Bacci, 2009).

포르투갈은 해상 경로를 통해 대륙으로 들어가면서 먼저 주요 지역을 식민지화하고 이 지역에 포르투갈인을 이주시키는 정책을 시도하였다. 성공적인 교역과 지배 그리고 수탈 정책에 정복지로의 자국인 이주는 강력한 지배력의 원천이 되었다. 만일 정상적 거래나 교역이 어려워지면 노골적인 무력 침탈 행위를 시도하였다.

1400년대 이후 북아프리카의 바리바리 해안에는 오스만제국의 수요를 충당하는 노예시장이 형성되어 있었다. 1492년부터 1815년까지 유럽은 바리바리 해적의 활동으로 인구의 이동이 강제적으로 이루어졌다. 1500년부터 1870년까지 950만 명의 아프리카인들이 노예로서 아메리카로 강제 이주 되었다. 이는 생존자 추계인데 1700년 이전에 아메리카로 강제 이주된 노예는 약150만 명, 1700년과 1800년 사이에는 550만 명, 그 이후에는 250만 명이 강제이주 되었다.(Malcolm Swanston, 2021)

오스만제국은 그들과 인접지역의 노예 숫자를 유지시키려고 매년 약 8천여 명의 노예를 강제로 이주시켰다. 강제이주 과정에서 많은 희생자가 속출하였기에 노예시장에 이 숫자를 계속 공급하려면 매년 1만 명 정도를 납치해야 했다. 유럽인들의 아프리카인 노예 강제이주는 이후 3백여 년간 지속되었다. 이를 추산해 보면 유럽으로부터 총 3백만 명이 훨씬 넘는 아프리카인들이 노예시장으로 끌려와 이들 대부분이 오스만제국의 다양한 지방으로 보내졌다(Malcolm Swanston, 2021).

콘스탄티노폴리스[7] 기록에 따르면 1609년 이 도시 인구의 20%가 캅카스(Caucasus)[8] 지역, 유럽, 중앙아시아 그리고 남쪽으로는 사하라 이남의 아프리카에서 강제로 잡혀온 노예였다(Malcolm Swanston, 2021). 이후 프랑스가 1830년 알제리 해안을, 1881년 튀니스를 점령하고 이탈리아가 1911년 트리폴리를 점령하면서 유럽의 지중해 통제권이 정립되었다.

북아메리카의 영국 식민지 노예무역의 결과로 1650년부터 1780년까지 아프리카계 혈통의 인구가 급증했다. 카리브해에서는 전체 인구 중 아프리카계의 비율이 80퍼센트까지 증가했다. 그리고 북아프리카계 식민지, 특히 농장이 많은 남부에서는 아프리카계 인구가 40%에 달했다(Malcolm Swanston, 2021). 바리바리 국가들의 해적행위와 노예 강제이주 행위가 중단

---

7   현재의 이스탄불을 말한다.
8   흑해와 카스피해 사이에 위치한 산악지역.

된 것은 1815년 빈 조약과 1816년 이 협정의 조인에 의해서였다.

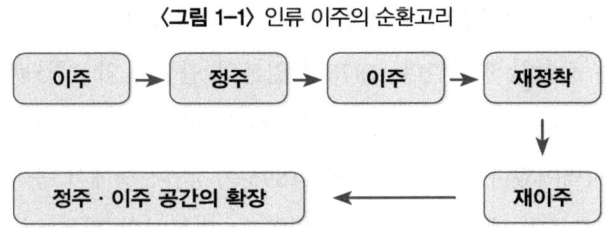

〈그림 1-1〉 인류 이주의 순환고리

3. 근·현대 동아시아와 한국인의 이주

1) 동아시아인의 이주

19세기 말과 20세기 중반까지 동아시아의 인구변화와 인구이동에 지대한 영향을 미친 중심에 일본의 제국주의 확장과 침탈이 있었다. 청일전쟁 후 1895년 일본의 대만 합방, 1910년 한국 병합, 1932년 만주국 건립, 1941년 태평양 전쟁 등을 야기한 일본에 의해 동아시아에는 격변하는 환경에 적응하려는 인구의 지역 간 유입과 유출이 빈발하였다.

1860년 베이징 조약을 통해 연해주가 중국으로부터 러시아로 넘어갔다. 이후 러시아는 블라디보스톡에 항구를 건설하고 연해주 일대로의 인구 유인 정책을 시행하였다. 이주하는 조선 사람들에게 땅을 제공한다거나 시민권을 준다는 유인책에 힘입어 두만강을 넘어 연해주로 이주하는 조선 사람들의 수가 크게 증가하였다. 당시 함경도는 이 지역의 인구 유출이 국경 봉쇄를 검토할 만큼 우려할 수준이었다.

1942년 한국으로 이주해서 살고 있던 일본인은 75만여 명이었는데 이 수는 1945년이 되면 90만여 명으로 증가한다. 이 시기 한국으로 이주한 중국인의 수도 6만여 명이었다. 1945년 제2차 세계대전이 끝나고 일본이 패망한 후 일본에서 한국으로 돌아온 한국인은 약 140만 명이었고, 중국에서 한국으로 돌아온 한국인도 약 100만여 명이었다.

1870년경부터 한국인의 이주가 증가하던 당시의 만주는 한반도 지역의 6배나 되는 광활한 땅이었다. 1870년 일본의 인구는 약 3천5백만 명이었다. 이 시기 만주지역은 중국인, 일본인, 한국인이 앞다투어 본격적으로 이주해오는 지역이었다. 중국인의 경우 1895년 청일전쟁에서 중국이 패배한 후 이 지역으로의 대거 이동이 촉발되었고, 일본인의 경우 러일전쟁에서 일본이 승리하고 정치적 이유로 일본인을 이 지역으로 이주시키기 시작하였다. 한국인의 경우 조선 말기 궁핍과 관료들의 수탈 등으로 인해 만주로의 이주를 선택하는 사람들과 일제 강점기 일본의 탄압을 피해 새로운 땅을 찾는 사람들이 만주로 이주하였다. 이때 만주로의 자발적 이주자도 많았지만 1910년 이후 일본이 만주지역 점령을 목적으로 일본인 및 한국인의 강제이주를 유발시킨 인구도 큰 비중을 차지했다.

1931년 일본이 만주를 침략하기 전까지 한국인의 이주는 대체로 자발적 선택의 양상을 가지고 있었지만 이후 일본이 만주국을 수립하면서 이주의 양상은 크게 변하였다. 일본은 만주국의 유지와 전쟁 목적 그리고 치안을 위해 일본인을 집단 이주시키는 정책을 시행하였고, 한국인의 경우 이미 이 지역에 거주하는 일본인이나 한국인은 모국으로의 귀환을 통제하였다. 이때 일본이 추진한 일본인의 만주 지역 이주는 약 27만여 명이었다. 1937년 일본은 만주로의 이주정책을 새로 수립하여 일본인과 한국인 이주민에게 만주지역의 식량증산 및 국방의 두 역할을 모두 수행하게 하는 선두 개척민의 역할을 요구하였다. 특히 농업을 통해 식량 수탈을 용이하게 하려고 농업노동자들의 만주 강제이주 정책을 꾸준히 강화하였고 이로 말미암아 이주 인구는 계속해서 증가하였다.

한국인의 일본으로의 이주는 1913년에 4천 명 수준이었는데 1945년에는 210만여 명으로 대폭 증가 하였다. 일제 강점기의 혹독한 시절에 특히 한국인의 일본으로의 이주민 수가 크게 증가한 이유는, 한국 내 농촌의 식량기지화로 농가의 영세화가 심화되어 생계유지를 위해 일본의 공업 노동자로 이주하거나 일본이 부족한 탄광 노동자를 충원하기 위해 강제 징발한 사람들이 크게 증가하였기 때문이다.

2) 한국인의 이주

조선왕조가 급격하게 무너지기 시작하던 19세기 중반부터 급기야 1910년 일본으로부터 국권을 빼앗기고 식민지가 된 나라의 한국인들은 자의반 타의반의 대규모 이주를 선택한다. 떠나기를 원하지 않았지만 조국을 떠나야만 살 수 있었던 사람들이 이주했던 아픔을 오늘날 우리는 한국인의 '디아스포라' 라고 부른다. 한국인은 배고픔을 해결하기 위해, 지배자의 수탈에서 벗어나기 위해, 힘을 키워 나라를 되찾기 위해 간절한 희망을 품고 새로운 땅, 새로운 나라로 이주한다. 두만강을 넘어 연해주와 만주 그리고 상하이로, 일본 동경으로, 하와이로 이주하는 한국인들이 이 시기에 크게 증가하였다.

1637년 청나라가 조선을 침략한 병자호란 이후 인조의 장자 소현세자 내외와 3백여 명의 일행들이 청나라의 수도 심양으로 인질로 잡혀간다. 이때 함께 끌려간 조선인, 이후 기회 있을 때마다 조선에서 징발된 군사, 조공으로 보낸 조선의 여자들이 수천여 명에 달한다.

일본이 1945년까지 사할린으로 강제 이주시킨 한국인은 4만여 명에 달한다. 19세기 후반부터 1945년까지 한국인의 해외로의 강제이주 규모는 전체 인구의 약 15%를 넘는다. 이는 민족의 이주역사에서 이스라엘을 제외하면 그 유례를 찾기 힘든 대규모의 한민족 디아스포라 역사이다.

1905년 조선인 1천33명이 에네켄[9] 경작을 위한 노동자로 멕시코 유카탄에 들어갔다. 보다 나은 삶을 위해 떠난 멕시코 농장의 작업 환경은 해가 지날수록 너무나도 열악해졌고 노동의 대가도 점점 더 악화되어 정상적인 생활을 영위하기가 어려울 정도로 비참했다. 이에 1921년 일부 노동자가 쿠바의 농장으로 건너갔다. 중남미 국가인 멕시코와 쿠바 등으로 이주한 조선인의 이주 동기는 물론 노동을 통한 경제적 수입이었지만 이주를 유발한 또 다른 중요한 동기는 일본에 대항하는 독립운동이었다. 머나먼 다른 나라 땅에서도 조선인의 독립을 향한 열망과 의지는 노동을 통한 독립자금 확보를 도모했다.

1942년 한국으로 이주해서 살고 있던 일본인은 75만여 명이었는데 이 수는 1945년이 되면 90만여 명으로 증가한다. 이 시기 한국으로 이주한 중국인의 수는 6만여 명이었다. 1945년 제2차 세계대전이 끝나고 일본이 패망한 후 일본에서 한국으로 돌아온 한국인은 약 140만 명이고, 중국에서 한국으로 돌아온 한국인도 약 100만여 명이다. 1940년 일본에는 약 124만 명의 한국인이 이주해서 살고 있었고 대만인도 2만2천여 명이 살고 있었다. 1910년경 만주로 이주해서 살고 있는 한국인은 20만여 명이었는데 1942년에는 거주하는 한국인이 151만 명에 이르렀다.

또 한국인의 만주지역 이주민은 1935년에 70만여 명, 1943년에 120만여 명으로 늘었는데 이중 약 35만여 명은 일본의 계획적 집단이주 정책으로 이주한 사람들이다(신주백, 2011). 만주로 이주한 한국인은 1910년에 20만여 명이었는데 시간이 지나 1940년이 되면 151만여 명으로 크게 증가

---

9   1905년 한인들이 이주하여 일했던 멕시코 유카탄 지역에 있는 농장이다. 에네켄은 용설란과의 식물로 끈, 밧줄 등을 만드는 섬유의 원료이다. 19세기 중반부터 밀 등을 포장하는 포대용 굵은 밧줄의 수요가 크게 늘면서 이곳으로의 한인 노동이주가 증가하였고 이는 중남미로의 한인 이주의 시작이 되었다.

하였다.

　1882년 연해주로 이주한 한국인은 1만여 명 수준이었는데 1923년이 되면서 10만여 명으로 증가하였고 1930년대가 되면 그 수가 20만 명이나 되었다(정재정, 2011). 1937년 소련이 중앙아시아의 춥고 척박한 땅으로 강제 이주시킨 한국인의 수가 17만 3천여 명이나 되는 것은 이를 증거 한다. 1937년 8월 스탈린은 고려인들을 연해주로부터 중앙아시아와 시베리아로 강제 이주시켰다. 소련은 당시 한국인들의 강제이주 이유를 '일본을 위한 간첩행위와 위험성에 대한 대비'라고 공식적으로 밝혔다.

　스탈린 정부는 한국인 강제이주 전 일본제국주의에 대항하고 투쟁했던 한국인 투사들과 공산당원 및 한인사회의 지도자급 인사들도 일제를 위한 간첩행위자로 간주하며 대부분 처형시켰다. 소련의 스탈린이 명령한 강제이주 정책은 소련에 동조하지 않을 것으로 예상되는 소련 거주 타 민족을 격리하면서 동시에 필요한 노동력을 불모의 땅에서도 활용하려는 목적이 있었다. 강제이주 정책은 당시 시행한 거주허가제도 증서와 통행증의 발급 등을 통해 관리 및 통제하였다(기계형, 2011).

　한국전쟁과 남북으로 갈라진 분단으로 인한 이주는 현재 진행형 디아스포라이다. 미주지역으로 이주한 한국인은 1903년 하와이로 노동 이주한 사람들을 시작으로 1905년 멕시코 이후 1921년 쿠바로의 이주로 이어졌다. 특히 근대 이후 고난의 이주역사를 가졌던 한국인은 2020년 현재 한국에 5천만 명, 북한에 2천5백만 명, 중국에 260만 명, 일본에 90만 명, 구소련과 러시아에 약 50만 명, 미국에 230만여 명이 살고 있다.

　이들을 부르는 명칭은 한국인, 조선인, 재중동포, 재일동포, 고려인, 재미동포 등 여러 호칭을 사용한다. 이들 명칭은 '한국사람이라는 정체성이 무엇인가?'라는 질문들과 연계된다. 혈연으로 맺어진 한국인이라고 모두 단일민족으로 이루어졌다고 단언할 수는 없다. 한국 사회에서 가장 큰 인구 규모를 가진 성씨 50대 본관 중 14개가 귀화한 성씨다. 임진왜란 그리고 명나라가 망한 시기에 한국으로 귀화한 성씨는 25개에 이른다(함재봉, 2021). 1985년 현재 국내에 존재하는 275개 성씨 중 거의 50%에 달하는 136개 성씨는 귀화 외국인 성씨이다. 중세와 근·현대 한국인의 국제이주는 민족과 민족이 만나고, 해외로의 이주와 국내로의 이주가 끊임없이 상호 교차하며 만들어진 국제이민 사회였다.

4. 현대사회의 국가 간 이주

20세기는 국민국가들이 성장하며 이념 갈등이 증폭되고 전쟁의 화마가 인류를 크게 위협하는 시기였다. 이러한 와중에 많은 국가들이 제국으로부터 분리, 독립을 달성하기도 했고 사람들의 국경을 넘는 이주는 새로운 국면을 맞았다. 제국들은 완강하게 식민지 포기를 거부하였지만 역사는 국가들 간 새로운 지위와 역할을 요구하였다. 그럼에도 불구하고 강국의 지배 역사는 이어지고 있었다.

20세기 초 오스만 제국이 몰락하고 1916년 영국과 프랑스는 협약을 통해 중동의 일부 지역을 자신들의 이해관계에 따라 분할했다. 영국은 요르단 지역과 이라크를 지배하고 프랑스는 시리아와 레바논의 지배권을 확보했다. 시리아는 독립을 요구하며 프랑스에 무력 대항했으나 프랑스의 힘을 당해내지 못했다. 영국은 또 미국 식민지에 범법자를 유배 보내 자국의 안전을 확보하는 동시에 노동을 통해 이익을 챙겼다. 이후 미국 식민지를 상실한 뒤 영국은 오스트레일리아를 식민지로 삼았고 이곳으로도 범법자들을 이주 및 정착시키며 제국의 일원으로 만들었다(Ian Buruma, 2021).

1941년 발발한 제2차 세계대전은 약 7천만 명으로 추산되는 사망자를 발생시킨 인류사 최대의 비극이었다. 전쟁 이후 유럽의 지배국들로부터 독립을 요구하는 국가들이 많았지만, 국가 간 주권과 개인 및 난민의 인권을 강조한 1945년 국제연합의 헌장에 피지배국의 독립과 주권 보장을 명시하는 의제는 없었다. 강대국들의 지배 논리는 여전히 유효했고 강고하게 반영되었다.

1945년 전쟁이 끝나고 유럽과 아시아의 이주민들이 각자의 고향으로 돌아가기를 간절히 원하고 기다렸지만 결국 귀환하지 못했다. '난민'이 된 사람들이 1천만 명을 상회하였다. 많은 사람들이 그들이 살던 고국이나 지역으로 돌아가기를 원했지만 돌아갈 고향도 집도 없어진 경우가 허다했고 돌아가야 할 길은 너무 멀었다. 남겨진 사람들은 거주 가능한 곳이라면 어디에서든 살아야 했다.

난민이 된 사람들은 전쟁 당사국인 독일과 영국, 프랑스, 이탈리아 사람들이었고 또 우크라이나의 폴란드인, 오스트리아의 세르비아인과 크로아티아인, 유고슬라비아의 러시아인 그리고 유럽 여러 곳으로 흩어진 유대인 난민들이었다.

당시 아시아의 난민 수도 놀라울 정도로 많았다. 일본인 650만 명이 전쟁 후 아시아 태평양 지역에 남아 있었고, 100만 명이 넘는 한국인이 일본에 남겨져 돌아가지 못하였다. 영국과 미국, 호주의 전쟁포로들도 타이완과 일본 그리고 기타 동남아시아 지역에 난민으로 남겨져 있었다. 타이와 미얀마의 철도 건설 노역에 동원되었던 약 18만 명의 아시아 사람들도 고향으로 돌아가지 못하고 난민으로 남았다(Ian Buruma, 2021).

국제연합의 야심찬 출발은 국수주의, 제국주의를 넘어 평등한 세계정부를 지향하고 있었지만, 현실에서는 오히려 강력한 국가주의, 민족주의가 국제연합을 움직였다. 국제조약을 준수하는 국가들의 합의체가 국제기구의 지향성이었지만 피지배국들의 탈식민화는 강대국들의 관심 밖에 있었다. 난민으로 남겨진 사람들 대부분은 힘없는 민족, 힘없는 국가의 사람들이었다.

한편 제2차 세계대전 후 유럽으로부터 수만 명의 난민이 브라질로 이주하였는데 이중 많은 사람이 유대인이었다. 1950년대 이후 브라질은 특히 폴란드, 우크라이나, 라트비아, 에스토니아, 리투아니아 등의 나라에서 4만 명 이상의 이주민을 받아들였다. 이들은 브라질에서 노동자로 일하면서 리우데자네이루 등 대도시의 산업화와 지방의 농업 노동으로 살아갔다. 1970년 이후에도 브라질은 이주민을 포용하는 정책 기조를 유지하며 베트남의 난민을 받아들였고 1990년 이후 콩고에서 이주해온 난민과 약 1천 2백명의 앙골라 난민을 받아들였다.[10]

오늘날 현대사회가 기술혁신과 도시 확장 사회로 나아갈수록 상대적으로 풍요롭고 선진적인 국가들은 이민자의 유입을 더 강하게 통제하거나 배제하려는 경향성을 보인다. 특히 저숙련 노동자와 난민의 경우 이들의 유입을 허용하는 국가는 매우 드물다. 이민자의 경제적 기여와 문화적 기여도가 높지 않다고 판단되면 수용국은 더 적극적인 방어의 태도를 견지한다. 이민자를 대하는 이러한 편향적 태도와 인식의 뿌리에는 국가주의와 전 세계적으로 확산되고 있는 반이민 정서 그리고 문화적 편견 의식 등이 있다. 그럼에도 불구하고 20세기 지구촌의 국제이주는 자발적 이주와 디아스포라 강제이주의 아픔을 교차하는 시련을 거치면서도 도시의 성장과 국가의 성장을 이끌었다. 또 지구촌의 인구도 비약적으로 증가시켰다. 1750년까지 괄목할만한 수준의 인구증가가 없었던 세계인구는 산업혁명 이전까지 3배나 증가하였고 이때 인구는 7억5천만 명에 이르렀다.

---

10 브라질은 1997년 남미에서 최초로 난민법을 제정하고 시행한 국가이다. 브라질은 난민법 시행 이전인 1995년까지 난민 신청자 70%에 해당하는 2천여 명에게 난민 지위를 부여했다. 어려운 시기에 이주민을 포용한 브라질의 이민정책은 당시 관용의 가치를 전파하는 본보기가 되었다.

<그림 1-2> 국제이주 역사의 흐름

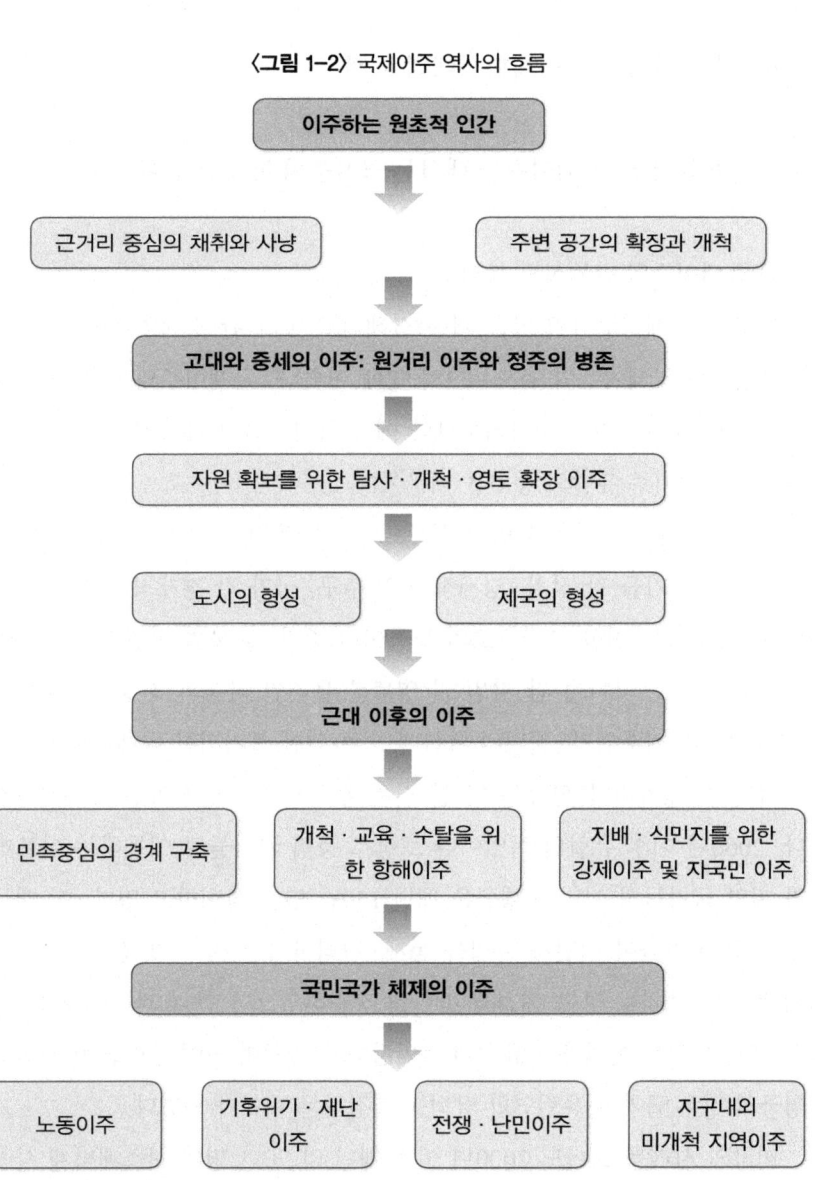

제1장 국제이주의 개념과 역사 43

제4절 국제이주와 세계화시대의 도래

1. 세계화시대: 국제이주를 대하는 국가들의 복잡성과 취약성

1) 국제이주의 변동성과 복잡성

21세기 국제이주의 양상은 더 복잡해지고 국가 간 경계의 울타리는 더 높아졌으며 국제이주의 규모는 2억 명에 이른다. 국제이주의 복잡성은 예측 가능한 국제이주의 시나리오보다 예측 불가능하고 유동적이며 더 커진 돌발적 국제이주 유발의 동인들 때문이다.

국제이주의 복잡성을 유발시키는 요인은 다음의 세 가지를 들 수 있다. 첫째, 패권국가들 간 정치·경제적 이익 추구, 국가 간 경제적 불평등의 심화와 그 격차로 인한 부국으로의 노동이민 증가 및 불법 이민자의 증가이다. 둘째, 이웃 국가들 간 자원 및 영토를 둘러싼 다툼과 전쟁이다. 셋째, 자연재난 및 기후위기, 질병의 확산 등으로 인한 불가피한 국제이주이다.

국가 간 경제적 불평등은 더 잘 사는 부국으로의 국제이주를 촉진시킨다. 2000년 이후 유럽의 독일이나 프랑스 등의 국가들로 이동하는 아프리카 지역 국가들의 이민자 행렬은 매년 150만 명을 상회하고 있다. 이 때문에 유럽 국가들이 이민자 유입을 통제·관리하기 위해 국가 간 수용 쿼터제 등 비상조치를 하고 해결책 마련을 강구하였으나 큰 효과를 보지는 못하였다. 유럽은 이민자의 유입에 불안감이 확산되며 반이민 여론이 커졌고 영국의 경우 급기야 유럽연합 탈퇴를 결정하는 계기가 되었다.

미국의 사례를 보아도 2000년 이후 매년 약 70만 명의 히스패닉계 사람들이 불법 및 합법적으로 미국 국경을 넘었다. 경제적 궁핍과 정치적 불안들을 이유로 중앙아메리카의 과테말라, 온두라스, 엘살바도르 등에서 이민을 떠나는 사람들은 멕시코를 경유하여 미국으로 입국하려고 한다. 대부분의 이민자들은 국제사회가 인정하는 난민으로 인정받아 미국에 체류하기를 원한다. 경유지인 멕시코는 이민자들의 주요 통로가 되어 국가 전체가 이민자들의 임시 거주지가 되고 있다. 이러한 이유로 미국의 트럼프 정부는 미국으로의 이민자를 줄이기 위해 미국과 멕시코 사이 3천140 킬로미터에 달하는 국경에 철책선이 세워진 이중 울타리에 추가 장벽을 설치하였다. 2025년 현재 미국은 합법적 입국 이외에는 어떠한 이민 유입도 철저하게 차단한다는 반이민정책을 강고히 이행하고 있다.

국가들 간 영토분쟁과 자원 획득을 위한 다툼은 2000년 이후 더 불거졌으며 급기야 곳곳에서 파괴적인 전쟁 상황으로 비화하였다. 중동의 지정학과 종교적·정치적 분쟁, 에너지 자원을 둘러싼 경쟁과 갈등, 동유럽의 에너지 및 희토류와 식량 자원 확보를 위한 경쟁 등은 오랜 갈등의 역사를 가지지만, 최근까지도 대화와 협상을 통한 상생의 방안 찾기에는 실패하였다. 2025년 현재 이스라엘과 팔레스타인 간 전쟁은 최악의 인간 살상과 도시 파괴의 참혹함을 연출하고 있고 가자지역의 주민들은 대거 이웃 국가들로 떠나고 있다. 러시아와 우크라이나의 전쟁은 발발 3년 차에 이르렀고 이 전쟁으로 우크라이나를 떠난 이민자도 이미 5백만 명을 넘어섰다.

자연재난과 기후 온난화 등의 이유로 이민을 선택해야 하는 사람들도 크게 늘고 있다. 2024년 지구의 평균기온은 1900년 산업화 이전 시기보다 약 1.55도 상승하였다. 세계기상기구(WMO)가 발표한 '2024년 세계 기후 현황(State of the Global Climate 2024)' 보고서에 따르면, 2023년을 기준으로 대표적인 온실가스인 이산화탄소와 메탄, 이산화질소의 대기 중 농도는 지난 80만 년 중 가장 높은 수준을 보였다. 이는 1970년 대비 151% 수준이다. 해양의 열 함량도 지난 65년 동안의 관측 기록 중 가장 높았다. 해수면의 높이는 2015년부터 2024년 동안 연평균 4.7㎜씩 높아졌는데 이는

1993년부터 2002년 사이 기록의 2배 수준으로 높아진 것이다.[11]

기후 온난화로 매년 육안으로 확인할 수 있을 정도로 빙하가 줄어들고 있는 북극의 경우 해빙의 영향으로 2006년 알래스카의 일부 마을이 붕괴되었고 주민 6백여 명이 더 높은 지대로 이주하였다.

한편 사하라 남쪽의 사헬지구(Sahel Belt)[12]는 1970년대 이후 강수량이 크게 줄었는데 이로 인해 자연 강수량에 기대어 농사짓는 주민들의 경제적 타격이 매우 심각해졌다. 사막화의 확산은 나무의 생식과 성장을 방해하고 니제르 차드 호수(Chad Lake)의 크기도 줄어들게 했다. 지구 온난화로 인한 토지의 사막화는 식량 생산을 줄게 하고 아이들은 기아와 영양실조에 노출된다. 이를 견디기 어려운 주민들은 이 지역을 떠날 수밖에 없어서 결국 기후 난민이 된다. 지진의 피해와 난민 발생 규모도 적지 않다. 2025년 3월 30일 미얀마를 강타한 진도 7.7의 지진으로 2천명 이상이 사망하였다. 2011년 동일본 대지진 등 2000년 이후에 1만 명 이상 사망자가 발생한 지진만도 무려 8개가 넘고 있는데 2010년 1월 아이티에서 발생한 지진이 16만 명의 희생자를 낳았고 2008년 중국 쓰촨성에서 발생한 지진도 8만여 명의 목숨을 앗아갔다. 2023년 2월 발생한 튀르키예와 시리아 지진은 6만 2천여 명의 사망자를 냈고 이로 인해 이 지역을 떠나 이주한 사람의 수도 사망자의 수를 넘는다고 보고되고 있다.

국제이주는 국가 간 인구이동을 가져온다. 인구이동을 부르는 국제이주의 원인은 복잡하고도 다양하며 그 경로 또한 단순하지 않다. 새 문화와 문명권에 속하기 위한 자발적 국제이주, 기후변화로 살던 곳을 떠나야 하는 비자발적 국제이주, 전쟁으로 인한 디아스포라의 국제이주, 더 나은 삶

---

11 동아일보 전채은 기자, 2025.3.
12 이곳은 말리, 니제르, 부르키나파소 등의 국가들이 속한 인구 약 7천여 만 명이 거주하고 있는 지역이다.

을 살기 위해 선택하는 노동이민, 정치적·종교적 박해 등으로부터 탈피하기 위한 난민 등 그 양태는 각기 다르지만, 오늘날 국제이주의 복잡성과 변동성은 점점 더 커지고 있다.

2) 국제기구·국제조약의 취약성

이주는 인간이 자신의 자유로운 의지에 따라 언제든 어디든 이동하고 거주할 수 있는 보편적 권리이다. 이는 인간이 영위하는 기본권 항목 중 가장 근원적이고 원초적인 권리이다. 사람이 이동할 수 없거나 이주 및 정주할 수 있는 자유를 향유할 수 없다면 행복한 삶을 살고 있다고 말할 수 없다. 그러나 오늘날 국민국가 체제의 지구촌에서 국경을 넘는 이동과 국제이주는 사람의 기본권을 심각하게 침해하여 도전을 받고 있다.

그럼에도 불구하고 국제사회가 상호 존중하고 협력할 수 있도록 기능하는 국제조약 속 이민자의 권리는 현실에서 온전하게 구현되지 못하고 있고 조약에 담긴 규정들은 선언적 수준에 머물고 있다. 자신의 국가를 벗어난 이민자는 이주한 곳에서 이민자, 외국인, 비국민, 난민, 유학생, 이주노동자 등의 이름으로 불리면서 국민국가의 국민과 대비되는 불평등을 극명하게 체험한다.

국제연합 헌장은 제2차 세계대전 후 이주의 자유를 포함한 개인의 지위와 권리가 세계연합 차원에서 보호되고 존중받아야 한다고 언명하였다.

1945년에 채택, 발효된 국제연합 헌장(Charter of United Nation)은 전문에서 "우리 연합국 국민들은 기본적 인권, 인간의 존엄 및 가치, 남녀 및 대소 각국의 평등권에 대한 신념을 재확인"하였다. 또 "정의와 조약 및 기타 국제법의 연원으로부터 발생하는 의무에 대한 존중이 계속 유지될 수 있는 조건을 확립한다"고 하였다. 문제는 '연합국 국민', '대소 각국의 평등권'이라는 용어가 내포하는 의미가, 국제연합이 보호하려는 '사람'을 국가 및 국가 소속 국민의 지위보다 아래에 두고 있다는 점이다. 더불어 "이 헌장의 어떠한 규정도 본질적으로 어떤 국가의 국내 관할권 안에 있는 사항에 간섭할 권한을 국제연합이 가질 수 없으며 또 그러한 사항을 헌장에 의한 해결에 맡기도록 회원국에 요구하지 아니한다"고 하였다. 이는 결국 사람보다 '국가'의 우월적 지위가 우선하고 있음을 말해주는 것이다.

헌장 제1조 "사람의 인권과 자유에 대한 존중을 촉진하고 장려함에 있어 국제적 협력을 달성한다"는 규정도 국가 간 협력이 행위의 기초가 됨을 말해준다. 이하 국제연합의 여러 조항들을 의미 해석 차원에서 들여다보면 개인의 권리는 국가에 속한 국민만이 온전하게 누릴 수 있다는 사실을 확인하게 된다.

1951년 체결되고 1954년 발효된 난민의 지위에 대한 협약(Convention Relating to the Status of Refugees)도 참여 국가들이 "1948년 UN 총회에 의해 승인된 세계인권선언에서 인간은 차별 없이 기본적인 권리와 자유를 향유한다는 원칙을 확인하고 있지만, 난민에 대한 비호의 부여가 국제협력 없이는 성취될 수 없다"고 하였다. 이 역시 국가 역할이나 지위가 개인보다 우선하고 있어서 협약 본연의 목적을 구현하기 힘든 한계를 드러내고 있다.

1966년 체결되어, 1976년 발효된 시민적 및 정치적 권리에 관한 국제규약(International Covenant on Civil and Political Rights)은 2조에서 "규약의 각 당사국은 자국의 영토 내에 있으며, 그 관할권 하에 있는 모든 개인에 대하여 어떠한 종류의 차별 없이 개인의 권리들을 존중하고 확보할 것을 약속한다"고 하였다. 또 12조에서 "합법적으로 어느 국가의 영역 내에 있는 모든 사람은, 그 영역 내에서 이동의 자유 및 거주의 자유에 관한 권리를 가진다"고 하였고 13조에서는 "합법적으로 이 규약의 당사국 영역 내에 있는 외국인은 법률에 따라 이루어진 결정에 의해서만 그 영역으로부터 추방될 수 있다"고 하였다. 이렇듯 세계인권선언, 경제적·사회적 및 문화적 권리에 관한 국제조약, 시민적 및 정치적 권리에 관한 국제규약, 외교관계에 대한 비엔나 협약, 난민의 지위에 관한 협약, 유네스코의 문화적 표현의 다양성과 증진에 관한 협약 등 여러 국제기구(International Government Organization)와 국제규약들은 우리가 지향하는 세계를 국경을 넘는 세계시민주의의 성격을 표방하였다. 이는 과거의 제국주의, 민족주의, 국가주의와 결별하고 국제사회가 새로운 질서를 만들자는 약속이었다. 그러나 오늘날 지구촌 국제이주의 현실은 국제규약이 제정한 이러한 목적들을 구현하지 못하고 있다. 2025년 현재 국민국가들의 이민자 유입정책은 대부분 엄격한 통제기능을 가진 비자 정책에 의해 시행되고 있다. 미국의 경우 국토안보부, 영국의 경우 국경관리청, 프랑스의 경우 내무부 이민통합사무소, 독일의 경우 연방정부 산하의 내무부와 연방이민난민청, 일본의 경우 출입국재류관리청, 한국의 경우 법무부 산하의 출입국외국인정책본부 등이 주무 행정기관이다. 이들 행정기관들의 정책에는 공통된 특징이 있다. 국제법상 사람들은 모두 자유인이지만 국내법에 의한 이민정책들은 대부분 국가에 속한 '국민' 신분이 아닌 사람은 국제이주의 자유 등 기본권이 제한될 수밖에 없는 '외국인'의 범주로 분리하는 것이다. 이에 따라 분리된 '외국인'은 예외 없이 가고자 하는 국가로 입국하기 위해서 체류자격 획득을 위한 비자신청, 서류 및 증거자료 제출, 입국 적부 심사, 승인에 이르는 복잡한 절차를 거쳐야 한다.

2. 이주와 정주: 경계의 공간을 확장하며 재편되고 있는 세계

2025년은 제2차 세계대전 종전 80주년이 되는 해다. 유럽과 중동 그리고 동아시아까지 세계는 여전히 1945년 잉태된 강대국 중심의 세계 질서에서 빠져나오지 못하고 있다. 시리아 내전과 아프가니스탄 내전, 이스라엘과 팔레스타인의 전쟁, 예멘 내전, 러시아와 우크라이나 전쟁, 한반도의 전쟁과 분단 상황 등이 여전히 진행 중이고 중국과 미국, 러시아와 유럽의 신 냉전 구도는 우려할 수준으로 높아지고 있다. 현재에도 전 세계에서 끊임없이 발발하고 있는 전쟁과 내전 등으로 자신이 살던 곳에서 떠나야 할 수밖에 없는 사람들의 수는 계속해서 증가하고 있다.

제2차 세계대전 이후 더 이상 지구촌에 난민은 증가하지 않을 것이라는 기대는 난망한 희망이 되었다. 2010년 이후 시기만 보아도, 궁핍과 정치적 강박을 피해 아프리카 대륙으로부터 유럽으로 국제이주를 감행하고 있는 1천여만 명의 난민, 멕시코와 중국으로부터 미국으로 국제이주를 하려고 국경을 넘는 5백여만 명의 난민, 북한으로부터 남한 및 다른 국가로 이주하고 있는 50만여 명의 난민 등 국제이주를 선택하는 사람들의 규모는 매우 충격적이라 할 만큼 증가하고 있다.

2019년 유엔난민기구의 연례보고서는 전쟁과 내전, 기후변화와 재난, 정치적 박해 등의 이유로 발생한 지구촌 난민이 8천만 명에 달하고 있다고 보고했다. 뿐만 아니라, 2000년 이후에 발생한 난민의 수도 매우 놀라운 규모로 커졌다. 2003년 이라크전이 발생시킨 이주민 5백만여 명, 시리아 내전으로 발생한 난민 7백만여 명, 2022년 2월 러시아의 우크라이나 침공으로 발생한 이주민 1천여만 명과 3만5천여 명으로 추산되는 우크라이나 아동, 2024년 이스라엘-팔레스타인 전쟁으로 발생한 팔레스타인 실향민 190만여 명. 아프가니스탄의 실향민 300만여 명이 발생하였다. 미얀마의 경우 2021년 군사쿠데타 후 2025년 현재까지 내전이 진행 중이고 350만여 명이 기아에 시달리고 있으며 미얀마를 떠나는 난민의 수는 150만여 명이나 되고 있다.

2025년 미국의 트럼프 대통령은 덴마크령 그린란드를 자국의 영토로 편입하려는 의지를 대내외에 천명하고 실제 덴마크를 정치적 경제적으로 압박하고 있고, 2022년 러시아는 우크라이나의 영토를 차지하기 위해 전쟁을 일으켰다.

2025년 2월 이스라엘과 미국은 이스라엘과 팔레스타인의 하마스 간 전쟁이 치열한 공방을 벌이고 있는 와중에 전쟁 후 가자지구에 거주하고 있는 주민들을 대거 이주시키겠다는 구상을 구체화하였다. 가자지구에 살고 있는 주민들을 장차 이웃하고 있는 요르단과 이집트 등으로 강제 이주시킨다는 계획을 발표한 것이다. 민족과 종교가 다르고 적대적인 사람들을 강압적으로 떠나게 하여 이 지역의 지배권을 확실하게 장악하려는 것이다. 이스라엘은 이를 위해 국방부 산하에 가자지구 주민들의 자발적 출국을 담당하는 '출국부서'를 설치하기로 하였다.

영토와 자원 확보를 위한 강대국의 지배 수단에 자국민의 영토정복을 위한 정착이주 그리고 기존 정착민의 다른 지역으로의 추방 정책은 더 이상 생소한 정책이 아니다. 정착이주와 강제 추방 이주정책은 강대국이 지배권의 안정적 확보와 지속을 위해 언제든 자의적으로 선택하는 수단이었다. 대규모의 강제적 민간인 이주를 본격화하려는 시도가 21세기인 지금도 진행되고 있다.

국제이주는 국가를 넘어 미지의 땅으로 범위를 넓히고 있다. 이를테면, 아직 미개척지로 남아 있는 북극 그리고 외계 행성도 이주와 정주를 위한 새로운 개척지가 되고 있다. 에드워드 애슈턴(Edward Ashton)의 소설 미키7[13]에서는 인류가 외계행성으로 이주하는 과정을 디아스포라로 그린다. 전염병과 예방접종 등의 우려가 없고 인간을 위협하는 생명체도 없는 곳으로의 이주 유혹은 일견 달콤하다. 지구보다 안전한 행성으로 이주하려는 이유는 마치 과거 유럽의 지배자가 새로운 땅을 탐험하고 개척하며 침탈하려는 설

---

13 미국의 작가 에드워드 애슈턴이 2022년 2월 출간한 SF 소설.

정과 매우 닮았다.

분명한 것은 21세기를 넘어 앞으로도 계속될 인류의 이주는 자본주의적 욕망과 더불어 끊임없이 경계의 공간을 재편할 것이다. 또 인간의 원초적 호기심과 개척 정신은 지구 밖 행성까지 이주 영역을 확장하고 그 지배권의 소유 여부를 여전히 다툴 것이다.

제5절 결론

근대 이후 인류의 이주는 교통의 발달, 정보 통신 기술의 발달, 자유 무역의 확산, 냉전체제의 종식, 다양성과 포용성 가치의 확산 등 희망적인 미래를 위한 조건들로 넘쳐났었다. 따라서 국경을 넘는 국제이주와 세계인의 자유로운 이동과 이민은 21세기 지구촌에서 인류 모두가 당연히 향유할 수 있는 천부 인권적 권리가 될 것이라고 기대하는 주제였다.

고대로부터 이어져 온 인류 이주의 역사가 생존의 명운을 건 지난한 투쟁의 역사였기에 현대 문명 속의 인류는, 더 개방적이고 포용적인 지구촌 공동체를 만들 수 있을 것이라는 믿음을 상호 의심치 않았다. 그러나, 예상은 보기 좋게 빗나갔다. 시간이 지날수록 국가라는 공동체에 귀속되어 있어야만 보장되고 보호되는 '국민' 혹은 '시민권자'라는 개인들만 인정하였고, 여기에 해당하지 않는 사람들은 배제되는 지구촌 국가들의 행정이 정당화되고 또 당연시되었다.

현대 문명이 만들어낸 가장 강력한 행위 주체인 국가는 '국민'들에게만 이주의 자유와 권리를 부여했고 국가의 영역 안에서만 통제 없이 이동할 수 있게 되었다. 주지한 바와 같이 오늘날 국민국가는 유럽의 정치적·지역적 변화를 받아들이며 국가 주권을 천명한 베스트팔렌 조약에 의해 만들어졌고 많은 시간이 흐른 지금 국민국가는 더 강건하게 다져졌다.

'국민'은 국가 존재의 가장 앞자리에 있는 개념이 되었고, 국적을 부여받은 '시민권' 자격을 소유한 사람이 되었다. 따라서 모든 지구촌의 '국민'은 불행하게도 소속된 국가에서의 이동 권리와 자유는 보장받고 있지만 반면에 자신의 국가가 아닌 지역에서는 온전한 이주 및 거주의 자유가 제한된다.

미래의 인류는 누구나 자유롭게 이동하고 이주하며 세계 속 사회통합 가치를 통해 상호 활발하게 교류할 수 있을 것으로 생각해 왔던 지구촌 공동체가 뜻밖의 거대 장벽을 만난 것이다. 시간이 경과 할수록 현실은 더 역설적으로 대비된다. 멈추지 않고 계속되고 있는 인구이동과 새 도착지를 향한 인구 규모도 줄어들 기미가 없다. 이는 필연적으로 다양한 인종 구성, 다양한 문화 유입과 혼합, 국민 개념의 변화 등 불안과 갈등의 사회 문제들에 직면하게 한다.

국제이주는 또 기후변화, 종교 및 인종갈등, 이념대립, 자원 확보 등을 위한 민족적, 정치적, 군사적 요구에 반응한다. 이민자를 포용할 수 있는 국가들은 경제력과 문화적, 사회 심리적 자신감을 보유한 국가들이다. 오늘날 국제이주의 유입과 유출 현실에서 다른 문화, 다른 언어, 다른 전통과 사회규범을 가지고 살았던 이민족 또는 이방인을 자기 공동체의 일원으로 받아들이는 일은 담대한 포용력을 필요로 한다. 우리가 상호 바라보고 있는 이민자는 너이기도 하고 나이기도 하다. 우리는 모두 평등한 세계를 희망하지만 '이주하는 인간'이 마주하고 있는 현실은 '기울어진 세계'의 저울추이다. 따라서 우리는 국제이주에 대한 기존의 관점과 시각을 바꾸어야만 한다. 20세기 말, 인식을 전환하여 이주문제를 통합적 관점, 관용적 관점에서 대범하게 수용하고 대립의 장벽, 국경의 장벽을 활짝 열어젖힌 조약이 바로 쉥겐조약이었다. 쉥겐조약(Schengen Agreement)[14]은 국경을 상호 개방하면서 조약에 참여한 대부분 유럽 국가 시민들의 이동과 통행을 자유롭게 하였다. 이제 우리는 다음 세대를 위해 이 조약보다 더 용기 있게 열어젖힐 문을 준비해야 한다. 우리는 정주의 시대에 살고 있지만 동시에 이주의 시대에 살고 있기 때문이다.

참고문헌

권경득 외. (2021). 「시민권·정치참여분야의 다문화정책 수단 연구」. 다문화국가의 사회융합을 위한 정책수단 비교연구 총서: 선문대학교 정부간관계연구소.
국가인권위원회 홈페이지. (2024). 「세계인권선언」. UN 인권최고대표사무소의 한글 번역본.
구경모 외. (2021). 「이주와 불평등」. 부산외국어대 중남미지역원 연구총서, 76.
김광열. (2011). 「20세기 전반 한인의 일본이주와 정착」. 제54회 역사학대회.
김태환. (2022). 「다문화사회와 한국이민정책의 이해」 개정판. 집사재.
김태환. (2022). 「이민법제론」. 대영문화사.
김태환·권향원·박미정·황복선·김화영·강승엽. (2021). 「귀화면접심사제도 연구 및 심사문항개발」. 법무부.
대런 애쓰모글루·제임스 A. 로빈슨. 최완규 옮김. (2021). 「국가는 왜 실패하는가」. 시공사.
Ian Buruma. (2021). 신보영 옮김. 「0년 현대의 탄생, 1945년의 세계사」. 글항아리, 182-203.
Malcolm Swanston. (2021). 유나영 옮김. 「지도의 역사」. 소소의 책, 167-191.
Massimo Livi-Bacci. (2009). 송병건·허은경 옮김. 「세계인구의 역사」. 14-29.
박재창. (2020). 「지구 거버넌스와 NGO」. 한국미래정부연구회 연구총서 18.
박찬운. (2012). 「인권법의 신동향」. 한울.
신주백. (2011). 「한인의 만주이주 양상과 동아시아」. 제54회 전국역사학대회, 59.
유혁수·권철·강광문. (2021). 「일본법 강의」. 박영사.
이준일. (2007). 「차별금지법」. 고려대학교 출판부.
장 크리스토프 빅토르 외. (2008). 안수현 옮김. 「변화하는 세계의 아틀라스」. 책과함께.

---

14 1985년 프랑스, 네덜란드, 서독, 벨기에, 룩셈부르크 간 국경개방조약이 협약의 출발점이었다. 1997년 유럽연합의 법률로 추가되었고 유럽의 대부분 국가들이 조약에 참여하였다. 쉥겐지역에서는 출입국심사를 하지 않아 여행자들의 입국과 출국이 자유롭게 허용된다.

제임스 피시킨. 박정원 옮김. (2020). 「숙의 민주주의」. 한국문화사.
정재정. (2011). 「이주와 이산의 역사」. 제54회 전국역사학대회.
주경철. (2010). 「대항해시대」. 서울대학교 출판문화원.
정인섭. (2020). 「에센스 국제조약집」. 박영사.
한상복 외. (2021). 「문화인류학」. 서울대학교 출판문화원.
함재봉. (2021). 「한국사람 만들기」. H 프레스.

> 제2장

국제이주 이론과 유형

이혜경

제1절 서론

1. 국제이주 이론의 개념

국제이주(國際移住: international migration)는 국제사회의 시각에서 바라보는 국가 간의 경계를 넘는 인구이동을 의미하는 용어이다. 동일한 현상을 보면서 우리는 개별국가 관점에서 이를 이민(移民)이라 칭한다. 광의의 이민(migration)은 인구이동의 방향성에 따라 이출(移出: emigration)과 이입(移入: immigration)으로 구분된다. 1960년대 노동력 송출국으로서 이출정책(emigration policy)을 펼쳤던 한국은 오늘날 이민 수용국으로서 이민정책(immigration policy)을 추진하고 있다.

국제이주 이론은 국가 간에 이루어지는 노동력의 근간이 되는 인구의 이동이 어떤 메커니즘에 의해 발생하고 영속하는지를 체계적으로 설명하려는 학문의 한 영역이다. 개별국가의 영역을 넘어 국제사회에서 전개되는 국가 간 인구이동에 관한 일정한 법칙을 이론으로 정립한 결과 다양한 분야에서 국제이주 이론이 축적되었다.

기본적으로 국제이주의 출발은 더 나은 삶의 환경을 추구하는 개인의 선택과 적극적인 실천에서 비롯된다. 국제이주로 인해 송출국과 수용국은 정치, 경제, 사회, 문화 등 다양한 영역에서 서로 영향을 주고받으며, 개인의 차원을 넘어 송출국과 수용국에 많은 변화를 초래한다(김지송, 2017). 국제이주의 유형에는 ① 노동정책형 국제이주, ② 숙련노동자나 전문가들의 개별계약에 기반한 전문직 국제이주, ③ 서비스 분야 수요 증가에 따른 여성의 국제이주, ④ 난민·망명 등 도피형 국제이주, ⑤ 사업·유학 목적의 투자형 국제이주, ⑥ 가족정착형 국제이주 등이 있으며 여기에는 자발적, 비자발적 형태가 모두 포함된다(전형권, 2008: 262).

개인이나 집단의 자발적인 선택이 아닌 비자발적 국제이주를 발생시키는 송출국 요인에는 ① 정치적 갈등, 폭력, 부패 등 정치적 사유와 ② 민족, 성, 종교 등 사회문화적 차별 요인이 있으며, ③ 기후변화, 환경의 파괴, 자연재해 등 환경요인, ④ 경제붕괴로 인한 극심한 빈곤, 기아 등 강제적 경제요인 등을 들 수 있다.

노동력의 국제이동에 관한 국제이주 이론은 오늘날 전개되는 전(全) 지구적 인구이동, 초국가주의(transnationalism), 디아스포라(diaspora) 현상을 해석할 수 있는 개념적 틀과 더불어 국제이주의 원인, 과정, 결과를 통합적으로 볼 수 있는 관점을 제공한다(김지송, 2017).

2. 국제이주 이론의 발전사

오늘날 국제환경이 국가 간의 경제적 의존도가 높아지고 세계화가 진전되는 방향으로 변화함에 따라 국제이주는 일부 국가에 한정된 현상이 아닌 국제사회의 중요하고 보편적인 현상으로 자리하게 되었다(김지송, 2017). 이에 따라 국제이주 이론은 사람들이 왜 국제이주를 하는지를 설명하기 위하여 그동안 다양한 학문 분야에서 발전해왔다. 한국보다 이민 수용국가 입장을 먼저 경험한 서구의 학자들은 이미 1970년대부터 국제이주 이론에 관한 많은 연구를 활발히 전개하였다. 국제이주 이론에 관한 국내 연구는 2000년경부터 시작되어 주로 정치학, 사회학 분야 학자들에 의해 본격적으로 이루어졌고 최근까지 다양한 분야에서 국제이주 이론 연구가 진행되었다.

국제이주 이론에 관한 초기 연구는 주로 경제 중심적인 시각에서 출발하였으나 점차 구조적, 사회·문화적 요인까지 고려하는 방향으로 발전하였다. 역사적 흐름을 기준으로 본 국제이주 이론의 발전단계는 ① 고전적 경제이론 중심 시기(19세기 말~1950년대), ② 구조적·정치 경제적 이론 시기(1970~1980년대), ③ 사회적 네트워크·미시적 분석 시기(1980~1990년대), ④ 다차원적·복합적 접근 시기(2000년대 이후)로 구분할 수 있다. 각 단계의 특성을 살펴보면 첫째, 고전적 경제이론 중심 시기의 특징은 국제이주를 단순히 경제적 요인만으로 설명하였다는 점이다. 둘째, 구조적·정치 경제적 이론 시기의 특징은 국제이주를 세계자본주의 체계 내 현상으로 인식하게 되었다는 점이다. 셋째, 사회적 네트워크·미시적 분석 시기에는 국제이주가 사회적 자본인 사회관계망 내에서 네트워크의 영향을 받아 연쇄적으로 이루어지는 특성이 있음을 깨닫는 계기가 되었다. 넷째, 다차원적·복합적 접근 시기에는 국제이주가 경제·사회·문화·정치·역사가 결합 된 상호작용적이고 복합적인 국제이주체계에 의한 현상이라는 인식과 함께 초국가적 정체성에 기반한 글로벌 시민의 관점이 도입되었다는 점이다. 이 시기부터 난민, 불법이민, 기후이민 등 비경제적 요인들이 연구 범위에 포함되기 시작하였다.

전형권(2008: 265)은 국제이주 이론을 크게 전통적인 이론과 발생·영속화·적응 이론으로 소개하였다. 첫째, 전통적인 국제이주 이론(Massey, et. al., 1993)은 분류 차원을 개인, 가족, 국가, 세계로 구분하였다. 이를 구체적으로 살펴보면 신고전경제학 이론은 개인 차원, 신이주경제학 이론은 가족 차원, 노동시장분절론은 국가 차원, 세계체제론은 세계 차원에 해당한다.

둘째, 발생·영속화·적응 이론(Massey, et. al., 1998)은 국제이주의 발생, 영속화, 적응을 포괄적으로 설명한다. 국제이주의 발생(initiation)에 관한 이론에는 신고전경제학 이론, 신이주경제학 이론, 노동시장분절론, 역사-구조적 접근인 세계체제론 등이 해당되며, 국제이주의 영속화(perpetuation)에 관한 이론에는 사회적 자본론에 해당하는 사회적 연결망과 제도이론 그리고 누적원인론 등이 포함된다.

본 교재는 국제이주 이론 구분을 국제이주의 중심이 누구 또는 어디에 기반하는지를 기준으로 ① 행위 중심 이론, ② 구조 중심 이론, ③ 관계 중심 이론으로 나누어 소개하고자 한다.

제2절의 행위 중심 이론은 행위자의 동기, 합리성, 자율성에 기반한 선택의 결과로 국제이주가 발생함을 설명한다. 여기에는 신고전경제학(Neo-Classical Economics) 거시이론과 미시이론, 신이주경제학(New Economics of Migration) 이론이 해당된다. 행위 중심 이론은 개인 또는 집단 행위자가 중심이 되는 이론이다. 행위자 개인 또는 집단의 합리적 선택이 국제이주 발생의 핵심 원인이 된다. 행위 중심 이론의 한계는 디아스포라 초기 현상의 강제 이동 또는 강요된 이동을 설명하지 못한다는 데 있다. 그러므로 행위 중심 이론을 기준으로 국제이주를 보는 시각에는 각 국가의 사회구조, 역사적 맥락, 자본주의 체제 등의 보완이 필요하다.

제3절의 구조 중심 이론은 국제이주의 선택이 행위자의 합리적 선택이 아닌, 세계화에 의해 형성된 자본주의 불균형이라는 구조적 요인에 의해 발생한 결과라고 보는 관점이다. 국제이주가 행위자의 힘이 미치지 않는 경제적, 정치적, 사회문화적 요인 등 하나의 구조화된 체계에 의해 발생한다는 이론이다. 여기에는 상대적 과잉인구이론(relative overpopulation theory), 노동시장분절론(segmented labor market theory), 세계체제론(world-system theory)이 소개된다. 구조 중심 이론은 신고전경제학 이론과 동일하게 국제

이주 흐름이 개발도상국에서 선진국으로 나타난다고 보지만, 국제이주의 원인 및 결정 요인이 거시적 국제경제 구조에 있다고 본다. 거시구조적 접근은 '중심국-주변국'과 '구조적 불균형'의 개념으로 국제이주를 설명한다(Alexandro Portes, 1995). 구조론적 접근은 중심부의 자본투자에 의해 유발된 세계자본주의 불균등 발전이 국제노동력 이동을 야기한다고 본다(설동훈, 2001; 전형권, 2008: 269). 구조 중심 이론이 지니는 한계점으로는 첫째, 개별 외국인노동자의 국제이주 동기를 지극히 일반화시켜 행위자의 선택을 구조 차원으로 한정하고, 이동과정은 거의 간과한다. 둘째, 노동력을 받아들이는 수용국의 구체적 경로와 다양성에 관한 개념 제시가 부족하다. 셋째, 국제이주 행위의 상황적 요인, 사회문화적 요인, 두 국가 간 식민지 관계 등 역사적 경로, 정치·외교적 관계가 갖는 중요성 등이 간과되고 있다.

4절에서 소개하는 관계 중심 이론은 국제이주 체계를 둘러싼 환경 요소들과의 상호작용을 통해 국제이주가 발생한다고 본다. 관계 중심 이론으로 사회자본론(네트워크 이론 포함), 누적원인론, 국제이주체계론을 소개한다. 국제이주가 발생한 이후에 어떻게 해서 후속 국제이주가 촉발되며 점차 영속화가 가능해지는지 설명하는 모형으로 사회자본론과 누적원인론이 있다(Massey. et. al., 1993). 미시적 구조와 거시적 구조의 상호관계가 결합하여 안정된 국제이주 체계가 어떻게 형성되며 지속되는지 밝히려는 통합모형에 대한 국제이주 이론 연구가 진행되었다(전형권, 2008: 271). 여기서 거시구조는 세계시장의 정치, 경제, 국제관계 그리고 국제이주를 통제하는 송출국과 수용국 정부에 의해 확립된 법, 관행 등 대규모 구조적 요인을 의미한다. 미시구조는 이민자들의 사회적 연결망, 관행, 신념 등으로 구성된다(Stephen Castles and Mark Miller, 1996; 전형권, 2008: 276). 통합론 모형으로 제시된 국제이주체계론은 다양한 요인이 상호 복합적으로 결합된 국제이주(compound or mixed migration)의 특성을 보여줌으로써 국제이주에 대한 종합적이고 체계적인 이해를 가능하게 한다.

제2절 행위 중심 이론

1. 신고전경제학 거시이론

균형이론(equilibrium theory)[1]에 기반한 신고전경제학 거시이론은 노동력 수요와 공급의 지역 간 차이를 인구이동의 근본 원인으로 보며, 국가 간 노동력의 공급과 수요의 차이로 인해 국제이주가 발생한다고 본다(Lewis, 1954; Harris/Todaro, 1970; Todaro, 1976). 자본은 풍부하지 못하면서 노동력이 상대적으로 풍부한 국가는 시장의 임금수준이 낮게 형성된다. 한편, 풍족한 자본을 보유하면서 노동력이 부족한 국가는 시장의 임금수준이 높게 형성된다. 이 경우 과잉노동력을 보유하고 임금수준이 낮은 국가의 노동자들이 노동력이 부족하고 임금수준이 높은 국가로 이동하는 현상이 결국 국제이주의 원인으로 작용한다.

신고전경제학 거시이론은 과거 국제이주 설명을 위한 분석 틀로 폭넓게 활용되었던 배출-흡인이론(push and pull factor theory)과 공통점을 지닌다. 배출-흡인이론은 국제이주가 송출국과 수용국 간의 국제적 불균형, 국가 내 현존하는 불균형(existing disequilibrium)에 의해 발생하고 그 결과 균형이 회복된다는 것을 전제로 한다(김용찬, 2006: 84). 신고전경제학 거시이론에 의

---

[1] 일반균형이론은 모든 경제 주체가 자신의 이익 추구에 따라 합리적으로 행동한다면 모든 상품과 수요의 공급을 일치시켜 시장을 균형에 도달하게 하는 가격 체계가 존재함을 의미한다. 경제 내 모든 상품 시장과 생산 요소 시장, 즉 수요 공급이 동시에 균형을 이루는 상태를 설명하는 이론이다.

하면 국제인구이동은 자본이 부족하고 노동력이 풍부한 나라로부터 자본은 풍부하나 노동력이 부족한 선진산업국으로 일어난다. 노동력이 부족한 국가는 임금수준이 높은 데 비해 노동력이 풍부한 국가는 실업률이 높고 임금수준이 낮기 때문이다. 국제이주는 국가 간의 임금 차이 때문에 일어나므로 국제이주가 일어나는 만큼 국가 간의 임금 차이가 감소하며, 그 결과 국가 간의 임금이 균형에 달하면 국가 간의 이동은 중단된다. 이 같은 균형이론의 관점에서는 선진국의 자본이 상대적 희소성이 높은 저개발국으로 흘러가고, 저개발국의 노동자는 희소성이 높은 선진국으로 흘러감으로써 점차 균형을 이루게 된다(전형권, 2008: 267).

신고전경제학 거시이론은 한계점을 지닌다. 첫째, 풍요로운 중심국으로의 국제이주가 고용조건이 열악한 주변국들에서 이루어져야 하나, 실제 이들보다 고용조건이 더 좋은 중간수준의 발전단계에 있는 국가들에서 오히려 국제이주가 발생한다(Portes, 1995; 석현호, 2000: 11). 둘째, 국제이주로 인해 송출국과 수용국 간에 경제적 균형이 이루어져야 하나, 실제 자본강국과 빈민국 간 불균형 현상은 지속된다(Castles & Miller, 1998; 석현호, 2000: 11). 셋째, 균형점을 찾아가려는 개인의 합리적 선택이 아니어도 가구들이 소득의 원천을 다원화하기 위한 수단으로 국제이주를 선택하는 경우가 있어 국가 간 임금 차이가 없어도 국제이주는 발생한다(설동훈, 1999: 303).

2. 신고전경제학 미시이론

신고전경제학 이론에서 국제이주의 결정은 개인의 합리적인 선택에 기인한다(Borjas, 1989). 합리적인 개인 행위자는 국제이주에서 발생하는 비용과 편익을 계산하여 상대적으로 순이익이 기대되는 곳으로의 이동을 결정하게 된다(Todaro, 1969). 이같이 신고전경제학 미시이론은 개인의 관점에서 국제이주를 선택하는 방법에 관한 이론으로, 비용-편익분석(cost-benefit analysis)에 바탕을 둔 인적자본론에 해당한다. 국제이주는 인적자본투자 현상으로 개념화되며, 개별 행위자가 비용-편익분석을 통해 효용의 극대화를 위한 합리적인 선택을 한 결과가 된다(Borjas, 1989).

사람들은 자신의 인적자본인 교육, 경험, 훈련, 언어능력 등을 투자하여, 고용이 가능하고 비용-편익 계산에서 가장 순이익이 클 것으로 기대되는 지역으로 국제이주를 한다. 비용-편익분석에 따르면 "합리적 개인행위자가 국제노동력 이동의 비용과 편익을 계산한 결과, 순이익이 기대되는 경우 이동하는 것"으로 파악된다. 개인은 자신의 효용(utility)을 극대화하며 복리를 최대화하기 위해 거주지를 탐색하는 것이 전제된다(김용찬, 2006: 84). 국가 간의 국제이동 규모는 비용과 이익의 계산에 따른 개인 선택 결과의 총량인 것이다.

신고전경제학 미시이론은 다음의 한계를 지닌다. 첫째, 국제이주를 결정하는 행위자를 '고립되고 역사에 무관심하며 국가 간 임금 차이에만 반응하는 존재'로 인식한다(Samers, 2010: 159). 그러나 국제이주는 단순히 개인이나 가구의 기대소득 등 경제적 선택 이외에도 실제 지리적 요인 등 다양한 요인들이 고려될 수 있고 비자발적 결정에 의해 발생하기도 한다(Boyle/Halfacree, 1998). 둘째, 행위자에게만 초점을 두고 있어 국가의 역할이 절대적으로 간과된다. 국제노동력 이동에 대한 국가(state)의 개입을 불필요한 것으로 바라보는 신고전학파는 국가의 역할을 간과한다는 점에서 비현실적이다(전형권, 2008: 268). 국제이주는 국가 간 이동이기에 '기존 거주국가의 통제를 벗어나 새로운 국가의 통제 및 규범 안으로 들어가는 절차'여서 그 과정에서 출입국 제한 등 국가와 정부의 정책과 역할이 영향을 미치는 중요한 요소이기 때문이다. 국제이주는 자유롭고 개방적인 출입국제도 등 국가의 정책에 의해서도 좌우된다(전형권, 2008: 268). 따라서 개인의 결정에 기반한 단일차원의 국제이주를 설명하는 신고전경제학 미시이론은 보다 포괄적인 접근방법인 구조주의적 이론에 의해 도전을 받는다.

3. 신이주경제학 이론

신이주경제학 이론(Stark & Bloom, 1985)에서는 가구와 공동체 단위 행위자의 합리적 위험분산 전략의 선택으로 국제이주가 발생한다(Tayler, 1986; Stark, 1991). 개인보다는 가족단위 국제이주를 바라보는 시각인 신이주경제학 이론은 1980년대 등장하였다. 저개발국가인 송출국의 경제적 요인 및 위험 분산을 목적으로 가구(가족) 단위에서 국제이주가 결정된다고 본다. 행위자들은 기대소득의 극대화 외에도 송출국의 시장실패(market failure)에 의한 위험(risk)을 최소화하기 위해 집단적으로 행동한다. 사람들은 가구의 기대소득을 최대화하기 위해서만이 아니라, 자국 내 시장의 위험 요소를 최소화하고 불안정을 완화하기 위해 국제이주를 선택한다. 따라서 국제이주는 단순히 임금격차 해소나 효용의 최소화에 의해 중단되지 않으며 송출국가의 시장실패로 인한 불안정성과 불균형이 지속된다면 위험을 약화시키기 위해 국제이주는 계속된다(Massey et al., 1998: 21-28). 국가 간의 임금 차이가 없어지더라도 국제이주가 반드시 중단되지는 않는다. 자국 내 다른 지역시장이 부재하거나 불완전 또는 불균형 상태에서 시장실패에 처해 있다면 다른 국가로의 인구 유출은 계속 발생할 수 있기 때문이다. 앞서 살펴본 신고전경제학의 거시이론과 미시이론은 국가 간 임금차이가 없어지면 경제적 균형상태가 이루어져 국가 간 국제이주가 중단된다. 반면 신이주경제학 이론은 가구 소득의 원천을 다원화하기 위한 목적이기에 국가 간 임금차이가 없어지더라도 국제이주는 발생할 수 있다.

신이주경제학 이론에 부합하는 사례로 멕시코 농촌 지역은 농업 수입의 불안정성, 보험제도의 미비로 가족 중 일부가 미국으로 노동이민을 가는 현상이 일반화되었다. 이에 멕시코 정부는 송금을 제도적으로 활용하는 정책(예: Programa 3x1 para Migrantes)을 통해 국제이주를 지역 개발과 연결시키고자 하였다. 이같이 신이주경제학 이론은 실제로 이민자가 생존전략으로서 본국으로 송금을 하는 의미와 배경을 이해하게 해주고, 가족 단위 국제이주의 배경과 이유를 설명하는 데 도움을 준다. 이 이론에 근거할 때 본국으로의 송금을 공식화하고 이를 개발정책과 연계하는 정책 설계가 가능하며, 또한 가족 동반 이민을 지원하는 정책이 필요하게 된다.

신이주경제학 이론은 다음의 한계를 지닌다. 첫째, 국제이주를 가구의 합리적 선택으로 개념화함으로써 개인과 가족의 의사결정 범위를 넘어서는 경제구조적 요인을 고려하지 못하며(석현호, 2000: 9), 사회문화적, 역사적 요인을 간과한다. 이민자 송출국과 수용국 간의 역사적 특수성, 문화적 경로 등을 따라 국제이주가 얼마든지 이루어질 수 있기 때문이다. 만일 국제이주 노동이 수용국에서 문제를 일으켜 그것에 개입할 필요가 있다면 송출국의 개입은 불가피할 수 있다(Taylor, 1999). 둘째, 농촌의 대가족 형태 가구의 경우 이 이론의 적용이 가능하나, 도시의 소규모 핵가족 형태 가구의 경우는 위험을 분산할 여분의 노동력이 없어 이론의 적용이 불가능할 수 있다.

제3절 구조 중심 이론

1. 상대적 과잉인구이론

마르크스(Karl Marx)의 경제학에 근원을 둔 상대적 과잉인구이론(Relative Surplus Population Theory)은 국제이주를 자본주의 경제 시스템의 불균형과 불평등 구조에서 비롯된 결과로 설명한다. 자본주의 경제구조에 의해 영향을 받아 경제적, 사회적 자원과 기회에 비해 인구가 지나치게 많아지면 국제이주로 이어진다는 것이다. 특정 경제체제 내에서 생산력이 과잉되어 고용할 수 있는 일자리가 부족해지면 노동자들이 잉여 인구로 남게 되고 노동자, 여성, 청소년, 자영농 등은 실업 상태에 처하게 된다. 임금노동자로 고용되지 못해 실업 상태에 있는 이들 잠재적 노동인구집단은 경제적 기회를 찾아 국제이주에 나서게 된다. 이 이론은 국제이주를 개인적인 선택이나 기회의 문제가 아닌, 송출국의 경제적 구조와 시스템의 불균형에 따른 사회적, 경제적 결과로 이해한다.

이 이론의 한계점은 이들 거대한 노동예비군은 대부분 중심부 국가로 흘러 들어가 정치적·법적 취약성으로 인해 더욱 값싼 노동력 제공자로 전락한다는 점이다. 그러면서 동시에 수용국의 노동시장에서 저임금효과를 통해 현지 노동자의 계급투쟁 효과를 약화시키는 작용을 하게 된다. 이민자들은 자본에 의해 수용국 노동자의 임금인상 요구에 대항하고 수용국 노동자를 통제하는 메커니즘으로 활용된다.

2. 노동시장분절론

노동시장분절론(Bonacich, 1972; Piore, 1979)은 이중노동시장 이론이라고도 하며 노동수요가 발생한 수용국 경제 내 노동시장 구조에 초점을 맞춘 이론이다. 발전된 국가들의 경제구조에서 노동시장은 자본집약적인 1차 부문과 노동집약적인 2차부문으로 분절되는 본질적인 특성이 나타난다(Bonacich, 1972). 고용주들의 외국인 노동력에 대한 수요와 정부의 주도로 국제이주가 일어나, 국제 노동시장은 1차 부문(primary sector)과 2차 부문(secondary sector)으로 분류된다.

수용국 자본가들은 이윤 극대화를 위해 저임금 노동자들을 고용하려 하고, 고임금 노동자들은 기득권 유지를 위해 저임금 노동자들이 자신들의 시장에 진입하지 못하도록 하여 분절된 노동시장 형태를 이루게 된다. 이 경우 저임금 노동자는 대부분 이민자로 구성되며 자본가들에 의해 고임금 노동자들을 통제하는 데 쓰이므로 고임금 노동자들로부터 차별을 받게 되고 이로 인해 갈등이 발생할 수 있다(Bonacich, 1972: 547-555).

국제이주를 통해 유입된 노동자들은 대개 고학력·고숙련이라 하더라도 실제로는 저임금 노동에 주로 종사하게 된다(설동훈, 2000). 선진국 노동자들이 기피함에 따라 생겨난 2차 부문 노동시장의 공백을 채우는 데 초점을 두고(전형권, 2008: 270), 국가의 노동력 충원정책에 의해 국제이주가 일어나기 때문이다(설동훈, 2001).

노동시장분절론(이중노동시장 이론)은 실제로 단순·저임금 저숙련 노동이민 수요가 필요한 이유와 주장에 정당성을 부여한다. 그동안 한국에서 이 분야는 인력수요 기반의 송출국별 쿼터제 정책으로 활용이 되어 왔으며, 점차 산업별 맞춤형 장기비자의 개발로 정책 방향이 변화하고 있다. 독일이 1960~70년대 경제 성장기를 맞아 터키 등지에서 외국인노동자(Guestarbeiter)[2]를 초청하여 노동력 부족 문제를 해결한 사례는 이중노동시장 이론에 부합하는 사례이다. 그러나 장기적인 통합 문제를 고려하지 않는 경우 사회통합에 실패할 수 있다는 점은 이 사례가 주는 시사점이다.

국제이주를 구조주의적 접근방식 또는 노동시장분절론만으로 설명하는데 한계가 있다. 첫째, 노동시장분절론은 각 국가의 정책과 같은 국제이주 영향요인을 간과한다는 것이다. 일례로 스리랑카와 캐나다 간에 역사적으

---

2 당시 독일의 채용협정체결은 이탈리아(1955), 스페인(1960), 그리스(1960), 터키(1961), 모로코(1963), 한국(1963), 포르투갈(1964), 튀니지(1965), 유고슬라비아(1968) 국가 순으로 이루어짐.

로 구조적 연결고리가 전혀 없지만, 캐나다 정부 정책에 스리랑카 이민자를 위한 프로그램이 존재하여, 교육수준이 높고 고숙련 노동자들인 타밀족의 유입을 캐나다 정부가 환영한 결과(Hyndman, 2003) 캐나다에 거주하는 스리랑카인이 증가하게 되었다(Samers. 2010). 둘째, 노동시장분절론이 주장하는 바와 달리 세계 곳곳에 형성된 노동시장이 단순히 두 부문으로 구분되기는 어렵다는 것이다. 셋째, 노동시장분절론은 송출국의 구조적 입장은 고려하지 않고 단지 수용국만을 기준으로 국제이주를 설명한다는 점이다. 수용국 차원의 구조적 변화는 잘 설명하지만, 송출국에서의 구조적 변화에 대해서는 설명하지 않는다.

3. 세계체제론

세계체제론(Wallerstein, 1974)은 역사구조적 접근에 해당하며 상대적 과잉인구이론의 연장선상에서 16세기부터 자본주의 발전으로 형성된 세계경제구조를 국제이주의 요인으로 본다. 즉, 자본주의 경제 내 중심(core)국가의 자본가들은 더 높은 이윤과 부를 축적하기 위해 농지, 원자재, 노동, 소비시장을 찾아 주변(periphery)국가로 침투해 들어간다. 반면 국제노동력 이동은 자본과 상품의 흐름과 반대로 주변국에서 중심국으로 일어난다. 중심부 국가들은 세계시장 내에서 경제적 권력을 가지고 있는 자본주의국가로서 주변부 국가들의 노동력을 동원하는 방식으로 인적자본을 흡수한다(Wallerstein, 1974). 과거 식민지였던 국가와 식민지 모국 간에 이러한 방식이 발생할 가능성이 높다(Massey et. al., 1993: 445). 이들 국가 간에는 역사적으로 문화, 언어, 행정, 투자, 교통, 통신 등의 관계가 형성되어 문화적, 물질적 연결 구조가 존재하므로 국제이주에 유리하다.

세계체제론에서 국제노동력 이동은 저발전으로 인한 불평등에 대한 반응이자, 자본주의 중심부와 주변부 간의 연결을 통해 국제분업체제를 유지·강화시키는 메커니즘으로 간주된다. 이 이론은 세계수준의 경제체제에서 중심국가 자본의 확산이 가져온 결과로서 국제이주를 거시구조적 관점에서 설명한다. 세계체제론은 실제로 국제이주가 왜 특정 국가 간에 발생하는지 구조적인 배경을 이해할 수 있게 해준다. 이 이론에 의하면 개발도상국인 송출국의 이민자를 배려하는 정책이 필요하며, 송출국과 수용국 간의 협력적인 국제이주 관리정책이 모색되어야 한다.

프랑스가 식민통치 시대에 형성된 경제적·언어적 연계성에 기반하여 알제리, 모로코, 튀니지 등 북아프리카 출신 이민자의 우선 입국 정책을 운용한 사례는 세계체제론에 부합한다. 이 사례는 특정 국가 간 국제이주 흐름이 식민 유산의 역사적 불균형에 기인한다는 역사적 맥락을 보여주며, 이 경우 이민자 통합 문제를 단순한 문화 차이가 아닌 구조적 배경으로 이해하게 한다.

세계체제론은 많은 한계를 지닌다. 첫째, 국제인구이동을 가져오는 체제는 세계경제체제의 하위체제만이 아니라 국제정치체제의 하위체제이기도 하다. 난민 발생 메커니즘 등의 사례에서 보듯이, 국제인구이동은 단지 세계경제체제로만 설명될 수 없다는 점이다. 둘째, 체제수준에만 초점을 맞추게 되면 중심부 국가들의 이민정책을 설명하는 데 많은 한계가 있다. 중심부 국가가 왜 제한적 이민정책을 추구하며 심지어 세계경제체제에 반하는 정도까지 국제이주를 차단하는지 설명하기 어렵다(이충훈, 2007: 104-105).

제4절 관계 중심 이론

1. 사회자본론

사회자본론은 행위자의 사회적 연결망을 사회자본으로 보는 행위자-네트워크 이론이다. 신고전경제학의 미시이론에 해당하는 인적자본론과 대비되는 사회자본론은 국제이주의 지속과 성공적인 정착 등 국제이주의 영속성을 구조와 행위자의 상호작용 결과로 본다. 사회자본론은 구조와 행위자를 매개하는 사회(종족)집단, 조직과 단체, 사회적 연결망, 국가(정책) 행위자와의 관계 등을 통합적 관점에서 주목하면서 국제이주를 설명한다.

사회자본론에서는 이민자의 사회적 자본인 사회연결망과 사회제도에의 참여가 자원획득에 매우 중요한 요소가 된다. 국제이주는 인적 네트워크에 의해 강화되거나 유지된다. 국제이주로 먼저 정착한 사람들과의 연결망이 이민에 대한 잠재적 의사를 가진 송출국 국민에게 국제이주 경로를 안내하고 이들이 기존에 정착한 이민자들과 연결됨으로써 국제이주 체계가 확대되고 지속되기 때문이다. 새로운 이민자가 자신의 친척 또는 친구들을 통해 국제이주를 선택하는 경우, 수용국에 이미 형성된 네트워크가 새롭게 접하는 환경에 빠르게 정착하는 데 중요한 역할을 한다.

일정 규모를 넘는 이민연결망이 형성되면 신규 이민자들의 국제이주 비용과 위험을 감소시키고 순이익이 증대되어 점차 연쇄이민(chain migration)이 일어난다. 연쇄이민을 가능케 하는 이민연결망 활동은 주로 정부의 통제 밖에서 이루어져 정부가 그 흐름을 통제·관리하기는 어렵다. 따라서 일정 국가 간에 형성된 이민자들의 연결망(migrants networks)은 국제이주를 영속화시키는 메커니즘으로 작용한다. 이러한 이민연결망은 국제이주에 접근하기 위한 통로이자 인맥(人脈)으로 작용하므로 일종의 사회적 자본(social capital)의 한 형태가 된다.

국제이주를 촉발시키는 이민연결망(migration network)에는 사회적 네트워크(가족, 친지, 종교기관, 동문회, 향우회 등), 국제이주를 전문으로 하는 영리조직(합법적 브로커, 밀입국조직 등), 인도주의 비정부기구(NGOs) 등이 있다(전형권, 2008: 272). 연결망은 이민 알선 기능 외에도 이민자의 인권, 복지를 위한 상담, 사회서비스, 법률 자문, 보호처 제공 역할을 하여 국제이주가 더 제도화되고 독립적이 되므로 정부의 통제는 더 어려워지게 된다(석현호, 2000: 13).

사회자본론은 이민자의 사회적 연결망과 조직의 발전 및 사회제도의 참여가 자원획득에 중요한 요소가 된다는 가정에 기초한다. 노동력 송출국과 수용국에서 선행 이민노동자, 현지인 등을 사회적 매개자로 한 연결망을 통해 신규 이민노동자의 이동비용과 위험을 낮추고 기대 순이익을 증가시킴으로써 국제이주가 증가하게 된다(Massey et. al., 1993: 460-461). 해외에 거주하는 친척 또는 지인들은 본국 가족에게 신뢰할만한 취업 기회에 관한 정보를 제공하고, 이동에 필요한 자금을 지원하거나, 도착 후 거주지와 고용 기회 등을 제공할 수 있다. 이 경우 해당 수용국은 국제이주를 희망하는 대상자들이 선호하는 대상국이 된다.

사회자본론의 한계점은 이 이론이 국제이주의 발생과 지속에 관한 긍정적 측면만을 염두에 두었지만, 국제이주를 억제하는 부정적 요소로도 작용할 수 있음을 간과한다는 것이다. 이 이론이 이론적 완성도를 높이기 위해서는 구체적 사례연구(case study)를 통해 사회적 자본의 형성과 작동 메커니즘을 규명하는 연구가 축적될 필요가 있다.

1) 네트워크 이론

사회자본론의 하위이론인 네트워크 이론(Massey et al., 1993)은 행위자 관점의 이론과 구조적 관점의 이론이 지니는 한계를 보완하고 두 이론을 통합하여 행위자 간의 관계론적 시각에서 제시된 거시적이고 다차원적인 이론이다. 이 이론은 송출국과 수용국을 둘러싼 거시적, 미시적 구조의 통합을 통해 국제이주가 형성되고 안정적인 체계(system)로서 작용하며(전형권, 2008: 259), 행위자와 구조를 매개하는 사회적 연결망이 국제이주를 추동하는 원인이 된다.

네트워크 이론은 1990년대부터 본격적인 이론으로 체계화되기 시작하였다(Massey et. al., 1993; Portes, 1995; Brettell/Hollifield, 2000; Vertovec, 2002). 초기에는 고숙련 이민자들 간 공동체 네트워크 구축의 중요성이 강조되었다. 네트워크 연결망은 수용국에서의 고용 기회 모색과 생활의 터전을 마련하는 비용 및 위험을 줄이는 사회자본의 한 형태로 여겨졌다.

국제이주와 적응에 영향을 미치는 네트워크 연결망은 가족 네트워크, 사회적 네트워크, 민족문화 네트워크로 분류되기도 한다(이소영, 2011). 네트워크 이론은 송출국과 수용국 간 이민자와 관련된 모든 행위자들 사이를 연결할 수 있는 연대감을 기반으로 설명된다(Boyd, 1989; Massey et. al., 1993). 즉 국제이주는 네트워크 관계망을 구축하는 과정으로 인식되며, 사회적 관계를 형성하고 강화시키는 과정으로 해석된다(Portes/Bach, 1985: 10). 구축된 네트워크에서는 송출국과 수용국 간 사회적 자본이 창출되며(Massey et. al., 1993; Castles/Miller, 1993), 사회적 연결망 안에 참여하고 활동하는 것이 자원 획득 및 자원순환에 매우 중요한 요소가 된다는 인식에 기반한다.

고숙련 노동자의 국제이주의 경우 경제학적 측면에서 두뇌순환 개념이 추가되어 수용국은 두뇌유입, 송출국은 두뇌유출이 발생한다(Saxenian, 2005). 그러나, 고숙련 노동자인 a가 A국가를 떠나 B국가로 국제이주를 하는 경우 인적자본이 유출되는 A국가에는 경제적 손실이 되고(두뇌유출), 인재가 유입되는 B국가에는 경제발전에 긍정적 효과(두뇌유입)가 있다고 단순히 설명하기 어렵다. 그 이유는 a를 중심으로 형성된 관계망은 개인의 관계에서 끝나지 않고 송출국의 사회 또는 시장으로 확장되며, 더 나아가 양국 간에 다양한 정보와 기술이 연결, 전파되고 순환되기 때문이다. 즉, a의 국제이주 결과로 A국가와 B국가는 개인과 사회 또는 시장을 중심으로 구축된 초국가적 네트워크를 통해 다양한 정보와 기술이 순환되어 궁극적으로 양국 모두에 경제적 이득을 준다. 미국 실리콘밸리에 정착한 인도 출신 IT 기술자들의 네트워크 관계망은 미국경제에 기여함과 동시에 고국의 경제발전에도 도움이 되는 대표적 사례이다.

국제이주의 시작부터 정착에 이르는 모든 과정에 그동안 축적된 사회적 연결망 안에서의 상호 연대, 정보 교환, 신뢰가 형성되고(Massey et al., 1993), 이것이 후속 이민자들의 이동비용과 위험의 감소를 도모하게 되면 후속 이민이 증가한다. 신규 이민자의 증가로 네트워크는 확장되고 공동체의 강화, 송출국과 수용국을 연결하는 초국가적 관계의 네트워크 강화로 이어져 국제이주의 발생, 영속성(전형권, 2007) 등 국제이주의 모든 과정에 대한 설명이 가능하게 된다(Samers, 2010: 133).

네트워크 이론에 부합하는 사례인 미국의 가족초청이민제도(Family-Based Immigration)는 기존 이민자가 가족을 초청할 수 있도록 허용하여 히스패닉계, 아시아계 커뮤니티의 국제이주가 지속되는 경로를 형성하는 기반이 되었다. 네트워크 이론은 실제로 한국에서 결혼이민자가 자신의 출신국 가족 또는 친지를 초청하면서 특정 국적 중심의 결혼이민이 증가하거나 후속 이민이 확대되는 상황을 이해할 수 있게 해준다. 한국도 향후 이민의 유형이 다양화된다면 연쇄이민을 발생시키는 네트워크 경로가 보다 다양화될 것으로 전망된다. 이 이론은 신규 이민자의 지역 정착을 위한 지원, 이민자 커뮤니티 강화 등의 정책과 관련이 있다.

네트워크 이론의 한계는 첫째, 유대에 기반한 관계망을 통해 밀입국과 인신매매 등 부정적인 결과를 초래할 수도 있다(Salt, 2000). 둘째, 네트워크 이론은 국제이주로 인한 수용국의 경제적 효과, 송출국의 경제성장에 대한 체계적인 분석 틀을 제공하지 못한다(Reniers, 1999: 김지송, 2017: 150).

2. 누적원인론

누적원인론(cumulative causation theory)은 국제이주가 영속화되는 원인으로 누적효과에 의한 사회적 맥락(social context)에 내재된 관계에 주목한다. 국제이주가 일단 발생하면 사회제도(조직체들)나 사회적 연결망의 형태를 통하지 않더라도, 국제이주에 의해 변화된 사회적 맥락(social context)이 원인이 되어 차후의 추가적인 국제이주가 이루어지고 영속화될 가능성이 높다는 것이다(Myrdal, 1957; 설동훈, 2001: 36).

Massey et. al.(1993)는 국제이주 영속화의 누적 원인을 다음과 같이 설명한다.

첫째, 이민자가 있는 출신국 가구의 소득이 높아지게 되면 다른 가구들에게 상대적 박탈감(relative deprivation)을 느끼게 하여 이들로부터 이민자가 나오게 만든다.

둘째, 송출국의 일정 지역에 이민자 송출이 많아질수록 사회적으로 해외 취업에 대한 긍정적인 시각이 확산되어 지역의 문화-가치가 송출 가능성을 높이는 방향으로 변하게 된다. 처음에는 경제적 수입을 목표로 일시 국제이주를 한 경우에도 수용국의 높은 소득과 소비 등 생활방식, 선진문화와 가치 등에 유인되어 반복해서 이동하는 경향이 있다. 이러한 개인적 경험이 누적되면 국제이주에 대한 긍정적 태도가 일반적인 사회의식이 되어 이후 국제이주가 지속적으로 일어나게 된다.

셋째 고급인력의 국제이주는 송출국의 인적자원을 고갈시켜 생산성을 떨어뜨리고 수용국에 인적자원을 축적시켜 경제성장을 보강하기 때문에 지속적인 국제이주를 일으킨다. 저개발국 전문기술직 종사자들이 선진국으로 국제이주하는 두뇌유출(brain drain)이 전형적인 사례이다(Chiswick, 2000).

넷째, 수용국 노동시장의 분절로 인해 국제이주 노동자는 현지인들이 종사하지 않으려는 특정 직업에 종사하는 경향이 있고, 그 노동시장 부문은 이민직업이라는 인식이 고착되어 이민이 연쇄적으로 일어난다. 그 결과 현지인들의 가치관도 변화하여 외국인노동자들이 담당했던 일에 대해 기피 또는 거부하는 현상이 생겨나 노동시장 분절이 고착화된다.

국제이주에 따른 송출국과 수용국의 변화된 사회·경제·문화적 조건에 의해 이민자는 정부의 안이한 통제·조정에 강력히 저항하는 내적 힘을 획득한다. 누적원인의 피드백 메커니즘이 사회적 맥락에 해당하여 대부분 정부 영향력 외부에 있기 때문이다.

한계로서, 누적원인론에는 노동시장분절론, 신이주경제학 이론 등이 포함되어 있어 엄밀히 말해 단일한 이론으로 간주하기 어려운 복합적인 요인의 집합체로 보아야 할 것이다. 따라서 이론적 완결성은 그리 높지 않다.

국제노동력 이동은 일단 한번 이루어지기만 하면 후속적으로 이동을 촉발한다고 보는 누적원인론의 주장이 검증되기 위해서는 보다 객관적 통계가 뒷받침이 된 조사자료가 요구되며, 그 자료에 개인·가구·공동체·국가 수준 등의 변수가 포함될 필요가 있다.

3. 국제이주체계론

국제이주체계론은 Kritz et al.(1992)의 국제이주 체계 이론에서 비롯되었다. 국가 간의 역사적 관계, 무역, 외교 등이 국제이주의 흐름에 영향을 미친다고 보며, 국제이주는 단순한 이동이 아닌 체계 상호작용의 일부로 인식된다. 체계이론(Systems Theory)에 기반한 체계모형을 국제이주체계에 적용하면, 구조적인 환경으로부터의 투입 요소들이 행위자에게 주는 영향력과 이에 대한 상호관계의 반응으로 국제이주가 발생한다(이혜경, 2025: 11). 국제이주체계는 국가 간의 역사적 배경, 사회적 네트워크, 경제적 기회, 정부 정책 등 다양한 구조적인 요소 간의 상호작용을 통해 형성된다.

〈그림 2-1〉 체계모형에 기반한 국제이주체계의 개념도

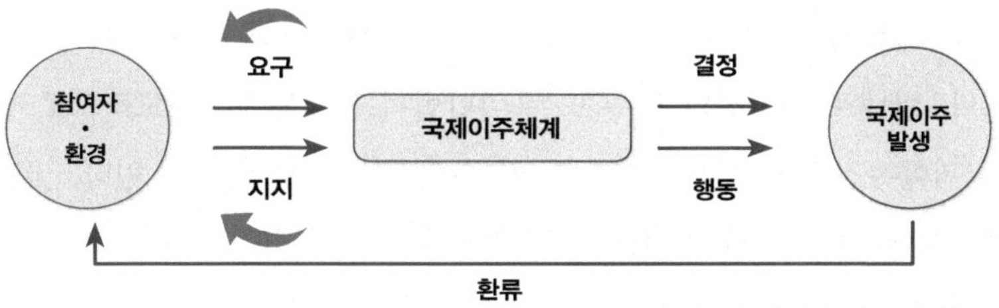

자료: 남기범 외(2021: 41); 이혜경(2025: 11)

국제이주체계는 특정 국가 간에 시간이 경과 함에 따라 일정한 경로와 패턴이 형성되고 유지되는 경향이 있다. 국제이주 경로는 경제적 기회, 정치적 상황, 사회적 관계 등 송출국과 수용국의 다양한 국내외 요인에 의해 영향을 받아, 일정한 시기와 규모를 유지하며 반복되기도 한다. 국제이주체계는 국제이주가 발생한 이후에도 계속해서 환류(feed back)와 조정이 이루어진다.

1) 국제이주체계의 참여자

국제이주체계의 환경을 구성하는 요소는 크게 참여자와 환경으로 구분된다. 국제이주체계 참여자는 공식참여자와 비공식참여자로 분류할 수 있다. 국제이주체계에서 제도적으로 인정된 국가차원의 공식참여자에는 송출국과 수용국의 중앙 및 지방정부, 관련 행정기관 공무원 등이 있고, 민간 차원의 공식참여자로 수용국 노동시장의 외국인 고용기업 등을 들 수 있다.

국가차원의 공식 국제이주체계는 이민정책으로 구현되며(이혜경, 2024: 25)[3], 각 국가의 이민관리 수준이 이민을 허용하거나 장려하는지, 또는 금지하거나 억제하는지에 따라 영향을 받는다(설동훈, 2000). 송출국은 이출정책(emigration policy)으로서 복수국적 허용을 통해 국제이주를 장려할 수 있고 국민의 해외이주[4]를 금지하거나 또는 재외국민귀국장려정책을 통해 국제이주 규모를 줄일 수 있다. 수용국은 적극적인 이민정책(immigration policy)으로 체류기간(일시·장기·영구)에 따른 정착지원정책, 귀화정책 등을 펼치거나, 반대로 외국인의 정주 또는 비합법적 유입을 법·제도적으로 규제하는 귀환촉진정책, 불법체류단속 및 송환정책을 시행할 수 있다. 국제이주체계는 국가의 정책 및 제도와의 관계에서 직접적인 영향을 받는다. 송출국과 수용국에 어떤 정책이 존재하고 어떤 방향으로 정책이 강조되는지에 따라 국제이주 규모가 영향을 받는다(설동훈, 2000). 송출국의 복수국적 허용정책, 수용국의 가족재결합 정책은 국제이주 규모를 증가시킨다. 수용국의 이민자 귀환촉진정책, 송출국의 재외국민 귀국장려정책은 국제이주 규모를 감소시킨다.

민간 차원의 공식 국제이주체계에 수용국 고용기업이 포함된다. 이민자는 수용국 고용기업의 현지인 근로자·본국출신자·제3국출신자 동료들과 다양한 상호관계를 형성한다. 또한 수용국 사회의 제3섹터, 시민단체, 정착지원 전문인력 등과의 상호관계를 통해 정착을 도모한다. 이민자는 국제이주 과정에서 형성된 개인 또는 소속 집단의 사회적 네트워크 내에서 서

---

3   광의의 이민정책(migration policy)은 이민(migration) 관련 법 제도 관리를 통해 국가의 바람직한 상태를 구현하려는 종합적이고 일관된 정부의 개입을 의미한다. 이는 이민정책(immigration policy)과 이출정책(emigration policy)으로 구분된다.
4   해외이주법(제4조) 상 국제이주는 혼인 등에 기초한 연고이주, 고용계약 등 취업기반 무연고이주, 영주권 등 장기체류자의 현지이주로 구분된다.

로 영향을 주고받으며, 출신국 커뮤니티 참여 등을 통해 송출국과도 지속적인 상호관계를 유지한다. 이는 출신국 가족, 친척, 지인에게 영향을 주어, 새로운 이민자를 발생시키고 국제이주 영속에 영향을 준다.

비제도적이지만 국제이주체계에 직접 참여해 영향력을 행사하는 비공식참여자에 학자, 정당, 이익집단, 언론, 전문가 및 전문가집단, 시민 개인 등이 있다(남기범 외, 2021: 95). 국제이주체계 비공식참여자에는 이민자 개인 또는 집단이 국제이주를 하는 과정 또는 수용국 내 정착과정에서 형성한 다양한 인적 네트워크 관련자들이 포함된다.

국가적 정체성에 관한 초국가주의(transnationalism) 이론은 이민자가 송출국과 수용국을 넘나들면서 양국 간의 사회·경제·문화적 활동을 지속하고 다중적인 문화· 다중적인 정체성을 소유한 존재임에 주목한다(Basch et. al., 1994). 이민자를 포함해 귀환한 동포의 이중문화 정체성을 이해하는 데 이 이론이 활용될 수 있다. 이 이론에 기반한다면, 양국 간의 문화적 연계에 기반한 사회통합 정책 도입이 요구된다.

2) 국제이주체계의 환경

Kritz & Zlotnik(1992)은 국가 간 국제이주체계 환경을 정치상황, 경제상황, 사회상황, 인구상황으로 분류하였다. 오늘날 국제이주체계는 경제적, 정치적, 사회문화적 환경요인 외에도 국제환경, 자연환경 요인들이 복합적으로 작용하여 국제이주 경로가 형성되고 지속된다. 국제이주체계 환경을 구성하는 요소는 크게 국제환경, 경제환경, 정치환경, 사회문화환경, 자연환경으로 구분할 수 있다.

첫째, 국제이주에 영향을 미치는 중요한 요인으로서 경제환경은 국가 간의 불균형적인 경제발전이라는 구조적 국제환경과 관련성이 크다. 개인 또는 가구의 소득 극대화 결정을 유도하는 국제적 경제상황 요인에는 임금과 가격 차이, 지역적 블록이 포함된다. 국제이주는 기본적으로 송출국과 수용국의 흡입-배출(push-pull) 요인들의 영향을 받아 발생하며, 고용기회가 많은 국가로의 국제이주가 증가하는 경향이 있다. 글로벌 자본주의 확장에 의한 중심부(선진국)와 주변부(개발도상국) 간 경제발전의 차이는 경제환경이면서 동시에 구조적으로 국제이주를 유도하는 국제환경으로 작용한다.

둘째, 정치환경으로는 정치적 안정성 차이, 양국 간 출입국 및 정착지원에 관한 정책, 국제관계 등이 포함된다. 정치환경에서는 송출국의 정치적 억압 등이 배출요인이 되고 수용국의 정치적 안정이 흡입요인이 된다. 최근 내전이나 테러 등으로 인해 발생하는 난민은 정치환경에 의한 또 다른 국제이주의 형태이다. 정치환경이 배출요인으로 작용하는 경우 주로 집단공동체를 형성하는 디아스포라(diaspora)를 발생시키며 이는 국제이주 흐름에 중요한 영향을 미친다. 디아스포라 유형은 ① 정치적 박해에 의한 피해자 디아스포라(예: 유대인, 아프리카인), ② 정치적 교역 확장정책에 의한 교역 디아스포라(예: 중국 화교), ③ 정치적 결정인 노동자 파견에 의한 노동 디아스포라(예: 인도인) 등으로 구분된다.

셋째, 사회문화환경에서는 특정 국가 간에 국제이주가 역사적으로 반복되면서 형성된 익숙한 사회문화적 패턴이 국제이주체계에 중요한 영향을 미친다. 이 경우 문화, 식민지 여부가 주요한 요인이 된다. 중남미국가에서 미국으로의 국제이주는 장기간의 역사와 관련이 있다. 사회상황에는 복지 수준 차이, 국제이주 네트워크 등이 포함되고, 인구상황에는 출산율 차이, 단기 여행 연계가 포함된다. 수용국의 사회문화환경 영향을 받아 가사서비스 및 돌봄노동, 결혼이민 영역에서의 국제이주 여성화가 증가한다(이소영, 2015). 또한 한번 형성된 국제이주 경로와 기존 이민자가 형성한 네트워크 효과(network effects)가 사회문화환경과 결합하여 가족, 친지 초청 또는 정보 공유를 통해 신규 이민자의 유입을 촉진함으로써 연쇄적인 국제이주(chain migration) 및 가족 동반 이민이 발생한다.

넷째, 자연환경은 지구의 환경 변화 또는 환경 재난으로 인한 이민, 난민을 발생시킨다. 남태평양 소규모 섬의 거주민들은 해수면 상승으로 인해 인근 국가로 국제이주를 고려하고 있다.

국제이주체계 참여자와 환경의 상호관계 순환 구조는 다음의 〈그림 2-2〉와 같다.

〈그림 2-2〉 국제이주체계 참여자와 환경의 상호관계 순환 구조

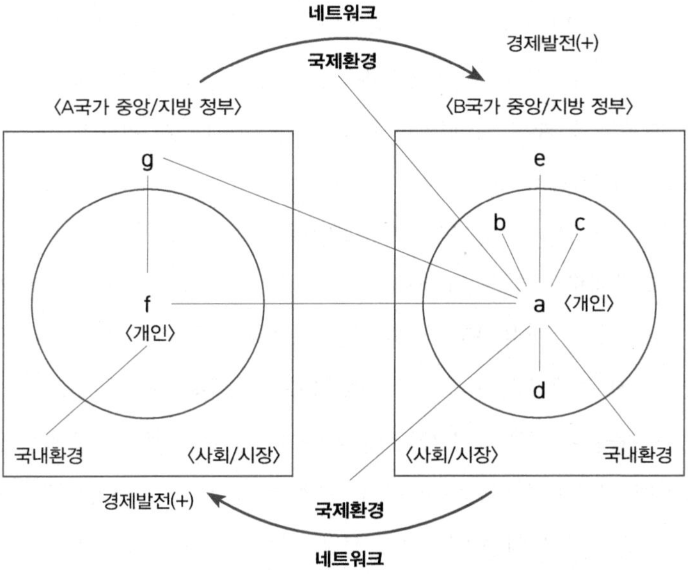

자료: 설동훈(2000); 이혜경(2025: 15).

주(註): 참여자와 환경의 구성요소
a: A국가에서 B국가로 국제이주한 외국인 노동자
b: a와 유사지역에 거주하고 유사직종에 종사하는 현지인
c: A국가에서 B국가로 먼저 국제이주한 외국인 노동자
d: a와 유사지역에 거주, 유사직종에 종사하는 타국 외국인 노동자
e: B국가의 기업
f: a의 가족, 친척, 지인
g: A국가의 기업

국제이주는 단일 요인이 아닌 다수 요인의 결합에 의한 상호작용적 구조(interactive structure)에서 비롯된다. 국제이주체계론은 송출국과 수용국 간의 역사적, 경제적, 정치적, 사회문화적, 국제적 관계구조 속에서 형성된 복합적인 국제이주체계에 의한 참여자의 상호적 반응의 결과 국제이주가 발생하고 지속됨을 설명함으로써 국제이주 현상에 대한 통합적인 설명이 가능하다.

일반적인 국제이주의 흐름은 저개발국에서 선진국으로의 이동으로 나타난다. 국제이주를 통해 수용국에는 GDP 증가 등 경제효과가 발생하고, 송출국은 해외로부터의 외화송금으로 인해 경제발전을 이룰 수 있다. 한국은 경제개발이 본격적으로 시작된 1991년 산업연수생제도를 시작으로 지난 35년간 외국인 노동자 국제이주 수용국으로 전환되는 과정을 경험하면서 국제이주체계가 형성되어 있다.

고숙련 노동자의 국제이주체계는 일반적으로 적절한 거버넌스 시스템을 갖추고 국외로의 이출(emigration)의 자유를 허용하는 송출국(A)과 선진시장경제 및 기술을 보유하고 국내로의 이민(immigration)을 개방하는 수용국(B) 간 상호적 경제발전에 긍정적으로 작용하는 순환 구조를 지닌다(한승미, 2012: 134). 수용국 기업 경영자는 국제이주체계 네트워크를 통해 송출국에 투자하거나 지사를 설립하기도 한다. 수용국 기업에는 투자를 통해 이익이 발생하며, 송출국 사회는 이민자가 보내오는 송금액의 경제적 효과 이외에도 선진기술 도입의 파장 효과를 거둘 수 있다.

제5절 결론

1. 국제이주 이론의 학문적 가치

국제이주 이론이 지니는 학문적 가치는 이론으로서 현상에 대한 설명, 이해, 예측을 가능하게 한다는 점이다. 국제이주 이론은 단순히 국제이주 현상을 설명하는 것에 그치지 않고, 사회과학 전반에 걸쳐 국제이주에 대한 다양한 현상을 이해하고 과학적인 분석을 통해 바람직한 정책을 제안함으로써 미래를 예측할 수 있는 토대를 제공한다. 이러한 국제이주 이론이 주는 학문적 가치는 다음과 같다.

첫째, 복잡한 현상에 대한 통합적 이해를 제공한다. 국제이주 이론은 각국의 경제 정치 행정 사회 문화 역사 등 복합적인 요인과 관련된 다학제적(multi-disciplinary) 특성의 국제이주 현상을 구조적으로 해석할 수 있는 통합적인 분석력과 관점을 지니게 한다.

둘째, 이민자 정체성 이해를 통해 문화 경계를 재구성할 수 있다. 국제이주 이론은 이민자의 사회적 위치, 다중정체성을 이해하고 공동체가 새롭게 형성해 나갈 초국가주의(transnationalism) 정체성을 논의함으로써 문화연구, 인류학 등의 학문 발전에 기여한다.

셋째, 정책수립과 제도설계의 토대를 제공한다. 국제이주 이론에 기반한 실질적인 이민정책의 수립, 노동이민 정책의 설계, 사회통합의 방향 설정 등을 통해 행정학, 정책학, 법학 등의 발전에 기여한다. 예를 들어 이중노동시장 이론(Piore, 1979)은 노동이민 수요를 정당화하며, 네트워크이론(Massey, et al., 1993)은 기존 이민자 커뮤니티가 연속성을 가지고 어떻게 신규 이민을 확산시키는지 설명함으로써 단기적인 이민 통제정책의 한계와 그에 따른 정책 과제가 존재함을 보여준다.

넷째, 국제이주 이론은 세계화와 국제이주 간의 상호작용을 탐색하고 글로벌 거버넌스 담론과의 연계를 시도함으로써 국제정치학, 국제관계학, 개발학 등의 발전에 기여한다.

다섯째, 전통적인 서구 이론에서 출발해 비서구 중심의 다양한 관점도 제공한다. 국제이주 이론은 제국주의 역사 유산과 국제이주의 관계, 역사적 불평등 구조 등을 조명함으로써 세계사에 탈식민주의 시각 등의 새로운 관점을 제공한다(De Haas, 2010).

2. 국제이주 이론의 정책 유용성

글로벌화, 저출산·고령화 시대를 맞은 한국은 더 이상 단일민족 신화에 머무를 수 없게 되었다. 외국인정책으로 출발했던 우리사회 인식의 패러다임 전환을 통해 이민정책이 국가의 미래전략으로 거듭나야 하는 상황이다. 현재 지역의 산업 수요와 지역경제 활성화에 부응할 인구문제 대응 전략으로서 지역 이민정책이 논의되고 있다. 다양한 이민자 집단의 증가를 앞두고 이민정책은 우리 사회의 경제·사회·문화 전반에 걸친 중요한 국가 아젠다로 부상하고 있다. 이제 이민정책은 단순한 인력 수요에 부응하는 수준을 넘어 구성원을 받아들이는 수준으로 논의가 확장되면서, 국제이주 이론에 기반한 체계적 분석과 예측이 필요한 영역이 되었다. 이러한 정책환경의 변화는 다음의 사례를 통해 알 수 있다.

첫째, 이중노동시장 이론을 고용허가제에 적용할 경우, 한국은 2004년 8월부터 외국인 고용허가제(EPS)를 도입하여 농축산업, 제조업, 건설업 등 3D 업종의 인력 부족 문제를 보완하고자 단기순환 형태의 노동이민자 유입을 견지해 왔다. 그러나 최근 이들의 고숙련화와 사회통합 문제, 산업 분야별 전문인력에 대한 수요 증가 등 새로운 과제들이 제시되고 있다.

둘째, 네트워크 이론과 결혼이민자 증가의 경우, 1990년대 후반부터 시작된 여성 결혼이민은 사회적 관계망을 형성하면서 가족·지인의 소개 등을 통해 연쇄적인 결혼이민으로 이어졌다. 그 결과 결혼이민자의 국적이 베트남, 필리핀 등 특정 국가로 집중되는 결과로 이어졌다. 정부는 이에 대응하고자 지원법을 제정하고 대규모 가족지원정책을 펼쳤다. 최근 이들의 자녀를 포함해 다양한 체류유형의 이주배경 자녀가 증가함에 따라 체계적인 교육지원정책 마련이 새로운 사회통합 과제로 부상하고 있다.

이 밖에도 제주 예멘 난민 수용과 관련된 국민적 갈등의 경험, 서비스 분야에서 여성 이민자의 증가, 이민을 둘러싼 인권 문제의 이슈, IT 기술의 발전에 따른 새로운 이민 유형의 등장 등 여러 다양한 쟁점들이 존재한다.

이민 사회는 이처럼 다양한 도전과 기회가 공존한다는 점에서 현실적인 이슈들을 이론에 기반하여 분석하고 한국 사회에 적합하게 설계함으로써 예측 가능한 정책을 모색할 수 있다. 인류는 지금까지 국가 간 사람의 이동인 국제이주에 주목하고 다양한 차원과 관점에서 이를 설명하는 이론들을 축적해 왔다. 따라서 국제이주 이론은 이민정책 입안자와 이해관계자들에게 이민 현상에 대한 구조적, 복합적인 이해를 제공함으로써 실효성 있는 정책을 설계할 수 있는 사회적 환경 조성의 토대를 제공할 수 있다. 체계화된 국제이주 이론을 기반으로 이민정책 전 과정의 현실 문제들을 과학적으로 조망하여 종합적인 이민정책을 펼쳐나간다면, 선발 이민 수용국들이 이미 경험한 시행착오를 반복하지 않고 한국형 이민정책을 성공적으로 추진해 나갈 수 있을 것이다.

참고문헌

김지송. (2017). 고숙련 노동자의 국제이주와 경제발전의 이론적 접근: 실리콘벨리 인도 엔지니어들의 사례를 중심으로. 현상과 인식, 138-205.

김용찬. (2006). 국제이주분석과 이주체계접근법의 적용에 관한 연구, 국제지역연구 제 10권 제3호. 81-106. 김용찬. (2016). 한국의 국제이주연구의 동향과 과제, 민족 연구 74호.

남기범·정노화·이혜경·강정향·박미정·진현경·손병덕·손주희·김민주·이성미. (2021). 「이민정책론」. 윤성사.

석현호. (2000). 국제이주이론: 기존이론의 평가와 행위체계론적 접근의 제안, 한국인구학, 제23권 2호.

설동훈. (1999). 「외국인노동자와 한국사회」. 서울대학교 출판부.

설동훈. (2000). 「노동력의 국제이동」. 서울대학교 출판부.

설동훈. (2001). 「노동력의 국제이동」. 서울대학교 출판부.

설동훈. (2016). 이민정책이론, 이혜경 이진영 설동훈 정기선 이규용 윤인진 김현미 한건수, 「이민정책론」. 박영사.

윤인진. (1999). 다인종 사회에서의 소수민족관계: 미국에서의 한흑갈등을 중심으로, 한국사회학대회 발표논문집.

이충훈. (2007). 국제이주노동의 정치경제학: 미국을 중심으로, 시민사회와 NGO, 제5권 1호.

이혜경. (2024). 외국인주민 지원 조례 개선 방안 연구: 지역사회통합 정책 지원 영역을 중심으로, 한국이민정책학보, Vol.7 no.1, 23~42.

이혜경. (2025). 국제이주 이론의 체계 구축에 관한 연구, 다문화와 평화, 제19집 1호, 1-23.

전형권. (2008). 국제이주에 대한 이론적 재검토: 디아스포라 현상의 통합모형 접근, 한국동북아논총, 49권.

한승미. (2012). 지식인 디아스포라 네트워크와 국내 사회과학계의 함의: 한인 지식네트 워크의 두뇌 순환(Brain Circlation)을 위한 일 고찰, 재외한인연구, 27권.

Basch, L., Schiller, N. G., & Blanc, C. S. (1994). Nations Unbound: Transnational Projects, Postcolonial Predicaments, and Deterritorialized Nation-States. Routledge.

Bonacich, Edna, (1972). "A Theory of Ethnic Antagonism: The Split Labor Market", American Sociological Review vol.37. No.5.

Borjas, George. J., (1989). "Economic Theory and International Migration", *International Migration Review* Vol.23. No.3.

Boyd, M., (1989). "Family and Personal Networks in International Migration: Recent Developments and New Agendas", *International Migration Review*.

Boyle, Paul/Halfacree, Keit, (1998). "*Migration into Rural Areas; Theories and Issues*".

Brettell, Caroline/Hollifield, James, (2000). *Migration Theory. Talking Across Disciplines*, (New York and London: Routledge).

Chiswick, Barry R.,(2000). "Are Immigrants favorably selected?" in Caroline B. Brettell and James F.Hollifield(eds.), Migration Theory: Talking Across Disciplines. (New York: Routledge)

Castles, Stephen/Miller, Mark J., (1993). *The Age of Migration: International Population Movement in the Modern World*, (New York: Guiford Press).

De Haas, H. (2010). The Internal Dynamics of Migration Processes: A Theoretical Inquiry. Journal of Ethnic and Migration Studies, 36(10), 1587-1617.

Harris, John R./Todaro, Michael P., (1970). "Migration, Unemployment and Development: A Two-Sector Analysis", *The American Economic Review.* 60(1).

Hyndman, Jennifer, (2003). "Aid, Conflict and Migration: the Canada-Sri Lanka Connection", *The Canadian Geographer/Le Géographe canadien*, 47(3).

J. Edward, Taylor, (1999). "The new economics of labour migration and the role of remittances in the migration process," International Migration. Vol.37. No.1.

Kritz, Mary M. and Zlotnik, Hania. (1992). "Global Interactions: Migration Systems, Processes, and Policies." in Mary M. Kritz, Lin Lean Lim and Hania Zlotnik, International Migration Systems. Oxford: Clarendon Press. pp. 1-16.

Lewis, W. Arthur, 1954. "Economic Development with Unlimited Supplies of Labour", *The Manchester School*, 22(2).

Massey, Douglas, S. et al, (1993). "Theories of International Migration: A Review and Appraisal", *Population and Development Review*.

Massey, Douglas S., Joaquin Arango, Graeme Hugo, Ali Kouaouci, Adela Pellegrino, and J. Edward Taylor, (1993). "Theories of International Migration: A Review and Appraisal." Population and Development Review Vol.19, No.3. 431-466.

Massey, Douglas S., Joaquin Arango, Graeme Hugo, Ali Kouaouci, Adela Pellegrino, and J. Edward Taylor, (1998). Worlds in Motion: Understanding International Migration at the End of the Millenium(New York: Oxford University Press).

Myrdal, G., (1957). Economic Theory and Underdeveloped Regions. London: Gerald Duckworth.

Piore, Michael J., (1979). Birds of Passage: *Migrant Labor and Industrial Societies,* (Cambridge: Cambridge University Press).

Portes/Bach, R., (1985). *Latin Journey: Cuban and Mexican Immigrants in the United States*, (Berkeley: University of California Press).

Portes, A. (Ed.). (1995). The economic sociology of immigration: Essays on networks, ethnicity, and entrepreneurship. New York: Russell Sage Foundation.

Reniers, Georges, (1999). "On the History and Selectivity of Turkish and Morrocan Migration to Belgium", *International Migration*, 37(4).

Salt, John, (2000). "Trafficking and Human Smuggling: A European Perspective", In-

ternational Migration, 38(3).
Samers, M., (2010). Migration(Key Ideas in Geography), Ethnic and racial studies, Routledge.
Saxenian, Annalee, (2005). "From Brain Drain to Brain Circulation: Transnational Communities and Regional Upgrading in India and China", *Studies in Comparative International Development*, 40(2).
Stark, Oded, and David E. Bloom. (1995). "The New Economics of Labor Migration"American Economic Review, 75, 173-178.
Taylor, J. Edward, (1986). "Differential Migration Networks Information and Risk,"in Oded Stark (ed.), Research in Human Capital and Development Greenwich Conn: JAI Press, 147-171.
Taylor, J. Edward, (1999). "The new economics of labour migration and the role of remittances in the migration process," International Migration. 37(1).
Todaro, Michael, P., (1969). "A Model of Labor Migration and Urban Unemployment in Less Developed Countries", *The American Economic Review*, 59(1).
Todaro, Michael, P., (1989). *Economic Development in the Third World*(New York: Longman).
Vertovec, Steven, (2002). *Transnational Networks and Skilled Labour Migration*, (University of Oxford Press).
Wallerstein, Immanuel, (1974). The Modern World-System I: Capitalist Agriculture and the Origins of the European World Economy in the Sixteenth Century(New York: Academic Press).
Wallerstein, Immanuel, (1974). "The Rise and Further Demise of the World Capitalist System: Concepts for Comparative Analysis", *Comparative Studies in Society and History*, 16(4).

> 제3장

국제이주의 현상과 주요 이슈

류이현

제1절 서론

1. 국제이주 현상

국제이주를 둘러싼 담론은 '이주는 우리 사회의 위기' 또는 '이주는 대단한 기회'라는 식으로 지나치게 단순하고 극단적으로 구성되어 있다. 그러나 인류의 역사는 이주의 역사라고 할 수 있으며 오늘날 많은 국가들은 수용국, 송출국, 경유국으로 명확히 구분되지 않고 중첩되는 경향을 보이고 있다. 또한 교통수단의 발달로 이주의 물리적 거리와 빈도가 크게 증가하여 사람과 사람, 공동체와 공동체 간의 교류가 잦아지다 보니 이전에는 발생하지 않았던 충돌 및 갈등 등의 현상이 사회적 문제로서 가시화되고 있다. 이러한 맥락에서, 국제이주 현상은 수용국과 송출국의 정치적, 경제적, 사회적 그리고 문화적 요인들이 복합적으로 작용하는 결과로 이해될 수 있다.

2. 국제이주의 주요 이슈

경제적 세계화의 빠른 진행과 함께 노동이주는 중요하게 부각되었으며, 20세기 중반에는 여성들의 이주가 과반에 육박하는 '이주의 여성화(feminization of migration)(Castle and Miller, 2003)' 현상이 두드러지게 나타났다. 또한 국내외적 분쟁으로 발생한 난민과 관련된 이슈는 오늘날 한 정권의 명운에 영향을 끼칠 정도로 중요하게 부상했다. 최근에는 수용국 입장에서 이주 자체를 국가 안보의 위협으로 인식하는 이주의 안보화(securitization)와 국제 이주에 동반되어 발생하는 문제가 범죄처럼 다뤄지는 '이민법의 형사법적 절차화(crimmigration)'[1] (Stumpf, 2006) 현상이 주목받고 있다. 이러한 이슈들의 흐름은 이주민 송출 중심의 국가였다가 이주민 유입이 크게 증가한 한국의 상황과 비교할 때, 시기적으로 다소 차이가 있으나, 유사한 궤적을 보인다.

제2절 국제이주와 노동이민

1. 산업화의 역사와 노동이민

1) 노동이민의 역사

산업화 초기, 대규모의 노동력이 필요했던 18세기부터 20세기 초에는 많은 이민자들이 산업화된 국가로 이동하여 공장, 도로, 운하 등의 건설에 참여했다. 미국의 산업혁명은 이민자들을 주요 노동력으로 활용했으며, 1920년까지 제조업 노동자의 절반 이상이 이민자와 그 자녀들이었다. 19세기와 20세기 초 식민지 체제는 대규모 노동력을 필요로 하는 대형 프로젝트(식민지 자원개발, 농업, 인프라 건설 등)를 추진하며, 아시아와 아프리카에서 저비용 노동력을 끌어 모았다. 영국 및 네덜란드는 인도와 중국의 노동

---

[1] '이민범죄화'로 번역되기도 하는 Crimmigration은 이민 자체를 범죄화하는 것이 아니라 이민법과 형사법의 실천이 융합(the merge of criminal and immigration law)(Stumpf, 2006)되어가는 현상을 의미한다.

자들을 계약 노동제도(Indenture System)² 를 통해 동아프리카, 동남아시아, 카리브해 등으로 이주시켰다.

경제적 세계화와 기술 발전이 빠르게 진행된 20세기 후반부터는 노동이민 현상이 더욱 복잡해졌다. 저숙련(lower-skilled) 노동자들은 저임금 직업에 집중되고 있으며, 고숙련(higher-skilled) 노동자들은 새로운 기회를 찾고 있다.³ 2022년 기준으로, 국제 노동이민자 수는 약 167만7천 명에 달하였고 이후 계속 증가하고 있다(ILO, 2024: 1).

2) 노동이민의 원인

노동이민에 대해 잘못된 통념 중 하나는 노동이민이 국가 간 소득이나 임금 격차에서 발생하기 때문에 노동자들이 저개발 국가에서 부유한 국가로 향한다는 것이다. 그러나 이런 설명은 '글로벌 사우스에서 글로벌 사우스로 향하는 이주가 가난을 벗어나는 주요 통로(De Haas, 2023: 157)'인 현실을 설명할 수 없다.⁴ 오늘날 아시아 이민노동자들은 미얀마, 캄보디아, 라오스, 베트남 등 저소득 국가에서 태국, 말레이시아, 싱가포르와 같은 중소득 및 고소득 국가로 국제이주를 하고 있다. 방글라데시, 네팔, 파키스탄 등의 국가에서는 사우디아라비아나 UAE와 같은 산유국으로 주로 국제이주하는 경향이 나타난다. 아프리카에서는 짐바브웨, 모잠비크, 수단, 콩

---

2 노동자들이 일정한 기간 동안 저임금으로 일하고, 그 대가로 식민지로의 이동비용과 기본적인 생활 조건을 제공받는 방식이다.
3 고숙련·저숙련 노동이라는 노동 숙련도에 대한 이분법적 표현은 자칫 일부 이민자가 다른 이민자보다 더 우수하거나 똑똑하다는 인상을 줄 수 있기 때문에 주의해서 이해해야 한다. 대부분의 이민자가 자신의 능력보다 낮은 수준의 일을 하는 경우가 많으며, 또한 산업이 고도화되면서 점점 더 이분법적으로만 구분할 수 없는 반숙련(mid-skilled) 노동이민이 증가하고 있기 때문이다.
4 글로벌 사우스는 주로 지구 남반구나 북반구 저위도에 위치한 개발도상국을 일컫는다.

고 등에서 상대적으로 부유한 인근 국가인 남아프리카공화국, 나이지리아, 코트디부아르, 그리고 리비아, 가봉 등 산유국으로 노동이민이 이루어지고 있다. 덧붙여, 미국과 캐나다, 독일과 네덜란드, 오스트레일리아와 뉴질랜드처럼 서로 임금격차가 크지 않은 부유한 국가 간 노동이민자의 이입과 이출 수준 역시 지속적으로 높게 유지된다.

그렇다면 노동이민의 주된 원인은 무엇일까? 앞서 산업화의 역사를 통해서도 살펴보았듯이, 국제이주의 주요 원인은 수용국의 노동력 수요이다. 이러한 현상을 잘 보여주는 것이 경기 순환과 노동이민자 이입과의 밀접한 관련성이다. 독일의 사례를 보면, 경제가 호황이면 이입이 증가하고 경제가 침체되면 이입도 감소한다(De Haas, 2023: 170). 이입을 증가시킬 만한 다른 요인들을 통제한 분석에서도 경제 성장 수준의 변화가 이입 수준에 강력한 영향을 미치는 것으로 확인된다. 즉, 경제 호황기에 노동력 부족이 발생하기에 이민자들이 취업 비자를 발급받을 가능성이 커지는 것이다. 경제 침체기에는 정반대로 노동력 수요가 감소하고 실업률이 증가하여 노동이민자들은 자국으로 돌아갈 가능성이 커지고 이민을 희망하던 사람들도 경제적 이익에 대한 불확실성이 높아져 국제이주를 미루게 된다.

3) 경제적 효과

저임금을 받는 노동이민자가 증가하면 그 사회의 실업이 증가한다는 직관적 이해와는 달리, 수용국의 평균 임금은 상승하고 경제 규모가 확대되는 등 경제적 이익을 가져다 준다. 노동시장은 무수히 많은 분야와 직무, 그리고 기술 수준에 따라 분화되어 있기 때문에 노동이민자는 대체로 수용국 국민과 같은 일자리를 두고 경쟁하지 않는다. 노동이민자들은 일반적으로 한 사회의 노동시장에서 쉽사리 채워지지 않는 빈자리를 메우고 있으며 이는 수용국 국민의 노동 생산성을 향상시킨다. 또한 노동자의 유입으로

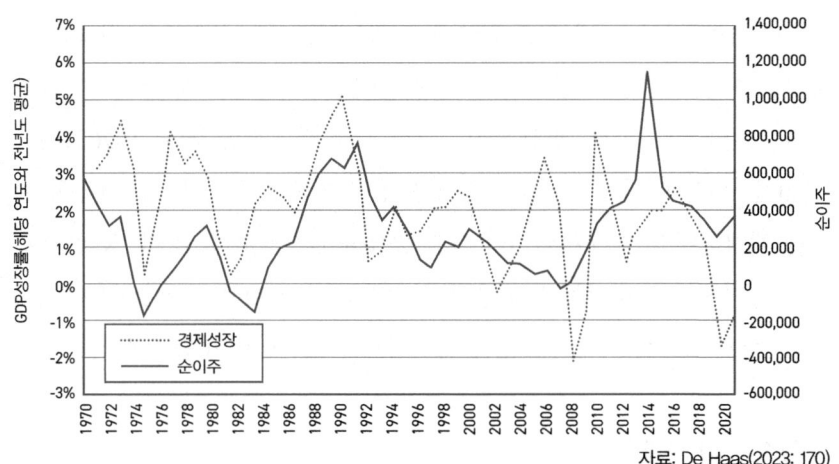

〈그림 3-1〉 1970~2021년 독일의 경제 성장률과 순이민 증감 현황

자료: De Haas(2023: 170)

한 사회의 인구가 증가하면, 그 사회 전체의 소비와 투자가 증가하고 새로운 산업과 서비스가 생겨나기 때문에 실업의 증가로 이어지지 않는다. 즉, 인구가 증가할수록 경제 규모는 확대되고 노동시장도 확장하여 노동력 수요는 오히려 증가할 수 있다. Dustmann et al.(2013)은 영국 노동시장 데이터를 분석하여 노동이민자의 비율이 1% 증가할 때 평균 임금이 0.1%에서 0.3% 증가하고 실업은 증가하지 않는다는 결과를 제시했다. 물론 저숙련 노동이민자의 대규모 유입은 최저 소득 계층의 실업률을 어느 정도 상승시킬 수는 있으나, 이는 정부의 경제 및 재분배 정책으로 보완해야 할 부분이다.

2. 아시아의 노동이민

1) 아시아 노동이민의 역사

19세기 후반부터 아시아인들의 노동이주는 확대되고 있다. 아시아인들은 라틴아메리카와 카리브해 지역으로 이주하여 농장 및 건설 노동자로 종사했다. 19세기와 20세기 초에는 중국인과 인도인을 중심으로 미국과 캐나다로 이주하여 철도 건설과 농업에 참여했고, 식민지 시대에는 동남아시아로 이주하여 농장, 광산, 철도 건설 현장 등에서 일했다. 1970년대와 1980년대에는 아시아 국가들이 경제 발전을 위해 노동집약적인 산업화 전략을 채택하며 국제 노동이민이 다시 중요하게 부상했다. 특히, 중동의 부국들이 아시아 노동자들을 고용하기 시작했고 1990년대 이후에는 일본, 한국, 싱가포르 등 아시아의 경제 발전국으로 노동이민이 증가했다.

2) 인종의 계급화

역사학자 Eric Williams(1944)에 따르면 인종차별로 인해 흑인 노예제가 생긴 것이 아니라 경제발전을 위해 노예제가 필요했고 흑인 노예제가 인종차별을 낳았다. 즉, 서구의 산업 발전과 자본축적이라는 경제적 필요가 흑인 노예제를 필요로 했고, 이 과정을 정당화할 논리로 인종차별이 탄생했다는 지적이다.[5] 이와 같은 메커니즘으로 아시아인들의 저임금·고위험 직종으로의 노동이주가 확대되면서 이들에 대한 차별이 제도화되어갔다.

19세기, 많은 중국인이 미국과 캐나다로 이주하여 저임금 노동자로서 철도 건설과 광업에 종사했을 때 이들은 백인 노동자보다 낮은 임금과 차별적 처우를 받았다. 이후 1882년에 미국의 중국인 배제법(Chinese Exclusion Act)이, 1923년에 캐나다의 중국인 배제법(Chinese Immigration Act)이 제정되어 차별이 제도화되었다. 또한 20세기 초, 인도인들이 영국 식민지였던 동아프리카로 이주하여 농장 노동자나 상인으로 일했을 때 그들은 주로 유럽

---

5 신항로를 발견한 직후 유럽은 자발적으로 노예계약을 맺고 이주한 백인들을 노동력으로 활용하였다. 점차 더 많은 노동력 수요가 발생했고 결국 저렴하게 활용할 수 있는 아프리카 흑인으로 노예가 대체되었다.

인 식민자와 아프리카 원주민 사이에서 인종적 중간 계층으로 간주되었다. 최근에도 아시아인들이 서구로 이주하면서 경제적 불평등이 인종적 차별과 결합되어 실질적으로 계급화되는 경향이 있다.

1990년대 이후, 아시아 내에서 일본, 한국, 싱가포르 등 경제 발전국으로 노동이민이 증가하면서 같은 아시아인들 간에도 개발도상국 노동자들이 저소득층으로 고정되어, 그들의 인종 및 민족이 계급화하는 경향이 발생하고 있다. 이는 다음 세대에서도 사회적·경제적 불평등을 심화시킬 수 있는 요인이다.

3. 한국의 노동이민: 유출과 유입

1) 유출 노동이민

19세기 후반에서 20세기 초, 한반도의 많은 농민들은 경제적 어려움을 피하기 위해 만주와 시베리아로 이주하여 농업에 종사했다. 1900년대 초에는 농장 노동자로서 하와이와 멕시코로 이주하였는데 이는 한인들이 아메리카 대륙으로 이주한 최초의 사례이다. 1960년대에는 정부가 독일과 노동 협정을 맺고 한국인들이 독일로 이주하여 탄광과 간호 분야에서 일했다. 이는 한국의 공식적인 유출 노동이민 사례 중 하나로서, 이들의 송금이 한국 경제에 중요한 역할을 했다.

2) 유입 노동이민

1990년대 이후부터 한국은 경제 발전과 함께 외국인 노동자를 받아들이기 시작했으며, 초기에는 중국동포 중심으로 한국에 이주하였다. 1990년대 후반에는 외국인 노동자 수가 급증하여, 1999년 말에는 약 217,384명에 달했고 국적도 다양해졌다(Seol, 2000).

당시 외국인 노동자에 대한 정책은 체계적으로 마련되어 있지 못했다. 1995년 명동성당에서 외국인 노동자들이 산업연수생 제도를 비판하고 노동자로서의 기본적 권리와 인권을 주장하며 농성을 이어가는 등 사회적 문제가 발생했다. 문제해결을 위해 노무현 정부는 고용허가제를 도입했고 당시에는 그 효과성을 인정받아 2011년에 UN Public Service Awards를 수상하기도 하였다. 그러나 이후 고용허가제는 외국인 노동자들의 권익을 충분히 보호하지 못하고, 노동 착취 등의 문제를 초래하는 방향으로 변화했다는 비판을 받기도 한다.

2024년 윤석열 정부는 외국인 가사노동자를 도입하는 정책을 발표하고 비전문 노동자의 도입을 대폭 확대하겠다고 발표했다. 그러나 정부가 최저임금 이하의 임금으로 이들을 고용하고자 하는 의사를 표명하여 한국 사회에서 인종의 계급화 현상이 강화될 우려를 낳고 있다.

제3절 국제이주의 여성화

1. 국제이주와 여성

과거 여성들의 국제이주는 가족 재결합 또는 결혼을 위한 목적으로 다루어지며 독립적인 노동이민으로 인식되지 못했다. 그러나 1960년에서 2000년 사이에 전 세계 여성이민 인구는 약 3,500만 명에서 8,500만 명으로 두 배 이상 증가하였고 오늘날에는 전 세계 이민 인구의 약 48%, 1억 4,600만 명에 달한다(UN, 2024: 7). 이러한 변화는 국제이주 현상이 더 이상 남성 중심의 현상이 아님을 보여주며 이는 "국제이주의 여성화(feminization of migration)"로 명명된다.

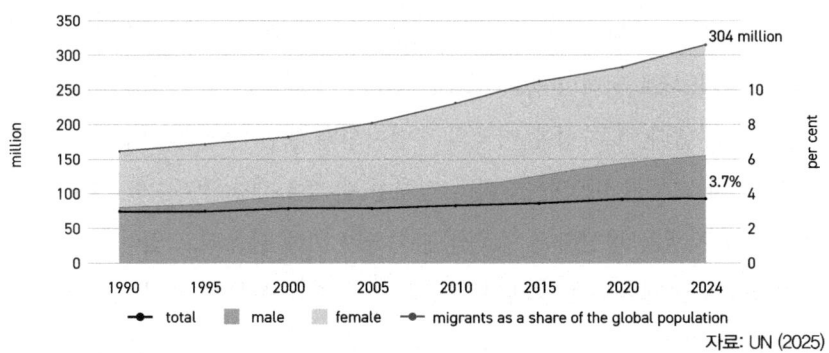

〈그림 3-2〉 국제이주에서 남녀 구성 및 총 인구에서의 비중 1990~2024년

자료: UN (2025)

노동자들이 자본이 풍부하지만 노동력이 부족한 지역으로 이동한다는 국제이주에 대한 신고전주의 경제이론은 여성들의 국제이주를 설명하기에 충분하지 않다. 남성들은 주로 소득이 낮은 국가에서 국제이주를 시도하지만, 여성들은 개발도상국 중에서 상대적으로 부유한 국가인 필리핀, 스리랑카, 인도네시아에서 국제이주에 나서기 때문이다. 또한 아시아의 중·저소득 개발도상국 여성들은 남성에 비해 서구가 아닌 아시아 국가를 목적국으로 선택하는 비율이 높다. 이는 남성과 여성의 국제이주 동기가 다르다는 것과 경제적 이유는 여성들이 국제이주의 주요 원인 중 하나이지만 유일하거나 근본적인 원인이라고 할 수는 없다는 것을 드러낸다. 결과적으로, 여성의 국제이주를 이해하기 위해서는 개인이나 가구뿐만 아니라 지역 공동체나 국가가 여성에게 기대하는 역할과 규범 등도 함께 고려해야 한다.

2. 인종, 성별(sex & gender), 계급의 교차성(intersectionality)

1) 개발도상국 + 여성 + '여성의 일'

여성의 국제이주는 성, 인종, 계급 어느 하나의 독자적인 렌즈를 통해서가 아니라 교차성(Crenshaw, 2013)의 개념을 활용하여 이해해야 한다. 교차성은 사회적 약자에 대한 차별이 하나의 요소에서 비롯되는 것이 아니라 여러 요소가 서로 얽히며 중층적으로 억압이 초래되는 현상과 구조를 드러내는데 기여했다. 교차성은 미국의 흑인여성에 대한 차별을 연구하기 위한 것이었으나 오늘날 다양한 사회적 정체성(예: 장애, 연령, 성적 지향 등)에 의한 차별과 그 차별을 형성하는 구조를 분석하기 위해 활용되고 있다.

여성들의 국제이주는 경제의 지구적 재구조화 현상 속에서 설명되어야 하며 많은 학자들은 '보모 사슬(Care Chains)', '지구적 돌봄 사슬(Global Care Chains)', '재생산 노동의 국제 분업(International Division of Reproductive Labor)'과 같은 개념들을 활용한다(Oishi, 2018). 고소득 국가의 중산층 여성들이 가정을 벗어나 노동시장으로 진출하면 이들을 대신해 돌봄노동을 제공할 여성 이민자에 대한 수요가 증가한다. 또한 자본주의의 심화로 전문직 종사자들의 초과근무가 증가하는 반면, 공공양육 및 돌봄시설은 충분치 못해 많은 가정에서 돌봄 노동이민자를 찾게 되었다. 뿐만 아니라 평균 연령의 증가로 고령화가 진행되면서 노인돌봄에 대한 수요도 폭증하고 있으며 이러한 현상은 비단 선진국만의 문제가 아니라 준개발국 및 개발도상국의 신흥 부유층에서도 발생하고 있다.

재생산 노동의 국제적 분업으로 인한 가사 및 돌봄과 같이 가부장적 구조 하에서 '여성의 일'에 대한 수요는, 건설과 같은 '남성의 일'과 비교하여 경기침체의 영향을 거의 받지 않는다. 또한 동남아시아의 중산층에게 가사노동자를 고용하는 것은 지위의 지표로서 역할을 하기도 한다. 즉, 가사노동자의 고용은 Veblen(2017)의 '과시적 소비(Conspicuous consumption)'와 같이 부의 중요한 상징인 것이다. 특히 아시아 여성은 '순종적이고 온순하여 다루기 쉽다'고 여겨져 선호되는 경향이 있다. 그뿐만 아니라 남성노동자에 비해 여성들은 저임금으로 고용 가능하다는 경제적 필요와 '수작업에 능하다'는 성 고정관념의 결합에 의해 제조업 분야에서도 여성 이민자에 대한 수요는 증가했다(Oishi, 2018). 덧붙여, 국제 범죄 조직의 영향으로 확대된 전 세계적인 '성 산업'은 여성 이민자들에게 또 다른 형태의 수요를 창출했다. 성 산업에 종사하는 여성들 중 일부는 연예인 비자를 통해 합법적으로 입국하지만, 불법적인 경로를 통해 들어오는 사례도 적지 않다. 이들 중 상당수는 인신매매와 불법 이민의 피해자로서 착취와 억압을 경험하고 있다.

2) 여성들의 국제이주의 특성: 젠더정치

젠더정치(gender politics)는 성(性)에 기반하여 불평등한 권력 관계를 형성하고 강화하는 사회적 구성물인 젠더의 개념을 활용하여 정치적 과정 전체를 분석하는 프레임워크다(조앤W. 스콧, 1988). 이 관점에서 여성의 국제이주는 신고전주의 경제학이 설명하는 단순한 노동력의 이동이 아니라, 젠더 권력관계와 계급, 인종, 국적, 종교 등 다양한 사회문화적 범주가 중층적으로 작용하는 복합적 현상이다. 이러한 맥락에서 이주 여성들은 자신의 의지와 무관하게 국가의 가치나 민족적 자존심을 반영하는 존재로 타자화되기도 한다. 따라서 이주 여성이 겪는 차별이나 (성)폭력 등은 국가 존엄성의 훼손으로 인식되기도 한다. 예를 들어, 2018년 쿠웨이트에서 필리핀 여성 가사노동자 Joanna Demafelis가 살해되자 필리핀 정부는 쿠웨이트로의 신규 가사노동자 송출을 전면 중단했다. 더불어 필리핀 정부는 전문직 종사자들에게도 '조국에 대한 지지'와 '애국심', '가족에 대한 사랑'을 호소하며 귀국하기를 촉구했다(Mellejor, 2018). 이처럼 이주여성의 피해에 대해 국가적 차원에서 집단적으로 반응하는 사례는 다른 국가에서도 어렵지 않게 발견된다. 반면, 이주 여성이 학대를 신고하는 것은 같은 국적의 이민자 커뮤니티에 수치심을 준다고 여겨져 침묵을 강요받기도 한다(Somasekhar, Robertson, and Thakker, 2020).

또한 일부 국가는 여성들을 남성과 달리 국가의 보호를 받아야 하는 미성숙한 존재로 인식하며, 자국 여성의 '보호'를 명분으로 국제이주에 대한 '가치 중심적 송출 정책(value-driven emigration policies)'을 시행하기도 한다. 그러나 이러한 가치 중심적 송출 정책은 역설적으로, 여성이 해외에서 학대나 불이익을 당했을 때 그 책임을 쉽게 여성 개인에게 전가하고 정부는 재외국민 보호에 소홀했다는 비판을 회피할 수 있게 한다. 이러한 정책은 특정 종교와 같은 단일 요인만으로 설명할 수 없다. 예를 들어, 인도네시아는 다른 이슬람 국가들과는 달리 개발도상국으로서 외화보유의 중요성을 강조하며 여성의 국제이주를 적극적으로 장려하고 있다.

여성들의 국제이주에 영향을 미치는 요인은 남성의 국제이주처럼 단순히 경제적 동기로만 설명되지는 않지만 국제이주를 선택한 여성들의 동기는 몇 가지 유형으로 분류할 수 있다. 우선, 결혼하지 않은 젊은 여성 중 일정 수준의 교육을 받은 경우, 사회적 신분 상승에 대한 욕구, 외국 문화에 대한 관심, 새로운 경험에 도전하려는 의지 등이 이주 동기로 작용할 수 있다. 이는 경제적으로 방글라데시보다 나은 환경에 있는 필리핀 여성들이 국제이주에 더 적극적인 이유 중 하나로 볼 수 있다. 둘째, 오히려 가정 내의 질서에 순응하는 여성들이 부모를 부양하거나 자녀 및 형제자매의 교육을 지원하기 위해 해외로 이주하는 경우가 있다. 셋째, 자국에서 더 이상 희망을 찾기 어렵거나 가정 내 문제에서 벗어나기 위해 도피의 방식으로 국제이주를 선택하는 여성들도 있다.

3) 여성 이민자의 역량 증진

많은 연구들은 해외에서 여성들이 겪는 열악한 노동 조건 속에서의 학대나 인권 침해와 같은 어려움을 강조하면서도, 개인의 의지와 노력에 따라 국제이주가 긍정적인 영향을 미칠 수 있음을 보여준다(Oishi, 2018). 여성들은 낯선 환경에서 새로운 언어와 문화를 배우고 노동조합 활동 등 시민 참여를 통해 협상, 저항, 투쟁 등의 다양한 전략을 통해 목표를 추구하는 경험을 쌓는다. 이런 경험을 통해 행정 처리 능력과 리더십을 키운 여성들은 자신감을 키우고 가족의 복지와 사회 활동에 적극적으로 참여할 수 있는 기회를 얻는다. 즉, 국제이주를 선택한 여성들은 해외에서의 어려운 노동환경에 처하는 것은 사실이지만, 다양한 방식으로 자신의 삶의 주도권을 확보할 가능성 역시 갖게 된다.

3. 한국, 여성의 국제이주: 유출과 유입

1) 한국 여성의 국제이주

1910년대부터 1930년대까지, 한국 여성들은 미국 하와이와 캘리포니아로 '사진 신부'로서 이주했다. 주로 경제적 기회를 찾기 위한 것이었으며, 이들은 결혼을 통해 미국에 정착했지만, 일부는 교육을 받는 것이 목적이기도 했다. 한국전쟁 이후에는 미군과 결혼하여 이주하는 여성들이 있었다. 이들은 가부장적 민족주의가 팽배한 한국 사회에서 비난받거나 은폐되었지만, 미국에서 새로운 삶을 시작하며 한국 이주민 공동체에서 중요한 역할을 담당하기도 했다. 1960년대에는 한국의 간호사와 간호조무사들이 독일로 이주하여 간호 업무를 수행했다. 최근에는 국제결혼의 증가로 한국 여성들이 외국인 남성과 결혼하여 해외로 이민을 하는 사례가 있으며 개별 노동자로서 국제이주를 선택하는 경우도 많다.

2) 한국으로 이주하는 여성

1990년대 후반부터 중국동포 여성을 중심으로 한국 남성과의 결혼을 통해 이민을 오는 여성들이 증가하기 시작했다. 이후 결혼이민 여성들의 국적이 다양해져 왔으며 2023년 기준으로, 결혼이민자 중 여성은 140,369명으로 약 80.3%를 차지하고 있다(e-나라지표, 2024). 경제활동을 위한 노동이민도 증가하고 있으며 최근 한국 정부는 개발도상국 여성 이민자를 가사 및 돌봄 노동자로 받아들이는 정책을 추진하고 있다.

한국으로 국제이주하는 여성들의 경험 역시 그들의 인종, 성, 계급이 서로 교차하면서 구성된다. 우선, 결혼이민이 국가적으로 장려되는 사례는 한국의 결혼시장에서 소외된 남성들에게 국가가 담당해야 할 사회적 지원의 책임을 개인의 결혼문제로 축소·전가하는 측면이 있다. 뿐만 아니라 개발도상국 여성들이 한국 가정에서 '여성'의 일을 수행할 것이라는 가부장적 기대 및 가족주의와 밀접한 관련이 있으며, 이는 최근 여성 노동이민자를 저렴한 비용으로 채용하여 한국 여성들이 주로 맡아온 노인 돌봄, 육아, 가사노동 등을 수행하도록 하는 정책으로 연결된다. 한편, 한국의 다문화주의 정책은 독립적 이민자로서의 여성이 아닌 한국 가족의 구성원인 여성 이민자가 가정생활을 지속하도록 하기 위한 지원에 집중되어 있다.

제4절 난민과 국가

1. 난민의 현황과 특성

1) 난민의 현황

오늘날 난민 문제는 북미 및 유럽의 정치적 판도를 크게 변화시킬 만큼 민감한 이슈로서 wicked-problem으로 여겨지고 있지만, 항상 그러한 것은 아니었다. 세계 대전을 거치면서 난민에 대한 인도주의적 이해가 성장하기도 했고 전후(戰後) 성장이 가능했던 시기에 난민은 경제적으로 성장하는 국가들의 노동력 수요를 채워주는 인력으로서 여겨지기도 했다. 자본주의와 사회주의 진영의 갈등이 난민을 발생시켰던 냉전시기에는 이들을 받아들이는 것이 진영 간 논리로 정당화되기도 하였다. 이처럼 역사적으로 난민 문제는 다양한 모습을 하고 있다.

제1차 및 제2차 세계대전 동안 수백만 명의 사람들이 전쟁과 박해를 피하기 위해 이주했으며 특히 제2차 세계대전 후에는 약 4천만 명의 난민이 발생했다. 이러한 상황에서 1948년 UN 총회에서 '세계인권선언(Commission on Human Rights)'이 채택되어 모든 사람에게 박해를 피해 다른 나라에서 피난처를 구할 권리를 포함한 기본적 인권을 보장할 것을 국제사회에 천명했다. 이후 UN의 주도로 1951년에 체결한 '난민의 지위에 관한 협약(Convention Relating to the Status of Refugees)'은 난민의 정의와 권리, 국가의 보호 의무 등을 명시하고 있으며 현재 145개국 이상이 서명하고 비준했다. UNHCR에 따르면, 2024년 기준으로 전 세계적으로 약 4,307만 명의 난민이 존재하며(UNHCR, 2024a), 2025년에는 약 290만 명의 난민에게 재정착이 필요할 것으로 예상된다(UNHCR, 2024b). 난민을 가장 많이 수용하고 있는 국가는, 북미나 유럽의 국가들이 아닌, 이란과 튀르키예와 같은 난민 발생 국가의 인근 개발도상국들이다.

〈표 3-1〉 난민의 정의 및 요건

구분	내용
정의	인종, 종교, 국적, 특정 사회 집단의 구성원 신분, 정치적 의견 중 하나 이상의 이유로 박해를 받을 우려가 있어 자신의 국적국 밖에 있으며, 그 나라의 보호를 받을 수 없거나 받기를 원하지 않는 사람
주요요건	• 인종, 종교, 국적, 특정 사회 집단, 정치적 의견 중 하나 이상의 이유 • 박해받을 '충분히 근거 있는 공포'(well-founded fear)가 있을 것 • 자신의 국적국 밖에 있을 것 • 국적국의 보호를 받을 수 없거나, 보호를 받기를 원하지 않을 것
참고	국적이 없는 경우, 기존 거주하던 국가 밖에 있으면서 박해의 공포로 인해 그 나라로 돌아갈 수 없거나 돌아가기를 원하지 않는 사람도 포함됨

자료: '난민의 지위에 관한 협약'에서 발췌.

그러나 생존과 인간다운 삶을 위해 자국을 떠난 사람들이라도 모두 동일한 권리를 갖거나 보호를 받는 것은 아니다. 난민은 인종, 종교, 국적, 특정 사회 집단의 구성원 자격, 또는 정치적 의견으로 인해 박해를 받을 우려가 있어 본국을 떠나 다른 국가에서 국제적 보호를 필요로 하는 사람이다(UNHCR, 2019). 망명신청자(Asylum-seeker)는 주로 타국에서 국제적 보호를 요청하는 사람으로, 난민 지위나 보완적 보호 지위를 신청했거나 신청할 의도가 있는 사람이다. 모든 난민은 난민신청자 지위를 거치지만 모든 난민신청자가 난민 지위를 얻는 것은 아니다. 대체적으로 난민은 난민 지위를 이미 얻은 상태에서 목적국으로 이주하는 경우가 많고, 망명신청자는 이주 후 난민 지위를 신청하는 경우가 많다. 그렇기 때문에 망명신청자는 정책적 차별과 강제송환의 위험에 노출될 수 있다.

2) 난민의 특성

Hein de Haas(2021)의 '열망-역량 프레임워크(Aspiration-Capability Framework)'는 사회의 발전 및 변화 과정에서 국제이주를 설명하는 거시적 관점들이 간과할 수 있는 요소, 즉 사람들의 이주에 대한 동기가 형성되는 방식을 설명한다. 이에 따르면, 난민은 이주하기 위한 역량은 높지만 이주하려는 열망은 낮은 유형으로 구분된다. 이때 역량(capability)은 실제로 이주를 실행할 수 있는 경제적·사회적·법적·정치적·물리적 자원의 측면에서의 조건과 자유를 포함하며, 열망(aspiration)은 개인이 더 나은 삶을 위해 다른 곳으로 이주하고자 하는 바람이나 의지를 의미한다. 대부분의 국제이주의 형태는 이주하려는 열망과 능력이 모두 높은 경우이지만 난민은 비자발적으로 이주하는 집단으로서 이주에 대한 열망은 낮을 수밖에 없다.

〈표 3-2〉 이주 열망-역량 프레임워크에 따른 이동성 유형

이주 열망 \ 이주 역량	높음	낮음
높음	자발적 이동성: 대부분의 국제이주 형태	비자발적 비이동성: '갇힌 느낌'
낮음	자발적 비이동성 및 비자발적 이동성: 난민 등	묵종적 비이동성

자료: De Hass(2021: 21) 재구성.

2. 난민과 국제정치

난민 문제는 국가 간 협력과 갈등을 동시에 야기한다. 비(非) 추방 원칙과 같은 법적 보호는 난민의 강제 송환을 막는 국제 인권 규범의 중요한 부분이다. UNHCR과 같은 국제기구는 난민 보호를 위한 국제적 협력을 촉구한다. 그러나 최근 몇 년간, 많은 국가들이 난민 유입을 제한하고, 난민 보호 절차를 국경 밖으로 이전하려는 경향이 증가하고 있다. 예를 들어, 핀란드는 러시아가 의도적으로 자국 동부 국경으로 난민을 유입시켜 국가 안보에 영향을 미치려 한다고 주장하며 국경보안법(Border Secruity Act)을 제정해 난민 신청을 제한할 수 있도록 했다. 유럽연합도 난민 유입을 제한하기 위해 외부 국경 관리를 강화하고 있다.

이러한 상황에서 정치적 갈등 완화와 인권보호를 동시에 실현하기 위해 최근 난민정책과 노동이민을 결합하고자 하는 시도가 있다. 대표적으로 2018년에 시작된 캐나다의 이민 프로그램인 Economic Mobility Pathways Pilot은 캐나다의 고용주와 특정 기술이 있는 난민을 연결시켜 난민이 캐나다의 경제 이민 프로그램을 통해 영주권을 얻을 수 있도록 돕는다. 2023년까지 EMPP를 통해 약 200명의 난민과 그 가족을 받아들이고 있으며(UNHCR, 2023), 향후 더욱 큰 규모로 확대될 예정이다.

그러나 난민정책과 노동이민을 결합하고자 하는 시도는 난민을 경제적 자원으로 간주한다는 것에 대해 비판을 받고 있다. 결국 고숙련 난민에게 혜택을 제공하며 저숙련 난민이나 경제적 자원이 부족한 난민에게는 접근성이 낮을 수밖에 없기 때문이다. 이는 난민에 대한 인권 보호와 인도주의적 원칙에 위배 되므로 난민 문제는 여전히 정책적 도전을 마주하고 있다.

3. 한국 사회와 난민: 유출과 유입

1) 한국인 난민

한국 출신 난민은 주로 성(性) 정체성 또는 병역거부와 관련이 있다. 2009년 한 한국인 남성은 양심적 병역거부자이자 성소수자로서의 자신이 한국에서 박해를 받을 위험이 있다고 주장했고 캐나다에서 난민 지위를 인정받았다. 호주와 프랑스에서도 성소수자와 양심적 병역거부자가 보수적인 한국 사회에서 차별을 받을 수 있다는 점을 고려하여 한국인에게 난민 지위를 부여하였다.

2) 한국으로 온 난민

한국은 1992년 UN 난민 협약에 가입하고, 2013년에는 아시아 최초로 난민법을 제정하여 난민 보호를 위한 법적 기반을 마련했다. 난민법은 난민 보호에 대한 법적 책임을 명확히 하고, 난민 지위 결정 절차를 마련하는 중요한 근거이지만 법률이 존재한다고 해서 난민들이 충분히 보호받고 있는 것은 아니다. 한국은 UNHCR의 난민 재정착 프로그램을 통해 다양한 국가의 난민을 받아들이고 있으며 1994년부터 2024년까지 총 122,095건의 난민 신청이 접수되었고 그 중 총 1,544명만이 난민 지위를 인정받았다 (법무부, 2025). 이는 약 2.7%에 해당하며 OECD 평균인 25%와 비교해 매우 낮은 수치이다.[6] 전문가들은 복잡한 난민 신청 절차와 엄격한 난민 지위 결정 기준에서 비롯된 문제로 지적한다. 2018년에 제주도에 도착한 561명의 예멘 난민의 경우에도 정부는 '가짜 난민'을 색출한다는 명목 하에 절차의 복잡성과 기준의 엄격성을 완화하지 않았다.

또한 비현실적인 지원정책을 개선하지 않고 있어 난민 및 난민신청자들은 기본적 생계유지에 어려움을 겪고 있다. 난민신청자들은 신청 후 6개월이 지나야 취업이 가능하기 때문에 그동안 생계유지가 어렵다. 취업이 금지된 상태에서 이들에 대한 주거 지원 및 의료지원은 부족한 상태이고 만약 생계를 유지하기 위해 6개월 안에 일자리를 구할 경우, 불법 체류자로 간주되어 벌금을 물게 된다.

제5절 국제이주의 안보화(securitization)·이민법의 형사절차화 (crimmigration)

1. 개념 정의 및 국제적 동향

1) 국제이주의 안보화와 이민법의 형사절차화

국제이주의 안보화는 이민자들을 범죄나 테러와 연관시켜 국가안보에 위협이 되는 존재로 인식하는 경향으로서 종종 정치적, 사회적 긴장을 유발한다(Bigo, 2002; Bourbeau, 2017). 이민법의 형사절차화는 국제이주 관련법과 형사법이 융합되어 이민자를 범죄자로 간주하거나 처벌하는 법적 체계를 의미하며 국제이주의 안보화에 의해 강화되는 경향이 있다. 물론 누구

---

[6] 그러나 스스로 신청을 철회한 이들을 포함하면 1%에도 미치지 않는다는 조사도 있다.

나 범죄를 저질렀을 경우에는 그 범죄의 경중에 따라 합당한 처벌을 받는 것이 당연하겠지만, 이민자가 아니라면 행정적 처분에 그치거나 민사 사건에 그칠 수준의 문제들이 형사법적 범죄로 여겨지는 것은 차별이라고 할 수 있다. Stumpf(2006)는 미국에서 '미국에 위협이 되는' 이민자를 미국 밖에 위치한 구금 시설에 수용하고 모든 이민법 위반 행위를 범죄 행위로 규정하고 추방을 가능하게 한 의회의 결정을 '이민법의 형사절차화(crimmigration)'로 정의했다. 그녀는 이민법과 형사법의 집행방식과 절차가 상당히 유사해졌음을 지적하며 형사법이 이민법을 흡수하고 두 법률 체계가 서로 중첩되고 있다고 설명한다. 또한 범죄와 이민법이 교차되는 사례로, 1990년에 미국에서 5년 이상의 징역형을 포함한 모든 범죄를 이민법 위반으로 규정한 것과 1996년 반테러 및 효과적인 사형집행 법에서 도덕적 타락을 추방 가능한 범죄로 간주한 것을 지적한다.

2) 국제적 동향

최근 서구 국가들에서는 정치 지도자들이 이민자와 난민을 국가 안보 위협이나 범죄와 연관시키는 현상이 정치 담론과 정책에 뚜렷하게 반영되고 있다. 2016년 미국 대선에서 도널드 트럼프 후보는 불법 체류자와 범죄와의 연관성을 강조하며, 중국인 불법 체류자들이 군대를 만들고 있다는 주장을 했고 이러한 발언은 이민 반대와 국가 안보를 강조하는 정치적 메시지로 사용되었다. 2024년 대선 유세에서도 멕시코계 이민자들을 마약 범죄와 연관 짓고 강간범으로 비난하면서 국민들의 우려를 자극했다. 최근 미국에서 과속운전과 같은 경미한 법규 위반이나 과태료나 과징금 등으로도 마치 형사법적 범죄자와 같이 비자를 취소하는 사례가 잇따르고 있다. 영국에서는 2016년 브렉시트 투표를 앞두고 영국 독립당(UK Independence Party) 대표 나이절 패라지가 "유럽에서 사람들의 자유로운 이동은 범죄자의 자유로운 이동, … 테러리스트의 자유로운 이동이 되었다"라고 주장했다. 프랑스에서도 극우 정당인 국민연합(Rassemblement National)이 이민 반대와 국가 안보를 강조하며 정치적 메시지를 보내고 있으며 그러한 영향으로 2025년부터 불법 체류자에 대한 행정 구금 기간을 최대 210일로 연장하고 2012년에 폐지된 불법 체류죄를 부활시키려는 움직임이 있다.

2. 이민자와 범죄의 실상

1) 이민자의 이입과 범죄율의 역의 관계

이민과 범죄의 관계는 복잡한 양상을 보이지만, 다수의 연구에 따르면, 통념과는 달리, 이민은 범죄율을 낮추는 효과를 가지며 특히 범죄의 폭력성이 줄어든다. 시카고에서 1995년부터 2003년까지 7년 간 발생한 폭력 행위의 패턴을 분석한 결과, 이민 1세대는 미국인 3세대에 비해 폭력 범죄를 저지를 가능성이 45% 낮은 것으로 나타났다(Sampson, 2008). 1990년대 중반부터 불법체류자를 포함한 이민자가 크게 증가한 산호세, 댈러스, 피닉스 등 미국 전역에서도 살인률은 감소했으며 로스앤젤레스의 경우 45% 급락했다(Sampson, 2008). 또한 유럽 21개국의 데이터를 분석한 결과, 이민자가 유입될수록 해당 지역의 안전성이 높아졌다는 사실이 확인되었으며(Amnesty International, 2023) 이민자가 범죄에 연루되는 경우는 주로 실업이나 빈곤 상태에 있는 이민자에 의한 비폭력적 범죄가 대부분이다.

전문가들은 이민이 주로 사회적 관계나 공동체의 규범을 중시하는 사회적 통제 역량을 강화하여 개인의 행동을 규제하고 범죄를 예방한다고 분석한다. 구체적으로, 새로운 지역으로 이동한 사람들은 지역사회에 적응하기 위해 기존 공동체의 규범과 가치를 학습하고 이를 준수하려는 경향이 있으며 자신과 가족의 안전을 보장하기 위해 지역사회의 비공식적 감시 체계를 강화하는 경향이 있기 때문이다. 또한 자신의 삶에서 이민이라는 불확실성이 높은 선택을 한 사람들은 그렇지 않은 사람에 비해 노동이나 공부, 가족과의 재회와 같은 구체적인 목적을 갖고 있는 경우가 많다. 특히 통념과는 달리 불법체류자는 범죄에 연루되는 비율이 가장 낮은데 이들은 체포와 추방의 두려움 때문에 경찰의 눈에 띄지 않기를 가장 큰 목표로 삼으며 조용히 경제활동을 하고자 하는 경향이 강하기 때문이다(Light, 2020).[7]

2) 이민 2세대의 하향 동화(downward assimilation) 가능성

연구에 따르면, 이민 1세대에 비해 2세대에서 범죄 발생률이 상대적으로 높은 경향이 관찰된다. 다만 이러한 현상은 개인의 인종 또는 민족적 특성보다는 그 사회의 경제적 격차, 교육 기회 부족, 지역사회 배제 등 계층적 요인에 주로 기인하는 것으로 분석된다(Bersani, 2012). 특히 저숙련·저소득 노동이민자 가정에서 성장한 청소년들은 차별과 사회적 고립을 경험하면서 빈곤, 실업 등에 노출되고 취약한 네트워크로 인해 주류 사회로의 진입에 실패할 수 있다. 이러한 구조적 한계를 마주한 이민 2세대들이 수용국 국민의 하위문화 집단에 동화되는 '하향동화(Guajardo, 2008; Morin, 2013; FitzGerald, 2025)' 현상이 발생한다. 뿐만 아니라 동일한 범죄를 저질렀을 경우에도 이민자가 적발될 확률이 더 높다. 그렇기 때문에 이민자와 범죄의 관계는 단순하게 설명되기 어려우며 사회적, 경제적 요인과 인종적 편견의 복합적 작용의 결과로 설명된다.

---

[7] 역설적으로 불법체류자는 수용국에 경제적으로 큰 기여를 한다. 이들은 주로 열악한 노동 조건에서 일하며, 인권침해나 학대를 신고하지 못하는 취약한 지위에 있으며 장기간 거주로 사회적응에 필요한 지원이 필요하지 않으며, 사회보험을 받지 못해 사회적 부담을 줄이는 효과가 있기 때문이다.

3. 한국의 사례

한국은 미국과 같은 서구사회와 법적·사회적 맥락이 다르기에 국제이주의 안보화 및 이민법의 형사절차화 현상이 동일하다고 볼 수는 없다. 그러나 최근 한국인과 이민자의 생활 반경이 겹쳐지면서 안보 및 안전에 대한 불안이 커지는 경우가 발생하고 있으며 이는 주로 인종이나 국가에 기반 한 편향된 관점을 전제로 한다. 예를 들어, 2018년 제주도에 561명의 예멘난민이 입국했을 때 일부 집단은 이들을 강력범죄자나 테러리스트라고 간주하며 차별적인 태도를 보였다. 이는 무슬림에 대한 서구사회의 편향된 시각을 비판 없이 수용한 결과로 해석할 수 있다. 대구의 모스크 증축 사례 또한 유사하다. 해당 지역에서는 오랜 기간 이웃으로 지내온 무슬림 유학생들이 유학생 수 증가로 모스크를 증축하려 하자, 합법적인 공사였음에도 불구하고 일부 주민들이 이들을 이슬람 극단주의자로 간주하며 반대를 시작했다. 최근 서울 광진구 '양꼬치 거리'에서는 벌어진 중국인 이민자를 대상으로 한 혐오 시위에서도 이들을 한국사회의 안보를 위협하는 존재로 매도하기도 했다. 이는 국제이주의 안보화 현상의 한 단면으로 볼 수 있다.

이민법의 형사절차화의 경우, 한국에서도 법 적용의 비례성 원칙에서 어긋나는 사례는 이미 나타나고 있으며 앞으로도 계속될 위험이 있다. 예를 들어, 65세 이상의 이민자가 건강보험료를 몇 차례 체납할 경우, 이로 인해 체류 연장이 불허되어 오랜 기간 한국에서 경제활동을 해 온 고령의 이민자가 불법 체류자로 전락하는 상황이 발생할 수 있다. 이민자가 임금체불이나 성추행 등으로 작업장을 떠나게 되었을 때 체류자격이 취소되어 불법체류자가 되는 경우도 마찬가지다. 나아가 이민법의 형사절차화 경향은 정부 당국뿐 아니라 다른 기관으로까지 확장될 위험이 있다. 2023년 11월

27일, ○○대학교가 어학연수를 온 우즈베키스탄 유학생 22명을 "불법체류자가 될 수 있다"는 예방적 이유로 강제 출국시킨 사건이 발생했다. 이는 교육기관인 대학이 질서행정 기관인 출입국관리소를 대신하여 체류기간이 남아 있는 학생들에게 정식 통보나 소명의 기회와 같은 절차를 박탈하고 법의 비례성의 원칙을 위반한 것이다[8]. 이처럼 행정처리의 실수, 경제적 어려움, 그 외 일반적으로 범죄로 간주되지 않는 위반 행위나 일탈, 민사 사건으로 인해 이민자에게 형사법적 범죄자에게나 적용될 법한 수준의 처벌이나 불이익이 가해지는 상황은 이미 발생하고 있다.

제6절 결론

1. 각 절별 요약 및 전망

본 장에서는 국제이주의 주요 현상에 대해 범주화하여 현상의 본질을 밝히고 특히 통념상의 오류를 바로 잡아 국제이주의 주요 현상에 대한 이해를 넓혔다. 국제이주에 동반되는 주요 현상들은 정치·경제·사회·문화적 요인들이 복합적으로 작용하는 현상이기 때문에 단순히 경제적 또는 정치적 관점만으로는 충분히 이해할 수 없다. 노동이민이 경제적 필요에 의해 주도되며 국가 전체의 경제 규모를 키우지만, 노동이민자에 대한 차별

---

[8] 유학생은 '한국 금융기관이 발급한 계좌에 1,000만 원 이상의 잔고를 3개월 이상 유지'해야 한다는 '외국인 유학생 사증발급 및 체류관리 지침'을 따라야 한다. 이 지침을 따르지 않았을 경우 출입국관리소는 해당 학생에게 직접 통보하여 소명이나 보완의 기회를 주고, 체류기간 연장 또는 자격변경 심사에서 불이익을 주는 것이 일반적이다. 그러나 OO대학교는 유학생들에게 이러한 절차를 밟을 기회를 박탈했을 뿐만 아니라, 애초에 유학생을 모집할 때 잔고 유지 기간을 '3개월'이 아니라 '1일'로 잘못 안내한 사실도 드러났다.

은 그들의 경제적 지위와 결합하여 사회적 계층화의 과정을 초래한다. 여성의 국제이주는 남성과 다른 메커니즘에 의해 발생하며, 제도와 같은 거시적 요소와 개인적 환경과 같은 미시적 요소가 함께 영향을 미치므로 다차원적 분석이 필요하다. 또한 오늘날 난민 문제는 인도주의적 이해와 정치적 결단이 요구되는 복잡한 문제로서 국제적 정책 협력이 절실하며, 마지막으로, 국제이주의 안보화와 이민법의 형사절차화 현상은 인종, 국가, 계급에 대한 차별과 관련이 깊으며 이를 악용하고자 하는 정치인들에 의해 강화되는 경향이 있다.

국제이주는 앞으로 양적·질적으로 더욱 확대될 것으로 전망된다. 이 과정에서 다양한 새로운 문제들이 발생할 수 있고, 일부에서는 이를 정치적으로 이용하려는 움직임이 나타날 가능성도 있다. 동시에 국제이주를 효과적으로 관리하고 활용하는 역량이 국가 경쟁력의 중요한 요소로 부상하고 있다. 이러한 변화는 UN이 한 국가의 지속가능한 발전을 위해 적극적인 이민정책을 권고한 사실과 국제이주기구(IOM) 사무총장을 역임한 António Vitorino가 "국제이주는 해결해야 할 문제가 아니라 관리해야 할 현실"이라고 강조한 것과 일맥상통한다. 따라서 국제이주를 낯선 현상이 아니라 인류의 역사와 함께해 온 현상이자 앞으로도 우리 사회와 밀접하게 연결될 수밖에 없는 현실로 받아들이는 관점의 전환이 요구된다.

2. 한국사회의 정책적 시사점

우선 국제이주 현상의 다면성에 대한 이해를 높여 오늘날 우리 사회에서 발생하고 있는 국제이주와 관련된 다양한 현상을 '위기' 또는 '기회'라는 이분법적 시각에서 벗어나 바라볼 필요가 있다. 이민자 역시 단순히 통제하거나 장려해야 할 대상이 아니라, 노동자이자 그 외의 복합적인 정체성을 지니고 다양한 역할을 수행하는 구성원으로 인식해야 한다. 특히, 한국인의 실업률을 노동이민자의 탓으로 돌리거나 이민자의 유입이 우리 사회를 위험에 빠뜨릴 것이라는 등 왜곡된 정보에 의한 차별적 시선을 경계해야 한다. 객관적이고 합리적인 토대 위에서, 국제 이주를 한국 사회를 더욱 풍요롭게 할 수 있는 기회이자 동시에 미증유의 도전으로 이해하고 모든 구성원이 평등하게 공존할 수 있는 제도 구축에 힘써야 한다.

이를 위해서는 한국보다 앞서 국제이주를 경험한 국가들의 과거 사례를 비판적이고 반성적으로 살펴보고, 그 전철을 밟지 않도록 노력하는 것이 중요하다. 예를 들어, 대부분의 이민정책 선진국들은 이민자와 자국 노동자 간 동일임금 원칙을 지키고 있다. 이는 인건비 절감을 위해 이민자에게 내국인보다 낮은 임금을 지급할 경우, 기업들이 이민자 고용을 선호하게 되어 자국 노동자가 노동시장에서 소외되고, 내국인의 실업률이 증가하며, 해당 업종의 전반적인 임금 수준이 하락해 내국인들의 불만이 커지는 결과를 초래했기 때문이다. 또 다른 예로, 2005년 프랑스의 이민자 폭동은 많은 연구자들이 프랑스의 이민자 사회통합 정책 실패의 결과로 분석한다. 프랑스 사회에서 태어나고 자랐지만 교육 및 경제적 기회 부족 등으로 사회적 배제와 실업, 차별에 시달리며 소외감을 느껴온 이민 2세대 및 3세대 청년들이 주도했기 때문이다. 즉, 수용국의 경제적 필요에 의해 이민자를 받아들이더라도, 평등·통합·다양성 존중 등과 같은 가치가 전제되지 않는다면 결국 사회 전체의 불이익과 혼란을 초래할 수 있음을 알 수 있다.

이처럼 다른 나라들이 이미 경험한 정책실패를 반복하지 않기 위해, 한국사회에서는 인종·성별·계급에 따른 차별 해소와 사회적 포용성 강화가 중요하다. 특히, 이민자와 난민에 대한 차별에 대응하고 다양성을 증진시키기 위해 영국, 캐나다, 독일 등에서 시행 중인 인종관계법이나 차별금지법의 역할에 주목해야 한다. 또한 BBC와 같은 언론사는 국제이주와 이민자, 난민에 대한 왜곡된 정보로부터 대중이 영향을 받지 않도록 보도 가이드라인을 마련하여 다양성 증진에 힘쓰고 있다. 이러한 실천은 국민과 다양한 배경의 이민자가 함께 발전할 수 있는 기본적 토대가 된다. 한국도 국제이주 현상을 효과적으로 관리하고 이민자와의 평등한 공존을 실현하기 위해 이러한 선례들을 정책 수립에 적극 반영해야 한다. 이를 통해 한국 사회는 다양성을 바탕으로 지속 가능한 발전을 이룰 수 있을 것이다.

참고문헌

법무부. (2025). 보도자료: 난민제도 시행 30년, 누적 난민신청 12만 건 상회(2025년 2월 3일 배포).

Amnesty International. (2023). Migratiewetenschapper Hein de Haas: 'Er is helemaal geen explosieve toename van migratie (Interview)', (15 November 2023).

Bersani, B. E. (2014). An examination of first and second generation immigrant offending trajectories. Justice Quarterly, 31(2), 315–343.

Bigo, D. (2002). Security and immigration: Toward a critique of the governmentality of unease. Alternatives, 27(1_suppl), 63–92.

Bourbeau, P. (2017). Migration, exceptionalist security discourses, and practices. Handbook on migration and security, 105–24.

Castles, S., & Miller, M. J. (2003). The Age of Migration (Third Edit). Hampshire: Guilford Press.

Crenshaw, K. (2013). Demarginalizing the intersection of race and sex: A black feminist critique of antidiscrimination doctrine, feminist theory and antiracist politics. In Feminist legal theories (pp. 23–51). Routledge.

De Haas, H. (2021). A theory of migration: the aspirations–capabilities framework. Comparative migration studies, 9(1), 8.

Dustmann, C., & Frattini, T. (2014). The fiscal effects of immigration to the UK. The economic journal, 124(580), F593–F643.

FitzGerald, D. S. (2025). The limits and possibilities of segmented assimilation theory. Ethnic and Racial Studies, 1–9.

Guajardo, M. (2008). When Learning English is not Enough: Second Language Acquisition and Downward Assimilation. The BSIS Journal of International Studies, Vol 5.

Hein De Haas. (2023). 이주, 국가를 선택하는 사람들, 김희주 옮김, 세종서적.

International Labour Office. (2024). ILO Global Estimates on International Migrant Workers: International migrants in the labour force(Fourth edition).
Joan W. Scott. (2023). 젠더와 역사의 정치, 정지영·박차민정·정지수·최금영 번역, 후마니타스.
Light, M. T., He, J., & Robey, J. P. (2020). Comparing crime rates between undocumented immigrants, legal immigrants, and native-born US citizens in Texas. Proceedings of the National Academy of Sciences, 117(51), 32340-32347.
Mellejor. L. (2018). Deployment ban to Kuwait 'stays permanently'. Philippine News Agency(Apr. 29, 2018).
Morin, R. (2013). Crime rises among second-generation immigrants as they assimilate. Pew Research Center(Oct. 15, 2013).
Nana Oishi. (2018). 여성들 이주하다. 이안지영·차미경·허오영숙·권미경 옮김. 박영스토리.
Sampson, R. J. (2008). Rethinking crime and immigration. Contexts, 7(1), 28-33.
Seol, D. H. (2000). Past and present of foreign workers in Korea 1987-2000. Asia Solidarity Quarterly, 2(2), 6-31.
Somasekhar, S., Robertson, N. R., & Thakker, J. (2020). Indian Women's Experiences of domestic violence in the context of Migration to Aotearoa New Zealand: The role of women's in-laws. New Zealand Journal of Psychology (Online), 49(1), 29-37.
Stumpf, J. P. (2006). The Crimmigration Crisis: Immigrants, Crime, and Sovereign Power: immigrants, crime, and sovereign power, American University Law Review, 56(2), 367-418.
United Nation. (2024). International Migrant Stock 2024: Key facts and figures (Advance unedited version). Department of Economic and Social Affairs.
United Nation (2025). International Migrant Stock 2025. https://www.migrationdataportal.org/themes/international-migrant-stocks-overview/
UNHCR. (2019). Emergency Handbook: Refugee definition.
UNHCR. (2023). Economic Mobility Pathways Pilot: Alumni Survey Report 2023: Canada.
UNHCR. (2024a). Data and Statistics: Mid-Year Trends.
UNHCR. (2024b). Press releases: 2025 global refugee resettlement needs spike to almost 3 million (5 June 2024).
Veblen, T. (2017). The Theory of The Leisure Class. Routledge.
Williams, E. (1994). Capitalism and Slavery. Chapel Hill: U of North Carolina P.
e-나라지표. (2024). 결혼이민자 현황.

> **제4장**

세계화와 국제이주

장익현

제1절 이론적 배경

1. 세계화의 개념

인류에게 있어 20세기는 교통·통신 과학 및 기술 등의 급격한 발전을 경험한 시기가 되었다. 이러한 발전은 우리 삶의 중요한 많은 부분들을 바꾸어 놓았다. 교통과 통신 기술의 발전은 물류와 사람의 이동을 더욱 활발하게 하였다. 이러한 이동성은 한 국가의 문제가 그 나라에만 머무르는 것이 아니라 발달한 통신과 교통으로 인해 전 지구적 차원의 문제로 빠르게 확산된다는 것을 의미한다. 이같이 기술의 발전에 힘입어 세계가 동시 생활권으로 접어들고, 사회의 모든 측면에서 개방체제화 되는 과정을 세계화라 한다. 세계화는 국제화와 동일한 의미로 사용되기도 하는데, 국제화는 일반적으로 경제적 측면의 개방체제에 초점을 맞추고 있다면 세계화는 경제적인 측면만이 아니라 사회·경제·문화의 모든 측면에서 개방된 체제를 의미한다.

세계화는 다양한 방면에서 전개되고 있다. 교통·통신 기술의 발전은 우선 세계를 하나의 시장으로 묶는 상품의 세계화를 가져왔다. 우리는 생활 속에서 해외에서 생산된 물품들을 쉽게 구할 수 있고, 우리나라에서 생산된 제품도 외국에서 어렵지 않게 구매할 수 있다. 하나의 상품을 선택하더라도 우리는 과거에 비해 훨씬 더 넓은 선택의 자유를 가지게 된다. 이러한 선택의 자유는 2가지의 다른 측면에서의 효과를 가져온다. 소비자의 입장에서 선택의 자유가 증대된다는 것은 값싸고 품질 좋은 상품을 구할 수 있는 기회가 더 늘어난다는 뜻이며, 이는 소비자 편익의 증대로 이어질 수 있다. 반면 생산자의 입장에서 보면 소비자의 선택권이 강화된다는 것은 생산자의 경쟁이 더 치열해진다는 의미이고, 이러한 상황에서 기업은 더 낮은 가격으로 더 좋은 품질의 상품을 공급하기 위해 더 싼 노동력을 사용하기 위한 노력을 하게 된다. 또한 자본의 이동도 자유로워지므로 사업이 활성화되는 지역에 더 많은 자본이 몰리면서 생산자, 즉 기업들은 전 세계를 대상으로 투자와 생산활동을 하게 된다. 이러한 현상은 세계화를 통한 초국적 기업의 등장으로 이어지기도 한다.

이러한 세계화의 특징은 다음과 같다. 첫째, 경제적으로 볼 때 세계시장을 대상으로 상품, 초국적 기업, 금융자본의 이동이 활발해지면서 경쟁이 활발해진다. 그리고 이러한 경쟁에서 생존하기 위해서 기업은 빠르고 효율적이면서 유연하게 대응하는 구조를 가지게 된다. 이는 관료제적 조직의 쇠퇴와 유연하고 변화에 잘 대응하는 조직으로의 변환을 야기하기도 한다. 조직적인 측면에서 볼 때, 초국적 조직 즉 국제기구나 초국적 기업 등의 활동이 활성화된다. 개별국가의 경제적 문제나 사회·정치적 문제는 국내 기업, 그리고 그 국가의 중앙정부를 중심으로 다루어졌다. 그러나 하나의 상품과 자본의 이동은 개별 기업을 하나의 국가에서 다룰 수 없는 수준으로 성장시켜 초국적 기업들이 다수 등장하게 되었다. 둘째, 사람과 상품의 빠른 이동은 최근 코로나 사태와 같이 개별국가의 문제가 매우 빠른 속도로 다른 국가로 확산될 가능성을 매우 높게 만들고 있다. 북아프리카와 중동에서의 정치적 혼란은 그 지역에서만 영향력을 끼칠 뿐 아니라 난민들이 유럽으로 유입됨으로서 유럽 국가들에서의 사회 문제에 영향을 끼친다. 이러한 문제들을 해결하기 위해서 국가 간의 갈등관계를 조정하고 지구적 문제에 공동으로 대응하기 위한 국제기구들의 역할과 기능이 과거에 비해서 확대되었다. 즉 세계화 시대에서 중요한 행위자는 국가뿐만 아니라 국가 상위의 국제기구, 그리고 개별국가의 통제에서 벗어나 있는 초국적 기업 등이 주요 행위자로 부상하게 된 것이다. 세계화의 세 번째 특징은 문화적 측면에서의 영향력이다. 세계화된 오늘날 우리는 한국에서 일본 드라마, 영국 드라마, 미국 드라마를 리모콘 몇 번만 조작하면 볼 수 있다. 그리고 우리의 생활 속에서 외국의 음식, 음악, 패션 등을 너무나 쉽게 접할 수 있다. 이러한 외부 문화에 대한 쉬운 접근성은 일정 수준의 문화적 동질화를 가져오게 된다. 전 세계의 사람들이 같은 옷을 입고, 같은 음식을 먹을 수 있는 수준에까지 이른 것이다. 이는 세계화의 장점이기도 하지만 한편으로는 문화적 제국주의화를 야기시킨다는 비판을 받기도 한다. 그러나 다른 한편으로는 세계화가 오히려 문화의 다양성 강화에 기여한다는 주장도 있다. 앞서 살펴본 바와 같이 세계화 시대에는 상품의 다양성이 강조되고, 이는 다품종 소량생산이 좀 더 일반적인 생산의 형태로 자리잡게 되는 시대로 이어진다. 다품종 소량생산에서는 오히려 상품의 차별화가 강조되고 이는 문화의 다양성 강화로 이어진다.

이렇듯 세계화는 우리 삶의 모든 측면에 영향을 미치며, 이는 다양한 효과를 불러일으킨다. 세계화의 영향을 장·단점으로 분류해 간략히 정리해 보면 다음과 같다. 우선 장점을 보자면 상품과 자본, 노동력의 국제이주를 활성화하여 경쟁을 심화시켰고, 이러한 경쟁의 심화는 서비스와 상품, 기술의 발전을 가져왔다. 이러한 발전이 인류의 문화와 경제, 그리고 삶의 질에 전반적인 향상을 가져다 준 것이 사실이다. 또한 다양한 문화와 사상들이 세계로 전파됨에 따라 정치적, 사회적 발전을 가져오게 되었다. 민주주의 보편화, 인권의 발전 등도 세계화를 통해서 더 가속화되었다. 타국의 소식을 빨리 접하게 되고, 타국에서 일어나는 인권탄압이나 전쟁 등의 소식에 대해서 각 국가들이 대응하기 시작하면서 인권·정부의 부정부패 등에 대한 인식이 전반적으로 달라지게 되었다. 이렇듯 세계화는 정치적·사회적 발전을 견인하여 상향 평준화하는 역할을 수행하게 된 것이다. 반면에 세계화는 다양한 부작용도 불러온다. 앞서 언급한 것처럼 경쟁의 심화는 소비자의 선택 폭을 넓혀줌과 동시에, 노동자들에게는 일자리의 불안정을 가져다 주게 된다. 세계화 시대에 기업들은 더 높은 가격경쟁력을 가지면서 노동의 비용을 줄이기 위해 저렴한 노동력을 제공하는 나라로 생산공장을 이전하게 되고, 생산공장이 떠나버린 국가에서는 노동자들이 실업자가 되는 상황이 발생할 수 있는 것이다. 이러한 상황은 계층 간의 소득불평등을 증가시키는 현상을 가져다 준다. 대표적인 국제무역이론인 헥셔-올린 정리(Hecksher-Ohlin Theorem)에 따르면, 자본집약적 산업이 발전한 선진국에서는 국제무역이 진전됨에 따라 고숙련 노동자들의 몫이 증가하는 반면 비숙련 노동자들의 몫이 감소하는 것으로 파악한다. 또한 생산과정에서 분할의 진전, 생산의 일부를 해외에 이전하는 아웃소싱의 증가로 인해 세계화가 선진국의 소득불평등을 증가시키는 효과를 가져온다고 주장한다(Feenstra and Hanson, 1995). 그리고 개도국의 경우도 세계화가 진전된 1980년 이후 성장의 정체와 더불어 소득분배의 악화를 가져왔으며, 사회주의에서 자본주의로 전환된 국가들의 경우 1990년대부터 빈곤과 소득분배가 급속히 악화되는 모습을 보여주고 있다(이강국 외, 2007). 이렇듯 세계화는 자본과 노동, 상품의 이전을 확대하면서 한편으로는 소비자의 선택권 강화와 소비자 편익 증대에 기여하고, 다른 한편으로는 소득불평등의 증가에 기여하는 양면적인 모습을 보여주고 있다.

제2절 세계화와 국제 이주

1. 세계화와 국제이주의 관계

앞서 살펴본 바와 같이, 세계화는 급속한 교통과 통신 기술의 발전으로 인해 노동과 상품, 자본의 이동이 그 어느 때보다 자유로워지는 경향성을 보여주고 있다. 물론, 상품과 자본의 이동에 비하면 노동의 이동은 상대적으로 제약이 크긴 하지만(Skeldon, 2003), 그 규모가 점점 커지고 있다는 점은 부인할 수 없다. 국제이주기구 (IOM)의 2024년 보고서에 따르면 전 세계 2억 8,100만 명에 달하는 사람들이 국제이주에 나선다는 추정을 하고 있다(IOM, 2024).[1] 본 절에서는 세계화와 국제이주가 구체적으로 어떻게 연관되고 있는지를 설명하고자 한다.

국제이주의 동기는 매우 다양하다. 과거에는 전쟁으로 인해 비자발적인 국제이주가 이루어지기도 했으며, 제국주의 시대를 지나면서 식민지와 본국 간의 이주가 증가하기도 했다. 특히 제2차 세계대전 이후 신생 독립국들은 불안한 내부 정쟁이 이어지면서 이러한 내부 분쟁을 피하기 위한 타국으로의 국제이주가 증가하기도 했다. 이렇듯 국제이주에는 다양한 원인들이 작용하지만, 세계화 역시 국제이주에 큰 영향을 끼치고 있다.

Sassen & Portes(IOM, 2003)의 연구에 따르면 세계화와 시장 확대로 인해 국제이주가 크게 증가했다. 즉 국제이주는 개인 혹은 가구의 합리적 결정의 산물이 아닌, 국제정치의 위계질서에 따른 세계시장 확대의 결과이다(Massey et al., 1998). 앞서 본 바와 같이 가속화된 세계화는 초국적 기업의

---

[1] https://republicofkorea.iom.int/news/jeon-segye-choesin-iju-donghyanggwa-apeuloui-dojeon-gwajeleul-dameun-segyeijubogoseo-2024-balgan

성장과 외국 투자의 성장을 가져왔다. 저개발국가의 저숙련노동자들은 임금노동자로서 값싼 노동력을 필요로 하는 선진국들로 이동하게 되는 것이다(Sassen, 1998). 이러한 양상은 식민지 국가와 식민지 본국 사이에서 가장 두드러지게 목격되고 있다. 결국 세계화의 압력은 기업들로 하여금 생산가격을 더 낮추게 하고, 기업들은 생산가격을 낮게 유지하여 가격경쟁력을 유지하기 위해 값싼 노동자들을 찾게 되는 것이다. 이런 경우 기업은 생산공장을 인건비가 저렴한 국가로 이전하거나, 본국에서 좀 더 저렴한 노동력을 구매하기 위해 노동이민자들을 선호하게 되고 저개발국의 노동자들에 대한 수요를 충족시켜 주기 위해 선진국으로 국제이주하는 양상이 나타나는 것이다.

세계화와 국제이주의 관계는 사회학적인 측면에서도 설명할 수 있다. 국제이주를 결정하는 중요한 매개체 중 하나는 이민 네트워크이다(IOM, 2003). 이민 네트워크는 이민자와 본국에 있는 가족·친지·동료 등을 포함하는 개념이다. 이 네트워크는 외국에서 일자리를 찾기 위한 정보교환, 재정 지원 등의 기능을 수행하는 것으로 알려져 있다. 이 네트워크 내에서 정보가 얼마나 빠르게 잘 유통되는가는 국제이주를 위한 비용을 가늠할 수 있게 해준다. 또한 이러한 네트워크를 통해 경제적 기회만이 유통되는 것이 아니라, 민주적 거버넌스, 인권에 대한 정보들도 유통된다. 과거에 통신과 교통 기술이 제한적이었을 때는 이러한 이민 네트워크에서 유통되는 정보의 양이 제한적이었으나, 오늘날에는 거의 실시간으로 모든 정보를 교환할 수 있게 되었다. 즉 국제이주를 결정하기 위한 다양한 정보를 획득하는 비용이 상대적으로 줄어든 것이다. 이는 전체적으로 국제이주의 비용을 줄이는 결과를 가져오기 때문에, 국제이주의 증가에 기여할 수 있다. 이민자들은 이민 네트워크를 활용해서 본국의 가족과 친지, 동료들에게 실시간으로 경제적 기회를 알려줄 뿐 아니라, 민주주의와 인권에 대한 정보 역시 전달할 수 있고 이러한 부분이 저개발국, 특히 정치가 불안정하고 경제적으로 빈곤한 저개발국에 거주하고 있는 동료, 친지들이 해외로 더 쉽게 국제이주할 수 있도록 돕고 있는 것이다.

2. 이주에 대한 국제기구의 정책적 논의의 변화

세계화로 인해 국제이주, 특히 노동이민이 빠르게 증가하고 있으며, 따라서 국제기구 차원에서 국제이주를 어떻게 다루는지가 점점 더 중요해지고 있다. 앞서 살펴본 바와 같이 세계화로 인해 초국적 기업과 국제기구의 중요성이 점점 더 강조되고 있다. 따라서 국제기구가 국제이주에 대해 어떻게 의제를 설정하는지가 개별국가들의 이민정책에 미치는 영향이 크다고 할 수 있다. 여기서는 세계화가 본격적으로 진전되는 1980-90년대 이후의 국제이주에 대한 국제기구의 논의를 중심으로 살펴보고자 한다.

전통적으로 국제이주는 저개발국가의 전문인력이 선진국으로 이동하는 이른바 '브레인 드레인', 즉 두뇌유출 현상으로 보았으며, 따라서 부정적인 현상으로 간주하는 경향이 있었다(Usher, 2005). 이러한 경향은 현재에도 존재하고 있지만, 최근에는 국제이주의 긍정성이 강조되면서 국제이주가 송출국의 발전에 중요한 영향을 미친다고 보는 경향이 강화되고 있다. 이민자는 송출국과 수용국의 상호 협력을 강화하는 매개체로 작동하고 있다. 매개체 역할은 경제적 측면과 정치적 측면 두 가지로 나누어볼 수 있는데, 우선 이민자는 자국으로 금액을 송출하는 등의 경제적 이익을 가져다 주고 있다. 그리고 이민자들이 수용국에서 습득한 기술과 지식, 그리고 민주주의와 인권에 대한 경험을 통해 송출국의 정치 및 사회 발전에 기여할 수 있다(Usher, 2005).

국제적 차원에서 가장 핵심적으로 살펴봐야 할 국제이주에 대한 아젠다는 2000년부터 2015년까지 유엔에서 채택한 밀레니엄 개발목표(MDGs: Millennium Development Goals)와 MDGs가 종료된 후 2016년부터 2030년까지 새로이 시행되는 지속가능한 개발목표(SDGs: Sustainable Development Goals)이다.

1) MDGs와 국제이주

MDGs는 총 8가지의 목표로 구성되어 있는데, 이 중에 국제이주와 관련된 것들을 찾아보자면 우선 첫 번째 목표인 '빈곤과 기아의 근절', 세 번째 목표인 '양성평등과 여성의 임파워먼트' 여섯 번째 목표인 '건강과 보건', 그리고 마지막 여덟 번째 목표인 '발전을 위한 전지구적 협력 관계 증진' 등 총 4가지를 제시해볼 수 있다.

첫 번째인 빈곤과 기아의 근절 부분을 보면, MDGs가 채택되고 시행되었던 2000년대 초중반을 기준으로 전 세계 13억 인구가 하루 1달러 미만으로 생계를 유지하였고(UNESCAP, 2004), 이민자가 평균 10% 증가하면 하루에 1달러 미만으로 생활하는 빈곤 인구는 약 1.9%가 감소할 것이라고 예측하였다. 즉 이민자들은 저개발국가에서 선진국으로 국제이주를 해서 노동을 하고, 그 댓가인 수입을 본국으로 송출하여 경제성장에 기여한다. 이러한 송금은 본국에 남아 있는 가족들이 교육을 받고, 의료비를 지불하며 또한 의식주를 해결하는 데 중요한 역할을 하고 있을 뿐 아니라, 투자를 위한 자금으로도 활용된다(World Bank, 2004). 교육과 의료의 비용은 빈곤의 해결뿐만 아니라 장기적으로 인적자원의 투자에도 해당이 된다. 국제이주와 빈곤 감소는 경제적 송출뿐만 아니라 사회적 송출(Social Remittance)도 중요하다 (Sorensen, 2004). 이는 새로운 지식, 사상, 기술의 전파 등을 포함하며 이것이 성(性) 역할, 계층 역할, 문화 발전 등으로 이어질 수 있다. 또한 해외에 거주하던 이민자가 자국으로 돌아가서 자국에 대한 경제적·사회적 투자를 통해 자국의 민주화, 산업발전 등에 기여할 수 있게 된다.

　세 번째 목표인 양성평등과 여성의 임파워먼트와 관련해서는, 전 세계 이민자의 약 48%가 여성이라는 점(2022년 기준)에서 그 중요성을 확인해볼 수 있다. 2000년에는 49.4%였으며, 2022년에는 48%로 큰 변화없이 중요한 부분을 차지하고 있는 것을 볼 수 있다. 전통적으로는 남성 이민자의 피부양자로서 수용국으로 유입되었다면, 90년대 이후부터는 여성이 독자적인 가족의 부양자로서 국제이주한다는 것이 대표적인 변화라고 할 수 있다. 여성이 가족의 부양자로서 국제이주한다는 점은 여성의 자율성과 독립성을 증진시킬 수 있는 토대가 되며, 또한 기술과 지식을 습득할 수 있는 기회를 가지게 되고 본국으로 돌아가서 그 기술을 활용할 수 있다는 것을 의미한다. 이러한 현상은 결국 사회적으로 여성의 지위상승과 연계되어서 국제이주의 긍정적인 측면으로 볼 수 있다. 여성들의 국제이주가 남성중심적 사회문화를 바꾸는데 중요한 역할을 수행하는 것이다. 그러나 국제이주가 여성의 지위상승에 긍정적인 영향만을 미치는 것은 아니다. 여성은 남성보다 인신매매와 착취의 대상이 되기 쉽기 때문에 국제이주의 증가가 여성에게 위험성의 증가로 이어질 수 있다는 점을 항상 고려해야 한다.

　여섯 번째 목표인 건강과 보건과 관련해서 보면 다음과 같다. 이민자는 보건의료서비스에 접근하기가 상대적으로 쉽지 않다. 목적국의 언어와 문화에 대한 차이뿐만 아니라 수용국가에서의 보건의료서비스 체계에 대한 정보를 얻기가 쉽지 않기 때문이다. 또한 법적으로 이민자가 보건의료서비스를 받을 수 있는 권리가 제한적인 경우도 많다. 그러나 이렇게 이민자가 보건의료서비스의 사각지대로 남아 있는 것은 사회적인 관점에서 부정적인 영향을 끼칠 가능성이 높다. 특히 HIV, AIDS, 그리고 얼마전 코로나19 바이러스와 같은 경우 국경을 넘어 확산되게 되면 사회적으로 큰 부정적 영향을 미칠 수 있게 된다. 따라서 국제이주와 질병관리에 대한 관심이 더 높아지게 될 것이고, 이민자에 대한 보건의료서비스 접근권의 확장도 중요하게 다루어지고 있다.

마지막으로 8번째는 지구적 차원의 파트너십이다. 국제이주는 국경을 넘는 것인 것만큼 한두 국가만의 문제가 아니다. 그리고 국제이주는 특정 국가들의 특정 상황에만 기인한 것이 아니라 국제적인 정치경제적인 구조와 밀접하게 맞물려서 돌아가고 있기 때문이다. 따라서 세계화 시대에는 전 지구적 차원에서 국제이주에 관한 회의와 협의체 구성이 이루어지고 있다. 서아프리카를 위한 이주에 대한 대담(MIDWA: The Migration Dialogue for Western Africa), 남아프리카를 위한 이주에 대한 대담(MIDSA: The Migration Dialogue for South Africa), 그리고 아시아 지역에서의 마닐라 협의체, 발리 협의체 등도 국제이주와 발전에 대한 논의를 하기 위해서 만들어진 협의체들이라고 볼 수 있다.

2) SDGs와 국제이주

SDGs의 구상단계인 2012년부터 국제이주와 관련된 이슈들이 해당 의제에 포함되게 하기 위한 노력들이 지속되었다. Post-2015 개발논의에서 국제이주와 관련성이 있는 주제로는 빈곤감소, 불평등, 고령화, 재원, 파트너십 등을 중심으로 제기되었다(박수영 외, 2014). 빈곤감소의 경우 MDGs와 동일하게 이민자의 송금은 송출국의 빈곤구제 및 경제발전 등과 관련이 있고, 불평등 및 소외의 문제는 이민자가 불평등과 소외의 문제에 상시적으로 노출되어 있는 집단이라는 점에서 관련성이 높다. 그리고 고령화의 문제는 고령화로 인해 선진국들의 노동력 부족문제가 매우 심각하며, 따라서 노동이민 없이 선진국의 노동시장에서 불평등의 문제를 해소하기 어렵다는 관점에서 연관이 깊다. 재원의 측면에서 보자면 지속가능한 발전을 위해서는 지속적인 재원이 필요한데, 노동이민자 및 디아스포라의 경우

혈연관계로 인해 본국의 지속적인 경제적 자원을 제공하는 재원이 될 수 있다는 것이다. 그리고 글로벌 파트너십은 국제이주의 규모 증대 및 국제이주 방향의 다변화로 인해 송출국과 수용국의 구별이 모호해지면서 국제이주에 대한 국가 간의 글로벌 협력이 강화되어야할 필요성이 제기되는 것이다.

구체적으로 보면, SDGs에서 국제이주와 직접적으로 관련되어 있는 세부목표는 8-8번, 10-7번, 10.c, 16-2번, 17-18번 등 총 5개로 정리된다(조영희, 2018). 우선 8-8번은 국제이주 근로자, 특히 여성 이민자 및 불안정한 고용상태에 있는 근로자들의 노동권을 보호하고 안정적이며 안전한 근로환경을 증진하는 것을 목표로 하고 있다. 노동이민자들도 노동권을 가질 수 있도록 할 의무를 개별국가에게 지우고 있는 것이다. 10-7번은 잘 통제되고 계획된 이민정책을 실시하여, 안전하고 책임있는 인구의 이주와 이동이 가능하도록 정책을 잘 수립하고 이행하는 것을 의미한다. 이어지는 10.C번의 경우 노동이민자들이 본국으로 송금할 때 수수료를 3% 미만으로 줄이며, 5% 이상의 비용이 발생하는 송금 경로를 장기적으로 제거할 것을 언급하고 있다. 16.2는 아동을 대상으로 하는 학대, 착취, 인신매매 등 모든 형태의 고문과 폭력을 종식시키는 것인데, 이는 국제이주 과정에서 발생하는 인신매매를 줄이는 것을 큰 목표로 삼고 있다. 마지막으로 SGDs 18-18번은 최빈국, 군소 도서국을 포함한 모든 개발도상국에서 양질의 신뢰가능한 데이터를 생성하기 위해 역량강화를 지원한다는 것이다.

이 외에도 SDGs에는 국제이주와 간접적으로 연관되어 있는 세부목표들이 있다. 이는 크게 두 가지 관점으로 구분해서 접근할 수 있다(조영희, 2018). 우선은 개발정책 혹은 국가정책 프로그램에서 '이민자의 취약성'이 항상 고려되도록 이민자들이 배제되지 않도록 규정하고 있는 내용들이다. 고용, 경제성장, 무역, 농촌개발 등에서 이민자를 연계시키도록 하며, 거버넌스, 법적보호, 사회적 보장 등에서도 이민자를 고려하여 정책을 입안할 것을 제시하고 있다. 이러한 관점에서 SDGs와 국제이주가 연관되어 있는 세부 목표들을 설명하면 다음 〈표 4-1〉과 같다.

〈표 4-1〉 이민자의 취약성과 관련된 SDGs 세부목표

1	빈곤 종식	• 세부목표: 2030년까지 하루 1.25$미만으로 살아가는 절대 빈곤인구의 근절 • 이민과의 연결성: 이주는 저개발국가의 노동자와 그 가족구성원에게는 유용한 빈곤감소전략임. 이주자들은 목적국의 경제성장에도 기여하며 송출국의 경제성장과 빈곤감소에도 기여함 • 세부목표: 국가별로 최저 생계보장을 포함하여 모두를 위한 적절한 사회보장 시스템을 구축하고, 2030년까지 빈곤층과 취약계층에 대한 실질적인 보장을 달성함 • 이민과의 연결성: 이주 노동자들의 경우 선진국 사회 내에서 가난하고 취약한 그룹이 될 수 있으나, 법적·사회적 보호를 받지 못하는 경우가 많음 • 세부목표: 2030년까지 빈곤층과 취약계층의 복원력을 구축하고 기후 관련 재해 및 각종 재난에 대한 노출 및 취약섬을 감소시킴 • 이민과의 연결성: 빈곤층은 기후변화에 대응할 수단이 부족하며, 위엄도에 노출될 가능성이 큼
2	기아 해소와 지속가능 농업	• 세부목표: 2030년까지 5세 미만 아동의 발육부진 및 체력저하에 대한 합의된 목표를 달성하고, 2030년까지 모든 영양결핍을 제거하고 청소년기 소녀, 임산부, 모유수유 여성 및 노년층의 영양상 필요를 충족함 • 이민과의 연결성: 이주민들은 영양상태를 증진시키기 위한 보건의료서비스에 대한 접근성이 떨어질 수 있음
3	건강 및 웰빙	• 세부목표: 2030년까지 전세계 산모 사망률을 100,000당 70명 미만 수준으로 낮춤 • 이민과의 연결성: 보건의료서비스는 시민권과 영주권과 연결되며, 법적인 거주허가를 받지 못한 이주민들은 높은 산모 사망률을 경험할 수 있음
4	양질의 교육	• 세부목표: 2030년까지 모든 여아와 남아가 양질의 초등 및 중등교육을 무료로 동등하게 이수할 수 있도록 함 • 세부목표: 2030년까지 모든 여아와 남아가 초등교육을 받을 준비가 되도록 유아발달과 보호, 취약전 교육에의 접근권을 보상해야함 • 세부목표: 2030년까지 취업, 양질의 일자리, 기업활동을 통한 전문 직업기술을 갖춘 청소년과 성인의 수를 대폭 늘림 • 세부목표: 2030년까지 모든 여성과 남성이 동등하게 기술교육, 대학 등 3차 교육에 접근할 수 있도록 함 • 세부목표: 2030년까지 지속가능발전, 생활양식, 인권, 성평 등 등 지속가능발전을 증진하기 위한 지식과 기술을 모든 학습자들이 습득하게 함 • 이민과의 연결성: 수용국에서 이주아동들은 양질의 교육 접근이 어려울 가능성이 있음. 특히 초·중등교육에서 불법체류자들의 아이들은 교육에 대한 접근이 어렵고, 국내 이주자들의 경우 일자리에 진출하는데 필요한 기술과 훈련이 부족해 비공식분야의 저임금 노동을 하게 되는 것을 의미함

5	양성평등	• 세부목표: 인신매매와 성착취 등 모든 착취를 포함하여 공적·사적 영역에서 여성과 여아를 대상으로 하는 폭력을 제거함 • 이민과의 연결성: 여성과 어린 여아들, 특히 이주민과 난민들의 경우 이동과정과 최종 목적지 모두에서 폭력을 경험할 가능성이 높음 • 세부목표: 국가별 상황에 맞춰 사회보호정책, 공공서비스, 가정내 책임 공유 촉진을 통해 돌봄노동 및 가사노동에 대한 가치를 부여함 • 이민과의 연결성: 이주 노동자 중에서 여성의 비중이 높음 돌봄노동 및 가사노동의 가치를 높이는 것은 여성 이주노동자들의 지위를 강화해줄 수 있음
6	물과 위생	• 세부목표: 2030년까지 모든 사람은 적정가격의 식수에 대한 접근을 달성할 수 있어야하며, 특히 여성과 여아, 취약성이 높은 사람들은 충분하고 공평한 위생설비에의 접근을 달성하여야함 • 이민과의 연결성: 대규모의 인구이동은 취약한 지역의 물공급 시스템에 부담을 줄 수 있음
8	양질의 일자리와 경제성장	• 세부목표: 2030년까지 장애인 및 청년을 포함하여 생산적 완전고용과 양질의 일자리 창출, 동일가치 노동에 대한 동일임금 달성. 또한 현대판 노예제 및 인신매매의 근절, 소년병의 징집 및 동원 포함해 아동노동의 금지 및종식 • 이민과의 연결성: 여성이주자나 난민들의 경우 저숙련 노동에 종사할 가능성이 높으며, 불안정한 고용상태에 있을 가능성이 높음
10	불평등 완화	• 세부목표: 2030년까지 전체 인구의 하위 40% 소득증가율을 국가평균이상으로 올리고, 모든 사람의 사회적 경제적 정치적 포용을 증진하고 확대함. 아울러 차별적인 모든 법규, 정책, 관례를 철폐하고 사회보호정책의 도입을 통해 더 높은 수준의 평등을 달성함 • 이민과의 연결성: 이주는 더 높은 불평등으로 이어질 수 있음. 교육은 이주아동들의 불평등을 완화시킬 수 있는 기제로 작용할 수 있음. 사회적 보호의 경우 이주 노동자들을 완전히 보호하기는 어려운 측면이 있으며, 이는 불평등의 증가와 이어질 수 있음
16	인권 및 평화의 증진	• 세부목표: 아동을 대상으로 하는 학대·착취·인신매매와 모든 형태의 폭력과 고문을 종식함 • 이민과의 연결성: 어린 불법 이주자들은 포격과 인신매매, 착위의 위험에 더 많이 노출되어 이음
17	목표를 위한 파트너십	• 세부목표: 2017년까지 최빈국을 위한 기술은행, 과학기술 및 혁신 역량 강화 메커니즘을 완전히 운용하고 특히 정보통신기술과 같은 구현기술의 활용을 강화함 • 이민과의 연결성: 증거기반 정책을 강화하기 위해 이주의 영향, 규모 등을 더 잘 이해할 필요가 있음. 이와 관련된 데이터가 생성되고 수집되어야할 필요가 있음

자료: 조영희(2018). 필자 재구성

제3절 글로벌 경제, 무역, 그리고 이민

1. 이민과 무역

세계화는 상품과 자본의 이동을 강화하고, 이는 무역을 증진시키는 결과를 가져온다. 세계화가 진전될수록 자본의 유입 및 소유과정, 상품의 생산 등이 국제화되고 있다. 세계화 시대의 신자유주의 경제정책은 자본과 상품의 자유로운 이동과 더불어 인구이동은 저지할 목적으로 태동되었지만, 인구의 이동은 오히려 더 증가하고 있다(최금좌, 2005). 세계화 시대 경제 통합의 초반기에는 주로 농업 분야 종사자가 이웃 국가의 농업분야로 이동하는 양상으로 나타나지만, 시간이 지남에 따라 이들은 도시의 산업분야로 흡수된다. 즉 농업분야의 국경이민에서 도시 비숙련자들의 도시 이주로 전환되는 것이다.

세계화의 증진은 무역량의 증가를 가져오고 인적자원의 교류도 증대된다. 그렇다면 이민과 무역은 어떠한 관계를 가지는가? 기존 연구에 의하면 이민과 무역의 관계는 정보제공, 신뢰구축 두 가지 측면으로 나누어볼 수 있다(Hatzigeorgiou & Lodefalk, 2015). 이민자들은 언어, 제도, 선호 등에 대해 출신국에 대한 정보를 제공하여 출신국과 수용국 사이의 무역을 촉진하는 매개체로서 작동한다. 즉, 이민자들이 가지고 있는 본국에 대한 지식과 정보, 본국의 제도와 법률에 대한 지식, 그리고 이민자들이 가지고 있는 본국의 인적 네트워크 등은 수용국 입장에서 볼 때 무역을 할 수 있는 장벽을 제거해주고 무역의 불확실성을 줄이는 기능을 하는 것이다 (김정호, 2023). 또한 이민자들은 본국에서의 재화에 대한 선호를 강하게 가지게 되므로, 이를 통해 본국으로부터의 수입을 늘리게 되는 효과를 가져오게 된다. 즉 미국에 한국의 이민자들이 증가하게 되면 미국에 거주하면서 한국의 재화를 구하게 되고, 이를 통해서 대미 한국 수출이 증가하게 된다는 것이다. 이는 이민의 증가가 무역량의 증가로 이어진다고 보는 것이다. 그러나 반대의 이론도 존재할 수 있다. 한국인이 미국으로 많이 이주하여 미국에서 값싼 노동력을 제공하게 되면, 미국은 해당 분야에서 생산비용이 낮아져서 생산이 더 활발하게 일어날 수도 있다. 이런 경우에는 이민의 증가가 무역의 감소로 이어지는 경우이다.

실증연구는 대부분 이민량의 증가는 양국 간의 무역량 증가로 이어진다는 것을 보여주며, Gould(1994)는 1970년부터 1986년까지 미국의 데이터를 분석한 결과 이민자가 증가할수록 무역이 증가한다고 주장하였다. 또한 Gene et al.(2012)의 경우 메타 분석을 통해 한 국가의 이민자 규모가 10% 증가하면 국제 무역은 1-2% 증가한다고 추정하였다. 독일에서 사업장 단위의 분석을 수행한 Andrews et al.(2017)의 연구에서는 1993년에서 2008년까지 독일에서는 외국인의 비중이 더 큰 사업장의 수출 확률이 다른 사업장에 비해서 더 높다는 것을 보여주었으며, 특히 관리인 중 외국인의 비율이 높을수록 사업장 수출 확률이 증가한다는 것을 보여주었다. 아울러 외국인 노동자가 증가할 때 외국인 노동자들의 출신국으로의 수출이 증가한다는 점도 보여주고 있다. 김정호(2023)의 연구는 우리나라의 사례를 분석하였는데, 국내 체류외국인 수의 증가가 무역 규모에 뚜렷한 영향을 미치지는 않았으나, 재외동포의 경우 그 수의 증가가 체류국으로의 수출을 증가하는 것으로 나타났다. 즉 인적 교류를 통한 무역의 거래비용 감소의 효과가 체류 외국인보다는 재외동포에서 더 크게 나타나고 있는 것이다.

무역과 이민과의 관계를 정리하자면, 이론적으로는 이민의 증가가 무역의 증가로 이어질 수도 있고, 그 반대의 경우도 가능하다. 이민의 증가를 통해 본국의 재화를 요구하게 되고 이를 통해 본국으로의 수입이 늘어난다면 양국 간의 무역량은 증가할 것이다. 반면 수용국에서 이민자들이 값싼 노동력을 제공한다면 수용국은 재화를 타국에서 수입하는 것이 아니라 자국에서 저렴한 가격으로 대체하여 생산할 것이다. 이런 경우에는 노동이민자의 증가는 무역량의 감소로 이어진다. 이러한 이론적 가능성에도 불구하고, 대부분의 실증적 연구들은 국제이주의 증가가 무역량을 증가시키는 데 기여하고 있다는 것을 보여준다.

2. 이민과 개발, 경제성장

이민과 개발의 상관관계는 매우 오래된 연구 주제이다. 앞서 MDGs와 SDGs에서 빈곤의 해소 중 중요한 부분으로 노동이민자들의 송금이 본국의 경제성장에 도움이 된다는 점을 강조하였다. 그러나 실제적으로 이러한 부분은 이론적인 논란이 있는 부분이다. 일부 학자들은 국제이주가 송출국의 발전에 기여한다고 주장한 반면 또 다른 학자들은 국제이주가 송출국의 개발을 오히려 저해한다는 관점을 견지했다(조영희, 2015). De Hass(2007)는 국제이주와 개발의 상관성에 대해서 다음과 같이 정리했다.

1단계 시기는 제2차 세계대전의 종전으로부터 1973년까지로 이때 많은 송출국들은 노동이민자로 인한 노동력 상실보다는 노동이민자들이 보내오는 송금 이익에 더 많은 관심을 가졌고, 많은 개발도상국들이 자국민의 해외송출을 촉진하는 정책을 펼쳤다. 이 시기에는 노동이민자들을 통해 선진국의 자본과 지식이 송출국으로 전달되어 경제성장과 개발에 긍정적인 영향을 끼칠 것이라는 낙관론이 우세했다. 이후 1973년부터 1990년대까지는 비관론이 우세하였고, 비관론의 핵심은 두뇌유출의 문제였다. 국제이주를 실행할 수 있는 사람들은 실행할 수 없는 사람들에 비해 사회적 계층의 상위에 있는 사람들이고, 이들이 해외로 국제이주했을 때 보내오는 송금, 자본과 지식의 이전으로 인한 경제적 성장보다는 오히려 송출국 내에서 국제이주 경험자와 비경험자 간의 사회적 불평등을 촉발시키는 기제가 될 수 있다는 점을 강조하였다. 또한 우수한 인재들이 국제이주함으로 인해 송출국의 발전은 지체될 수 밖에 없다고 여겼다. 이후 1990년대는 회의론이 지배적인 시대로서 국제이주와 개발에 대한 전반적인 관심이 낮아졌다가, 2000년대 중반 이후 새로운 낙관론이 등장하게 되었다. 새로운 낙관론은 과거의 낙관론과는 다르게, 부정적인 영향이 있을 수 있다는 점을 전제하고 부정적인 면을 최소화하고 긍정적인 면을 최대화하려는 노력이라고 볼 수 있다. 2000년대 이후의 낙관론에서는 국제이주가 다양한 유형과 목적이 있음을 인정하고, 이에 따라 파급효과도 다를 수 있다는 점을 인정한다. 특히 '두뇌유출'이라는 단어가 '두뇌순환'으로 대체되며 '순환이민'이 중요한 정책적 목표가 되는데, 순환이민은 송출국과 수용국 모두에서의 긍정적인 영향을 미친다는 것이다. 순환이민의 관점에서 보면 송출국은 송금과 동시에 기술과 지식을 이전받을 수 있고, 수용국 입장에서는 필요한 노동력을 확보할 수 있다는 점에서 모두에게 긍정적인 효과를 줄 수 있다는 것이다. 물론 이 과정에서는 송출국과 수용국 모두의 노력이 필요하다. 이민근로자는 국제이주를 하기 전에 잘 적응할 수 있도록 적절한 정보를 제공받고 재정관리 역량을 강화해야 하며, 국제이주 후에는 수용국에서 잘 통합되도록 하는 것이 중요하다. 그리고 사회통합뿐만 아니라 노동이민자의 능력향상을 위한 교육 및 훈련기회 증대가 필요하며, 이민근로자를 보호하기 위한 인권보호 등에 힘써야 한다. 국제이주가 종료되고 나면 이민근로자의 자발적 귀국을 촉진하고 본국에서 재통합될 수 있도록 지원해야 한다. 이렇듯 국제이주로 인한 긍정적인 효과를 송출국과 수용국 모두에게 파급하도록 하려면 송출국과 수용국을 포괄하는 다층적인 국제협력이 반드시 필요하다. 최근에는 '국제이주를 통한 개발'이라는 개념이 논의되고 있다. 전통적 의미의 개발은 국가적·사회적 차원에서의 개발이었으나, 오늘날 개발의 의미는 개인의 차원에서 개인의 역량강화·삶의 질 강화에 방점을 두고 있다. 이는 개인의 기회와 역량을 확대할 수 있는 모든 과정이 개발의 과정으로서, 사회서비스의 접근성, 위험에 대한 취약성의 감소 등을 포괄한다. 이러한 차원에서 보자면 노동이민자의 송금이 지역의 인프라 발전을 위해서 쓰인다는 것은 본국의 개발을 촉진하는 사회개발의 한 과정이다. 송출국은 송금을 통한 소득증대와 투자 활성화 및 인간개발, 수용국은 노동력의 확보 및 소비 증대, 그리고 국가 간 외교적 관계의 친밀도 향상 등 국제이주가 개발과 성장에 미치는 다방면적인 논의가 국제이주를 통한 개발의 핵심이라고 볼 수 있다.

제4절 세계화 시대의 이민정책 구조

1. 국제기구와 이민정책의 구조

1) 이민 관련 국제기구

앞서 살펴본 바와 같이 세계화 시대에는 국가 간의 협동이 필요한 문제들의 발생들이 잦아지고 이에 따라 개별국가뿐만 아니라 국제기구의 역할이 매우 중요하다. 우리나라의 이민정책도 세계화 시대에서는 이민정책의 아젠다들을 이끌고 있는 국제적 거버넌스의 영향력을 무시할 수 없다. 따라서 이민정책과 관련한 국제기구들을 알아보고 어떻게 활동하며, 이민과 관련한 국제적 거버넌스는 어떻게 구축되어 있는지 살펴볼 필요가 있다.

이민과 관련된 가장 대표적인 국제기구로는 국제이주기구(IOM: International Organization for Migration)를 들 수 있다. IOM은 1951년 당시 '유럽 이주 정부 간 위원회'로 출범하였으며, 현재 166개의 회원국과 옵서버 위치의 8개국으로 구성되어 있다. 기본적으로 IOM은 난민, 노동이민자 등을 포함하는 이민자들의 인구이동에 대해서 논의하고 이에 대한 편의를 제공하고자 하는 국제기구이며, 2016년에 UN 기구가 되었다. IOM은 인권에 기반한 이민자 관리, 국제이주 문제에 대한 국제협력 강화, 국제이주 문제에 대한 실용적인 해결책을 모색하며, 이민자들에게 필요한 조언과 서비스를 제공하고자 하는 조직이다. 1960년대에는 유럽인들의 남아메리카 재정착을 위해 활동하였으며, 1970년대에는 활동 범위를 아시아, 아프리카로 넓혀나갔다. 1994년에는 한국에도 사무소를 개설하였으며, 국내의 다양한 국제이주 문제를 해결하기 위해 노력하고 있다. 이민 관련 또 다른 대표적인 국제기구는 유엔난민기구(UNHCR: United Nations High Commissioner for Refugee)이다. UNHCR은 1949년 12월 3일 유엔 총회에서 권한을 부여받았으며, 1950년 12월 14일에 정식으로 설립되어 현재 136개국에 총 20,305명의 직원을 두고 있다[2]. 이 조직은 난민을 보호하고 난민 문제를 해결하기 위해 국제적인 조치를 주도하며 조정할 권한을 부여받았다. 출범 이후 3년만 운영하는 것으로 합의되었으나, 2003년에 난민 문제가 완전히 해결될 때까지 계속 임무를 수행하도록 승인을 받았다. 현재 76개국으로 구성된 유엔난민기금 집행위원회가 고등판무관사무소의 실질적인 원조사업을 승인하고 감독하며, 요청이 있는 경우 자문하는 등의 역할을 수행한다. 유엔난민기구는 세계의 분쟁지역과 난민 발생지역에 지역사무소를 설치하고, 난민들을 보호하기 위해 지원정책 및 보호를 제공한다. 그리고 사용한 자금에 대해서 연례보고서를 유엔총회에 보고함으로서 투명하고 효율적으로 운영될 수 있도록 노력하고 있다. 이민 관련 국제기구 중 중요한 또 하나의 국제기구는 국제노동기구(ILO: International Labour Organization)이

---

2 https://www.unhcr.org/

다. 1919년 제1차 세계대전 이후 노동자의 권리 강화를 위해 국제연맹의 자매기관으로 베르사이유 조약에 의해 설립되었으며, 제2차 세계대전 직후인 1946년 유엔의 전문기관으로 편입되었다. ILO는 국제노동기준을 제정하고, 남녀의 고용평등과 동일노동 동일임금의 준수, 강제노동 및 아동노동의 퇴치, 노동이민자의 권리 증진 등을 위한 사업들을 수행하고 있으며, 총회, 이사회, 사무국, 지역사무소 등으로 구성되어 있는데 한 회원국에서 정부 대표, 고용주 대표, 노동자 대표를 각각 이사회에 보내는 방식을 취하고 있다.

2) 이민정책의 글로벌 거버넌스

세계화로 인해 한 국가의 문제는 다른 국가의 문제로 빠르게 전이된다. 테러리즘, 금융시장의 연결성 강화, 지구 온난화, 전염병 등의 문제는 하나의 국가가 개별적인 단위로서 해결할 수 있는 문제가 아니라 전 지구적 차원에서의 협력적 노력이 필요한 부분이다. 이로 인해 다양한 국가들이 참여하는 글로벌 거버넌스를 발전시킬 필요성이 증대되는 것이다. 결국 글로벌 거버넌스는 국제적 문제를 해결하기 위한 국가 간 협력체계의 역할을 하는 것이다. 국제이주에 대한 글로벌 거버넌스 역시 원칙적으로는 다른 형태의 거버넌스들과 동일하다고 볼 수 있다. 그러나 국제이주의 경우 목적과 유형이 매우 다양하고, 이로 인한 효과도 송출국과 수용국 모두에게 다양하게 나타나기 때문에 인권이나 환경과 같이 일관적인 국제규범을 가진 거버넌스를 가지기는 다소 어렵다(조영희, 2015). 국제이주와 관련해서 공식적인 다자 거버넌스 제도가 구축된 것은 난민레짐 뿐이며, 이는 UNHCR과 IOM이 중심이 되어 난민에 대한 보호체계를 발전시켜 왔기 때문에 거버넌스 구축이 가능했다. 이 외에는 대표적인 다자제도로서의 거버넌스는 존재하지 않으며, 부분적으로 존재하고 있다. 1994년의 국제인구

개발회의는 국제사회에서 국제이주가 미치는 다양한 효과에 대해 설명했다는 점에서 국제이주 글로벌 거버넌스에서 중요한 위치를 가진다고 볼 수 있다. 1994년 이후 매 2년마다 국제이주와 개발에 대한 논의가 계속되었고, 이러한 논의는 2000년대 이후 베른 이니셔티브로 발전되었다. 베른 이니셔티브는 국제이주 관리에 있어 개별국가의 책임을 강조하고 국가 간 협의에 따라 개별국가에서 일관성 있는 이민정책을 수립하고 이행하는 것을 강조하였다(이선미, 2008).

또한, 2003년에 국제이주위원회(GCIM: Global Commission for International Migration)가 창설되었는데 비록 2005년까지 한시적으로 활동하였으나 국제이주 거버넌스 관련해서 중요한 두 가지의 제안을 하였다(조영희, 2015). 우선은 국제이주에 대한 포괄적인 접근을 위해서 관련 국제기구 수장들로 구성된 국제기구 간 기구를 발족하는 것이 필요하다는 것이었으며, 유엔 사무총장은 이러한 요청에 따라 유엔 산하 기구 및 국제이주 관련 기구 18개를 기반으로 하여 글로벌국제이주그룹(GMG: Global Migration Group)를 설립하였다. GCIM의 또 다른 제안은 '국제이주와 개발에 관한 고위급 회담'을 개최하는 것인데 실제로 2006년에 회의가 열렸으며 이 회의를 통해 '국제이주와 개발을 위한 국제포럼(GFMD: Global Forum on Migration and Development)'이라는 다자회의체를 구축하게 되었다. 이 회의는 2013년을 제외하고 매년 개최되고 있으며 이는 송출국과 수용국이 함께 참여하는 다자체계로 국제이주의 글로벌 거버넌스 차원에서 매우 중요하다고 볼 수 있다. GFMD는 국제이주의 사회적·경제적 영향, 이민자의 권리, 이민자의 수용국 내에서의 국민통합, 이민자의 경제성장에 대한 기여 등을 핵심적 주제로 삼고 논의했으며, 국제이주를 통한 개발의 효과를 어떻게 극대화할 것인가를 핵심적으로 논의하였다. 이러한 논의의 흐름이 2015년 이후 지속가능발전 목표들에서 국제이주와 개발과의 관계를 규정하는 데 선구자적인 역할을 하였다고 볼 수 있다.

2. 이민정책의 지역거버넌스: 아시아, 유럽, 아메리카

1) 지역 거버넌스 1: 유럽연합

　유럽연합의 경우 1957년 로마조약을 통해 상품·자본 및 서비스와 사람의 자유로운 이동을 처음으로 명문화하였고, 이 당시 유럽공동체의 10개국 중 5개국이 국경개방과 국경관리 정책에 참여하였다. 1985년에는 쉥겐협정을 통해 유럽 내에서 사람·상품·서비스·자본의 이동에 있어서 자유를 규정하였다. 1990년 더블린 협정을 통해 유럽공동체의 공동망명(난민과 비호) 정책을 규정하였는데, 이는 망명신청자가 처음 도착한 회원국가가 망명 신청에 대한 심사를 책임지고 진행하게 하였다. 이후 1992년의 마스트리흐트 조약, 1997년의 암스테르담 조약을 거치면서 유럽공동체가 유럽연합으로 나아가기 위해 이민정책에 대한 협력을 강화하는 것을 확인하였다.

　유럽은 1999년 이후 매 5년마다 실행해야 할 세부 협력과제를 제시하였는데, 1999-2004년 탐페레 프로그램, 2005년-2009년의 헤이그 프로그램, 2005-2009의 스톡홀름 프로그램이 그것들이다. 우선 탐페레 프로그램은 유럽연합 역내에서 사람의 자유롭고 안전한 이동을 보장하기 위해서 공동망명시스템의 도입, 법원 제소 및 사법 판결의 상호 인정을 위한 조치 등을 포함하고 있다. 이는 유럽공동체가 유럽연합으로 발전하기 위해 디딤돌 역할을 한 프로그램으로 알려져 있다. 이후 탐페레 프로그램에서 제시된 내용을 구체화하기 위해 2004년에는 헤이그 프로그램이 발표되었다. 특히 헤이그 프로그램에서는 이민 및 망명 정책결정의 초국가화(혹은 유럽화)를 위한 법적 토대를 마련하는 것에 주안점을 두었다. 헤이그 프로그램은 EU 차원의 불법체류자 및 이민자 관련 정책을 수립하고 망명절차를 공동관리하려는 것이다. 이를 통해서 회원국 간의 이질적인 정책의 수렴을 도모하고 테러 관련 정보 역시 공유하는 체제를 구축하고자 한 것이다. 이 외에도 불법체류자 소환에 대해서 송환절차, 강제조치의 행사방법, 일시 구금, 재입국 금지 등의 다양한 측면에 대해 인권 침해를 최소화하면서도 EU 차원의 공통된 법적 틀을 마련하고자 하였다. 테러리스트와 같이 EU 회원국의 안보에 중대한 위협을 가하는 인물에 대해서는 최대 5년간의 입국금지 조치를 취할 수 있도록 명시하기도 했다. 이어 2010년부터는 스톡홀름 프로그램이 시행되었다. 이는 자유·보안·정의의 분야에서 5개년 전략계획인데, 총 5개의 핵심 테마로 이루어져 있다(EU, 2010). 첫 번째는 시민의 기본권 강화로서, 유럽인권협약의 원칙을 EU 법체계에 반영하고 개인정보 보호 및 프라이버시 권리를 강화하고자 했다. 그리고 아동·여성·범죄 피해자의 권리보호를 강조하고 있다. 두 번째는 이민 및 망명 정책의 개선인데, EU 공통의 이민정책을 강화하고 유럽망명시스템(CEAS: Common European Asylum system)을 개발하였다. 그리고 불법 이민의 단속을 강화하고, EU 국경감시시스템을 도입하고자 하였다. 세 번째는 사법협력 강화로서 형사 및 민사상 사법협력을 강화하여 EU 내 법적 장애물을 제거하고, 사법절차를 간소화하고자 하였다. 네 번째는 보안 및 범죄 대응으로서, 사이버 범죄, 테러리즘, 인신매매 및 조직범죄 대응을 위한 협력을 확대하고자 하였다. 다섯 번째는 외부 국경 강화 및 국제협력으로서, EU의 국경통제 강화 및 비 EU 국가와의 협력을 확대하고 국제 인권 기준 준수를 위한 외교 및 개발협력을 강화한다는 내용을 담고 있다.

2) 지역 거버넌스 2: 아시아

EU가 비교적 단일화되고 통합된 지역 이민 거버넌스를 가지고 있다면, 아시아에서의 이민협력은 초보적인 수준으로 진행되고 있으며 다자적 기구나 다자적 협의 역시 아직 초보적인 수준에 머무르고 있다고 볼 수 있다.

우선 남아시아의 경우 남아시아지역협력연합(SAARC: South Asian Association for Regional Cooperation)이 있는데, 이는 1985년 12월에 설립된 국제기구로서 남아시아의 협력을 강화하기 위해 설립된 기구이다[3]. SAARC의 경우 유럽연합 수준의 강력한 협력구조를 가지고 있지는 않으며, 불법이민, 국경통제, 노동이민자 관리 등의 부분에서 일정부분 협력을 하고 있다. 특히 남아시아 국가들의 경우 인접국 간의 비공식적인 노동이동이 낮아 노동이동 및 이민자 권리보호에 대한 논의가 있었으며, 2014년에는 SAARC Agreement on Promotion and Protection of Investment[4]를 제정하여 노동의 이동 시 노동자들의 권리보호에 대해서 논의했으나, 회원국 간의 정치적 갈등으로 인해 제대로 실행되지 못했다는 비판을 받고 있다. 불법이민의 문제는 남아시아 국가들 내에서의 정치적 갈등 요소로 작용하고 있으나 강제송환, 난민보호 등의 공동정책은 여전히 미비한 상황이라고 할 수 있다. 그리고 2008년에는 남아시아 지역의 기후 위기를 위한 액션플랜(SAARC Action Plan on Climate Change)을 발표하였는데, 여기에서는 방글라데시, 몰디브, 네팔 등에서 기후변화로 인한 국제이주의 문제가 심각하다는 것을 언급하며 기후난민 문제에 대한 관심을 촉구하였으나, 법적 보호 체계나 국제적 협력 메커니즘은 여진히 부족한 것으로 나타났다. 결국 남아시아의 경우 회원국 간의 정치적 갈등(인도-파키스탄 등)으로 인해 공통된 이민정책이 부재하며, 불법이민이나 난민보호 등에 대한 공식적인 법적 프레임워크가 부족한 상태로서 공동대응이 미흡한 상황이다. 다만 불법이민, 기후난민, 노동이민 등은 지속적으로 중요한 의제로 등장하고 있음을 확인

---

3   https://www.saarc-sec.org/
4   https://www.saarc-sec.org/index.php/areas-of-cooperation/economic-trade-and-finance

할 수 있다.

　동남아시아의 경우 동남아국가연합(ASEAN: Association of Southeast Asian Nation)이라는 지역 기구에서 이민에 대한 아젠다를 관리한다. ASEAN의 회원국은 브루나이, 캄보디아, 인도네시아, 라오스, 말레이시아, 미얀마, 필리핀, 싱가포르, 태국, 베트남이다. ASEAN의 경우 경제통합과 노동이동의 자유화를 점진적으로 추진해왔지만, EU 수준에서의 이민정책은 존재하지 않는다.

　ASEAN의 이민 아젠다를 좀 더 자세히 살펴보면, 주로 노동이동, 노동이민자의 보호, 불법이민과 인신매매의 방지, 난민문제 등에 초점을 맞추고 있음을 알 수 있다. 노동이동 자유화의 경우, 2015년 아세안경제공동체가 출범하면서 숙련노동자들의 이동 자유화를 점진적으로 추진하였다. ASEAN MRA(ASEAN Mutual Recognition Arrangement)를 통해 특정 전문직인 의료, 엔지니어, 회계, 관광 등의 분야에서 상호 자격을 인정하며 자유로운 취업을 가능하도록 하였다[5]. 그러나 비숙련 노동자의 이동은 여전히 제한되고 있다. 노동이민자 보호와 관련해서, ASEAN 내에는 약 2천만 명의 노동이민자가 있으며 주로 미얀마, 캄보디아, 라오스, 인도네시아 등의 노동자가 태국, 말레이시아, 싱가포르 등으로 이동하고 있다. 2007년 ASEAN은 ASEAN Declaration on the Protection and Promotion of the Rights of Migrant Workers를 선포하며 노동이민자의 권리보호를 약속했으나, 이는 구속력이 있는 조약은 아니었고 선언적 성격이 강했다(ASEAN, 2007). 또한 2017년에는 ASEAN Consensus on the Protection and Promotion of the Rights of Migrant Workers를 발표하여 노동이민자를 보호하기 위한 가이드라인을 채택하기도 하였다(ASEAN, 2018). 세 번째

5　https://asean.org/asean-framework-agreement-on-mutual-recognition-arrangements/

불법이민 및 인신매매의 방지와 관련해서는 태국, 말레이시아, 인도네시아 등에서 인신매매의 문제가 심각하게 제기되었으며, 2004년의 ASEAN Plan of Action Against Trafficking in Persons, 2015년의 ASEAN Convention Against Trafficking in Persons(ACTIP) 등을 통해 인신매매에 대한 대응을 강화하기 위해 노력하고 있으나, 회원국 간의 법적 집행력의 차이로 인해 효과적인 단속은 어려운 것으로 평가되고 있다. 마지막으로, 난민 및 무국적자의 문제에 대해서는 현재 미얀마 로힝야족 문제 등으로 인해 ASEAN 내의 난민 및 무국적자가 증가하고 있는 추세이지만, ASEAN은 비개입원칙을 유지하고 있어 강제송환 혹은 난민보호 정책은 이루어지지 않고 있는 실정이다. 결론적으로, ASEAN 역시 노동이동 자유화를 점진적으로 추진하고 있지만, EU처럼 완전한 이민 자유화나 난민보호시스템은 구축되지 않고 있다. 이는 개별국가를 강제할 권한이 없으며, 회원국 간의 정책 집행의 격차가 크게 나타나기 때문인 것으로 보인다.

제5절 결론

본 장에서는 세계화와 국제이주의 관계에 대해서 정리해보았다. 세계화는 노동, 자본, 상품의 이동을 촉진하며, 이는 국제이주의 증가로 이어졌다. 특히 교통과 통신 기술의 발전은 노동력의 국가 간 이동을 더욱 용이하게 만들었으며, 이러한 변화는 송출국과 수용국 양측에 다양한 영향을 미치고 있다. 국제이주는 경제적·사회적 발전을 이끄는 중요한 요소로 작용할 수 있으며, 적절한 정책적 대응이 이루어진다면 긍정적인 효과를 극대화할 수 있다.

국제이주의 긍정적인 영향 중 하나는 송출국과 수용국 모두에 경제적

이익을 제공한다는 점이다. 송출국의 경우, 해외로 나간 노동자들이 본국으로 송금하는 자금이 경제 성장과 빈곤 감소에 기여할 수 있다. 이는 특히 개발도상국에서 중요한 경제적 자원이 되며, 가계소득 향상과 지역사회 발전에도 긍정적인 영향을 미친다. 반면, 수용국에서는 노동력 확보 측면에서 국제이주가 중요한 역할을 한다. 특히 저출산·고령화 문제로 인해 노동인구 감소가 진행되고 있는 국가에서는 노동이민자들이 경제활동인구를 보완하는 역할을 하며, 특정 산업에서 필수적인 노동력을 공급할 수 있다. 또한, 국제이주는 문화적 교류를 증진시키며, 다양한 배경을 가진 사람들이 한 사회에서 공존하는 다문화 사회 형성에도 기여한다.

그러나 국제이주가 가져오는 부정적인 영향과 도전과제도 존재한다. 먼저, 노동 이동의 자유화는 비숙련 노동자들에게 불안정한 고용과 저임금 문제를 초래할 수 있으며, 수용국 내에서 노동이민자와 국민 간의 갈등을 유발할 가능성이 있다. 또한, 고숙련 노동자의 해외 유출, 즉 두뇌유출(brain drain) 문제는 송출국의 장기적인 경제 발전에 부정적인 영향을 미칠 수 있다. 이 밖에도 불법이민, 인신매매, 난민 문제와 같은 복합적인 국제적 과제들이 증가하고 있으며, 이에 대한 국제사회의 협력과 정책적 대응이 요구된다. 특히, 이민자들의 인권보호와 사회통합이 제대로 이루어지지 않을 경우 사회적 긴장이 고조될 수 있으며, 이는 정치·경제적 불안정으로 이어질 위험이 있다.

이러한 점을 고려할 때, 한국도 적극적인 이민정책을 수립할 필요가 있다. 저출산·고령화 문제가 심화되고 있는 상황에서 숙련·비숙련 노동자를 포괄하는 체계적인 이민정책이 요구된다. ASEAN을 비롯한 국제사회와의 협력을 강화하여 노동이민자 보호 및 인력 유입 방안을 모색해야 하며, 동시에 사회적 통합 정책도 병행해야 한다. 이를 위해 이민자 대상의 언어 교육과 문화 적응 지원을 확대하고, 이민자 권리보호를 위한 법적 제도를 정비해야 한다. 또한, 국제이주 거버넌스 및 지속가능한 개발목표(SDGs)와 연계하여 글로벌 차원의 이민정책을 고려하는 것이 중요하다.

결론적으로, 세계화 시대에서 국제이주는 불가피한 흐름이며, 이를 효과적으로 관리하기 위한 정책적 대응이 필수적이다. 국제이주의 긍정적인 측면을 극대화하고 부정적인 영향을 최소화하기 위해서는 국가 차원의 정책뿐만 아니라 국제적 협력도 강화되어야 한다. 한국도 이러한 변화에 발맞추어 체계적인 이민정책을 수립하고, 이를 통해 경제적 성장과 사회적 통합을 동시에 추구해야 할 것이다.

참고문헌

김정호. (2023). 이민이 무역에 미치는 영향. Korean Journal of Labor Economics, 46(2).
조영희. (2015). 국제이주와 개발: 글로벌 이주 거버넌스의 형성과 이민정책의 변화. 국제정치연구, 18(1), 4151-173.
조영희. 2018. 글로벌이주거버넌스를 통해 본 한국 이민정책의 방향: 지속가능발전목표(SDGs) 논의를 중심으로. IOM이민정책연구원 정책보고서. No. 2018-04. IOM이민정책연구원.
최금좌. (2005). 라틴아메리카의 신자유주의 경제개혁과 사회문화 변동 (4); 세계화시대 자유무역과 이민: MERCOSUR를 중심으로. 라틴아메리카연구, 18(1), 181-222.
ASEAN Declaration on the Protection of Migrant Workers and Family Members in Crisis Situations and its Guidelines, Jakarta.
De Haas, H. (2007). Remittances, migration and social development. A conceptual review of the literature, 1-46.
Feenstra, R. C., & Hanson, G. H. (1995). Foreign investment, outsourcing and relative wages.
Gould, D. M. (1994). Immigrant links to the home country: empirical implications for US bilateral trade flows. The Review of Economics and Statistics, 302-316.
Hatzigeorgiou, A., & Lodefalk, M. (2015). Trade, migration and integration - evidence and policy implications. The World Economy, 38(12), 2013-2048.
IOM (2003) World Migration Report 2003, IOM, Geneva.
Massey, D. S., & Parrado, E. A. (1998). International migration and business formation in Mexico. Social Science Quarterly, 1-20.

Sassen, S. (1998). The de facto transnationalizing of immigration policy. Challenge to the nation-state: Immigration in Western Europe and the United States, 49-85.
Skeldon, R. (2003). Migration and poverty. Asia-Pacific Population Journal, 17(4), 67-82.
Usher, E. (2005). The millennium development goals and migration (No. 293765). Geneva, Switzerland: International Organization for Migration.

(제5장) 사회통합 이론과 단계

김옥녀

제1절 서론

　현대사회에서 국제이주와 사회통합은 글로벌화와 다문화적 현상 속에서 점차 중요한 사회적 과제로 부각되고 있다. 특히, 다양한 문화적 배경을 가진 이민자들이 새로운 사회에 정착하고 공동체의 일원으로 참여하는 과정은 개인의 적응을 넘어선 사회적 통합의 문제로 확장되고 있다. 이러한 맥락에서 사회통합은 이민자와 국민 간의 상호작용을 통해 정치적, 경제적, 사회적, 문화적 영역에서 포괄적이고 지속 가능한 관계를 구축하는 복합적인 과정으로 이해되고 있다. 이는 단순히 이민자가 새로운 환경에 적응하는 것을 넘어, 기존 주민과의 상호 존중과 협력을 통해 공동체 전체가 발전하는 방향으로 나아가는 것을 목표로 한다.
　국제이주의 증가와 함께 각국은 이민자의 유입이 가져오는 경제적 기회와 문화적 다양성을 수용하면서도, 동시에 사회적 갈등과 문화 충돌을 해결해야 하는 도전에 직면해 있다. 이에 따라 사회통합은 단순한 정책적 과제가 아니라, 국가와 지역사회, 그리고 개개인이 함께 풀어나가야 할 복합적인 문제로 자리하고 있다. 특히, 사회통합은 이민자 개인의 적응뿐만 아니라, 기존 주민들의 다문화 수용성과 포용성을 높이는 데에도 중점을 두어야 한다.

본 장에서는 국제이주와 사회통합이라는 주제를 중심으로 현대사회가 직면한 이민자의 사회통합 문제를 다각도로 탐구하기 위해 이론적 기반을 다룬다. 사회통합 이론과 단계에 대한 논의는 이민자와 국민 간의 상호작용을 이해하고, 정책적으로 효과적인 통합 방안을 모색하는 데 중요한 기초를 제공한다. 이를 위해 본 장에서는 사회통합의 개념적 정의와 이론적 틀을 살펴보고, 다양한 단계별 통합 모델과 정책적 접근 방안을 검토한다. 또한, 한국 사회를 중심으로 한 사례 분석을 통해 한국형 사회통합의 특성과 한계를 논의하였다.

한국은 급격한 국제이주의 증가 속에서 다문화사회를 향한 전환기를 맞이하고 있으며, 이에 따라 정부와 지역사회 차원에서 다양한 사회통합 정책과 프로그램을 시행하고 있다. 하지만 여전히 초기 정착 지원에 치우친 정책 구조와 후기 정착 단계에서의 한계점이 존재하며, 이러한 점은 향후 개선되어야 할 중요한 과제로 남아 있다. 따라서 본 장은 국제이주와 사회통합에 대한 체계적인 이해를 도모하고, 이론과 실제를 연결하여 한국의 사회통합 문제해결에 기여할 수 있도록 구성하였다.

제2절 사회통합 개념과 대상

1. 사회통합의 개념과 구분

1) 사회통합의 개념

사회통합에 대한 개념은 근대국가가 형성되고 산업혁명이 진행되면서 형성되기 시작했다. 국가의 규모가 커지면서 다양한 형태의 사회적 갈등과 문제들이 발생하기 시작했고, 그러한 갈등과 문제를 해결하기 위해 '사회통합'개념이 생겨났다. 이에 대한 논의는 주로 사회학의 영역에서 시작되었으며, 사회통합 개념에 대한 합의나 보편적인 정의는 이루어지지 않은 채, 학자별 논의의 영역과 정부가 추구하고자 하는 목표에 따라 매우 다의적인 개념으로 사용되고 있다. 국가나 사회에 따라 사회통합의 목적이나 방법 등이 그 사회의 특수한 맥락에서 일어나는 문제해결 과정에서 형성되기 때문이다.

사회통합의 개념은 다양한 국제기구 및 국내외 학자들에 의해 다양하게 정의되고 있다. 1994년 UN이 개최한 세계사회발전정상회의(World Summit for Social Development)에서는 사회통합을 다음과 같이 두 가지 의미로 정의하고 있다. 첫째는 배제(exclusion)와 대비되는 포용(inclusion)이라는 의미로 더 많은 사람들에게 정의, 물질적 복지, 정치적 자유 등의 더 많은 혜택을 주는 것을 의미한다. 둘째는 해체와 대비되는 조화와 유대(harmony and solidarity)라는 의미로 가족이나 공동체 등이 해체되고 범죄나 부패 등으로 사회질서가 와해되는 것을 방지하는 것이라고 정의하고 있다(이재열 외, 2014).

국제이주기구(IOM)는 이민자에 의한 다문화사회 현상과 관련한 사회통합에 대해서 "특정 국가의 통합정책은 통일성과 단문화적(monoculture)형태를 지향하는 동화정책과 다양한 가치와 문화를 지향하는 다문화정책이라는 양극단의 연속선상에 위치하는 정책"이라고 정의하고 있다(이용승, 2012). 한국의 사회통합실태조사를 담당하는 한국행정연구원에서 사회통합은 사회적 자본과 연결된 믿음과 결속 등 사회적 관계를 이르는 말과 동시에 소득이 공평하지 않은 물질적 토대를 의미하는 것으로 사회적 포함(social inclusion)과 사회적 분리(social exclusion)를 동시에 포괄하는 개념이라고 정의하고 있다(한국행정연구원, 2018).

MIPEX(Migrant Integration Policy Index)는 사회통합을 이민자와 수용국 사회가 상호 변화를 통해 이루어지는 양방향 과정으로 보고, 모든 구성원이 평등한 기회를 누리고 존엄성 있는 삶을 영위할 수 있도록 보장하는 것을 목표로 하고 있다. 이를 위해 사회·경제적 통합, 시민적 통합, 그리고 법적·정책적 틀을 주요 영역으로 제시하며, 정부와 사회가 협력하여 장애물을 제거하고 평등한 결과를 달성할 수 있는 환경을 조성하는 데 중점을 두고 있다[1].

국내에서도 유민이 외(2021)는 사회통합을 다차원적인 영역을 기반으로 쌍방향적인 과정으로 정의하고 있다. "사회통합은 이민자와 대한민국 국민 간 상호존중과 유대를 바탕으로, 대한민국(국민)은 이민자에 대한 인간으로서의 존엄성과 기본권을 보장하며, 이민자가 국내에서 살아가는데 필요한 기초적 제반환경을 조성하고, 이민자는 대한민국 구성원으로서 소속감을 갖고 사회질서유지 및 사회발전에 대한 책무를 다하는 과정"으로 정의하였다.

위와 같이 사회통합에 대한 개념은 다양한 맥락에서 다르게 정의되고 있다. 그럼에도 불구하고 사회통합 정의에 대한 공통점을 살펴보면 첫째, 수용국 정부 및 국민은 이민자에 대한 기본권보장 및 최소 생활환경에 대한 인프라 제공, 둘째 이민자의 수용국에 대한 소속감과 책무, 마지막으로 이민자와 국민의 상호유대에 기반한 쌍방향적 수용성과 조화를 주요 요소로 한다(유민이 외, 2021:17). 이러한 정의는 사회통합의 주체가 이민자뿐만 아니라 수용국 정부(국민)도 포함된다는 것을 의미하며, 두 주체의 기본적인 책무와 상호유대를 사회통합의 필수적인 전제조건으로 한다는 데 의미가 있다.

지금까지 논의된 내용을 바탕으로 사회통합의 개념을 정리하면 다음과 같다. 사회통합의 궁극적인 목표는 서로 다른 특성을 가진 집단들이 한 공간에서 갈등을 최소화하고 평화롭게 공존할 수 있도록 하는 것이다. 이를

---

1 https://www.mipex.eu/methodology

위해 사회통합 정책은 집단 간의 차이를 존중하며, 불평등과 사회적 배제를 완화하고, 사회적 관계와 상호작용의 연결성을 강화하는 데 초점을 맞추는 것이 필요하다. 특히, 경제적·사회적·문화적 권리 측면에서 이민자와 국민 간의 격차를 줄이는 과정이 중요하다.

2) 사회통합 관련 유사 개념

Chan et al.(2006)은 사회통합에 대한 개념을 사회통합(social integration), 사회적 응집(social cohesion), 사회적 포용(social inclusion)의 세 가지 관점을 지닌 다차원적 개념으로 제시하고 있다.

(1) 사회통합(social integration)

사회통합(social integration)은 한 사회에서 두 개 이상의 집단이 다양성을 인정하고 유지하면서 상호작용 과정에서 발생하는 갈등을 최소화하고, 평화롭게 공존하는 상태를 이루는 것을 의미한다(강주희, 2011). 이는 사회통합의 사전적 정의와 가장 유사한 개념으로 볼 수 있다. 특히 사회통합은 법적·정치적 통합의 맥락에서 주로 이민·다문화사회와 관련하여 활용되며(임은의, 2020), 사회 내에서 인종, 민족, 문화적 배경 등 다양한 이해관계에서 비롯되는 균열을 최소화하고 동질감을 형성하며 합리적인 합의 절차와 결과를 수용하는 것을 전제로 한다. 이 과정에서 사회통합은 서로 다른 집단들이 더 큰 하나로 모이는 과정으로 이해되며, 일방적인 흡수가 아닌 자발적 의지가 필수적이다. 이는 동화와는 구별되는 개념으로, 상호관계, 언어적 소통의 가능성, 문화적 공유 및 사회적 연대감을 포함하는 포괄적인 접근을 요구한다. 따라서 사회통합은 이민자의 사회문화적 통합뿐만 아니라 수용국 국민 모두에게 필요한 과정으로 볼 수 있다(OECD, 2006).

(2) 사회적 포용(social inclusion)

국제사회에서 사회적 포용(social inclusion)은 빈곤과 사회적 배제의 위험에 처한 사람들이 경제적, 사회적, 문화적 삶에 완전히 참여하고 자신이 속한 사회에서 기본적인 삶과 행복을 누리기 위해 필요한 기회와 자원을 보장하는 과정을 의미한다(European Commission, 2004: 8). 사회적 통합(social integration)과 달리 소득, 고용, 주택, 교육 등 시장의 1차적 분배에서 소외된 빈곤층과 정치·사회적으로 소수이자 약자인 사람들을 제도적으로 포용하는 데 초점을 맞추고 있다. 이를 위해 노동시장에서의 취업 기회를 보장하고, 개인의 시민으로서 정치적 자유와 권리를 보호하며 복지제도를 통해 사회적 시민권을 보장하는 것이 사회통합의 핵심 정책 과제가 된다(윤건·박준, 2019: 4).

(3) 사회적 응집(social cohesion)

사회적 응집(social cohesion)은 통일된 정의가 존재하지 않으며, 소속감, 적극적 참여, 신뢰, 불평등, 배제, 이동성 등 다양한 의미를 포함하는 광범위한 개념으로 이해된다(OECD, 2011: 53). 이는 사회적 응집력, 응집 또는 응집성으로 번역되며, 사회 구성원들이 자신이 속한 공동체에 심리적·정서적으로 동질성을 통한 연대성을 형성하는 동시에 집단 간 상호의존성을 형성하는 것을 목표로 하는 경우에 주로 사용된다.

2. 사회통합의 대상

1) 법적 근거에 따른 사회통합 대상

한국은 정부 정책상 이민자와 외국인을 '통합해야 하는' 대상으로 인식하며, 2008년부터 이민자 및 외국인 관련 범부처 차원의 중장기 계획을 수립·추진해 왔다. 한국에 유입되는 외국인은 외국인 근로자, 결혼이민자, 유학생, 외국국적동포, 난민 등으로 구분된다. 「외국인정책 기본계획」과 「다문화가족정책 기본계획」은 이들의 통합을 위한 다양한 지원정책을 포함하며, 「재한외국인처우기본법」(재한외국인의 사회적응), 「출입국관리법」(이민자 사회통합프로그램 운영), 「난민법」(난민의 처우) 등 일부 법령에서도 정책대상별 통합 관련 규정을 포함하고 있다. 또한, 행정부별 임기 내 중점적으로 추진하고자 하는 국정과제 설정 과정에서도 외국인 및 이민자의 사회통합은 주요 내용 중 하나로 다루어졌다.

사회통합의 대상은 부처별로 각기 다르게 정의되고 있다. 2007년에 제정된 「재한외국인 처우 기본법」에 따르면, 사회통합정책의 대상은 국내에 거주하는 모든 외국인으로 규정되는 반면, 「다문화가족지원법」(2008년 제정)에서는 이를 다문화가족으로 한정하고 있다. 예를 들어, 법무부가 시행하는 사회통합프로그램은 결혼이민자, 외국인 근로자, 유학생, 동포, 난민 등 다양한 외국인을 대상으로 하여 사회통합정책의 범위를 넓게 설정하고 있다. 반면, 여성가족부는 사회통합정책의 대상을 주로 결혼이민자와 그 자녀로 국한하여 정책을 추진하고 있다. 또한 「문화다양성의 보호와 증진에 관한 법률」(2014년 제정)에서는 국적·민족·인종·종교·언어·지역·성별·세대 등 문화적 다양성 존중과 증진을 위해 국민과 외국인을 모두 대상으로 하고 있다. 「재한외국인 처우 기본법」에 근거한 사회통합 대상 및 내용을 살펴보면, 사회통합의 대상은 국민과 재한외국인으로 규정되어 있다. 이들은 서로의 역사, 문화 및 제도를 이해하고 존중할 수 있도록 교육과 홍보의 대상이며, 불합리한 제도는 시정해야 할 대상으로 명시되어 있다(제18조). 이는 사회통합이 이민자와 국민의 쌍방향적이고 상호적인 통합 과정을 포함한다는 점을 보여준다(남기범 외, 2021).

〈표 5-1〉「재한외국인처우기본법」에 근거한 사회통합 대상

근거	대상	내용
제10조	재한외국인 또는 그 자녀	• 불합리한 차별 방지 및 인권 옹호를 위한 교육·홍보
제11조	재한외국인	• 대한민국에서 생활하는 데 필요한 기본적 소양과 지식에 관한 교육·정보 제공 및 상담 등의 지원
제12조	결혼이민자 및 그 자녀*	• 국어교육, 대한민국의 제도·문화에 대한 교육, 자녀에 대한 보육 및 교육 지원, 의료 지원, 건강검진 실시 * 국민과 사실혼에서 관계에서 출생한 자녀를 양육 중인 재한외국인 및 그 자녀 대상
제13조	영주권자	• 대한민국의 안전보장·질서 유지·공공복리, 그 밖에 대한민국의 이익을 해치지 아니하는 범위 안에서 대한민국의 입국·체류 또는 대한민국 안에서의 경제활동 등을 보장. • 국어교육, 대한민국의 제도·문화에 대한 교육, 자녀에 대한 보육 및 교육 지원, 의료 지원
제14조	난민인정자	• 국어교육, 대한민국의 제도·문화에 대한 교육, 자녀에 대한 보육 및 교육 지원, 의료 지원 • 외국에서 거주할 목적으로 출국하려는 경우 출국에 필요한 정보 제공 및 상담 등 지원
	특별기여자	• 사회보장, 기초생활보장, 교육, 사회적응교육, 초기 생활정책 및 생활지원, 고용정보제공, 취업알선 등 지원
제15조	국적 취득자	• 국적을 취득한 날부터 3년이 경과하는 날까지 국어교육, 대한민국의 제도·문화에 대한 교육, 자녀에 대한 보육 및 교육 지원, 의료 지원
제16조	전문 외국인력	• 전문적인 지식·기술 또는 기능을 가진 외국 인력의 유치를 촉진할 수 있도록 그 법적 지위 및 처우의 개선에 필요한 제도와 시책을 마련하기 위해 노력
제17조	과거 대한민국 국적을 보유했던 자 또는 그 직계비속으로서 대통령령으로 정하는 자	• 대한민국의 안전보장·질서 유지·공공복리, 그 밖에 대한민국의 이익을 해치지 아니하는 범위 안에서 대한민국으로의 입국·체류 또는 대한민국 안에서의 경제활동 등을 보장(대한민국 국적 보유한 자 제외)
제18조	국민과 재한외국인	• 서로의 역사·문화 및 제도 등을 이해하고 존중할 수 있도록 교육, 홍보, 불합리한 제도의 시정 등 조치
제19조		• 세계인의 날 행사 실시(매년 5월 20일부터 1주간)

자료: 남기범 외(2021: 292)의 내용을 연구자가 일부 수정 및 보완함.

제3절 사회통합의 이론과 모형

국제이주와 다문화사회의 확산으로 인해 이민자와 정착 사회 간의 관계를 조화롭게 형성하는 것이 점점 더 중요한 과제로 부각되고 있다. 베리(Berry)의 문화적응 이론은 이민자의 적응 방식과 주류 사회의 태도를 체계적으로 분석하며, 이를 바탕으로 사회통합을 이해하는 데 유용한 이론적 틀을 제공한다.

1. 베리(Berry)의 문화변용 이론

문화변용이란, 장기간에 걸쳐 서로 다른 문화를 가진 두 집단이 지속적으로 접촉할 때, 한쪽 또는 양쪽 집단 구성원의 고유한 문화 양식에 변화가 나타나는 과정을 의미한다. 문화변용 전략은 이러한 문화변용 과정에서 주어진 조건과 상황에 따라 개인과 집단이 상이한 대응 방식을 선택하는 것을 말한다. Berry(1974)는 문화변용 전략 모델을 제안하며, 문화변용 방법은 두 가지 근본적인 문제를 동시에 처리하는 방식에 달려 있다는 가정을 제시했다. 이 두 가지 문제는 수용성과 정체성 유지로 나뉘며, 이는 문화변용 전략의 분류 기준이 된다. 수용성은 이민자 집단이 타 문화집단 구성원과 관계를 유지하고 접촉하는데 긍정적인지 혹은 부정적인지를 나타낸다. 정체성 유지(문화적 유지)는 이민자가 자신만의 고유한 정체성과 특성을 유지하려는 정도를 의미한다. Berry(1974)는 수용성과 정체성 유지의 방향이 교차할 때 동화, 분리, 통합, 주변화라는 네 가지 문화 변용 전략을 제시했다(김영란 외, 2010).

첫 번째로, 동화(assimilation)는 이민자들이 모국 문화를 유지하게 하는데 소극적이며, 다른 문화와의 상호작용을 모색하고 새로운 사회의 전통, 규범, 문화적 정체성을 채택하는 전략이다. 이민자들은 이주한 사회에 참여하면서 고유한 문화 정체성을 탈피하고 주류 집단으로 흡수된다. 동화전략은 새로운 사회에서 차별과 편견을 경험한 이민자들이 주류 사회에서 거부당하지 않으려는 목적으로 선택하는 경우가 많다(오은주, 2022). 두 번째로, 분리(separation)는 이민자 자신의 유산문화와 정체성을 강하게 유지하면서 새로운 사회 구성원과의 상호작용을 피하려는 전략이다. 차이나타운과 같은 소수문화집단 거주지가 대표적인 예로, 이들은 정착한 사회와 일정한 거리를 두며 독립적으로 삶을 영위하고 있다. 세 번째로, 통합(integration)은 이민자들이 본래의 고유 문화를 유지하면서도 현지 사회에 적극적으로 참여하는 유형이다. 통합형은 이민자와 정착 사회 간 상호 협력과 교류가 활발히 이루어지는 이상적인 적응 방식으로 평가되고 있다. 통합형에서는 정착 사회의 수용적인 태도가 중요한데, 이는 이민자가 모국 문화를 유지하는 데도 긍정적인 영향을 주기 때문이다. Berry의 문화변용모형에서 통합형은 가장 긍정적인 유형으로 평가받고 있다(오은주, 2022). 네 번째로, 주변화(marginalization)는 이민자들이 자신의 전통적 문화를 유지하지 못하고 새로운 사회의 문화를 수용하거나 접촉하는 데에도 관심이 없는 상태를 뜻한다. 이는 종종 강제된 문화 상실이나 차별 및 배제와 같은 이유로 발생한다. Berry(1977)는 주변화가 장기적으로 지속될 경우 소규모 소수 이민자 집단의 소멸 가능성이 높다고 보았다(김현숙·김옥녀, 2017).

베리(Berry)는 이러한 네 가지 전략이 자체적으로 정태적이지 않으며 최종적인 결과도 아니라고 보았다. 따라서 상황적 요인에 따라 변화할 수 있으며, 모든 개인이나 집단이 동일한 방법을 사용하는 것은 아니다. 이는 이민자들이 모국의 문화와 이주지 문화 간 충돌로 인해 발생할 수 있는 심리적 갈등을 어떻게 해결해 나가는지와 깊은 관련이 있다(김영란 외, 2010; 오은주, 2022). 베리(Berry, 2005)는 이주민의 태도와 행동이 문화 적응을 시도하는 과정에서 주요한 구성 요소라고 주장하며, 선택할 자유와 권한이 보장될 때 성공적인 적응이 가능하다고 보았다. 반면 정착 사회가 특정 형태를 강요하거나 선택을 제한할 경우 주류 집단의 태도가 중요한 조건으로 작용한다고 하였다.

베리(Berry)는 융합(melting pot), 분리(격리, segregation), 배제(exclusion), 다문화주의(multiculturalism)라는 주류 사회의 태도를 통해 이민자 적응과정을 〈그림 5-1〉과 같이 분석했다. 융합(melting pot)은 수용국의 주류사회가 이민자에게 모국 문화의 동화·흡수를 강요할 때 나타나는 형태이며, 격리(segergation)는 이민자의 고유한 문화적 정체성을 인정하면서도 정착사회로부터 분리시키는 경우를 의미한다. 배제(exclusion)는 이민자의 모국 문화를 인정하지 않고 분리시키는 형태이며, 다문화주의(multiculturalism)는 고유문화를 인정하고 유지하면서 정착 사회 구성원과 원만한 관계를 형성하도록 다양한 수준에서 포섭하는 접근 방식이다(Berry, 2005).

〈그림 5-1〉 문화와 정체성에 따른 집단의 전략

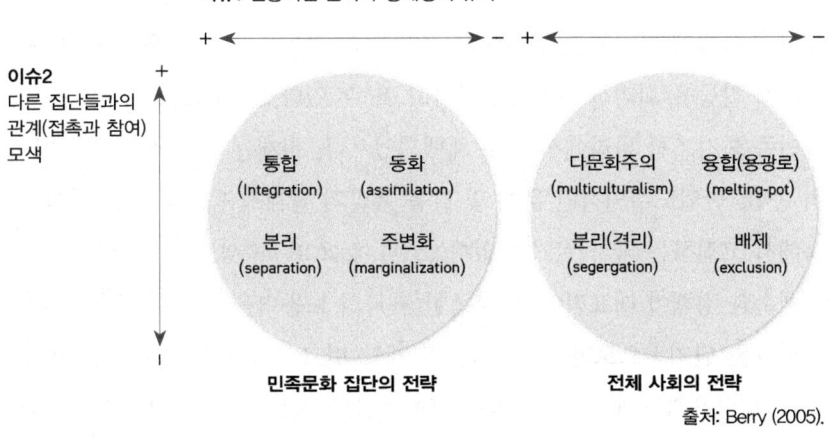

출처: Berry (2005).

2) 사회통합 모형

사회통합 모형은 이민자들의 수용국 문화수용 및 적응과정, 수용국에서의 이민자 문화에 대한 존중 정도에 따라 차별적 배제 및 동화, 다문화주의, 상호문화주의 등으로 구분하였다. 각 유형은 상이한 사회통합 목표와 과정을 나타내며 그 특성은 다음과 같다.

(1) 차별적 배제모형(Differential Exclusion Model)

차별적 배제모형은 이민 수용국 사회가 이민자들의 정착을 원천적으로 차단하려는 모형이다. 이민자들의 정착 차단을 위해서 적극적인 규제조치를 동원하나 수용국에 필요한 전문적인 기술을 가진 이민자에게는 문호를 개방하기도 한다(조형규·윤홍식, 2017). 즉 필요에 의해 이민자를 임시적으로 수용하고, 시민권, 정주, 정치적 참여 등을 제한하여, 철저하게 수용국 국민과 분리하는 것을 토대로 한다. 따라서 이 모형에서 이민자들은 3D 직종과 같은 저숙련·단순 노무 산업군에 종사하게 되고, 단기순환 원칙에 의해 정착이나 정주가 어려우며, 국민으로 누릴 수 있는 권리 등 상당 부분이 제한되고 있다. 차별적 배제 모델에서는 혈통주의, 수용국의 문화적 단일성이 중요하게 여겨지고, 소수인종 집단과의 접촉을 배제 혹은 최소화하여 사회적 갈등을 회피하려는 유형이라고 볼 수 있다. 한국·독일·일본 등 단일민족을 강조한 나라에서 주로 채택되었으나, 현재는 세계화로 인한 경제적 통합, 반인도주의적인 문제 및 갈등 폭발의 잠재성 등으로 이 모형을 계속해서 고집하는 국가는 거의 없다(남기범 외, 2021; 허준영, 2012; 배경임, 2022). 교체순환 정책이 대표적인데, 부족한 자국의 노동력을 메우기 위해 외국인 근로자를 단기적으로만 취업시킨 후 계약 만료 시 귀국시키는 정책이다. 한국의 '고용허가제' 내지는 1960년대 독일의 '손님 노동자제도(guest worker system)' 등이 대표적인 사례이다(장우윤, 2025).

(2) 동화주의 모형(Assimilationist Model)

동화주의 모델은 이민자가 수용국 사회에서의 문화적인 동화를 조건으로 수용국 국민이 되는 것을 허용하는 정책이다. 이 모형은 주류 사회 중심으로 운영된다는 단점을 지닌다. 이민자에게 출신국의 문화적 정체성을 포기하고, 수용국의 주류 문화를 그대로 받아들일 것을 요구하여, 결국에는 그들과 차이가 없게 된다(허준영, 2012 ; 이종희, 2023). 동화를 위해 억압적인 요소를 사용하여 이민자 고유의 문화 및 정체성 유지에 불이익이 가해지고, 포기를 강요하지 않더라도 전통적인 문화와 언어를 지속하기 위한 제도적·법적 지원은 하지 않는다(한승준, 2008: 107; 배경임, 2022). 따라서 수용국은 이민자의 문화적 동질화를 위해 언어 교육 등 조속한 동화를 지원하고, 제도적으로 국민과 이민자 간의 평등을 지향한다(조형구·윤홍식, 2017). 동화주의 모델은 수용국 입장에서는 이민자 수용에 대한 부담이 적고 개방적인 입장이지만(남기범 외, 2021), 이민자들의 동화가 실제로는 쉽지 않고, 동화되었을지라도 사회적 배제와 분리로 인해 현실적으로는 다른 문화 간 충돌과 갈등, 사회적 이질감을 증가시킬 수 있다는 문제점이 있다(허준영, 2012). 프랑스는 이 모형의 대표적인 국가로, 이민자의 공화주의 원칙을 강조하며 상대적으로 출신 민족·국가의 집단적 정체성 유지 및 권리 보장에 소극적이라고 평가된다(장우윤, 2025).

(3) 다문화주의 모형(Multicultural Model)

다문화주의 모형은 차별적 배제모형과 동화모형이 다문화·다인종 사회에 부적합한 것으로 드러나며 등장하였다. 이 모형의 정책 목표는 이민자의 전통문화를 인정하고 정체성을 지키는 것을 장려하며, 문화적 다양성을 지닌 주류 사회에서 소수 민족이 공존할 수 있도록 하는 것이다(노정옥, 2012). 국가가 민족의 전통문화, 생활 습관, 언어를 적극적으로 보호·유지하기 위해 공적 지원을 하는 것과 더불어 적극적 차별시정조치, 인종차별 금지를 도입하는 등 각 집단의 불만 축적을 예방하는 정책을 수립한다. 이 모형을 '섞어놓은 샐러드'라고도 하는데, 샐러드는 각종 과일과 채소가 모여 드레싱에 의해 다른 맛과 형태가 동등하게 섞인다는 의미를 지닌다. 유사한 표현으로 '무지개 연합'과 '종족적 모자이크'가 있다(박은정, 2020).

　동화모형과 비교하였을 때 다문화주의 모형에서의 사회통합은 국민과 이민자의 일방적 주류문화 편입이 아니라, 상호 존중과 이해를 바탕으로 이민자와 국민 간의 권리적인 평등을 지향하는 것이다. 다문화주의에 입각한 사회통합 정의에 대해, 미카엘(Michael, 2009)은 이민자뿐만 아니라 이들을 수용하는 지역사회의 주체들도 함께 변화하는 과정으로 설명하며, 사회통합의 대상을 보다 넓게 규정하고 있다(장우윤, 2025). 다문화주의 모델은 다양성 존중 및 인정을 통해 사회적 갈등을 예방하고, 이민자들에게 주체적인 삶의 권리를 보장하며, 문화 공존으로 이상적인 사회통합을 지향한다는 점에서 긍정적이다. 그러나 구별짓기 부작용, 주류 사회의 정체성 약화, 국가의 정체성 혼란, 반다문화주의 정서에 대한 관리 필요성 등에서 제한점을 지닌다(허준영, 2012 ; 이종희, 2023). 다문화주의에 기반한 문제해결 접근방법은 주류집단의 충분한 이해, 양보, 인내, 관용이 요구된다. 한국의 경우, 오랫동안 동질적 정체성을 유지하고 차별적 배제주의를 채택해 왔는데, 단기간에 기존 질서를 양보하고 소수집단의 정체성을 수용하는 것은 쉽지 않다. 이민자들이 정치 목적의 공동체를 만들고 동화주의 및 차별 정책에 저항하며 집단행동을 한다면, 사회적 갈등이 증폭될 가능성이 높다. 이처럼 다문화주의는 정치적·논쟁적 성격을 지니고 있어서, 보편적인 사회통합정책 이론의 기반으로 적용하는 데 제한점이 존재한다(남기범 외, 2021).

① 문화다원주의(cultural pluralism)와 다문화주의(multiculturalism)

다문화주의와 문화다원주의 모두는 다양성을 인정하며 사회통합을 추구한다는 점에서는 같다. 문화다원주의를 채택하는 미국의 경우, 백인 문화의 우월성을 전제로 하며 비주류 사회의 문화는 자유롭게 두고 있다. 즉, 문화다원주의는 주류 문화가 필수적으로 전제되는 가운데 문화 다양성 및 다원성을 인정한다(임운택, 2009). 반면에 캐나다와 호주 등에서 표방하는 다문화주의는 주류 사회의 존재를 전제하지 않고서 여러 문화가 평등하게 인정되어야 함을 강조하는 개념이다. 이민자와 소수자를 존중하며 주류 사회의 존재를 인정하기보다 전체사회의 교류와 소통 및 외국인들 간의 대등한 관계에 중점을 둔다. 소수 집단의 여러 문화, 언어, 종교 등을 인정하고, 기회균등·평등 등의 권리를 주류 사회와 같은 자격으로 인정하고 있다(배경임, 2022).

(4) 상호문화주의 모형(Intercultural Model)

1960년대 캐나다 퀘벡주에서 분리주의자들의 활동이 고조되어, 분열을 막으려는 민족주의자들이 상대의 문화를 존중하고 이해하는 개방적 자세로 사회통합을 주장하며 상호문화주의가 시작되었다. 1990년대 후반 다문화주의 한계점을 극복하기 위한 대안으로 제기되었는데, 다른 문화들이 상호연결되어 있지 않고 별개로 존재하도록 방치하는 다문화주의와는 다르게, 사회·공간적 격리를 적극적으로 허물고 상호 교류를 활성화하며 그 역동성을 강조한다. 이를 위해 다른 인종과 문화 간의 만남과 상호접촉을 통한 열린 대화와 사회적 통합을 중시하고, 이를 통해 긍정적이고 발전적인 문화 형성이 가능하다고 본다(남기범 외, 2021 ; 장우윤, 2025).

상호문화주의는 여러 문화들 사이에 있는 공통된 보편성을 기반으로 개인들의 만남, 적극적인 의사소통과 이를 위한 공적인 공간 활성화를 강조한다. 실제적 만남이 이루어지는 국지적 장소에 관심을 두고 다양성을 위한 방안들을 탐색한다. 여기서 문화적인 다양성 함양 및 인정의 이론적 기반은 '접촉 가설'이다. 접촉으로 지식과 친근성이 향상되고, 타자에 대한 불안감과 편견이 감소된다. 이민자와 국민과의 상호교류를 확대하고 접촉의 질을 향상시키기 위해서 교류 프로그램 활성화, 지역 환경 조성과 참여 등이 요구된다. 이를 통해 국민들이 이민자를 단순히 타자화하거나 대상화하지 않고 사회적 포용으로 한 발자국 다가설 수 있을 것이다(남기범 외, 2021). 그러나 안정적인 사회통합을 이루기 위해 상대적 시간이 많이 소요될 수 밖에 없다는 것이 상호문화주의 모델의 단점이라고 할 수 있다(김희석, 2017).

① 상호문화주의와 다문화주의 비교

상호문화주의와 다문화주의는 사회 공동체 안에서 존재하는 문화적 다양성을 보존하고 동등한 가치를 인정한다는 점에서 유사하다. 반면 상호문화주의는 변화무쌍한 사회에 살아가는 개인이 끊임없이 접촉하며, 주위 환경과 상호작용하고 새로운 정체성을 추구하거나 선택한다는 면에서 차이가 있다(배경임, 2022). 또한 상호문화주의는 '통합과 유대'에, 다문화주의는 '차이와 공존'에 더 많은 강조점을 둔다(문병기 외, 2023).

제4절 사회통합의 구조

1. 사회통합의 기본원칙

유럽의 사회통합 문제는 이민 역사만큼이나 오래되었다고 할 수 있다.

2000년대 들어서면서 프랑스, 영국, 스페인 등 유럽의 주요 이민자 수용국가들은 이민자들에 의해 발생한 사회적 소요 사건들로 하여금 개별국가는 물론 유럽연합 차원에서도 이민자 통합을 위한 공동의 노력이 필요함을 느끼게 된다. 실제로 유럽연합은 출범 이후 공통 이민정책 프레임을 마련하기 위해 지속적으로 노력해 왔다. 마침내 탐페레 회의(1999)에서 이민자 통합정책 프레임의 공식화로 결실을 맺게 되었으며 핵심은 '통합'과 '사회결속'이었다. 이러한 연장선상에서 2004년 11월 유럽연합은 사업내부이사회 결정에 의해 이민자 통합정책에 대한 공동기본원칙(Commom Basic Principles: CBPs)이 만들어졌다. 비록 법적 구속력은 없으나, 이민자 통합정책에 대한 공동지침을 마련했다는데 의의가 있다. 본 원칙은 유럽이라는 초국적 지역단위에서 이민자 통합정책의 전반적인 방향에 대한 합의점이라는 데에서 지역주의 실천이기도 하다. 국제인권 담론과 국제인권법의 영향을 반영하면서 이민자 통합정책의 포용성 수준을 높이는데 기여했다(한준성, 2020). 본 공동기본원칙(CBPs)에서 통합(integration)은 이민자와 국민이 공동 노력하는 쌍방향적인 과정으로 보고 있으며(CBP1), 고용(employment, CBP3)을 통해 이민자가 수용국의 사회참여와 기여가 가능하기 때문에 고용을 사회통합의 핵심요소로 강조하고 있다(정기선·최서리, 2014). 유럽연합의 이민자 사회통합을 위한 공동 기본원칙들은 아래와 같이 11가지로 제시되고 있다.

【유럽연합의 이민자통합정책의 공통기본원칙(Commom Basic Principles: CBPs)】

1. 통합은 이민자와 현지인 사이의 역동적인 양방향 과정이다.
2. 통합은 유럽연합의 기본가치에 대한 존중을 내포한다.
3. 고용은 통합에 가장 중요하며 이민자들의 사회 기여를 보여줄 수 있는 핵심이다.
4. 이민자가 언어, 역사, 제도에 대한 기초지식을 습득하는 건 통합에 필수적이다.
5. 교육은 이민자와 자녀들이 성공적으로 사회에 참여하도록 하는 데 필수적이다.
6. 이민자가 차별받지 않고 각종 자원과 서비스에 접근하는 것은 통합을 위해 중요하다.
7. 이민자와 현지인 간의 빈번한 상호작용은 통합을 이루는 기본 메커니즘이다.

> 8. 다른 불가침의 권리나 국가법과 갈등하지 않는 한 문화와 종교 실천은 보장된다.
> 9. 이민자들이 통합 정책 수립에 참여하는 것은 통합에 도움이 된다.
> 10. 통합정책이 주요 사항이 되는 것은 공공정책에 있어 중요한 고려사항이다.
> 11. 명확한 목표, 지표, 평가 방법을 발전시키는 것은 정책 조정에 필수적이다.

자료: The Council of the European Union(2004: 19~24) http://news.donga.com/3/all/20120827/48893631/1

2. 사회통합의 차원과 영역

통합정책 모델은 이념에 기반한 설명이므로 노동, 교육, 보건, 인권 등 이민자의 사회통합을 위한 정책의 구체적인 분야를 자세히 파악하기 어려운 단점을 지닌다. 따라서 수용국의 이민자 사회통합 정도를 측정가능하도록 지수화한 것이 이민자 사회통합 지표들이다. 이민(난민) 사회통합을 측정하는 데 있어 사회통합의 차원을 구분하기 위한 틀로 에이거와 스트랭(Ager and Strang, 2004)의 통합 분석틀이 대표적이다. 영국의 지표체계인 프레임워크(Framework, 2019)는 에이거와 스트랭이 영국의 맥락에서 난민의 사회통합을 지원하기 위해 고안한 프레임워크에 기초하여 개발하였다(이성순, 2013). 한국, 유럽연합, 미국, 캐나다, 호주 등 여러 지역에서 연구와 실무 및 정책 입안에서 이민(난민)자의 경제적 통합, 사회·문화적 통합 등 사회권 확보 등의 차원에서 이해하기 위한 중요한 개념적 틀로 여전히 활용되고 있다.

영국의 이민자 사회통합 프레임워크는 2004년 초기 연구에서는 4개 차원 10개 영역으로 구성되었으나(Ager & Strang, 2008), 2019년 수정과정을 거쳐 4개 차원 14개 영역(Ndofor-Tah et al., 2019)으로 수정 및 확대 되었다. 4개 차원은 '통합 표지 및 수단', '사회적 연결', '통합촉진', '통합 기반'이며 세부 내용은 〈그림 5-2〉와 같다(조경훈 외, 2023: 21~22). '통합 표지 및 수단'은 일, 주거, 교육, 건강 및 사회적 돌봄이 포함되며, 통합과정에서 중요하게 인식되는 주요 성취(통합의 결과) 영역과 통합이 일어날 수 있는 맥락(통합의 수단)을 의미한다. 즉, 각 영역의 성취는 통합결과(markers)이며, 향후 상위 영역으로의 진전이나 타 영역으로의 성취를 지원할 수 있는 수단(means)의 역할을 한다. 예로 사회통합에서 노동은 단순히 일의 의미 이외에도 경제적인 독립을 의미하며, 주거는 단순히 주거 환경의 질 또는 시설 이외에 사회적, 문화적 영향을 의미한다. 교육은 이민자에게 기술 및 경쟁력을 제공할 뿐만 아니라 수용국 사회의 언어를 습득하는 수단이 된다.

'사회적 유대'는 이민자가 동일한 정체성을 지닌 타인과 친밀한 관계를 통해 사회문화적 정체성을 유지하고 심리적인 안정감을 갖는 데 중요한 영향을 미치게 된다. '사회적 가교'는 이민자와 국민 간에 형성되는 관계로 사회적 유대처럼 높은 수준의 신뢰를 기반으로 하지는 않는다. 즉 이민자에 대한 국민의 긍정적인 인식만으로도 형성될 수 있다. 또한 정부지원 서비스에 대한 이민자의 접근성이 낮을 경우 이를 연결하는 시스템이 필요한데 이 과정에서 국민과 지역공동체의 역할이 중요하게 작용하며, 이 과정을 통해 신뢰가 쌓이게 된다. '사회적 연결'은 지역 및 중앙정부 서비스를 포함한 기관과의 관계에서 형성되며, 구체적으로 이민자 개인과 정부의 지원서비스 및 국가 제도, 기관 간 관계에서 형성된다. '사회적 유대'와 '사회적 가교'가 사회 내 개인 간 수평적 관계라고 하면, '사회적 연결'은 개인과 기관 간의 수직적 관계를 의미한다.

'통합 촉진'에서 통합촉진 요소는 사회통합을 촉진하는 데 기여하는 것으로서 언어, 문화, 디지털 기술(skill), 안전 및 안정감이 포함된다.

'통합 기반'은 통합과정을 지원하는 상호 기대와 책임을 나타내며, 이민자 통합에 있어서 권리(기본권 및 시민권)는 통합의 토대라고 할 수 있다. 권리에는 기본권리(인간의 존엄성, 평등, 자유, 정의 등), 시민권(국적, 정치적 참여 등)과 책임 개념으로 이해할 수 있다. 통합의 기반요소는 각 국가별로 상이함으로 이민자 사회통합정책을 이해하는데 핵심영역이 되고 있다. 각 차원의 하위 영역은 아래 그림과 같다.

〈그림 5-2〉 영국 이민자 사회통합(integration) 프레임워크 변화: 2004년/2019년

자료
* Ager & Strang(2004: 3). Indicators of Integration: final report, Queen Margaret University College, Edinburgh for Home Office Research, Development and Statistics Directorat. ; 유민이 외(2021: 82).
** Ndofor-Tah et al.(2019: 15): 조경훈 외(2021: 21).

에이거와 스트랭(Ager & Strang)은 2004년에 이민자 통합을 평가하기 위한 초기 지표 체계를 하나의 모델로 제안했지만, 이 모델은 4개 주요 차원과 하위 영역들 간의 관계를 명확히 설명하거나 통합이 이루어지는 구체적인 과정을 체계적으로 정의하지는 않았다. 모든 지표들은 매우 복잡하게 상호 연계되어 각 영역 간에 직·간접적으로 영역을 미칠 수 있기 때문이다. 특히 각 차원과 영역 간에는 계층적 우위나 순서가 존재하지 않으며, 통합이 특정한 순서대로 이루어져야 한다고 보는 접근은 적절하지 않다. 예를 들어, 먼저 취업이나 고용을 일정 수준까지 끌어올린 후 더 많은 사회적 유대를 형성해야 한다는 방식은 바람직하지 않다고 보고 있다(유민이 외, 2021: 82~83).

3. 국내외 사회통합지표

(1) 국제 이민자 사회통합지표(영역)

이민자 사회통합과 관련된 국제지표는 이민정책이 이민자의 사회통합에 적합하게 수립 및 운영되었는가에 대한 정책평가지표와 이민사회에 이민자의 통합수준을 측정하는 지표로 구분되며 〈표 5-2〉와 같다[2]. 이민정책

---

2 이민자 통합 정책평가지표에서 ① 가장 대표적인 지표는 이민자통합정책지수(Migrants Integration Policy Index: MIPEX)를 비롯하여, ② 이민 거버넌스 프레임워크 평가를 위한 국제이주기구(IOM)의 이민거버넌스지수(Migration Governance Index: MGI), ③ 국가 정책적 변화가 이주에 미친 영향을 평가하는 국제이주결정요인(Determinants of Inter-

을 평가하기 위한 지표체계에서는 상대적으로 법이나 제도적 기반을 측정하는 통합 기반 차원에 해당하는 영역들이 더 많이 포함되어 있고, 이민자의 사회통합 수준을 측정하는 지표체계에서는 사회통합 상태 차원의 영역들이 세분화되어 있다(유민이 외, 2021).

〈표 5-2〉 국제 지표 체계의 사회통합 영역

차원	영역	이민자 통합정책 평가지표				이민자 통합수준 측정지표	
		MIPEX	MGI	DEMIG	IMPIC	EU/OECD	EURISAT
통합 상태	노동	노동시장의 이동성	이민자 권리 (노동권)	채용합의, 취업허가	노동이주		고용
	소득 빈곤					빈곤	소득/빈곤
	교육	교육				교육/ 자녀학업 성취도	교육
	주거					주거	주거상태
	보건 복지	건강				보건과 웰빙	건강·의료
	권리	정치참여				투표참여율	
	가족	가족재결합	이민자의 권리 (가족권)		가족재결합		
통합 촉진	수용성					사회적 포용	사회적 포용
	언어					언어능력	
	정보		제도적 역량				
	안전						

national Migration, DEMIG) 지표, ④ OECD 국가의 이민정책의 개념화, 측정, 정량적 집계가 가능하도록 고안된 이민정책비교(IMPIC) 지표 등 이다. 이민자 통합수준 측정지표는 ① OECD/EU의 이민자통합지표, ②EUROSTAT 이민자통합지표가 대표적이며 유럽 환경에 적합하게 구성되었다. 이 외에도 글로벌 이민 바로미터(Global Migration Barometer:GMB)는 국가의 생활 및 경제 수준, 인구나 복지, 이주에 대한 태도 등을 평가하여 국가별 순위를 집계한다. 이민자의 통합 상태를 평가하는 국제지표 중 평가의 대상이 국가가 아닌 '지역'혹은 '도시'인 지표들이 생성되고 있다. 대표적으로 ① EU에서 채택한 상호문화도시 지표와 ② 이민자 환경지수(ICI)이다.

	체류자격 안정성	장기거주		이민자 규모 할당/ 재정착/ 영주 접근권		이민자 규모와 구성	장기거주
통합 기반	국적 취득	국적취득 접근성				국적취득	국적취득
	반차별	반차별				반차별	
	제도 인프라		제도적 역량(법/ 제도의 투명성과 일관성)/ 노동이주 관리·운영	통합 프로그램			
	국경 관리		이주에서의 안정성	국경통제, 입국, 출국	통제, 체류관리		
	기타		국제협력		망명/난민 재정착	이주배경 청소년 비율	

자료: 유민이 외(2021: 66).

국제 이민자 통합 정책평가지표에서 가장 대표적인 지표는 이민자통합정책지수(MIPEX)라고 할 수 있다. 가장 최근 발표된 MIPEX Ⅴ(MIPEX 2020)의 평가 정책은 8개 영역, 54개 핵심지표로 구성되었다. 한 국가의 이민자 통합 정책의 현실을 가장 정확하고 포괄적으로 파악하게 해주는 핵심지표라고 할 수 있다. 8개의 정책 영역과 하위차원들을 정리하면 〈표 5-3〉과 같다.

〈표 5-3〉 MIPEX 2020의 8개 정책 영역과 하위차원

	정책 영역	하위차원	내용 요약
1	노동시장 이동성	노동시장 접근성	합법적 이주노동자와 가족들이 노동시장에서 내국인과 동등한 직업에 접근하고 이동할 수 있음을 보장
		일반지원 접근성	합법적 이주노동자와 가족들에게 내국인과 동등한 자격과 기술향상의 기회 제공
		맞춤형 지원	해외에서 출생, 교육받은 합법적 이주노동자의 요구에 대한 맞춤형 대응
		노동자 권리	합법적 이주노동자에게 내국인과 동등한 근로권과 사회 보장권 제공 여부

2	가족 재결합	적격성	자신의 배우자/파트너 또는 미성년 자녀를 후원하거나 그들과 재결합할 수 있는 자격
		(재결합) 요건	경제력, 언어, 통합의 측면에서 달성해야 하는 요구사항
		신분 보장	가족재결합이 다양한 이유로 거부되지 않도록 보장
		권리 관련	자율적인 거주 허가의 승인
3	교육	접근성	이주 아동이 법적 지위를 불문하고, 모든 교육 수준에 동등하게 접근할 수 있도록 보장
		맞춤형 수요	학교 이주 아동, 부모, 교사의 특정한 요구사항에 대한 응대
		새로운 기회와 상호문화 교육	모든 아동이 새롭고 다양한 언어, 문화, 기회를 접함 교사들도 상호문화 교육과 다양성을 훈련받음
4	건강	자격 부여	내국인과 동등한 의료서비스를 받을 자격
		보건서비스 접근가능성	이민자가 보건서비스에 접근할 수 있도록 돕는 정책 유무
		대응적 서비스	이민자의 요구에 대한 보건서비스와 맞춤형 대응 정도
		변화 촉진 정책	이민자에게 보건서비스를 제공하기 위한 자금 지원
5	정치참여	선거권	내국인과 동등한 선거권/피선거권 부여 여부
		정치적 자유	내국인과 동등한 정당 및 정치협회의 설립, 참여 권리
		자문 제도	이민자 대표나 협회로 구성된 강력하고 독립적인 자문기구의 유무
		이행 정책	캠페인 및 재정지원에 있어 이민자와 이민자 협회의 정치적 참여, 장려
6	장기거주	적격성	임시 거주하는 이민자들이 5년 후 영주권을 취득할 수 있도록 지원
		(거주) 요건	경제력, 언어 등 달성해야 하는 자격 요건
		신분 보장	영주권 갱신 시점에 신분이 보장되도록 보장
		권리 관련	영구거주자들에게는 내국인과 동등하게 사회보장 및 부조, 사회적 권리를 주장하도록 함
7	국적 취득 접근성	적격성	이민자의 귀화에 필요한 기간 및 자손의 시민권 부여에 속지주의 적용 여부
		(국적 취득) 요건과 신분 보장	경제력 언어, 전과기록 등 귀화시 확인 요건
		이중 국적	귀화하는 이민자의 이중 국적 가능 여부
8	반차별	법의 적용 범위	국적, 인종, 민족, 종교에 따른 차별금지
		적용 분야	다양한 삶의 모든 영역에서 국적, 인종, 민족, 종교에 따른 차별금지 여부
		집행 매커니즘	국적, 인종, 민족, 종교에 따른 차별 피해자들의 문제 제기 가능성
		평등 정책	평등 정책 기구의 운영을 통한 정책 추진 지원

자료: 유민이 외(2021: 24~25).

(2) 국내 이민자 사회통합지표(영역)

이민정책연구원(2021)은 Ager & Strang(2004)의 분석틀에 근거하여 이민자들의 한국사회 통합 수준과 관련 정책 및 제도의 효율성을 측정하고 정책평가를 목적으로 한국형 이민자 사회통합 지표를 개발했다. 사회통합지표는 〈표 5-4〉와 같이 통합기반, 통합촉진, 통합상태로 구성되었다. 유럽의 경우 이민의 역사가 비교적 오래되었으므로 이미 제도적 측면에서의 인프라는 갖추어져 있는 것을 전제로 개발되었다고 할 수 있다. 그러나 한국의 경우는 이민정책의 방향이 사회통합의 목적으로 전환된 기간이 길지 않고 대부분의 법이나 제도가 국민 중심으로 구축되어 있기 때문에 '법이나 제도적'인 인프라에 대한 부분이 지표 체계 안에 반영되어 있다. 따라서 통합 기반을 이민자 개인이 권리와 책임을 행사할 수 있는지를 측정하는 프레임워크의 틀에서, 이를 한국사회의 제도적인 기반 영역까지 포함하도록 확장하고 있다(유민이 외, 2021: 84).

〈표 5-4〉 한국의 이민자 사회통합지표체계

차원	영역	중지표	세부지표	측정방법
통합 기반	법·제도	장기거주·영주권	장기체류자 인구 대비 국적 취득률, 영주권 취득률, 정주형 인구 비율	행정통계
	행정 인프라	행정서비스 인프라	출입국행정 서비스 접근성 및 만족도	신규조사
			일반 민원, 행정 서비스 접근성 및 만족도	
			이민자 관련 지원기관(다가센터, 외국인복지센터, 인권센터 등) 접근성	
			이민자 관련 지원기관(다가센터, 외국인복지센터, 인권센터 등) 만족도	
	중앙정부 정책	기획	체류 외국인 증가율 대비 중앙정부 예산 증가율	행정통계
		집행	수립과제 목표달성율	행정통계
		모니터링	이민자 사회통합지표를 활용한 신규과제 편성 건 수	차기부터 적용
			이민자 관련 데이터 수집 및 관리	행정통계
	지방자치 단체 정책	기획	외국인 밀집지역의 자체 기본계획 수립 비율	행정통계
		집행	수립과제 목표달성율	행정통계
		모니터링	이민자 사회통합지표를 활용한 신규과제 편성 건 수	차기부터 적용

통합 촉진	수용성	인식	이민자에 대한 인식	국민인식조사
		수용성	사회구성원으로 수용 정도	
	의사소통	한국어 능력	읽기, 듣기, 말하기, 쓰기	체류실태 및 고용조사
	디지털 역량	활용	이용빈도	신규조사 (과기보 디지털정보격차 실태조사 비교)
		기술	이용 가능 정도	
		보안	개인정보 유출 등에 대한 인식	
	한국사회 와의 관계	사회적 연계	지난 4주간 연락한 한국인 수, 친밀한 관계(식사, 아이맡기기 등)에 있는 한국인 수	신규조사
		사회적 참여	이웃모임, 반상회, 학부모 모임, 출신국 커뮤니티 등에 참여한 횟수(지난 4주간) 정당, 노동조합, 시민단체, 종교, 봉사활동모임 등에 참여한 횟수(지난 4주간)	신규조사
		소속감	한국에의 소속감, 살고 있는 지역(시군구) 소속감, 출신국에의 소속감	신규조사
	안전	안전	안전에 대한 전반적 인식 두려움이나 불안을 느낀다는 응답 비율	신규조사
통합 상태	노동	경제활동	지난 3년간 고용률 및 실업률 추이	체류실태 및 고용조사
		조건	근로자 중 상용근로자 비율	
	소득· 빈곤	소득	월평균 임금(내국인과의 차이)	체류실태 및 고용조사
		빈곤	상대적 빈곤율(내국인과의 차이)	신규조사
	교육	학교교육	학령기 아동 취학률, 학업 성취도(내국인과의 차이)	신규조사
		직업교육	직업교육 참여율	체류실태 및 고용조사
	주거· 생활	주거	주택보유율(주택점유형태) 소득 중 주거비 비율(주거비용 과다부담 비율)	체류실태 및 고용조사
		거주환경	시군 단위 외국인 밀집정도(거주지 분리)	행정통계
			거주환경 만족도	체류실태 및 고용조사 (보건복지부 복지패널 비교)
		문화·여가	지난 한달 간 여가, 문화활동 참여 시간 지난 한달 간 여가, 문화활동 지출비용	신규조사(문체부 국민여가활동 조사 비교)
		삶의 만족도	삶의 만족도	체류실태 및 고용조사

통합상태	보건복지	보건의료 서비스	건강검진율	행정통계
			의료서비스 미충족율	체류실태 및 고용조사
		건강상태	주관적 건강상태	체류실태 및 고용조사
		사회안전망	고용보험, 국민연금, 산재보험, 건강보험 가입율	체류실태 및 고용조사
		공공부조	기초생활 수급, 의료급여 수급 비율 기타 공공서비스 이용 비율	신규조사
	권리	정치참여	귀화자, 영주권자 투표 참여율(내국인과의 차이)	체류실태 및 고용조사
		인권·반차별	인종, 문화, 종교적 이유로 괴롭힘을 경험한 비율 폭력, 학대 등에 대한 구제방법에 대한 인지도	체류실태 및 고용조사
	한국사회 기여	납세	세금 납부 경험 비율	신규조사
		법질서 준수	한국 법규범 이해 응답 비율	신규조사

자료: 유민이 외(2021: iv~v).

제5절 사회통합의 단계

한국의 사회통합프로그램은 입국 전 단계와 초기 정착 단계에 중점을 두고 시행되고 있으나, 후기 정착 및 영주 통합 단계에 대한 프로그램은 거의 부재하다. 그러므로 본 내용에서는 한국에서 운영되고 있는 입국 전 사회통합 단계부터 초기 정착 단계까지의 사회통합 사례를 중심으로 살펴보고자 한다.

1. 입국 전 단계의 사회통합

이주민이 수용국가에서 정착할 때 가장 큰 어려움으로 언어 문제와 문화 차이가 꼽히며, 입국 전 사회통합 교육은 이러한 문제를 해결하는 데 도움을 줄 수 있다. 입국 전 교육은 이주민이 수용국가의 언어를 배우고, 효과적인 의사소통과 현지 문화에 대한 이해를 통해 통합을 촉진한다. 또한, 해당 교육은 수용국가의 관습, 규범, 가치를 이해하게 함으로써 보다 원활하고 성공적인 정착을 지원할 수 있다. 더불어, 초기 단계의 교육을 입국 전 사회통합 교육으로 대체함으로써 기존 입국 후 시행되는 사회통합프로그램의 2~5단계 이용자 편중 현상으로 인한 비효율성을 완화할 수 있다는 점도 강조되고 있다(황민철·문병기, 2023). 한국에서 진행되는 부처별 입국 전 사회통합 프로그램을 제시하면 다음과 같다.

〈표 5-5〉 입국 전 사회통합

구분		내용
법무부	국제결혼 안내 프로그램	• 목적: 국제결혼을 준비하는 한국인에게 관련 정부 정책, 국제결혼의 성공·실패 사례 등을 소개하여 국제결혼의 이해도를 높이고 행복한 가정을 형성·유지할 수 있도록 지원 • 대상[3]: 법무부 장관이 고시한 국가*의 국민을 결혼 동거 목적으로 초청하려는 사람은 결혼이민(F-6)사증을 신청할 때 의무 이수사항, 고시한 국가 이외의 국민을 초청하려는 사람은 자율 선택사항임. * 중국, 베트남, 필리핀, 캄보디아, 몽골, 우즈벡, 태국 등 7개 국가 • 교육내용 및 시간: 국제결혼 관련 현지 국가의 제도 및 결혼사증 발급 절차 등 정부정책 소개(4시간) • 교육 장소: 전국 17개 출입국·외국인관서 내 「이민통합지원센터」
문체부, 교육부	한국어 교육	• 목적: 한국어 의사소통 능력 향상을 위한 한국어 교육 지원 • 교육기관: 세종학당(문화체육관광부), 한국교육원(교육부) • 이수혜택: 해외에 있는 세종학당 또는 한국교육원 교육을 이수한 경우, 결혼이민(F-6)사증 신청시 의사소통 능력 요건*으로 인정 * 세종학당(초급, 120시간 이상) 또는 한국교육원(한국어강좌 2단계, 120시간 이상) 교육 이수, 한국어능력시험(TOPIK) 초급 1급 이상

---

3 면제대상: 외국인 배우자의 국가에서 6개월 이상 또는 제3국에서 유학·파견근무 등을 위해 장기사증으로 계속 체류하면서 외국인 배우자와 교제한 경우, 외국인 배우자가 「출입국관리법 시행령」[별표 1의2] 장기체류자격으로 91일 이상 합법 체류하면서 초청인과 교제한 경우, 임신·출산 그 밖에 인도적인 고려가 필요하다고 인정되는 경우(법무부·행정안전부, 2024).

여성가족부	결혼이민자 현지사전 교육	• 목적: 결혼이민예정자 대상 한국생활 기본정보 제공 및 상담을 통해, 결혼이민자의 인권을 보호하고 안정적 조기정착 지원 • 대상지역: 베트남 북부(1개소) 및 남부(2개소), 필리핀, 태국 • 추진방식: 여성가족부가 민간단체에 위탁하여 사업 진행 • 교육시간: 1일(4~8시간) 또는 2일(16시간)
고용노동부	고용허가제 외국인 근로자사전 취업교육	• 목적: 취업능력 배양 및 국내 조기적응 유도 • 대상: 우리나라 사용주와 근로계약을 체결한 근로자 • 방식: 고용허가제 MOU에 근거하여 송출국이 자율적으로 운영 • 교육과정 및 시간: 한국어교육(38시간), 한국문화의 이해(7시간)
해양수산수	선원취업 외국인 근로자	• 대상: 한국선원과 혼승하고자 하는 외국인 선원 • 방식: 자국 교육기관에서 3일 이상(국내체류 예정인 외국인선원으로 최초 승선인 경우 30일 이상) • 교육내용 및 시간: 「선원법」에서 규정하고 있는 교육 외에 선원 업무 수행에 필요한 내용, 안전교육, 한국어 기본회화, 한국의 출입국관계법령 등(3일 이내)

자료: 법무부 · 행정안전부(2024), 「지방자치단체 공무원을 위한 외국인업무 지침서」를 참조하여 연구자가 정리

2. 입국 직후 조기적응 단계의 사회통합

입국 직후 시작되는 이민자의 사회통합은 헌법 가치, 법질서, 체류 절차, 기초 생활정보 등을 제공해 조기 정착을 지원하는 프로그램에 초점이 맞춰진다. 이는 이민자가 초기 거주 단계에서 겪는 법률적·문화적 차이와 정착의 어려움을 해소하고, 부적응으로 인한 갈등을 예방하여 수용국의 장기적인 사회적 비용을 줄이는 데 중요한 역할을 한다(문병기 외, 2013). 입국 직후 초기단계에서 진행되는 사회통합프로그램은 한국에 최초 입국하는 외국인을 대상으로 진행되는 법무부의 조기적응프로그램과 외국인 근로자를 대상으로 고용노동부와 해양수산부의 취업교육으로 구분된다.

법무부의 조기적응프로그램은 「출입국관리법」 시행규칙 제53조5에 근거하여 대한민국에 장기체류하려는 외국인이 입국 초기 단계부터 안정적으로 우리사회에 정착할 수 있도록 해당 외국인의 사용 언어별(18개)로 대한민국의 기초 법·제도, 의료·교통·통신·생활정보 및 체류·국적 관련 법

령, 필수 사회적응 정보 등을 제공하는 사회통합 교육이다. 조기적응프로그램은 국내 체류기간에 따른 참여 제한은 없지만, 교육 효과를 극대화하기 위해 주로 국내 체류기간이 1년 이하인 입국 초기 외국인을 대상으로 운영되고 있다.

〈표 5-6〉 법무부 조기적응프로그램 운영 개요

체류유형			공통과목	특수과목
교육시간			4시간	1시간
참여 대상	의무 대상	외국국적동포	• 생활법률 · 질서 • 범죄예방 교육 • 한국사회 적응정보 • 산업안전 교육(중도입국청소년 제외: 공통과목 이수시간 3시간)	• 사증발급, 외국인등록, 체류기간 연장, 자격변경 절차 및 요건
		외국인연예인		• 인신매매, 성폭력 등 인권침해 관련 대처방법 및 구제절차
	자율 대상	외국인유학생		• 유학생 멘토 성공 경험담, 학교생활 정보
		밀집지역외국인		• 해당없음
		결혼이민자[4]		• 가족 간 상호이해, 성폭력 · 가정폭력 예방 및 신고절차
		중도입국자녀		• 청소년 문화 · 복지 시설안내, 교육제도, 직업교육 및 취업안내(합법체류, 만9세 이상-24미만)
		계절근로자		• 가족 간 상호이해, 성폭력 · 가정폭력 예방 및 신고절차
		외국인근로자		• 근로기준법, 임금체불 등 인권침해 관련 대처방법 및 구제절차
		재정착난민		• 난민처우, 교육 및 위업 지원제도 안내
강사			조기적응프로그램 전문 강사	• 해당분야 전문가(유학생 담당자, 다문화사회 전문가, 인권강사, 교사 등)가

---

4 결혼이민자 출신국에 따라 중국, 베트남, 필리핀, 캄보디아, 몽골, 우즈베키스탄, 태국에 한하여 의무적으로 참여하도록 되어있음(이민정책연구원, 2020)

운영기관	• 조기적응지원단: 제1지원단 이민정책연구원, 제2지원단 한국이민재단 • 조기적응지원센터: 대학, 지방자치단체, 다문화가족지원센터, 비영리법인등 142개 기관(교육유형별 281개, 2024년 기준)*

자료: 법무부, '사회통합정보망 Soci-Net', '조기적응프로그램 소개'를 참고하여 연구자가 정리
* 법무부 보도자료(2024.3.27.), '법무부, 계절근로자 대상 「조기적응프로그램」 본격 시행'

외국인 근로자 대상 취업교육은 한국 노동시장에 안정적으로 적응하도록 돕고, 근로자의 권익 보호와 고용 안정성을 강화하는 데 목적이 있다. 고용노동부(고용허가제(E-9), 특례고용허가 대상자(방문취업 H-2))와 해양수산부(선원취업외국인(E-10))주최로 비자별 산업 특성에 맞춘 교육을 통해 언어, 문화, 노동법, 안전 규정 등을 습득하도록 지원하고 있다.

〈표 5-7〉 외국인 근로자 대상 취업교육

구분		내용	
고용 노동부	고용 허가제 외국인 (E-9)	• 대상: 고용허가제로 입국한 외국인 근로자 • 교육내용: 한국의 직장문화, 「외국인근로자의 고용 등에 관한 법률」, 「근로기준법」, 「출입국관리법」등 관계법령 및 고충상담처리 절차, 성폭력·성매매 예방, 산업안전보건 및 기초기능 등(16시간) • 비용: 고용주 부담 • 교육기관 :	
		외국국적동포	한국산업인력공단
		일반 외국인 제조업(베트남, 몽골, 태국, 라오스, 제외)·서비스업	중소기업중앙회
		제조업(베트남, 몽골, 태국, 라오스)·서비스업	노사발전재단
		농축산업	농협중앙회
		어업	수협중앙회
		건설업	대한건설협회
고용 노동부	특례 고용허가 대상자 (방문 취업H-2)	• 대상: 방문취업(H-2)자격 소지자 중 외국인력정책위원회에서 취업이 허가된 업종에 취업을 희망하는 자 *외국인등록 전에도 취업이수 가능(외국인등록은 입국일로부터 90일이내 신청) • 교육내용 및 시간: 한국어 및 한국문화 이해, 고용허가제, 근로기준법 등 노동관계법령, 기초기능 등 한국 생활 적응을 위해 필요한 사항, 각종 보험 가입 안내(신규 16시간(3일), 재입국 6시간(1일)) • 비용: 근로자 부담, • 교육기관: 한국산업인력공단 운영 취업교육장	

해양수산수	선원취업외국인 (E-10)	• 대상: 한국선원과 혼승하고자 하는 외국인 선원 • 교육내용: 한국어와 한국어시험, 한국문화 이해교육, 기능교육, 산업안전교육, 관계법령교육 등 (3일이내) *선박운항 일정상 불가피한 경우에는 선박소유자 또는 선장 책임하에 선상 교육으로 대체 가능 • 비용: 근로자 부담, • 교육기관: 수협중앙회

자료: 법무부·행정안전부(2024), 「지방자치단체 공무원을 위한 외국인업무 지침서」를 참조하여 연구자가 정리

3. 입국 초기단계와 정착단계의 사회통합

한국 사회는 이민자의 정착과 사회통합을 위해 다양한 부처와 기관에서 정착지원 사업을 운영하고 있다. 법무부와 행정안전부는 재한외국인과 외국인주민을 대상으로 각각 정책을 추진하고 여성가족부는 다문화가족, 고용노동부는 외국인근로자, 교육부는 이주배경학생 대상 고유 기능에 따른 정책을 수행하고 있다. 여성가족부는 지방자치단체에 다문화가족 지원 사무를 위임한 후 각 지방자치단체가 다문화가족지원센터를 설립하여 직접 운영하거나 민간단체를 통하여 위탁 운영하고 있다. 교육부는 이주배경학생 교육지원 계획수립 등 이주배경학생 정책을 수립하고, 교육자치가 이루어지는 16개 지방교육청, 전국의 초·중·고등학교와 다문화교육지원센터 등 전달체계를 통해 이주배경학생 대상 적응지원 정책을 수행하고 있다. 이민자에 대한 사회적 보호 범위와 내용은 매우 상이하며 사회보장 권리 범위의 대부분은 결혼이민자(F-6)에 집중되어 있다(최영일, 2019).

지역사회 정착을 위한 체계적인 사회통합 지원 대상은 〈표 5-8〉과 같이 주로 여성 결혼이민자와 그 가족을 중심으로 제공되고 있으며, 이외 이민자들(유학생, 외국국적동포, 외국인근로자와 가족, 중도입국청소년, 난민 등)은 언어지원과 한국사회문화 및 기초생활 정보제공 수준에 머물러 있다. 특히 각 부처들의 칸막이 정책으로 인한 중복사업 증가와 서비스 대상의 사각지대가

발생하고 있다. 더욱이 각 사업들은 예산 삭감과 민간위탁 증가로 인해 서비스 질 저하와 지속 가능성에 대한 우려가 제기되고 있다.

〈표 5-8〉 부처별 이민자 정착 지원 사업안내

추진 기관		체류자격	추진 사업
법무부	사회통합 프로그램 운영기관 (340개)	H-2, F-1, F-4, F-5	• 대상: 국적, 영주 등 체류자격을 취득하려는 외국인, 국적취득 후 3년 이내인 사람 • 내용: 국내생활에 필요한 한국어와 한국문화 과정, 한국사회이해과정 등에 대한 교육(사회통합 프로그램 이수 시 국적취득 필기·면접시험 면제 등 혜택을 제공(「출입국관리법」 제39조) • 신청: 사회통합정보망(www.socinet.go.kr)
	외국인 종합안내 센터 (1345 콜센터)	모든 체류 자격	• 내용: 출입국.체류 민원상담, 생활편의 안내 및 고충상담, 외국인을 위한 마을 변호사 3자 통역 서비스, 전자민원 신청절차 안내 등 헬프데스크 운영. 영어, 중국어, 러시아어 등 20개 외국어 상담 가능 • 이용: 전화(1345), 전자통신망(www.hikorea.go.kr) 이용 • 운영: 평일 10시~22시
	동포체류 지원센터 (16개소)	H-2, F-4, F-5, F-6, 국적자	• 내용: 동포에 대한 고충 및 취업상담, 사회적응 지원 프로그램 • 이용: 센터별 직접 방문 및 인터넷 신청 등(기관마다 다소 상이함) • 운영: 평일 9시~18시, 주말 등(기관마다 다소 상이함)
고용 노동부	외국인력 상담센터 (안산1개소)	E-9, H-2,	• 내용: 국내 체류 중인 외국인근로자 및 사업주의 고충, 국내생활 및 사업장 적응에 필요한 취업 생활 정보 콜상담 (콜센터), 내방상담 • 이용: 전화상담(1577-0071), 09:00~18:00 상시운영
	외국인 근로자 지역정착 지원사업 (전국9개소)	E-9, H-2,	• 내용: 상담, 교육, 문화프로그램 등 지역 내 정착을 위한 프로그램 • 평일 9시~18시, 주말 등(기관마다 다소 상이함) • 센터별 직접 방문 및 인터넷 신청 등(기관마다 다소 상이함)

고용 노동부	취업교육 (직업훈련 : 한국산업인력 관리공단 취업교육장, 36개소)	H-2	• 대상: 방문취업(H-2) 비자를 받고 입국하여(또는 국내에서 H-2 비자를 받을 경우 포함) 취업활동을 하려는 고용특례 외국인 • 신청: EPS센터(www.eps.go.kr). 취업교육 홈페이지 • 비용: 비합숙(신규) 127,500원, 재입국 75,000원 • 교육시간: 신규 16시간(3일), 재입국 6시간(1일) • 교과과정: 한국어 및 한국문화 이해, 고용허가제, 근로기준법 등 노동관계법령, 기초기능 등 한국생활 적응을 위해 필요한 사항, 각종 보험가입 안내
	고용센터 (고용복지+ 센터 내) 132개	E-9,H-2,	• 내용: 구직활동, 근로계약과 보험가입 등 고용과 관련된 사항을을 총괄 및 지원 • 이용: 고용복지+센터방문(www.workplus.go.kr),
교육부	교육청, 다문화교육 지원센터	다문화가족, 교원, 내국인학부모	• 내용 :다문화가족 자녀와 양육자를 대상으로 다문화교육지원센터, 지역다문화교육지원센터는 17개 시도교육청이 각각 운영하고 있으며, 다문화학생 및 학부모의 공교육 진입과 적응 지원, 학교의 사업 운영에 관한 장학 등의 역할을 진행함. 교원과 학생, 학부모 대상 다문화인식개선 교육 등
여성 가족부	가족센터 (212개소)	다문화가족 (결혼이민자 및 가족 중도입국자녀) / 내국인 가족	• 목적: 다문화가족의 안정적인 정착과 가족생활을 지원하기 위해 가족 및 자녀 교육상담, 통 번역 및 정보제공, 역량강화지원 등 종합적인 서비스를 제공하여 다문화가족의 한국사회 조기적응 및 사회 경제적 자립지원 도모 * 참고: 내국인 가족의 대상 서비스 포함 • 내용: 다문화가족의 정착단계 및 생애주기에 따른 맞춤형 서비스 제공, 다문화가족 대상 통합교육 및 부모교육·사회참여 지원 확대, 다문화가족 자녀의 건강한 성장지원 및 글로벌 인재 육성, 결혼이민자 맞춤형 일자리 참여 확대 등 사회경제적 자립 지원
	이주배경청소년 지원재단 무지개 청소년센터	이주배경 청소년	• 대상: 9세~24세 이주배경청소년(청소년복지지원법 제18조에 따라 다문화가족의 자녀, 중도입국청소년, 탈북청소년) • 내용: 심리정서지원, 교육기관 대상 다문화감수성 증진프로그램 및 인식개선사업. 이주배경청소년지원인력 양성 • 레인보우스쿨(위탁 26개, '23년기준): 한국사회 적응을 위한 교육지원(한국어, 진로교육 등)

여성가족부	다누리콜센터	다문화가족, 결혼이민자등	• 목적 : 다문화가족 및 결혼이민자에게 한국 생활 정보부터 부부 상담, 폭력피해 등 긴급한 구조가 필요할 때 지원까지 원스톱서비스로 제공 • 내용: 한국생활 정보 제공, 전문 법률자문, 3자 통화 통역 및 번역 서비스, 긴급피난처 제공 등 365일 24시간 실시간 지원 • 신청: 1577-1366(전화·내방상담, 긴급피난처, 법률자문 등)
	이주여성 폭력피해 지원기관	폭력피해 이주여성	• 가정폭력, 성폭력, 성매매 피해 이주여성(동반자녀포함)에 대한 일시보호 및 상담, 의료 및 법률 등 지원제공 • 비공개시설로 1577-1366, 경찰서 등 초기 상담을 통해 입소

자료: 정명주 외(2024: 387-392)의 내용을 연구자가 내용에 맞게 재정리 및 일부 수정.

제6절 결론

본 장에서는 국제이주와 사회통합의 개념과 이론적 틀을 바탕으로, 다양한 사회통합 모델과 단계별 접근 방안을 논의하였다. 특히, 사회통합이 단순히 이민자의 적응을 넘어서, 이민자와 기존 주민 간의 상호작용을 통해 공동체 전체의 발전과 포용성을 증진하는 핵심 요소임을 강조하였다. 이를 통해 사회통합은 경제적, 정치적, 사회·문화적 차원에서 지속 가능한 사회를 구축하는 데 필수적인 과제임을 확인할 수 있었다.

국제적으로 이민자의 통합은 다양한 도전과제를 동반한다. 이민자는 새로운 환경에서 언어, 문화, 경제적 적응 등의 어려움을 겪으며, 일부는 사회적 배제와 차별에 직면하기도 한다. 반면, 이민자 통합은 경제 성장과 문화적 다양성 증진이라는 긍정적인 효과를 가져올 수 있으며, 이는 국가와 지역사회가 적절한 정책과 프로그램을 통해 지원할 때 더욱 극대화될 수 있다. 특히, 포괄적인 사회통합 정책은 이민자뿐만 아니라 국민에게도 긍정적인 영향을 미치며, 다문화사회로의 전환 과정에서 나타날 수 있는 갈등을 완화하는 데 중요한 역할을 하게 된다.

한국은 다문화사회로 전환하는 과정에서 초기 정착 지원 프로그램(언어 교육, 문화 적응 등)을 비교적 잘 구축하였으나, 정착 단계에서 나타나는 정책적 한계점이 여전히 존재하고 있다. 특히, 다양한 배경을 지닌 이민자 집단에 대한 맞춤형 정책 부족과 부처 간 협력 미흡은 사회통합의 정책적 성과를 낮추고, 사회 전체의 통합성과 포용성을 저해할 수 있다. 그러므로 이를 해결하기 위해서는 이민자 집단의 특성과 필요에 맞춘 맞춤형 지원체계를 마련하고, 정부 부처 간 연대와 협력을 강화하여 정책 실행의 효과성을 높여야 한다. 또한, 지역사회 중심의 상호작용 프로그램을 확대하고, 초기 진입부터 정착까지 모든 단계를 아우르는 장기적이고 포괄적인 정책 설계가 필요하다. 이를 위해 중앙정부는 지방자치단체가 이민자의 특성에 적합한 사회통합 정책을 개발할 수 있도록 재정적 지원과 정책 가이드라인을 제공해야 한다. 지방자치단체가 창의적이고 효과적인 통합 정책을 설계할 수 있도록 돕는 것이 중요하다. 또한, 부처 간 협력체계를 강화하여 중복 사업과 사각지대를 줄이고, 지역 공무원과 정책 담당자들에게 기술적 지원과 교육을 제공해 실행력을 높일 필요가 있다.

국제이주와 사회통합은 국가와 지역사회의 지속 가능한 발전을 위한 핵심 과제로 자리 잡고 있다. 다양한 이민자 집단에 대한 맞춤형 접근과 부처 간 연대를 통해 모든 구성원이 함께 발전할 수 있는 공동체를 만들어가는 데 힘써야 할 것이다.

참고문헌

김영란. (2013). 다문화사회 한국의 사회통합과 다문화주의 정책. 한국사회, 14(1): 3-30.
김현숙·김옥녀. (2017). 한국인의 배타적 태도에 대한 이주민 반응에 관한 연구 - 결혼이주여성을 중심으로. 다문화사회연구, 10(2): 145-191.
김희석. (2017). 다문화시대의 사회통합에 관한 연구. 박사학위논문. 동국대학교 대학원.
남기범·정노화·이혜경·강정향·박미정. (2021). 이민정책론. 윤성사.
노정옥. (2012). 한국 다문화사회 통합정책의 추진체계에 관한 연구. 동아대학교 박사학위논문.
문병기·황민철·장익현·이은채·이찬희. (2023). 국민과 이민자의 상호문화 이해증진을 위한 프로그램 개발 및 전달체계 연구. 이민정책연구원.
박은정. (2020). 결혼이주여성의 사회통합에 영향을 미치는 요인 연구. 박사학위논문. 숙명여자대학교.
배경임. (2022). 다문화사회 지역사회와 사회통합. 공동체.법무부. (2021). 2020년 이민자 체류실태 및 고용조사 결과.
법무부. 보도자료 2024.03.27. 계절근로자 대상「조기적응프로그램」본격 시행.
법무부. 사회통합정보망 Soci-Net 홈페이지.
법무부·행정안전부. (2024). 지방자치단체 공무원을 위한 외국인업무 지침서.
여성가족부. (2025). 2025년 가족사업안내.
오은주. (2022). 다국적 결혼이주여성의 문화적응과정 연구 - 제주 지역 결혼이주여성을 중심으로. 박사학위논문. 동국대학교 대학원.
유민이·김도원·이창원·박형준·이병하·장봉진. (2021). 이민통합정책 평가지표 개발 및 지수 측정. 이민정책연구원.
윤건·박준. (2019). 사회통합지수에 관한 연구-지표의 구성, 측정 및 검증을 중심으로. 한국정책학회보, 28(3): 1-36.
이성순. (2013). 이주민 사회통합정책에 관한 연구. 사회과학연구, 24(3): 161-185.
이재열·조병희·장덕진·유명순·우명숙·서형준. (2014). 사회통합: 개념과 측정, 국제비교. 한국사회정책, 21(2): 113-149.
이종희. (2023). 독일의 이주민과 사회통합: 우리나라 민주시민교육에의 함의. 한독사회과학논총, 33(1): 132-168.
임은의. (2020). 다문화주의 관점의 한국 사회통합정책의 발달과정에 대한 고찰. 사회복지법제연구, 11(2): 65-92.5.
장우윤. (2025). 이민자 자녀 사회통합정책 효과성 분석 -교육·노동 지원정책을 중심으로.박사학위논문. 연세대학교.
정기선·최서리. (2014). 해외 외국인력 도입정책과 이민자 노동시장 통합정책의 동향과 시사점. 한국노동연구원, 월간노동리뷰, 11월호: 32-47.
정명주·김경환·김규찬·김옥녀·김태환·김희주·문병기·우영옥·이성순·이향수·임동진·장주영·황민철. (2024). 한국이민정책론. 대영문화사.
조경훈·라휘문·유민이·박윤·김화연. (2023). 이민자 사회통합지수를 활용한 정책컨설팅방안 연구. 법무부.

조형규·윤홍식. (2017). 복지체제와 이주민의 사회통합정책 비교연구. 비판사회정책, (57): 77-116.

한국행정연구원. (2018). 2017년 사회통합실태조사.

한준성. (2020). 유럽의 이주민 '시민통합(Civic Integration)' 정책: 내적 긴장성, 제한주의 통치, 그리고 포용적 선회 가능성. 국제정치논총, 60(2): 259-299.

허준영. (2012). 북한이탈주민 사회통합정책 방안 모색: 서독의 갈등관리에 대한 비판적 검토. 통일정책연구, 21(1): 271-300.

황민철·문병기. (2017). 체류외국인 사회통합교육 성과에 대한 실증분석.한국공공관리학보,31(1), 55-85.

Ager & Strang, 2004: Ager & Strang. 2004.Indicators of Integration: final report. Queen Margaret University College, Edinburgh for Home Office Research, Development and Statistics Directorat.

Berry, J. W. (1974). Psychological aspects of cultural pluralism: Unity and identity reconsidered.Topics in culture learning,2, 17-22.

Berry, J. W. (1977). Multiculturalism and ethnic attitudes in Canada.

Berry, J. W.(2005). Acculturation: Living successfully in two cultures. International-Journal of Intercultural relations, 29:697-712.

Chan, J., To, H., and Chan, E. (2006). "Reconsidering Social Cohesion: Developing a Definition and Analytical Framework for Empirical Research". Social Indicators Research. 75: 273-302.

Council of Europe. (1998). Measurement and Indicators of Integraion.

Michael, F.(2009). Immigrant Integration Policy in US Multicultural Society(J. S. Khak,Trans.). Seoul: Korea Academic Information.

OECD. (2011). Perspectives on Global Development 2012: Social Cohesion in a Shifting World.

제6장

사회통합과 이민자 관련 법

우영옥

제1절 서론

국제관계의 변화로 인해 국경을 넘어 이동하는 인구는 오늘날 다반사가 되고 있다. 이는 문화와 자본의 이동뿐만 아니라 지역적, 국가적으로 다양한 사회변화와 발전 및 갈등이 야기되고 있다. 특히, 이동한 인구의 체류는 지역 또는 국가적으로 상호문화적 영향을 받아 새로운 문화 형성 등 다양성과 독창성이 두드러지고 있다. 더불어 지역적 특성과 체류 유형에 따라 국민과 이민자[1] 간 상호 안전한 공존과 사회통합을 위한 새로운 규범이 필요하게 된다. 이러한 규범은 국가와 국가 간 국경관리로 인해 국민과 외국인을 구별할 수 있으며 주권과 인권에 관한 이해가 요구된다.

오늘날을 이주의 시대라고, 전 세계를 하나의 지구촌으로 일컫고 있다. 이는 교통의 발달로 이동이 수월하며, 통신의 발달로 다양한 정보를 통해 낮은 소요 비용과 방법의 간소화 등으로 국제이주가 가능한 인구의 규모 또한 커지고 다양화되고 있다. 국제이주의 유형에는 노동이민, 교육이민, 결혼이민, 경제이민, 기술이민(디지털노마드 포함), 난민 등으로 나타나고 있

---

[1] 본 장의 이민자 개념에 대해 다음과 같이 정의한다. 이민자란 "국경을 넘어 대한민국으로 이주하여 이주목적에 적합한 체류자격을 소지하고 지역의 다양한 분야에서 활동하고 있는 모든 외국인(동포, 결혼이민자 포함) 및 그들의 자녀로서 91일 이상 장기 체류자"를 의미한다.

으며, 외국인의 출입국과 체류 관리 그리고, 지역민과 주권 행사 대상인 이민자의 권리에 관한 관심은 다학제간 연구의 쟁점이 되고 있다.

또한, 다양한 체류 유형으로 집중 거주지가 형성되고 있는 지역별 정책의 방향과 제도의 시행을 위해서는 이민자에 관한 법의 구조를 이해하여야 한다. 이와 더불어 국가기본법과 개별법에서 인정하고 있는 이민자의 법적 지위와 기본권을 토대로 인간의 존엄성과 행복을 추구할 수 있도록 사회환경을 조성하여야 한다.

국민과 이민자의 긍정적인 공존을 위한 사회환경과 이민법의 이해는 세계 각국에서 국제이주하는 외국인과 국민 간 상호 인정과 포용을 바탕으로 갈등을 최소화할 수 있으며, 긍정적이고 발전적인 관계 형성을 통해 지역뿐만 아니라 국가 전체 사회통합을 이루는 데 중요한 요소가 될 것이다.

본 장에서는 이민법의 구조를 살펴봄으로써 주권과 인권의 기본적인 이해를 바탕으로 이민자의 법적 지위와 기본권에 대해 법이 어떠한 태도인지 이론적으로 설명하고자 한다. 더불어 이민자에 관해 직접적인 관련성이 있는 국가기본법과 국제규약 및 개별법률, 그리고, 관습법, 판례법, 지방자치법(조례) 등을 살펴봄으로써 국민과 이민자 간 사회통합을 위한 이민법의 방향성을 제시하고자 한다.

제2절 이민법의 구조: 주권과 인권

1. 초국가 시대 국민과 외국인

국제사회는 사람과 자본의 이동에 있어 교통과 통신의 발달로 인해 국가 간 탈경계 현상이 두드러지는 초국가화가 형성되어 국경에 대한 큰 의미를 잃어가고 있다. 이러한 현상은 전 세계에 긍정적 또는 부정적 영향을 미치고 있다. 과거에는 국가별로 국내 체류 질서유지와 국민으로 스며드는 정책을 위한 법의 해석과 적용에 방점을 두었다면 오늘날에는 국민과 외국인의 상호관계 속에서 갈등 최소화를 위한 사회통합에 초점을 둔 법 해석과 적용을 하고 있다.

한국은 1980년대 이후 경제발전과 국제관계의 변화에 따라 국가의 안전과 국민의 보호뿐만 아니라 급속히 증가하는 외국인의 국경관리를 위해 『출입국관리법』을 근거로 다양한 이민자 즉, 외국인근로자, 외국국적동포, 유학생, 난민, 결혼이민자 등 이민의 목적과 활동에 따라 개별법이 제정·시행되고 있다.

급변하는 국제사회로 인한 이민자의 급증은 교육과 산업영역에서 지역으로 유입됨에 따라 다양한 정책을 수립하고 시의적절하게 추진하는 데 있어 이민자에 관한 법률은 더욱 중요해지고 있다. 이에 『헌법』은 국가 존립에 필요한 국민, 영토, 주권 등 세 가지 요소를 중요하게 여기며, 이 중 국민과 주권의 대상이 되는 외국인은 과연 누구인지를 규정해 준다.

다양한 이민법의 모법인 『헌법』과 이민자의 출입국 및 체류를 관장하고 있는 『출입국관리법』, 대한민국 국적을 부여하는 『국적법』의 조문은 다음과 같이 국민과 외국인에 대해 설명하고 있다. 『헌법』 제2조 제1항에 의하면 "대한민국의 국민이 되는 요건은 법률로 정한다." 이를 근거로 『국적법』은 크게 출생, 인지, 귀화를 국민이 되는 요건으로 정하고 있다. 이에 『출입국관리법』은 외국인에 대해 "대한민국의 국적을 가지지 아니한 사람(제2조)"으로 명시함으로써 국민과 명확하게 규정하고 있다.

따라서 외국인은 대한민국으로 유입되어 다양한 체류자격을 부여받고 지역의 구성원이자 생활인구로 거주하는 이민자라고 할 수 있다. 국민과 이민자 간 공존을 위한 사회통합을 이룰 수 있는 환경을 조성하려면, 초국가 시대에 탄력적으로 적용할 수 있는 이민법에 관해『헌법』의 전문과 조문의 내용을 이해하여야 한다. 이 부분의 구체적인 내용은 제4절에서 설명하기로 한다.

2. 국경관리에 따른 주권과 인권

국경관리란 국가의 안보와 질서유지를 위해 국가영토에 대한 주권적 행위로 국가 간 군사적, 안보적, 경제적 측면의 법적관리를 의미하며(우영옥, 2024:187), 자국의 경제·산업·인력정책을 보호할 수 있는 기능뿐만 아니라 초국적 불법행위자들의 영토진입을 초기에 선별 및 차단하는 안보적 측면이 더 강하다고 볼 수 있다.

국경관리는 교통과 통신의 발달은 영토적 국가 영역을 넘어 초국가적 활동자가 증가하는데 즉 개인, 집단, 기업, 조직 등 비국가적 행위자로 인한 취업, 교육, 망명 등 경제적, 정치적, 종교적, 문화적 국제이주가 형성된다. 이렇듯 외국인이 국경을 넘는 국제이주 상황에 따른 국가와 자국민의 안전과 보호를 바탕으로 국익과 사회통합 측면의 쟁점도 포함된다고 할 수 있다.

국경관리로 인해 발생하는 주권과 인권에 대해서는『출입국관리법』으로 설명될 수 있다.『출입국관리법』은 영토에 대한 주권 행사와 국제법규에 관한 의무이행으로서의 성격을 가지는 데『헌법』을 근거로 제정된 개별법은 체류 상황과 유형에 따라 국제규범에 의한 지위를 인정하고 있다. 초국가 시대 초국적 외국인 즉, 이민자는 단기와 장기로 체류 유형을 구분할 수 있으며, 요건을 갖춘 체류 유형은 권리와 의무가 다르게 적용되고 있으므로 국내 법의 해석과 법적용은 초국가 시대에 적합하게 활용되어야 할 것이다(박진완, 2008:9-10; 우영옥, 2024:29).

따라서 국경관리로 인하여 각각 다른 유형으로 국내에 유입된 이민자는 취업, 교육, 결혼, 유학 등등 상황에 적합한 인권적 측면을 고려하여야 하며, 한국 사회구성원으로서 지역 주민과의 관계에 있어 국민의 주권뿐만 아니라 외국인의 인권에 관한 쟁점은 지속적인 관심과 논의의 대상이 되고 있다.

제3절 이민자의 법적 지위와 기본권

1. 이민자의 법적 지위

대한민국은 이민자에 관한 법적 지위를 『헌법』 제6조 제1항에 명시하고 있다. 즉, "헌법에 따라 체결·공포된 조약과 일반적으로 승인된 국제법규는 국내법과 같은 효력을 가진다;" 이로써 모든 외국인은 다양한 국가로부터 국경을 넘어 입국하게 되면 대한민국의 법적 범위 내에서 지위를 가지게 된다. 또한, 『헌법』 제6조 제2항은 "외국인은 국제법과 조약이 정하는 바에 의하여 그 지위가 보장된다."라고 명시되어 있는데 이는 국제법과 조약에 따라 법적으로 지위가 보장된다.

『헌법』 제6조 제1항의 내용을 살펴보면, 국제법과 조약에 대해 존중의 의미를 내포하고 있지만 국제법과 조약이 국내법을 우선하는 것은 아니므로 이민자의 법적 지위에 관한 판단에 있어 재판규범이 될 수 있다(신우철, 2003:88). 이에 현재 이민자의 법적 지위는 입국 전부터 부여받은 체류자격에 따른 활동으로 지역민과 이민자 간 사회통합을 위한 법적 지위에 관해 구체적인 지위 범주가 인적 자원 측면에서 명시되어야 한다는 논의가 필요하다(우영옥, 2024:29).

더불어 『헌법』 제6조 제2항은 국가 상호주의에 따른 국제적 인권 기준을 보편적 표준화가 되어 있으므로 이민자의 법의 적용과 법적 지위에 관한 균형 있는 해석이 필요하다(황근수, 2009:210; 최윤철, 2017:46-47; 우영옥, 2024:29).

2. 이민자의 기본권

국민의 기본권은 『헌법』 제2장(국민의 권리와 의무)에 '국민'이 가질 수 있는 당연한 권리로 규정하고 있다. 그러나 이민자에 관해서는 국가가 부여한 체류자격에 명시된 요건 및 활동 범위 내에서의 권리가 규정되어 있다. 이에 '인간 본연의 권리' 범위 내에서 그와 관계없이 개별적인 주체성을 가짐으로써 이민자의 기본권을 인정하여야 한다는 의견이 있다(정종섭, 2014:324; 성낙인, 2015:341, 915; 최윤철, 2017:48; 한수웅, 2015:388; 우영옥, 2024:30).[2]

이민자에 대한 기본적 권리인정은 '인간의 보편적 권리'에 부합될 수 있도록 '인간의 존엄과 행복추구권', '평등권', '사회권', '정치권', '청구권' 등을 구체적으로 살펴보기로 한다.

1) 인간의 존엄과 행복추구권

『헌법』 제10조에 의하면 "모든 국민은 인간으로서 존엄과 가치를 가지며, 행복을 추구할 권리를 가진다." 또한 "국가는 개인이 가지는 불가침의 기본적 인권을 확인하고 이를 보장할 의무를 진다."라고 명시하고 있다. 이철우 외(2017:50)는 해당 조문에 관해 이민자도 포함되는 내용이며, 헌법재판소에서도 모든 인간에게 해당하는 가치를 인정하고 있다고 보았다. 이는 인

---

[2] 이민자에 관한 기본권 관련 헌법 판례는 [헌재 2001.11.29. 99헌마494: 평등원칙을 근거로 한 관련 규정], [헌재 2007.8.30. 2004헌마670: 자유권적 기본권보장과 밀접한 관련을 가지는 사회권], [헌재 2011.9.29. 2007헌마1083: 외국인근로자의 고용 등에 관한 법률 제25조 제4항], [헌재 2012.8.23. 2008헌마430: 긴급보호 및 보호명령 집행행위 등], [헌재 2014.8.28. 2013헌마359: 의료법 제27조 등] 참조.

간이라면 누구나 모두에게 보장되는 권리이며, 인간의 존엄과 행복을 추구하기 위한 인권적 측면의 자유권에 관한 것이다(한수웅, 2015:390; 우영옥, 2024:30).

여기서 말하는 자유권은 '인간의 존엄과 행복추구권'을 바탕으로 한 '교육권', 생명권, '재산권', '신체의 자유', '문화예술 등 표현의 자유' 등은 실정법에서 살펴볼 수 있으며, 이중 지역에 거주하는 이민자의 생활과 가장 관련성이 깊다고 볼 수 있는 '신체의 자유', '거주이전의 자유', '직업선택의 자유' 등에 관해 알아본다.

첫째, '신체의 자유'의 경우 『출입국관리법』에 의하여 부여된 국내 체류자격에 따라 체류 기간 내에 적합한 활동을 한 후 출국하도록 규정되어 있다. 이 법에서 이민자의 신체의 자유를 구속하게 될 경우는 즉, 의도적으로 이에 응하지 않은 불법체류자가 되었거나, 사정[3]에 따라 응할 수 없게 된 미등록외국인[4]에 대한 긴급보호 및 보호명령과 '인신보호' 및 난민인정을 신청한 이민자의 공항 내 송환대기실 구제청구권 등 판례에서 찾아볼 수 있다.[5] 이러한 판례는 이민자의 신체의 자유에 있어 관련 법률이 적법절차에 위반되거나 그렇지 않다는 반대의견이 있으나 무엇보다 대한민국 영토 내에 있는 이민자 역시 주체성을 가질 수 있다는 결정적 의미를 내포하고 있다.[6]

둘째, '거주이전의 자유'는 이민자는 대한민국으로의 입국을 허가받고

---

3 사정이라 하는 것은 임금체불로 인한 소송단계, 질병치료, 산업재해 등 사건 사고로 인해 바로 출국할 수 없게 된 상태를 의미함.
4 미등록외국인이란 용어는 인권적 측면을 고려한 순화된 용어로서 법적 용어는 불법체류자이며, 부처별 달리 사용하고 있음.
5 [헌재 2012.8.23. 2008헌마430(긴급보호 및 보호명령 집행행위 등 위헌 확인 사건, 기각)], [헌재 2014.8.28. 2012헌마686(인신보호법 제2조 제1항 위헌 확인, 기각)], [인천지방법원 2014.4.30. 2014인라4] 참조.
6 최윤철(2017), 이민법 "외국인의 법적 지위", pp. 50-52; 우영옥(2024), pp. 31-32.

체류자격을 부여받아서 입국하며, 단기 체류(90일 이하) 또는 장기체류(91일 이상)를 할 수 있다. 특히, 91일 이상 체류하는 장기 체류 이민자의 경우 반드시 외국인등록을 통해 '외국인등록증'을 발급받아야 하며, 체류지를 이동·변경할 경우 전입신고를 필수적으로 하여야 한다. 이에 대해 거주이전의 자유가 인정되지 않는다고 보는 관점도 있는데, 국민도 국내에서 거주지를 이동하게 되면 전입신고를 하도록 되어 있다. 이처럼 누구든지 거주국에 머물게 되면 자신의 거주하는 지역에 신고함으로써 다양한 지원과 보호 및 의무로 연계된다고 볼 수 있다. 그럼에도 이민자에게 국경을 넘도록 체류자격을 부여하고 그에 따른 체류 기간에 적법하고 안전한 활동을 한 것은 순환 귀국을 원칙으로 하되, 불법적 체류에 관해서는 엄격하게 제한하는 것을 볼 수 있다.[7]

셋째, '직업선택의 자유'는 인간의 존엄 및 행복추구권과 밀접한 관련성이 있는 기본권에 해당한다. 그러나 이민자에 대해서는 제한적으로 인정되고 있으며, 이는 변화하는 경제적환경과 노동시장을 고려한 제도적 측면이라고 할 수 있다. 이에 따라 이민자는 노동력을 합법적으로 제공할 수 있는 체류자격을 부여받아 산업별, 지역별 취업 활동을 할 수 있으며, 노동조합설립은 가능하지만 정치적 목적의 집회·결사의 자유는 원칙적으로 인정되지 않고 있다.[8]

2) 평등권

국제법에서는 각 국가에서의 평등한 권리가 차별 없이 평등한 권리와 의

---

7 [헌재 2008.6.26. 2007헌마1366(여권의 사용제한 등에 관한 고시 위헌확인)], [헌재 2014.6.26. 2011헌마502(국적법 제10조 제1항 등 위헌확인)] 참조.
8 [헌재 2011.9.29. 2007헌마1083(외국인근로자의 고용 등에 관한 법률 제25조 제4항 위헌확인 등, 기각)], [헌재 2014.4.28. 2013헌마359(의료법 제27조 등 위헌확인)] 참조.

무에 대한 권리라고 명시한다. 우리나라의 『헌법』 제11조는 '모든 국민은 법 앞에 평등하다. 누구든지 성별·종교 또는 사회적 신분에 의하여 정치적·경제적·사회적·문화적 생활의 모든 영역에 있어서 차별을 받지 아니한다(제1항).'라고 규정한다. 이처럼 법적 대상이 국민에 한정되어 있어 이민자와의 차별적 금지 조항을 두고 있지만 국적에 대한 구체적인 표현은 찾아보기 어렵다. 다만, 이민자의 노동력제공에 관해서는 『외국인근로자의 고용 등에 관한 법률』에 의하여 정책적으로 추진되고 있으며, 국민과 동일한 『근로기준법』을 적용받고 있다. 그러므로 국민인 노동자의 우선 고용 규정에 대해 이민자의 직업 선택에 있어 차별 또는 평등권을 침해했다고 볼 수 없다는 판례도 있다.[9]

이는 국가의 경제적 상황과 국가자격제도 및 인력정책에 따라 이민자에게 기본권의 주체성을 인정하지 않는다고 볼 수 있으나, 이민자라는 이유로 발생하는 임금과 승진 체계, 근무 환경 등에서의 차별과 불평등은 평등권에 위반되므로 헌법소원을 통해 다툴 여지가 있다(우영옥, 2024:34-35).

3) 사회권

사회적 권리라는 것은 국내에서 생활하는 데 필요한 사회보장 정책을 요구할 수 있는 권리를 의미한다. 즉, 건강하게 생활할 권리(헌법 제10조), 교육받을 권리(헌법 제31조), 노동을 제공하거나(헌법 제32조), 단결할 권리(헌법 제33조) 등이다. 사회권을 실현하기 위해서는 자국 내에서 의무와 권리를 행사하는 국민이 그 주체가 되며, 주체가 되는 국민을 대상으로 국가가 사회적 기본권에 관하여 적극적인 실천 의지를 통해 가능하다. 이때 사회공동체의 구성원 개개인이 어느 정도의 부담을 전제하고 있다(전광석,

---

9   [헌재 2014.8.28. 2013헌마359(의료법 제27조 등 위헌확인)] 참조.

2010:114).

오늘날 이민자가 체류국의 사회공동체 내에서의 사회권에 관한 주체성은 일부 인정되고 있지만 다양한 영역에서 제한적임을 볼 수 있다. 예를 들면, 귀화자의 경우 대한민국 국민으로서 국적을 취득하였으므로 당연히 사회권의 주체가 될 수 있다. 반면에 영주권자와 91일 이상 지역의 장기 체류 이민자의 경우 참정권 등에서 제한적 사회권의 주체가 되거나 전혀 주체가 되지 못하고 있다. 그렇지만 이들은 해당 지역의 구성원으로서 역할과 기능 및 사회적 의무를 일부 부담하고 있기에 인간의 존엄성을 바탕으로 인간다운 삶에 직접적으로 영향을 받으므로 이민자도 국제법 규범에 따라 사회권의 주체가 될 수 있다.[10]

4) 정치권

정치적 권리라는 것은 투표할 수 있는 권리 또는 공직을 수행할 수 있는 권리로서 정부의 정책 수립과 집행에 직·간접적으로 참여할 수 있는 권한을 의미하며, 선거권(투표할 권리), 피선거권(선거에서 선출될 권리) 및 공무담임권(정부 기관에서 특정 기능을 수행할 권리), 병역 참여 등 국민주권의 원리에 의해 국민에게 유보되는 기본권을 말한다. 이러한 정치적 권리는 국민에게 인정되며, 이민자에게는 하위 법률 또는 국제법규에 의하여 위임되고 있다. 예를 들면 『출입국관리법』 제17조 제2항에서는 "대한민국에 체류하는 외국인은 이 법 또는 다른 법률에서 정하는 경우를 제외하고는 정치활동을 해서는 안된다.", 『정당법』 제22조 제2항은 "대한민국 국민이 아닌 자는 당원이 될 수 없다."라고 규정하고 있다.

---

10 최윤철(2017), 이민법 "외국인의 법적 지위", p.55; 한수웅 「헌법학」, p.391: [헌재 2001.11.29. 99헌마494 등]; [헌재 2011.9.29.2007헌마1083] 참조.

반면에 이민자에 대한 정치권은 『공직선거법』제15조 제2항 제3호에 의하면 『출입국관리법』제10조에 따라 영주 자격(F-5)을 취득한 후 3년 지난 외국인으로서 『출입국관리법』제34조에 따라 해당 지방자치단체의 외국인 등록 대장에 있는 외국인은 해당 지방자치단체의 장 및 의회 의원에 대한 선거권을 부여하고 있다. 또한, 국가안보 및 국익에 관련된 보안·기밀 분야를 제외하고는 각 기관에서 국가공무원 또는 지방공무원에 임용될 수 있으나, 복수국적자의 경우 외교 및 국가 간 이해관계와 관련된 정책 수립 및 집행 등의 영역에서는 임용이 제한될 수 있다.[11]

5) 청구권

청구권이란 특정한 대상에 대하여 일정한 행위를 요구할 수 있는 권리로서 어떠한 권리나 의무가 발생하였거나 변경, 소멸 또는 내용, 범위 등 실체적인 권리를 실현하기 위한 권리를 의미하며, 반드시 보장되어야 하는 권리이다. 이는 법률적 관계를 규정하기 위하여 적법절차에 따른 각종 기본권, 재판받을 권리, 변호사의 조력을 받을 권리, 청원권 등 『헌법』, 『민법』, 『형법』, 『상법』 등을 통해 이민자에게도 구체적이고 실체적인 내용이 인정되고 있다.[12]

난민의 경우는 『난민법』에 의하여 난민의 지위를 인정받은 자는 난민협약에 따라 청구권에 해당하는 변호사의 조력을 받을 권리(난민법, 제12조), 통역을 요청할 수 있는 권리(난민법 제14조), 면접조사의 열람과 복사의 권리(난민법 제16조) 등 법이 정하는 지위에 따른 처우와 그에 근거하는 권리를 행사할 수 있다.

---

11 『국가공무원법』제26조의3 제1항 각호, 『지방공무원법』제25조의2 제2항 각호 참조.
12 최윤철(2015), 이민법 "외국인의 법적 지위", p. 57; 한수웅 『헌법학』, p.387; [헌재 2012.8.23. 2008헌마430(긴급보호 및 보호명령 집행행위 등 위헌확인, 기각)] 참조.

제4절 이민자 관련 법원

이민자 관련 법원으로는 대한민국 『헌법』을 모법으로 하여 개별법률이 제정되어 있으며, 성문법[13]과 불문법[14]으로 구분될 수 있다. 이는 외국인에 대해 국내로 이주하기 전부터(입국 전) 입국 시점(체류 시점), 입국 후 활동(다양한 유형으로 체류하는 시점) 및 순환 이주(귀국) 또는 귀화(대한민국 국적 취득)에 이르기까지 대상별, 체류자격별 관련 법률에 따라 적용하고 있다. 이때 국제조약과 법규를 고려한 다양한 정책이 시행되고 있다. 본 절에서는 외국인과 밀접한 『헌법』 조문을 바탕으로 국제조약과 법규 및 이민자의 특성, 지위, 자격요건에 따른 법률을 알아본다. 이와 더불어 관습법과 판례법, 지방자치법(조례) 등 이민자와의 사회통합을 모색하기 위한 기본적인 관련 법률을 살펴보기로 한다.

1. 대한민국 헌법

1) 헌법 전문과 제6조

『헌법』은 대한민국 최고의 법규로서 모든 법의 체계적 기초가 된다. 『헌법』은 이민(이민자)에 관한 직접적인 근거 규정을 두고 있지는 않다. 그러나 헌법 전문(前文)을 살펴보면, 인본주의 사상을 바탕으로 이민자에 관한 기

---

13 성문법(成文法)이란 '글자로 기록된 법원을 의미한다.' 예를 들면, 『헌법』, 『출입국관리법』, 『국적법』, 『재한외국인 처우법』, 『국제법』, 『국제조약』, 『외국인고용법』, 『재외동포법』 등이 있다. 국가 주권과 외국인 간의 권리와 의무관계 및 국민과의 법적지위를 명확하게 할 필요가 있어 이주민에 대해서는 성문법을 원칙적으로 적용한다.
14 불문법(不文法)이란 '글자로 기록되지 않은 법원을 의미한다.' 예를 들면, 『관습법』과 『판례법』을 들 수 있다. 대한민국은 성문법을 원칙으로 하되 성문법원이 없는 경우 보충적으로 불문법이 적용된다(홍정선, 2011:13).

본권보장뿐만 아니라 세계평화와 인류 공영을 표방하는 사회통합적 내용을 담고 있다고 볼 수 있다.

[전문(前文)]

"유구한 역사와 전통에 빛나는 우리 대한국민은 3.1운동으로 건립된 대한민국 임시정부의 법통과 불의에 항거한 4·19민주이념을 계승하고, 조국의 민주개혁과 평화적 통일의 사명에 입각하여 정의·인도와 동포애로써 민족의 단결을 공고히 하고, 모든 사회적 폐습과 불의를 타파하며, 자율과 조화를 바탕으로 자유민주적 기본질서를 더욱 확고히 하여 정치·경제·사회·문화의 모든 영역에 있어서 각인의 기회를 균등히 하고, 능력을 최고도로 발휘하게 하며, 자유와 권리에 따르는 책임과 의무를 완수하게 하여 안으로는 국민생활의 균등한 향상을 기하고 밖으로는 항구적인 세계평화와 인류공영에 이바지함으로써 우리들과 우리들의 자손의 안전과 자유와 행복을 영원히 확보할 것을 다짐하면서 1948년 7월 12일 제정되고 8차에 걸쳐 개정된 헌법을 이제 국회의 의결을 거쳐 국민투표에 의하여 개정한다."

이민자에 관한 법적 효력에 관해 『헌법』 제6조 제1항은 "헌법에 의하여 체결·공포된 조약과 일반적으로 승인된 국제법규는 국내법과 같은 효력을 가진다."라고 명시하며, "외국인은 국제법과 조약이 정하는 바에 의하여 그 지위가 보장된다(동법, 제2항)."라고 규정하고 있다. 또한 외국인 즉, 이민자가 대한민국의 국민이 되고자 할 경우 시민권(국적)을 취득할 수 있도록 『헌법』 제2조 제1항에서 "대한민국의 국민이 되는 요건은 법으로 정한다."라고 규정하고 있다.

이에 따라 헌법의 가치와 지향점을 바탕으로 『국적법』을 제정하여 대한민국의 국민이 되기 위한 국적 취득에 관한 요건, 지위, 절차 등을 규정하고 있으며, 이민자(외국인)의 법적 지위에 관해 특별한 법률적 지위를 명시하고 있다. 이와 더불어 대한민국으로 입국 전 부여받은 체류자격 유형에 따라 지역사회에서 자신의 삶을 영위할 수 있도록 근로를 할 수 있는 권리(헌법, 제32조), 혼인의 자유와 가족의 보호(헌법, 제36조) 등 인간의 삶에 있어 기본적인 권리와 지켜야 할 규범을 나타내고 있다.

2) 국제이주 시점에 따른 헌법 조문

(1) 입국 시점

외국인의 입국 시점이란 외국인이 입국하기 전 외국인은 입국 전 대한민국에서 체류하면서 어떠한 활동을 할 것인지 목적을 분명히 하여 그에 적합한 체류자격을 부여받아 합법적 절차에 따라 대한민국으로 입국하는 시점을 의미한다. 이는 국가적 측면에서 국경관리에 초점이 맞추어지며, 외국인이 대한민국에서 체류하는 동안 활동할 수 있는 법적 지위를 부여받는다고 볼 수 있다. 이러한 법적 주체성과 지위는 『헌법』 제6조에 명시되어 있으며, 외국인은 국제규범과 조약이 정하는 바에 의해 국민과 다른 헌법적 지위를 가졌다는 것으로 알 수 있다.

예를 들면, 대한민국으로 입국이 허가되지 않은 외국인이 공항에 장기간 머무르는 사례로 대법원은 인신보호법상 한정된 공간에 장기간 머무르도록 강제하는 것은 법률상 근거가 없다고 판시한 경우이다. 이는 모든 인간에게 주체성이 인정되며 신체의 자유에 대한 기본권을 인정한 판례이다.[15]

이와는 달리 외국인이 대한민국 국민과 결혼은 하였으나 입국하지 않고 결혼이민(F-6) 사증 발급을 요구하자 사증 발급을 거부한 사례가 있다.

---

15 대법원 2014.8.25. 자 2014인마5 결정(인신보호해제결정에 대한 재항고) 판례 참고.

이 경우는 국민의 배우자 체류자격인 결혼이민(F-6)은 사실상의 혼인 관계에 있는 자를 의미하며 출생한 자녀 양육 및 부모로서 법무부장관이 인정한 사람에게 부여되는 체류자격임에도 불구하고 국내에 거주하지 않는 것, 가족에 대한 부양의무 즉, 부양 능력의 결여 등을 이유로 모두 거부한 결정례이다.[16] 이는 사증 발급 신청인이 대한민국과의 실질적 관련성, 상호주의 원칙 등으로 고려하더라도 사증 발급의 법적 성격 및 입국목적에 부합되지 않는다고 판시한 경우로 국경관리뿐만 아니라 이민자의 결혼관에 대한 명확성을 제시한 판례라고 볼 수 있다.

(2) 입국 후 체류 시점

입국 후 체류 시점이란 이민자가 대한민국으로 입국할 때 목적과 활동 유형에 따라 단기 또는 장기 체류자격을 부여받고 해당 영역, 지역에서 활동하는 시기를 의미한다. 이 시기는 『헌법』 제6조에 의거 하거나, 국가별 상호주의 원칙에 따라 이민자의 법적 지위를 보장하며, 체류 유형에 적합한 이민자와 관련성이 깊은 법률[17]이 적용되고 있지만 『헌법』에서 명시하는 기본권에 있어 이민자에 대해 제한적이기도 한다. 예를 들면, 언론·출판·집회·결사 등의 자유권과 영주 자격을 취득하였을 때 지방선거에 참여할 수 있는 참정권(지방자치단체의 장, 의회의장) 및 기본권침해를 받았을 경우 보장을 요구하는 청구권에 있어서 일부 인정되고 있다(이종혁, 2014:523; 한태희, 2019:28; 우영옥, 2024:71).[18]

---

16 대법원 2018.5.15. 선고 2014두42506 판결(사증발급거부처분취소) 판례 참고.
17 『출입국관리법』, 『재한외국인처우기본법』, 『외국인근로자의 고용 등에 관한 법률』, 『다문화가족법』, 『재외동포법』, 『근로기준법』 등 사안에 따라 국내 모든 법률이 적용된다.
18 헌재 전원재판부 2001.11.29. 99헌마494 결정(재외동포의 출입국과 법적지위에 관한 법률 제2조 제2호 위헌확인) 판례 참고.

또한, 외국인근로자들의 고용형태에 따라 『근로기준법』을 준용하여 노동권을 보장받으며, 결혼이민자, 유학생, 투자이민자, 외국국적동포 등 이민자의 체류 유형에 따라 체류 시 발생하는 다양한 상황에 대해 관련 법률이 적용되고 있다. 반면에 자신이 부여받은 체류자격과 다른 활동을 하거나, 법을 지키지 못하였을 경우는 그에 준하는 벌칙과 과태료 및 강제퇴거의 대상이 되기도 한다.

2. 국제법규·국제조약

국제법규 또는 국제조약은 국제법 질서를 존중하는 원칙을 채택하고 있으며, 국제사회에서 그 규범성이 승인된 것이다. 국경관리와 밀접한 관련성이 있는 이민자에 대해 국가별 이민법 적용에 차이가 있으므로 다국가 간 통일성과 적합한 법규를 협의하여 정하기도 한다(김동희, 2010:45; 우영옥, 2024:50). 세계인권선언을 토대로 우리나라에 비준되어 1978년에 공포된 『모든 형태의 인종차별 철폐에 관한 국제협약(International Convention on the Elimination of All Forms of Racial Discrimination)(1965)』과 1990년에 비준 공포된 『시민적 및 정치적 권리에 관한 국제규약(International Covenant on Civil and Political Rights)』과 『경제적·사회적·문화적 권리에 관한 국제규약(International Covenant on Economic, Social and Cultural Rights)(1966년)』은 다국가 간 법적 구속력과 보편적 인권에 관해 포괄적 내용을 담고 있다. 그러나 산업인력으로 활용되고 있는 노동이민자에 관한 『이주노동자권리협약』과 체류 기간을 초과한 미등록체류자와 난민들로부터 태어난 자녀 등에 관한 『무국적자의 감소에 관한 협약』 등은 가입되어 있지 않으며, 이 외에 특정 집단 및 관련 사안에 관한 국제법규와 조약은 〈표 6-1〉과 같다.

〈표 6-1〉 국내 체류 이민자에 관한 국제법규 및 국제조약

명칭	번호	형태	제정일 발효일	당사국 (개국)
아동의 권리에 관한 협약	제1072호	다자조약	1991.12.20 1991.12.23	193
헤이그 국제아동탈취협약 이행에 관한 법률 (약칭, 헤이그아동탈취법)	제11529호	법률	2012.12.11 2013.3.1	-
모든 형태의 인종차별 철폐에 관한 국제협약 (약칭, 인종차별철폐협약)	제667호	다자조약	1979.1.4 1979.1.6	144
난민의 지위에 관한 협약	제1166호	다자조약	1992.12.3 1993.3.3	126
무국적자의 지위에 관한 협약	제100호	다자조약	1962.9.8 1962.11.20	-
무국적의 감소에 관한 협약	미가입		1961.8.30 1975.12.13	17
여성에 대한 모든 형태의 차별철폐에 관한 협약 선택의정서 (약칭, 여성차별철폐협약)	제1828호	다자조약	1983.5.26 2000.12.22	130
고문 및 그 밖의 잔혹한, 비인도적인 또는 굴욕적인 대우나 처벌의 방지에 관한 협약 (약칭, 고문방지협약)	제1272호	다자조약	1987.6.26 1995.2.8	86
국제연합 초국가적 조직범죄 방지협약을 보충하는 육상, 해상 및 항공을 통한 이주자의 불법이민 방지를 위한 의정서	제2260호	국제연합 (UN)	2015.11.25 2015.12.5	-
고용 및 직업상의 차별에 관한 협약 (ILO협약 제111호)	제1499호	다자조약	1960.6.15 1999.12.20	-
모든 이주노동자 및 그 가족의 권리에 관한 국제협약 (약칭, 이주노동자권리협약)	미가입		1990.12.18 2003.7.1	20
대한민국 정부와 인도공화국 정부간의 사증절차 간소화에 관한 협정	제2088호	인도	2012.3.25 2012.3.25	-

자료: 국가법령정보센터(www.law.go.kr). '조약'(검색일: 2025.3.30.)

3. 법률

법률이란 국회의 입법 절차에 따라 정부 또는 국회가 법안 발의를 통해

제정하거나 개정되는 법을 의미한다. 제정 또는 개정된 다양한 법률들은 국민과 이민자에게 직접적인 영향을 미치고 있다. 특히 이민자의 출입국에 있어서 입국 불허, 추방 또는 체류 유형에 따른 외국인등록, 외국인의 고용, 국적 취득 등의 내용을 담고 있는 법률은 이민법으로서 사회통합을 위한 법원 중에서 가장 중요하다. 이와 관련하여 이민자와 관련성이 깊은 법률에 관해 이민자의 특성, 이민자의 지위, 분야별 자격요건에 따라 달리 적용하는 법률에 대해 알아보기로 한다.

1) 이민자 특성에 따른 법률

외국인의 출입국 즉, 이민자가 국내로 이주하고자 하는 심리적 동기부여 시점부터 실행에 옮기게 되는 단계에 가장 중요하게 적용되는 법률로는 『출입국관리법』이다. 입국 당시 부여받은 체류 유형 또는 장기체류 및 자신의 특이한 상황을 바탕으로 귀화 또는 국적을 취득할 때는 『국적법』과 『재한외국인 처우 기본법(약칭, 외국인처우법)』이 적용된다. 이 외에도 국내·외 동포(외국국적동포 포함)의 국내 활동 및 국적 취득, 회복 등 법적 지위에 관한 법률은 『재외동포의 출입국과 법적 지위에 관한 법률(약칭, 재외동포법)』이 적용된다. 더불어 국민과의 결혼 즉, 국제결혼을 통해 형성된 다양한 문화를 가진 가족을 지원하기 위한 법률은 『다문화가족지원법』, 외국인의 국내 고용 및 취업 활동에 관한 법률은 『외국인근로자의 고용 등에 관한 법률(약칭, 외국인고용법)』, 외국인 국적국의 특별한 환경, 즉, 전쟁, 재해, 정치적 상황 등에 따라 이주한 난민의 보호와 지원에 관한 법률인 『난민법』 등이 있다.

2) 이민자 지위에 따른 법률

이민자의 지위에 따른 법률에는 대한민국의 국적을 기준으로 설명될 수 있다. 이는 대한민국 국민이 될 수 있는 요건과 권리행사에 관한 것이며,

국민이 될 수 있는 국적 취득 전 단계부터 국민과 결혼한 경우를 포함할 수 있다. 또한, 과거 대한민국의 독립을 위해 활동한 독립운동가 및 국가유공자와 그의 자녀뿐만 아니라 외국국적을 가진 동포 및 대한민국 국민이 되고자 하는 외국인 모두 적용의 대상이기도 하다. 더불어 이민자의 지위 즉, 대한민국 국적을 취득하기 전 단계인 영주 자격을 취득한 이민자의 경우 지방자치단체의 임기제 공무직 진출뿐만 아니라 지방선거에 참여할 수 있는 참정권에 관해 적용될 수 있는 법률 등을 들 수 있다.

이민자가 대한민국 국민이 될 수 있는 요건에 따라 적용되는 『국적법』과 『국가유공자 등 예우 및 지원에 관한 법률』, 『독립유공자예우에 관한 법률』 등이 있으며, 국민과의 결혼을 통해 건전한 국제결혼의 풍토를 조성하고자 결혼에 관해 관리·감독을 위한 법률인 『결혼중개업의 관리에 관한 법률(약칭, 결혼중개업법)』과 국제결혼으로 인해 형성된 가족 즉, 다문화가족에 관한 지원 및 보호 등은 『다문화가족지원법』과 『건강가정기본법(제34조의2)』에 따라 적용되고 있다. 또한, 이민자의 참정권에 관해서는 『국가공무원법(제26조의3)』, 『지방공무원법(제25조의2)』, 『지방자치법(제15조 제1항)』, 『공직선거법(제15조 제2항)』 등을 들 수 있다.

3) 이민자의 자격요건에 따른 법률

이민자의 자격요건은 입국하기 전 대한민국 내에서 어떠한 활동을 할 것인가. 체류 목적을 분명히 함으로써 체류자격이 부여되므로 이와 직접적으로 관련된 법률은 『출입국관리법』이다. 이 법에 따르면 체류 유형과 활동 범위에 따라 단기·장기체류로 분류할 수 있으며, 개별 상황 및 직종에 따라 구분한다. 국내 입국을 위해 부여받은 체류자격은 해당 외국인의 활동 범주와 내용을 규정하고 있으며, 1회 체류 기간에 대해 상한제를 두고 있다. 이러한 이민자의 체류자격과 활동 범위는 〈표 6-2〉와 같이 계열별로 분류할 수 있다.

⟨표 6-2⟩ 이민자의 자격요건에 따른 활동 범위와 체류 기간

체류자격	해당사람 또는 활동 범위	체류기간
A 계열: 외교, 공무, 국가간 협정에 따라 체류하는 사람		
A-1(외교)	대한민국 정부가 접수한 외국 정부의 외교사절단 또는 영사기관의 구성원, 조약 또는 국제관행에 따라 외교사절과 동등한 특권과 면제를 받은 자와 그 가족	재임기간
A-2(공무)	대한민국 정부가 승인한 외국 정부 또는 국제기구의 공무 수행자와 그 가족	공무수행기간
A-3(협정)	SOFA, Fulbright협정에 의하여 외국인등록이 면제되거나 이를 면제할 필요가 있다고 인정되는 자와 그 가족 - 활동 범위: 한국에서 강의·연구, 원어민 영어보조교사(ETA), 국제교육행정가 연수 등 지원	신분존속기간 협정상 체류기간
B 계열: 사증면제협정, 상호주의 등에 따라 입국이 허용된 사람		
B-1(사증면제)	대한민국과 사증면제협정을 체결한 국가의 국민으로 협정상의 체류 활동	3개월 이내 (연장 불가)
B-2(관광통과)	관광통과 등의 목적으로 사증 없이 입국하는 사람(법무부 장관이 그 대상을 정함)	
C 계열: 90일 이내 일시 체류목적으로 입국하는 사람		
C-1(일시취재)	일시적인 취재 또는 보도활동을 하는 사람	90일 이내 (연장 불가)
C-3(단기방문)	관광, 상용, 방문 등의 목적으로 단기간 체류하는 사람	
C-4(단기취업)	단기간 취업·영리활동을 하는 사람 활동 범위: 광고, 패션모델, 강의, 연구, 기술지도 등	
D 계열: 교육, 문화, 투자 관련 활동을 위해 체류하는 사람		
D-1(문화예술)	수익을 목적으로 하지 않는 학술, 문화·예술활동을 하는 사람 대한민국의 고유문화, 예술에 관한 전문연구 또는 전문가의 지도를 받으려는 사람 포함	2년 (연장 가능)
D-2(유학)	전문대학 이상의 교육기관 및 학술연구기관 등에서 정규 교육을 받거나 특정의 연구를 하고자 하는 사람 세부 약호: D21(전문학사과정 유학), D22(학사), D23(석사), D24(박사), D25(연구), D26(교환학생), D27(일·학습연계), D28(단기유학)	
D-3(기술연수)	국내 산업체에서 연수를 받으려는 해외 법인 생산직 근로자	
D-4(일반연수)	대학부설 어학원, 사설 교육기관 등에서 연수를 받는 사람	
D-5(취재)	국내에 주재하면서 취재 또는 보도활동을 하는 사람	
D-6(종교)	외국의 종교단체 등에서 파견되어 종교 활동을 하는 사람	
D-7(주재)	외국의 공공기관, 단체 또는 기업 등으로부터 국내 지점 등에 파견된 필수 인력	3년 (연장 가능)
D-8(기업투자)	「외국인투자촉진법」에 따른 외투기업의 필수전문인력 및 벤처기업·기술창업자	5년 (연장 가능)

D-9(무역경영)	회사설립 및 경영, 무역 또는 수입기계 등의 설치·산업설비 제작 등을 위해 파견되어 근무하는 사람	2년 (연장 가능)	
D-10(구직)	취업을 위한 구직활동, 기술창업 준비 또는 요건을 갖춘 기업에서 첨단기술 분야 인턴활동을 하는 사람	6개월 (첨단기술인턴: 1년) (연장 가능)	

E 계열: 전문분야, 비전문분야 취업 활동을 위해 체류하는 사람

E-1(교수)	전문대학 이상의 교육기관 등에서 교육 등에 근무하는 사람	5년	
E-2(회화)	외국어전문학원 등에서 회화지도에 근무하는 사람	2년	
E-3(연구)	자연과학 또는 산업상 고도기술 분야의 연구원		연장 가능
E-4(기술지도)	산업상 특수한 분야 등에 속하는 기술을 보유한 사람	5년	
E-5(전문직업)	법률, 회계, 의료 등 전문분야에 근무하는 사람		
E-6(예술흥행)	수익을 목적으로 예술활동, 연예, 운동경기 등 활동을 하는 사람	2년	
E-7(특정활동)	특정분야에서 전문, 준전문, 일반기능, 숙련기능인력으로 근무하는 사람	3년	
E-8(계절근로)	농작물 재배·수확 및 원시 가공 분야, 수산물 원시 가공 분야에서 취업 활동을 하려는 사람	8월	연장 불가
E-9(비전문취업)	「외국인근로자의 고용 등에 관한 법률」에 따라 16개 송출국가 국민으로서 제조업, 농축산업, 어업, 건설업, 서비스업 등 단순노무분야에서 근무하는 사람		연장 가능
E-10(선원취업)	선원근로계약을 체결하여 내항선원 등으로 근무하는 사람	3년	
H-2(방문취업)	18세 이상 7개 국적의 동포(중국, 우즈베키스탄, 키르기스스탄, 카자흐스탄, 우크라이나, 타지키스탄, 투르크메니스탄)로서 모국 방문 또는 46개 업종에 취업하려는 사람		

F 계열: 가족동반, 거주, 동포, 영주, 결혼이민 자격으로 체류하는 사람

F-1(방문동거)	친척방문, 가족 동거 등의 목적으로 체류하는 사람	2년 (취업 불가)
F-2(거주)	생활근거가 국내에 있는 장기체류자, 난민인정자 또는 일정 요건을 갖춘 투자자	5년 (취업 일부 제한)
F-3(동반)	문화예술(D-1)부터 특정활동(E-7) 자격까지의 배우자 또는 미성년자녀	동반기간 (취업 불가)
F-4(재외동포)	「재외동포법」 제2조제2호에 해당하는 외국국적동포	3년 (단순 노무 불가)
F-5(영주)	국내 영주할 목적으로 체류중인 사람으로 국민에 준하는 대우를 받음	영구 (취업제한 없음)
F-6(결혼)	대한민국 국민과 혼인한 사람	3년 (취업제한 없음)

기타: 협정에 의한 취업, 인도적 사유로 체류하는 사람

H-1(관광취업)	관광취업(working holiday) 협정 등이 체결된 국가의 국민	협정상 기간 (연장 불가)
G-1(기타)	산재, 질병·사고 치료, 임신·출산, 난민신청자 등 인도적 고려가 필요한 사람	1년 (연장가능)

자료: 법무부 출입국외국인정책본부, '사증발급 안내 매뉴얼(2024)'

이민자의 국내 체류 자격요건에 적용되는 법률 이외에도 이민자의 활동 영역에서 필요하거나 상황에 적용될 수 있는 일반적인 개별법도 찾아볼 수 있다. 예를 들면, 기업유치 및 투자와 관련해서는『외국인투자 촉진법(약칭, 외국인투자법)』과『벤처기업육성에 관한 특별조치법(제9조 제1항)』,『자본시장과 금융투자업에 관한 법률(제9조 제16항)』이 있으며, 교육을 목적으로 국제이주를 한 경우『고등교육법』등이 적용된다. 또한, 이민자의 국내 활동에 관한 자격요건과 지원뿐만 아니라 가족 등등 개개인에 관해『외국인근로자의 고용 등에 관한 법률(약칭, 외국인고용법)』과『선원법』및『파견근로자 보호 등에 관한 법률』,『근로기준법』,『고용보험법』,『세법』,『모자보건법』,『민법』등등의 법률이 국민과 이민자 모두에게 적용되고 있다.

4. 관습법과 판례법

1) 관습법

『관습법』은 일정한 사실 또는 관행이 오랜 시간 동안 반복되어 국민 또는 외국인들이 법으로써 인식되거나 법의 효력에 대한 확신을 기초로 행정영역에서 규범화된 것을 의미한다(홍정선, 2023:19; 우영옥, 2024:61). 관습법의 효력은 성문법에 명시된 것이 없는 경우 보충적 효력만 인정하거나 성문법의 탄력적 효력의 보충성을 가진다(문현철, 2020:30; 우영옥, 2024:61).[19] 이민자에 관한 관습법의 사례는 찾아보기 쉽지 않지만, 다음과 같은 내용은 국제적 관습법에 해당한다(차용호, 2015:27-28).

① 국민은 자신의 국적국으로 귀국할 수 있는 절대적 권리를 가지며 강제

---

19 대법원 1983.6.14. 선고 80다3231 판결(분묘이장) 판례 참조.

퇴거를 금지하고 있다.

② 국가 고유의 주권행위인 외국인에 대한 사증 발급 행위는 국내 문제 불간섭의 원칙이 적용된다.

③ 국가의 영토적 주권행위로부터 나오는 외국인의 입국 금지 권한은 바람직하지 않은 외국인의 입국을 금지할 수 있다.

④ 외국인에 대한 출입국심사는 신분확인 및 국내 체류 상황 등 사실을 확인하기 위한 것이다.

⑤ 한 사람의 외국인은 한 가지 종류의 체류자격 부여가 원칙이다.

⑥ 외국인이 다른 국가에 입국하기 위해서는 입국허가를 받아야 하며, 장기 체류를 위해서는 별도의 허가를 받아야 한다.

⑦ 외국인이 체류하는 국가의 국민이 되는 요건·신분 또는 자격을 취득하는 이민의 문제는 국가의 전속적 국내 관할권 또는 국내 문제에 해당하고, 개인이 특정한 국가의 국적을 취득할 수 있는 권리 또는 국적을 변경하거나 다른 국적을 추가하여 취득할 권리는 인정되지 않는다.

⑧ 외국인이 다른 국가로 귀화할 때 그 국가는 귀화자의 명단을 그 외국인의 과거 국적국에 통보할 의무가 없다.

⑨ 난민인정자와 인도적체류자 및 난민신청자는 본인의 의사에 반하여 박해 받을 위험이 있는 국가로 강제 송환되지 않는다.

국제관습법은 국가 간 규범적 해석에 있어 국가 내의 상황과 인식의 차이가 있어 대립과 한계로 나타날 수 있다.

2) 판례법

판례란 '유사한 사건이 동일한 취지의 판결 또는 원칙이 오랜 시간 동안 계속되어 국민 또는 외국인이 이와 같은 판결 또는 법적 원칙에 대한 확신을 가질 때 적용되는 판결을 의미한다.' 일반적으로 법원의 재판 결과는 '판결'이라고 하며, 헌법재판소의 재판 결과는 '결정'이라고 하는데 이 과정에서 누적되어 성립한 판결을 판례라고 한다(차용호, 2015:14). 『판례법』은 어떠한 소송사건에 관하여 과거에 판결한 전례가 법원으로 인정되는 경우 판례의 형태로 존재하는 법을 의미한다(문현철, 2020:30; 우영옥, 2024:61). 우리나라의 경우 이민자의 출입국, 체류, 국적 취득, 고용, 사회권, 경제권, 정치권 등 인간의 존엄성에 따른 인권적 측면에 관한 판례는 일반적으로 법원의 성격에는 부합되고 있지 않지만, 유사한 내용의 판례가 반복된다면 『판례법』으로 성립될 가능성이 있다(우영옥, 2024:62).

5. 지방자치법(조례)

『지방자치법』은 지방자치단체의 종류와 조직 및 운영, 주민의 지방자치행정 참여에 관한 사항과 국가와 지방자치단체 사이의 기본적인 관계를 정함으로써 지방자치행정을 민주적이고 능률적으로 수행하고, 지방을 균형있게 발전시키며, 대한민국을 민주적으로 발전시키려는 걸 목적하고 있다(제1조). 지방자치단체는 '특별시', '광역시', '특별자치시', '도', '특별자치도'와 '시, 군, 구로 구분할 수 있다(법, 제2조, 제1항). 지방자치단체의 구역에 주소를 가진 자는 그 지방자치단체의 주민이 된다(법, 제16조). 『지방자치법』의 대상은 즉, 지역에 거주하는 국민뿐만 아니라 이민자 즉, 결혼이민자(다문화가족), 외국인근로자, 유학생, 외국국적동포 등등 외국인을 포함한다(김환학, 2016:176).

조례제정은 다양한 분야의 전문가가 참여하는 위원회가 구성되며, 이때, 국민뿐만 아니라 이민자 관련 단체와 지역에 거주하는 이민자 등이 참여한다. 지역의 주민은 소속 지방자치단체의 재산과 공공시설을 이용할 권리와 균등한 행정의 혜택을 받을 권리 및 해당 지방자치단체에서 실시하는 지방선거(의회 의원과 지방자치단체의 장 선출)에 참여할 권리를 가진다(법 제17조). 참정권 즉, 지방선거에 참여할 수 있는 이민자의 자격은 영주권자에 한한다. 『지방자치법』을 근거로 제정된 조례는 교육과 생활복지지원 및 지역민과의 사회통합 정책에 중점을 두고 있으며, 지역산업 발전을 도모하고 인구 유입을 위해 투자유치, 정착지원을 위한 다양한 서비스 지원체계를 담고 있다. 외국인 분포 특성에 적합한 지역별, 산업별 정책 수립과 집행을 위해 〈표 6-3〉과 같이 제정·시행하고 있다.

〈표 6-3〉 이민자 관련 자치조례(예)

지역	내용	제정호 / 시행일
경기도 가평군	• **명칭**: 가평군 거주외국인 지원 조례 • **목적**: 가평군에 거주하는 외국인들의 지역사회 적응과 생활편익 향상을 도모하고 자립생활에 필요한 행정적 지원방안을 마련함으로써 지역사회의 일원으로 정착할 수 있도록 하는 것임 • **구성**: 제1장~제3장, 총18조, 부칙	제2676호 2018.4.11
강원특별자치도 강릉시	• **명칭**: 강릉시 외국인주민 및 다문화가족 지원조례 • **목적**: 강릉시에 거주하는 외국인주민 및 다문화가족의 안정적인 가정생활 영위 및 자립생활에 필요한 행정적 지원방안을 마련함으로써 이들이 지역사회의 일원으로 정착할 수 있도록 하는 것임 • **구성**: 제1장~제2장, 총25조, 부칙	제1599호 2023.4.12
인천광역시 강화군	• **명칭**: 강화군 외국인투자 촉진 조례 • **목적**: 「외국인투자 촉진법」및 같은 법 시행령에서 위임된 사항과 외국인투자기업의 지원에 관한 사항을 규정하여 강화군 관내에 외국인투자유치를 촉진하는 것임 • **구성**: 제1장~제4장 총19조, 부칙	제2085호 2012.6.7

자료: 국가법령정보센터(www.law.go.kr); 우영옥(2024: 60).

제5절 결론: 사회통합을 위한 이민법의 방향

사회통합은 국민과 이민자의 공존과 상호 긍정적인 성장을 위한 지역적, 국가적 의제이다. 세계는 교통과 통신의 발달로 국가 간 거리감이 매우 가깝게 여겨지며, 문화적 교류가 증가하면서 각 국가의 문화와 생활이 혼합되어 생활문화의 다양성과 보편성이 확대되고 있으며, 그야말로 지구촌을 이루고 있다.

우리가 말하는 법은 국제이주를 통해 유입되고 있는 이민자와 국민과의 사회통합에 있어 어떠한 역할을 하는가. 우선 한 국가의 법은 국가의 존립과 국가경영을 위해 형성되고, 적용하며, 적법하게 시행되어 국가의 권위를 지키며 국민의 안정적인 지위와 보호를 위한 역할을 한다(이상영·김도균, 2022:379-380). 그렇다면 이민자 관련 법은 국경을 넘어 국가 간 빈번한 교류와 인구의 이동으로 인해 국가 간 또는 개인에 관한 새로운 법이 형성되고 해당 법효력이 발생하여 국가별 또는 국가 간 그 법의 적용이 상호관계 속에서 이루어지고 있음을 알 수 있다(우영옥, 2024:10).

법규범과 특정한 규약이 형성되는 것은 세계가 지구촌으로 급격하게 변화하는 환경 속에서 인구의 이동이 초국가화로 진행되고 있기 때문이다. 즉, 이민자의 교육, 취업, 영주, 국적 취득, 디지털노마드 등 초국가적 영역에서 정책을 수립하고 시행되고 있다. 이민자의 초국가적 이동으로 인해 발생하는 현상을 포괄적 이민법을 제정하거나 각 국가는 세계 속의 전 지구적 상호작용을 통해 국가별 맞춤형 사회통합을 위한 법적 환경이 조성되어 간다(이상영·김도균, 2022:388; 우영옥, 2024:11).

이렇듯 초국가적 이주환경에 부합될 수 있도록 이민자에 관한 법률은 『헌법』을 바탕으로 적용될 수 있는 각 개별법에 있어 인종적 편견이나 국가적 이기심 및 종교적 차별을 배제하고, 개인이 국가와 민족을 초월함으로써 인류 전체의 인간 존엄성과 복지를 증진하고자 하는 세계주의를 펼칠 수 있어야 한다. 더불어 이민자 자신 또한 지역민과의 관계 즉 사회통합을 위해 정치적, 교육적, 문화적 최고 이념인 인간을 널리 이롭게 하는 홍익인간(弘益人間)이라는 건국이념과 지역민으로서, 체류 국가의 사회구성원으로서 국민과 상호 평등하게 사랑하고 함께 생활하며 살아가는 사해동포주의(四海同胞主義)를 인식할 수 있도록 법적 제도적 뒷받침이 되어야 할 것이다.

무엇보다 사회통합을 위한 이민법은 변화하는 국제이주환경 즉, 이민자의 체류자격과 체류 형태에 따라 적법하게 탄력적으로 적용될 수 있도록 중앙과 지방자치단체 간 법체계의 연계성도 매우 중요하다고 볼 수 있다. 이러한 법체계는 국민과 이민자와의 관계 속에서 지역적 특성에 적합한 법과 국가 전체의 인간 존중과 안전한 보호 및 생활 영위를 위한 근본적이고 포괄적인 사회통합을 이루기 위한 필수 요소라고 할 수 있다.

따라서, 이민법은 다양한 국적과 문화를 가진 이민자의 국제이주로 인한 갈등의 최소화뿐만 아니라 사회통합을 이룰 수 있는 인류의 보편적 권리 보호를 지향해야 한다. 또한, 이민법은 개인에서 지역으로, 지역에서 국가로, 국가에서 국가 간 확대되어 갈 수밖에 없는 초국가적 환경과 다변화하는 체류 상황에 대응할 수 있는 유연성을 담고 있어야 한다. 이를 위해 국민과 이민자 간 긍정적이고 발전적인 공존과 성장을 위하여 인간중심의 법이 될 수 있도록 지속적인 연구를 바탕으로 '이민기본법' 제정이 필요하다.

참고문헌

김동희. (2010). 『행정법Ⅰ』 제20판, 박영사.
문현철. (2020). 『행정법』, 박영사.
법무부 출입국·외국인정책본부. (2024). 『사증발급 안내매뉴얼』.
우영옥·석동현·김도균·김도균. (2022). 『저출산 초고령사회 한국이민정책론』, 박영사.
우영옥. (2024). 「이민법제론」, 박영사.
우영옥·정명주·김태환·문병기·임동진·김옥녀 외 7인. (2024). 『한국이민정책론』,

대영문화사.
이상영·김도균. (2022). 『법철학』, 한국방송통신대학교출판문화원.
이철우·이희정·곽민희·김환학·최윤철 외 5인. (2017). 『이민법』 제1판, 박영사.
정종섭. (2014). 『헌법학원론』, 박영사.
차용호. (2015). 『한국이민법』, 법문사.
한수웅. (2015). 『헌법학』, 법문사.
한태희. (2019). 『표로 정리한 이민법제론 강의노트』, 하우.
홍정선. (2011). 『신행정법입문』, 박영사.
홍정선. (2023). 『행정법 원론(상)』 제31판, 박영사.
황근수. (2009). 『여성과 법』, 한국학술정보.
김환학. (2016). '이민법체계의 형성과 문제점', 행정법연구, 44, pp.159-189.
박진완. (2008). '세계화, 국민주권 그리고 헌법-국제법의 헌법화', 헌법학연구, 14(3), pp.1-35.
신우철. (2003). '양심적 집총거부권: 헌법이론적 쟁점과 대안', 카톨릭대학보. 94, pp.87-91.
이종혁. (2014). '외국인의 법적 지위에 관한 헌법조항의 연원과 의의', 서울대학교법학 55(1), pp.522-523.
전광석. (2010). '다문화사회와 사회적 기본권', 헌법학연구 16(2), pp.105-146.

[판례]
헌재 2001.11.29. 99헌마494
헌재 2007.8.30. 2004헌마670
헌재 2008.6.26. 2007헌마1366
헌재 2011.9.29. 2007헌마1083
헌재 2012.8.23. 2008헌마430
헌재 2014.6.26. 2011헌마502
헌재 2014.8.28. 2013헌마359
헌재 2014.8.28. 2012헌마686
대법원 1983.6.14. 선고 80다3231
대법원 2014.8.25. 자 2014인마5
대법원 2018.5.15. 선고 2014두42506
인천지방법원 2014.4.30. 2014인라4

국가법령정보센터 www.law.go.kr
법무부 출입국외국인정책본부 www.immigration.go.kr

제7장 국제이주와 사회통합: 한국

박미정

제1절 서론

1. 한국의 국제이주 현황

한국은 오랫동안 노동력을 해외로 송출하는 국가였으나, 1980년대 후반 이후 노동력을 유입하는 국가로 전환되었다. 초기의 국제이주는 경제적 기회를 찾아 해외로 떠나는 형태가 중심을 이루었으나, 이후 외국인 근로자, 결혼이민자, 유학생, 재외동포 등 다양한 형태의 국제이주가 확대되면서 한국 사회의 다문화화(Multiculturalization)가 가속화되었다(강동관, 2021).

한국의 국제이주는 20세기 초반 하와이로의 노동이주를 시초로 본격화되었다. 1903년 1월 13일, 첫 번째 한국인 이주자들이 갤릭(Gaelic)호를 타고 하와이에 도착하였다. 이들은 주로 사탕수수 농장에서 노동자로 일하기 위해 이주한 사람들이었다. 이후 1905년까지 약 7,226명의 한국인이 하와이로 건너갔으며, 이는 한국 역사에서 최초의 대규모 해외 노동이주 사례로 기록된다. 당시 조선은 정치적 혼란과 경제적 어려움에 처해 있었으며, 많은 사람들이 보다 나은 경제적 기회를 찾아 해외로 이주하였다. 그러나 하와이에서의 노동환경은 매우 열악하였으며, 하루 10시간 이상 고된 노동을 해야 했고, 임금 또한 낮아 생계를 유지하기조차 어려운 수준이었다.

이에 따라 일부 노동자들은 계약이 끝난 후 하와이를 떠나 미국 본토로 이동하거나 새로운 정착지를 찾아 나섰다. 이 과정에서 초기 한인 공동체가 형성되었으며, 한국인의 해외 이주 역사의 중요한 전환점이 되었다.

1960~70년대에는 한국 정부가 해외 노동이주를 체계적으로 추진하면서, 독일과 중동 지역으로의 노동이주가 활발해졌다. 1963년 한국 정부는 독일과 공식 협정을 체결하고 광부와 간호사를 파견하였다. 이에 따라 약 8,000명의 광부와 10,000명의 간호사가 독일로 떠났으며, 이들은 독일 경제 발전에 기여하는 동시에 한국 경제에도 중요한 외화 수입원이 되었다. 이후 1970년대 중반부터 중동 지역에서 대규모 건설 프로젝트가 진행되면서 한국인 노동자들의 파견이 급격히 증가하였다. 초기에는 수천 명 수준이었던 파견 노동자 수는 1970년대 후반으로 갈수록 꾸준히 증가했으며, 1978년에는 중동에 파견된 한국인 노동자 수가 약 10만 명에 달한 것으로 보고되고 있다(한국학중앙연구원, 2017).

1980년대 후반 이후 한국은 노동 송출국에서 노동 수용국으로 전환되었다. 급격한 경제 성장과 산업 구조의 변화로 인해 제조업, 건설업, 농업 등 노동집약적 산업에서 인력 부족 현상이 심화되었으며, 이를 해결하기 위해 외국인 근로자의 유입이 본격화되었다. 1991년 산업연수생제도가 도입되면서 외국인 근로자들이 합법적으로 한국에서 일할 수 있는 기회가 확대되었으나, 낮은 임금과 열악한 근로 환경으로 인해 불법 체류자가 급증하는 부작용이 발생하였다. 이를 해결하기 위해 2004년부터 고용허가제가 도입되었으며, 외국인 근로자들의 권리를 보장하는 보다 체계적인 노동정책이 시행되었다(고용노동부, 2024). 현재 외국인 근로자들은 제조업, 농업, 어업 등 다양한 분야에서 한국 경제의 중요한 노동력 공급원으로 자리 잡고 있다.

외국인 근로자의 유입뿐만 아니라 국제결혼, 유학생 증가, 재외동포의 귀환 등 다양한 형태의 국제이주가 확대되고 있다. 1990년대 후반부터 농촌 지역을 중심으로 국제결혼이 급증하면서 결혼이민자의 유입이 본격화되었으며, 특히 베트남, 중국, 태국 등에서 온 여성들이 한국 남성과 결혼하여 가정을 이루면서 다문화가정이 빠르게 증가하였다. 또한, 한국의 대학들이 외국인 유학생 유치를 적극적으로 추진하면서 현재 약 26만 명의 외국인 유학생이 한국에 거주하고 있으며, 이는 한국 사회의 국제화를 촉진하는 요인이 되고 있다. 더불어, 재외동포들의 귀환도 증가하는 추세로, 경제활동이나 정착을 목적으로 귀국하는 사례가 늘어나고 있다.

2024년 기준, 한국에는 약 265만 명의 외국인이 거주하고 있으며, 이는 전체 인구의 약 5.2%에 해당한다. 주요 출신 국가는 중국(약 96만 명), 베트남(약 30만 명), 태국(약 19만 명)이며, 이들은 주로 고용, 학업, 결혼 등의 이유로 한국에 체류하고 있다. 저출산·고령화 문제로 인해 외국인 근로자와 이민자에 대한 의존도는 더욱 높아질 것으로 예상되며, 2040년에는 외국인이 전체 인구의 약 7%를 차지할 것으로 전망된다(통계청, 2025). 이에 따라 정부는 비자 규제 완화, 고숙련 인력 유치, 사회통합 프로그램 확대 등의 정책을 추진하며, 다문화사회로의 전환에 대비하고 있다.

2. 연구의 범위와 접근방법

오늘날 한국 사회는 국제이주의 증가로 빠르게 다문화사회로 변화하고 있으며, 이에 대응하기 위한 다양한 사회통합정책이 시행되고 있다. 한국의 사회통합정책은 법무부, 여성가족부, 교육부, 고용노동부 등 여러 부처를 중심으로 추진되며, 이민자에 대한 법·제도적 지원, 경제적 자립, 교육 및 사회적 통합, 노동권 보호 등의 영역에서 운영되고 있다. 본 장에서는 한국 사회통합정책의 발전 과정과 전달체계를 분석하고, 정책적 과제를 논의하고자 한다.

본 장은 다섯 개의 절로 구성된다. 제1절에서는 한국의 국제이주 현황을 분석하고, 사회통합정책의 필요성을 논의한다. 한국은 노동 송출국에서 이민 수용국으로 전환되었으며, 외국인 근로자, 결혼이민자, 유학생 등의 증가로 사회통합정책이 필수적이다.

제2절에서는 사회통합정책의 개념과 목표를 정리하고, 법무부, 여성가족부, 교육부, 고용노동부의 주요 정책을 개관한다. 외국인정책 기본계획, 다문화가족정책 기본계획, 이주배경청소년 교육정책, 외국인 근로자 사회통합정책을 중심으로 각 부처의 정책 방향을 살펴본다.

제3절에서는 사회통합정책의 전달체계를 분석한다. 법무부의 이민자사회통합센터, 여성가족부의 가족센터(前 다문화가족지원센터), 교육부의 중앙다문화교육센터, 고용노동부의 외국인력지원센터 등 주요 기관의 역할과 운영 방식을 검토한다. 이를 통해 이민자 지원 정책의 실효성과 한계를 파악한다.

제4절에서는 사회통합정책의 주요 한계와 개선 방안을 논의한다. 부처 간 협력 부족, 정책 연계성 미흡, 노동권 보호 미비, 의료 및 복지 서비스 접근성 문제 등 주요 과제를 제시하고, 개선 방안을 모색한다.

제5절에서는 한국 사회통합정책의 지속 가능한 발전 방향을 제언한다. 이를 통해 포용적이고 체계적인 사회통합 정책 수립을 위한 전략을 제시한다.

본 장은 문헌 연구를 기반으로 정부 보고서, 학술 연구 자료, 정책 문서를 참고하여 한국 사회통합정책의 발전 과정과 운영 실태를 분석한다. 또한, 주요 정부 부처의 공식 정책 자료를 활용하여 정책 구조와 실행 방식을 평가하고, 사회통합정책의 효과와 한계를 검토한다. 이를 통해 한국 사회가 다문화사회로서 보다 체계적인 사회통합정책을 수립하고 운영할 수 있는 방안을 제안하는 것을 목표로 한다.

제2절 한국의 사회통합정책 개관

1. 사회통합정책의 개념과 목표

1) 사회통합정책의 개념

사회통합정책은 다문화사회에서 이민자가 단순히 사회적 소수자로 남는 것이 아니라, 이민자와 국민이 서로 조화를 이루며 공존할 수 있도록 정부가 지원하는 정책을 의미한다(강동관, 2021). 이는 이민자의 한국 사회 적응을 돕는 동시에, 사회 구성원 전체가 다양성을 존중하고 수용할 수 있도록 체계적인 지원을 제공하는 것을 목표로 한다.

한국은 오랜 기간 동안 단일민족 국가로 인식되었으나, 경제 성장과 국제이주의 증가로 인해 다문화사회로 빠르게 변화하고 있다. 2024년 기준, 국내 체류 외국인은 약 265만 명에 달하며, 이는 전체 인구의 약 5.2%를 차지한다. 외국인 근로자, 결혼이민자, 유학생, 재외동포, 난민 등의 유입이 증가하면서 한국 사회는 점차 다양한 문화적 배경을 가진 사회 구성원들이 공존하는 사회로 변화하고 있다.

이러한 변화 속에서 사회통합정책은 단순히 이민자에게 한국 사회에 적응할 것을 요구하는 것이 아니라, 이민자와 국민이 상호 존중하며 조화로운 사회를 이루도록 하는 것을 핵심 목표로 한다. 이를 위해 정부는 법적·제도적 장치를 마련하고, 경제적·사회적 지원을 제공하며, 교육과 문화적 교류를 통해 상호 이해를 증진하는 다양한 정책을 시행하고 있다.

사회통합정책은 크게 법·제도적 지원, 경제적 자립 지원, 사회·문화적 지원, 교육 및 시민권 보장 등의 영역에서 실행되며, 궁극적으로 모든 구성원이 평등한 기회를 가지고 사회에 적극적으로 참여할 수 있는 포용적 다문화사회를 구축하는 것을 지향한다(문병기 외, 2023).

2) 사회통합정책의 목표

한국 사회가 다문화사회로 변화하는 과정에서 사회통합정책의 필요성은 더욱 강조되고 있다. 국제이주의 증가로 인해 다양한 문화적 배경을 가진 구성원들이 함께 살아가는 사회가 형성되었지만, 이러한 변화가 항상 긍정적인 방향으로만 작용하는 것은 아니다. 다문화사회로의 전환은 문화적 다양성을 증대시키는 동시에, 경제적 불평등과 문화적 차이, 정책적 미비 등으로 인해 사회적 갈등을 초래할 가능성이 있다. 따라서 이를 해결하기 위해 이민자와 국민 간의 상호 이해와 협력을 증진하는 정책이 필수적이며, 이를 통해 사회적 안정과 지속 가능한 발전을 도모할 필요가 있다.

사회통합정책은 이민자가 단순히 한국 사회에 적응하는 차원을 넘어서, 모든 사회 구성원이 문화적 다양성을 존중하며 조화롭게 공존할 수 있는 환경을 조성하는 것을 목표로 한다(OECD, 2024). 이를 위해 한국 정부는 이민자의 경제적 자립을 지원하고, 사회·문화적 측면에서 정착 기반을 마련하는 한편, 법적·제도적 차원에서 시민권과 사회권을 보장하고자 한다(문병기 외, 2023). 또한, 다문화사회에서 발생할 수 있는 차별과 갈등을 예방하기 위해 교육과 지역사회의 역할을 강조하며, 정부 부처 간 협력을 강화하여 보다 체계적인 정책을 추진하고 있다. 이러한 목표를 달성하기 위해 한국 정부는 다음과 같은 주요 과제를 설정하고 있다.

첫째, 사회·문화적 통합이다. 이는 사회통합정책의 핵심 요소 중 하나로, 이민자가 안정적으로 생활하기 위해 언어 장벽을 극복하고, 한국 사회의 문화와 제도를 이해하는 것이 필수적이다. 이를 위해 정부는 사회통합 프로그램(Korea Immigration and Integration Program, KIIP)을 통해 한국어 교육과 문화적 적응 교육을 제공하고 있으며, 다문화가족을 위한 다양한 지원 정책을 운영하고 있다. 또한, 기존 주민들도 다문화사회에 대한 이해를 높이고 개방적인 태도를 가질 수 있도록 다문화 교육을 강화하고 있으며, 지역사회

차원에서 이민자와의 상호작용을 촉진하는 프로그램을 운영하고 있다.

둘째, 경제적 통합이다. 경제적 통합 역시 사회통합정책의 중요한 부분을 차지한다. 이민자가 안정적인 소득을 확보하고 노동시장에 원활하게 진입할 수 있도록 지원하는 것은 그들의 자립과 사회적 안정에 필수적인 요소이기 때문이다. 이를 위해 정부는 외국인 근로자를 위한 고용허가제를 운영하고, 직업 훈련과 창업 지원 프로그램을 제공하며, 근로 환경을 개선하는 등의 노력을 기울이고 있다. 또한, 외국인 근로자뿐만 아니라 결혼이민자, 유학생 등 다양한 이민자 집단이 경제적으로 독립할 수 있도록 맞춤형 지원 정책을 마련하고 있다.

셋째, 시민권 및 사회권의 통합이다. 이민자가 단순히 경제활동에 참여하는 수준을 넘어, 사회 구성원으로서 동등한 권리를 보장받는 것이 중요하다. 이를 위해 한국 정부는 귀화 및 영주권 취득 절차를 개선하고 있으며, 일정 요건을 충족한 영주권자에게 지방선거 투표권을 부여하고 있다. 또한, 사회보장제도를 통해 의료, 교육, 주거 등 기본적인 생활을 보장하는 정책을 추진하고 있으며, 특히 다문화가정 자녀와 이주배경학생의 교육 지원을 강화하여 차세대 구성원들이 사회에 원활히 적응할 수 있도록 돕고 있다.

넷째, 다양성 존중과 상호 이해 증진이다. 사회통합정책은 단순히 이민자의 적응을 지원하는 것이 아니라, 기존 주민들이 다문화를 존중하고 수용할 수 있도록 하는 것 또한 중요한 목표로 설정하고 있다(Lacarte et al., 2023). 이를 위해 다문화 교육을 확대하고, 언론과 미디어를 통해 다문화 감수성을 높이는 홍보를 강화하고 있다. 또한, 다문화가정의 정체성 존중을 위해 다국어 교육과 문화 교류 프로그램을 운영하며, 한국 사회가 다양한 문화를 포용하는 방향으로 나아갈 수 있도록 장려하고 있다.

다섯째, 교육을 통한 사회통합이다. 사회통합의 장기적 실현을 위해서는 교육을 통한 인식 개선이 필수적이다. 이에 따라 정부는 이주배경청소년을 위한 맞춤형 교육과 한국어 학습 지원을 확대하고 있으며, 일반 학교에서도 다문화 교육을 의무화하여 한국 학생들이 다문화사회에 대한 이해를 높일 수 있도록 하고 있다. 이러한 교육적 접근은 미래 세대가 보다 개방적이고 포용적인 태도를 가질 수 있도록 하는 데 중요한 역할을 한다(박미정 외, 2023).

마지막으로, 사회적 비용 감소라는 측면에서도 사회통합정책은 중요한 역할을 한다. 다문화사회에서의 갈등을 예방하고, 이민자가 원활하게 사회에 적응할 수 있도록 지원함으로써 장기적으로 사회적 비용을 줄이고 안정적인 사회 구조를 구축하는 것이 목표이다. 이를 위해 사전 예방적 정책과 다문화사회 연구를 활성화하여 정책의 실효성을 높이고자 한다.

이와 같은 사회통합정책의 목표는 이민자의 적응과 역량 강화를 넘어서, 한국 사회 전체가 다양성을 인정하고 존중하는 문화를 형성하는 것을 지향하고 있다. 이를 통해 궁극적으로는 모든 사회 구성원이 평등한 기회를 가지며, 적극적으로 사회에 참여할 수 있는 포용적 다문화사회를 실현하는 것이 한국 사회통합정책의 핵심 목표라고 할 수 있다(문병기 외, 2023; OECD, 2024).

2. 부처별 사회통합정책

한국 정부는 다문화사회로의 전환과 이민자의 증가에 대응하기 위해 부처별로 다양한 사회통합정책을 수립하고 있다. 각 부처는 법·제도적 지원, 경제·사회 통합, 교육·문화 지원, 복지·의료 서비스 강화 등을 통해 이민자와 국민이 조화롭게 공존할 수 있는 사회를 구축하는 것을 목표로 한다. 본 절에서는 각 부처가 추진하는 사회통합정책의 개요를 소개하고,

이를 통해 한국 사회통합정책의 방향성과 목표를 살펴보고자 한다.

1) 법무부의 외국인정책 기본계획

법무부는 대한민국의 출입국·이민정책을 총괄하는 부처로서, 외국인의 체류·이민 관리뿐만 아니라 사회통합을 위한 정책을 수립·운영하는 핵심 기관이다. 한국은 2000년대 이후 다문화사회로 빠르게 변화하면서, 체계적인 이민정책과 사회통합정책이 필요하다는 사회적 요구가 증가하였다. 이에 따라 법무부는 5년 단위의 외국인정책 기본계획을 수립하여 이민정책의 방향을 설정하고 체계적으로 운영하고 있다.

외국인정책 기본계획은 외국인 유입 증가에 따른 사회적 변화를 반영하며, 단순한 출입국 관리에서 벗어나 경제·사회·문화적 통합을 고려하는 방향으로 점진적으로 발전해왔다. 초기에는 경제적 필요에 따라 외국인 유입을 관리하는 것이 주요 과제였으나, 최근에는 사회통합의 중요성이 강조되면서 이민자의 정착과 사회 참여 지원, 법·제도 정비, 다문화 인식 개선 등이 정책의 핵심 방향으로 포함되고 있다.

현재 시행 중인 제4차 외국인정책 기본계획(2023~2027)에서는 보다 체계적인 이민정책을 위해 출입국·이민관리청 신설과 이민정책 기본법 제정을 추진하고 있으며, 경제 발전과 사회통합의 조화, 인권 존중, 질서 있는 이민행정을 주요 목표로 설정하고 있다. 이를 통해 외국인 유입이 단순한 노동력 공급을 넘어, 국가 성장과 사회통합을 동시에 촉진하는 방향으로 나아가고 있다.

법무부의 외국인정책 기본계획은 외국인의 유입과 체류 증가에 맞춰 이들의 정착과 사회통합을 지원하는 방향으로 발전하고 있다. 초기에는 외국인 유입을 국가 성장과 노동력 확보의 관점에서 다루었지만, 점차 사회통합의 중요성이 강조되면서 다양한 지원 정책이 마련되었다. 특히, 제4차 외국인정책 기본계획에서는 이민행정 체계 개편, 사회통합 지원 확대, 다문화 감수성 제고 등을 추진하고 있으며, 외국인과 국민이 조화롭게 공존하는 사회 구축을 목표로 하고 있다.

〈표 7-1〉 외국인정책 기본계획의 발전 과정

구분	비전	주요 목표	주요 정책 방향
제1차 (2008~2012)	외국인과 함께하는 세계 일류국가	국가경쟁력 강화, 사회통합, 질서 있는 이민행정, 인권 옹호	우수 인재 유치, 다문화가정 지원 확대, 외국인 권익 보호
제2차 (2013~2017)	세계인과 더불어 성장하는 활기찬 대한민국	경제 활성화, 사회통합, 차별 방지, 안전한 사회 구현, 국제 협력	외국인 인력 활용 강화, 다문화 정책 확대, 법·질서 확립
제3차 (2018~2022)	국민 공감! 인권과 다양성이 존중되는 안전한 대한민국	질서 있는 개방, 사회통합, 안전 강화, 인권 보호, 국제 협력	이민자의 사회 적응 및 포용성 강화, 국경 및 체류 관리 개선, 이민자 인권 보호 강화
제4차 (2023~2027)	국민과 이민자가 함께 도약하는 글로벌 선도국가	경제 발전과 사회통합의 조화, 인권 존중, 질서 있는 이민행정	체계적 이민정책, 이주민 사회통합 강화, 법·제도 정비

앞으로 법무부는 출입국·이민 관리를 넘어 사회통합과 다문화 수용성 증진을 위한 정책적 노력을 지속적으로 강화해야 한다. 또한, 타 부처와의 협력을 확대하여 다문화사회로의 전환 과정에서 핵심적인 역할을 수행해야 할 것이다.

2) 여성가족부의 다문화가족정책 기본계획

여성가족부는 대한민국의 다문화가족정책을 총괄하는 부처로서, 다문화가족의 안정적인 정착과 사회통합을 지원하는 역할을 수행하고 있다. 2000년대 이후 다문화가족의 증가와 함께 결혼이민자와 다문화가정 자녀의 교육, 복지, 사회통합을 위한 정책이 중요하게 대두되었으며, 이에 따라 여성가족부는 5년 단위의 다문화가족정책 기본계획을 수립하여 다문화사회의 변화에 대응하고 있다.

다문화가족정책 기본계획은 초기에는 결혼이민자의 안정적인 정착을 위한 지원에 초점을 맞추었으나, 점차 자녀 교육, 가족 내 문화적 조화, 다문화 인식 개선 등 보다 포괄적인 사회통합 정책으로 확대되었다. 현재 시행 중인 제4차 다문화가족정책 기본계획(2023~2027)에서는 다문화가족 맞춤형 지원 강화, 사회참여 기회 확대, 다문화 수용성 증진, 부처 간 협력 강화 등을 중점적으로 추진하고 있다.

이 정책은 단순한 복지 지원을 넘어, 다문화가족의 자립과 사회통합을 돕는 방향으로 발전해왔다. 초기에는 결혼이민자들이 한국 사회에 적응할 수 있도록 한국어 교육과 기초 생활 지원에 집중했으나, 점차 다문화가족의 경제적 자립과 사회참여 기회 확대가 중요한 정책 과제로 부각되었다. 이에 따라 제2차 다문화가족정책 기본계획(2013~2017)에서는 결혼이민자의 취업 지원과 자녀 교육 지원이 강화되었으며, 제3차 계획(2018~2022)부터는 다문화가족 구성원의 사회적 자립을 지원하는 방향으로 정책이 발전하였다.

현재 시행 중인 제4차 다문화가족정책 기본계획(2023~2027)에서는 다문화가족이 한국 사회의 안정적인 구성원으로 자리 잡을 수 있도록 맞춤형 지원을 확대하고, 다양한 사회 참여 기회를 제공하는 데 중점을 두고 있다. 이를 위해 결혼이민자의 한국어 교육 및 직업 교육을 강화하고, 다문화가정 자녀의 언어·학습 지원 및 진로 설계를 체계적으로 지원하는 정책을 추진하고 있다. 또한, 다문화 수용성 증진을 위한 교육 및 홍보 사업을 확대하고, 가족센터(前 다문화가족지원센터)를 중심으로 지역사회와 연계한 지원 체계를 강화하는 방안이 포함되었다.

특히, 가족센터를 통해 다문화가족을 대상으로 하는 교육·상담·복지 지원이 지속적으로 확대되고 있으며, 다문화가정의 자녀들이 안정적으로 성장할 수 있도록 맞춤형 학습 지원과 진로 설계 지원이 강화되고 있다. 또한, 이주배경 자녀들이 교육 격차 없이 성장할 수 있도록 방과 후 학습 지원, 언어 발달 지원 프로그램, 이중언어 환경 조성 사업 등이 적극 추진되고 있다.

〈표 7-2〉 다문화가족정책 기본계획의 발전 과정

구분	비전	주요 목표	주요 정책 방향
제1차 (2010~2012)	다문화가족과 함께하는 사회	다문화가족의 안정적 정착 지원, 사회통합 촉진	지원체계 정비, 결혼이민자 정착 지원, 자녀 양육 지원, 사회적 이해 제고
제2차 (2013~2017)	활기찬 다문화가족, 함께하는 사회	다문화가족 역량 강화, 다양성 존중 사회 구현	맞춤형 서비스 확대, 자녀 성장 지원, 사회적 수용성 제고, 정책 추진체계 정비
제3차 (2018~2022)	더불어 성장하는 다문화사회	다문화가족 삶의 질 향상, 사회통합 강화	가족 친화적 환경 조성, 자립 역량 강화, 차별 해소, 사회적 인식 개선
제4차 (2023~2027)	모두가 존중받는 다문화사회	다문화가족의 안정적 정착과 사회참여 확대	맞춤형 지원 강화, 사회참여 기회 확대, 다문화 수용성 제고, 정책 협력 강화

여성가족부의 다문화가족정책은 단순한 복지 지원에서 나아가 다문화가족의 사회통합을 촉진하고, 한국 사회가 보다 포용적인 다문화사회로 나아가는 데 핵심적인 역할을 수행하고 있다. 앞으로 다문화가족의 사회·경제적 자립을 돕고, 다문화 인식 개선을 위한 교육을 강화하며, 가족 내 문화적 조화를 위한 지원을 지속적으로 확대하는 방향으로 정책을 발전시켜 나갈 필요가 있다. 또한, 다문화가족을 위한 지원 정책이 단순한 보호와 복지를 넘어, 사회 구성원으로서의 역할을 수행할 수 있도록 다문화가족의 역량을 강화하는 방향으로 발전해야 할 것이다.

3) 교육부의 이주배경학생 교육정책

교육부는 대한민국의 이주배경학생 교육 및 정착 지원 정책을 총괄하는 부처로서, 이주배경 아동·청소년들의 학습권 보장과 사회통합을 위해 다양한 정책을 수립하고 있다. 2006년 다문화가정 자녀 교육지원 대책을 시작으로 다문화학생 지원 체계를 구축하였으며, 2024년 제1차 이주배경학생 지원계획(2024~2028)을 발표하며 5개년 계획을 수립하였다.

〈표 7-3〉 이주배경학생 교육 및 정착 지원 정책의 발전 과정

구분	비전	주요 목표	주요 정책 방향
초기 다문화학생 지원 체계 구축 (2006~2010년)	다문화학생의 교육 기회 보장	다문화학생의 학습권 보장, 학교 적응 지원	한국어 교육 지원, 교사 역량 강화, 맞춤형 지원 사업 운영
정책 확장 및 내실화 (2011~2015년)	다문화학생의 공교육 진입 확대	중도입국학생 맞춤형 지원, 학습·정서 지원 강화	다문화 예비학교 확대, 다문화교육센터 설립, 개별 맞춤 지원 도입
다문화교육의 통합적 접근 (2016~2020년)	다양성 존중 및 교육격차 해소	다문화학생의 기초학력 보장, 교육권 보장	맞춤형 한국어 교육 강화, 교원 연수 확대, 지역사회 협력 강화
이주배경학생 지원 법적 기반 마련 (2023년)	다문화학생 지원 법제화	국가 및 지자체 시책 마련 의무화	초·중등교육법 개정, 맞춤형 교육체계 구축
제1차 이주배경학생 지원계획 (2024~2028년)	함께 배우며 성장하는 학생, 다양하고 조화로운 학교	출발선 평등 보장 및 안정적 성장 지원	맞춤형 교육 프로그램 개발, 심리·정서 지원, 진로 상담 강화

이주배경학생 교육 및 정착 지원 정책은 이주배경 아동·청소년이 원활하게 한국 사회에 적응하고, 균등한 교육 기회를 제공받을 수 있도록 지원하는 정책 방향을 포함하며, 특히 2023년 초·중등교육법 개정을 통해 법적 기반을 강화하였다. 정책 초기에는 다문화가정 자녀의 기초 학습 및 한국어 교육 지원을 중심으로 운영되었으나, 점차 중도입국 청소년과 외국

인가정 자녀까지 포함하는 방향으로 확대되었다. 2011년 이후부터는 학교 적응과 학업 지속을 위한 맞춤형 지원이 강화되었으며, 2016년 이후에는 다양성 존중과 교육 격차 해소를 위한 보다 포괄적인 접근 방식이 도입되었다. 특히, 2023년 초·중등교육법 개정을 통해 다문화학생 지원이 법제화되면서, 국가 및 지방자치단체가 다문화교육을 위한 정책을 마련해야 하는 법적 근거가 명확해졌다(박미정 외, 2023).

현재 시행 중인 제1차 이주배경학생 지원계획(2024~2028)에서는 이주배경학생의 출발선 평등 보장과 안정적 성장을 주요 목표로 설정하고 있으며, 이를 위해 맞춤형 교육 프로그램 개발, 심리·정서 지원, 진로 상담 강화 등의 정책을 추진하고 있다. 또한, 학교 내 다문화교육 강화, 교원 연수 확대, 지역사회 및 다문화교육지원센터와의 협력 강화를 통해 보다 체계적인 교육 환경을 조성하고 있다.

교육부의 이주배경학생 교육정책은 단순한 학습 지원을 넘어, 다문화학생의 사회적·정서적 적응을 돕고, 균등한 교육 기회를 보장하는 방향으로 발전해왔다. 앞으로 이주배경학생에 대한 맞춤형 지원을 더욱 강화하고, 일반 학생과의 교육 격차를 해소하는 방향으로 정책을 지속적으로 발전시켜 나가야 할 것이다.

4) 고용노동부의 외국인 근로자 지원 정책

고용노동부는 대한민국의 외국인 근로자 정책을 총괄하는 부처로서, 외국인 근로자의 합법적 고용 보장과 노동권 보호, 사회적 정착 지원을 주요 목표로 다양한 정책을 운영하고 있다. 한국의 산업구조 변화와 저출산·고령화로 인해 외국인 근로자의 역할이 확대됨에 따라, 고용노동부는 이들의 원활한 노동시장 진입과 안정적인 정착을 지원하는 정책을 추진하고 있다. 이를 위해 외국인 근로자에게 법적·제도적 보호를 제공하고, 노동시장 내

차별을 방지하며, 숙련 근로자로 성장할 수 있는 교육 및 훈련 기회를 확대하는 것이 주요 정책 방향이다.

2004년 고용허가제(Employment Permit System, EPS) 도입을 통해 외국인 근로자의 합법적인 취업 기회를 보장하고 노동권 보호를 강화하는 정책이 시행되었다. 고용허가제는 외국인 근로자가 한국 내 사업장에서 일정 기간 동안 합법적으로 근무할 수 있도록 허가하는 제도로, 내국인 근로자의 고용 기회를 우선 고려하면서도 특정 산업(제조업, 농축산업, 어업 등)에서 외국인 노동력을 활용할 수 있도록 설계되었다. 이후 2010년대에 들어서면서 근로 환경 개선과 외국인 근로자의 권익 보호를 위한 제도 개편이 지속적으로 이루어졌다.

외국인 근로자의 노동시장 적응과 사회통합을 돕기 위해 고용노동부는 외국인근로자지원센터를 운영하고 있다. 이 센터들은 외국인 근로자들이 지역사회에 안정적으로 정착할 수 있도록 지원하며, 노동시장에 적응하는 과정에서 필요한 법률 상담, 직업 교육, 심리 상담 등의 서비스를 제공하고 있다. 그러나 2024년 이후 운영 방식이 지자체 및 민간 위탁 중심으로 변경되면서, 예산 조정과 운영 규모 변동이 이루어졌다. 이에 따라 지원센터의 서비스 제공 방식이 일부 조정되었으며, 향후 지속적인 운영 방향에 대한 논의가 필요하다.

〈표 7-4〉 외국인 근로자 사회통합 지원 정책의 발전 과정

구분	비전	주요 목표	주요 정책 방향
고용허가제 도입 (2004년)	합법적 외국인 고용 및 노동시장 안정화	외국인 근로자의 합법적 취업 기회 제공, 불법 고용 방지	고용허가제 시행, 노동관계법 적용 확대
외국인노동자 지원센터 운영 개시(2006년)	노동권 보호 및 사회통합 지원	법률 상담, 직업 교육, 한국어 교육 등 제공	외국인노동자 지원센터 설립 및 운영
고용허가제 개정 (2010년)	외국인 근로자의 노동 환경 개선	사업장 이동 제한 완화, 근로 조건 보호	체류 기간 연장, 사업장 이동 사유 확대
외국인 근로자 정책 개선 (2016년)	외국인 근로자의 권익 보호 및 사회통합 지원	근로 환경 개선, 직업 훈련 확대	외국인근로자지원센터 확대, 직업훈련 및 상담 지원 강화
외국인 근로자 사회통합 강화 (2023년)	포용적 노동시장 형성	숙련 기능인력 확대, 인권 보호 강화	E-7-4 숙련기능비자 확대, 외국인 근로자 권익 보호 강화
외국인근로자지원센터 운영 개편 (2024년)	외국인 근로자의 노동시장 적응 및 지역사회 정착 지원	예산 조정 및 운영 방식 변경	전국 9개 거점센터 운영, 지자체 및 민간 위탁 방식 전환

현재 시행 중인 외국인 근로자 지원 정책에서는 숙련 기능 인력을 유치하기 위한 비자 제도 개편(E-7-4 숙련기능비자 확대), 귀국지원 프로그램 운영, 근로 환경 개선 등의 정책이 포함되어 있다. 이를 통해 외국인 근로자의 노동시장 내 정착뿐만 아니라, 본국 복귀 이후의 사회·경제적 자립까지 지원하는 종합적 정책을 마련하고 있다.

제3절 한국 사회통합정책의 전달체계 및 프로그램

한국 정부는 다문화사회로의 전환에 대응하고 이민자의 안정적인 정착

과 사회 참여를 촉진하기 위해 다양한 부처를 중심으로 사회통합정책을 추진하고 있다. 각 부처는 법·제도적 지원, 교육 및 문화적 통합, 노동권 보호, 복지 및 의료 지원 등 다양한 영역에서 이민자의 사회통합을 위한 정책을 마련하고 있으며, 이를 통해 포용적이고 지속 가능한 다문화사회를 구축하는 것을 목표로 한다. 이러한 정책을 효과적으로 실행하기 위해 각 부처는 정책의 전달체계 역할을 하는 주요 센터를 운영하고 있으며, 센터별로 이민자의 사회통합을 지원하는 다양한 프로그램을 운영하고 있다. 본 절에서는 법무부, 여성가족부, 교육부, 고용노동부의 주요 사회통합 지원 센터와 그 프로그램을 살펴보고자 한다.

1. 법무부의 이민자사회통합센터

법무부의 이민자사회통합센터는 대한민국에 체류하는 이민자들의 안정적인 정착과 사회통합을 지원하는 주요 기관으로, 한국어 교육과 한국 사회 이해, 법·제도 교육 등을 제공하고 있다. 이 센터는 2009년부터 사회통합프로그램(KIIP)을 운영하며, 이민자들의 한국 생활 적응을 돕고 있다. 사회통합프로그램은 한국어 교육(0~4단계)과 한국 사회 이해 교육(5단계)으로 구성되며, 이민자들에게 체류 자격 변경, 영주권 취득, 귀화 심사 면제 등의 혜택을 제공하여 참여를 독려하고 있다. 또한, 학습자의 다양한 상황을 고려하여 온라인 화상교육, 야간반, 주말반 등 특수반을 운영하는 등 유연한 교육 방식을 도입하고 있다.

이와 함께, 법무부는 2015년부터 이민자 조기적응프로그램을 운영하여, 결혼이민자, 외국국적동포, 중도입국 외국인 자녀, 외국인 유학생 등을 대상으로 한국 사회의 기초법과 제도, 생활 정보를 제공하고 있다. 특히, 체류 유형에 따라 맞춤형 정보를 제공하여 초기 정착을 효과적으로 지원하는 것이 특징이다. 이민자 네트워크 운영도 중요한 프로그램 중 하나로, 이민자들이 지역사회에서 유대 관계를 형성하고, 필요한 정보를 교류할 수 있도록 지원하고 있다. 일부 이민자는 외국인 자원봉사자로 활동하며, 사회 참여 기회를 넓히고 있다.

국제결혼 안내프로그램은 국제결혼에 대한 이해를 높이고, 결혼이민자의 적응을 돕기 위해 운영된다. 이 프로그램은 현지 국가의 문화와 제도 소개, 결혼사증 발급절차 안내, 인권 교육 등을 포함하고 있으며, 국제결혼 관련 부정적 사례를 예방하는 역할을 하고 있다. 또한, 법무부는 사회통합 자원봉사위원 제도를 운영하여 법률·의료 전문가와 모범 정착 이민자가 체류 외국인들에게 실질적인 도움을 제공할 수 있도록 지원하고 있다.

법무부는 매년 5월 20일 '세계인의 날'을 지정하여, 이민자에 대한 사회적 이해를 증진하고, 다문화 인식 개선을 위한 행사를 개최하고 있다. 이를 통해 국민과 이민자가 함께 어울릴 수 있는 다양한 문화 교류 활동이 진행되며, 한국 사회의 다문화 수용성을 높이는 계기가 되고 있다.

이처럼 법무부 이민자사회통합센터는 법·제도 교육, 한국어 교육, 조기 적응 지원, 네트워크 형성, 국제결혼 안내, 자원봉사 활동 등 다양한 프로그램을 운영하며, 이민자들이 한국 사회의 적극적인 구성원으로 자리 잡을 수 있도록 종합적인 지원을 제공하고 있다. 또한, 법무부는 이민자의 사회통합을 보다 체계적으로 지원하기 위해 사회통합정보망(www.socinet.go.kr)을 운영하며, 이를 통해 이민자들에게 필요한 정보를 제공하고 있다.

2. 여성가족부의 가족센터

가족센터는 다문화가족을 포함한 모든 가족을 대상으로 종합적인 지원을 제공하는 기관으로, 2021년 기존 건강가정·다문화가족지원센터에서 명칭이 변경되며 보다 포괄적인 가족 지원 서비스를 제공하는 방향으로 운영되고 있다. 가족센터는 다양한 가족 형태를 포괄하는 것을 목표로 하며, 특히 다문화가족의 안정적인 정착과 가족생활을 지원하는 핵심 기관으로 자리 잡고 있다. 명칭이 변경된 이후에도 다문화가족 지원 사업은 지속되었으며, 결혼이민자 및 다문화가족 구성원들이 한국 사회에 원활하게 적응할 수 있도록 다양한 프로그램을 운영하고 있다.

가족센터의 주요 기능은 가족 관계 증진, 가족 돌봄 지원, 가족 역량 강화 등의 영역을 포함하며, 특히 다문화가족의 사회통합을 위한 프로그램을 중점적으로 운영하고 있다. 대표적인 프로그램으로는 한국어 교육, 방문교육 서비스, 자녀 언어발달 지원, 통·번역 서비스 등이 있으며, 이를 통해 결혼이민자의 한국 사회 적응을 돕고 있다. 한국어 교육은 결혼이민자의 의사소통 능력을 향상시켜 일상생활과 사회활동에 도움을 주며, 방문교육 서비스는 센터 방문이 어려운 가정을 대상으로 한국어 학습과 부모교육, 자녀 생활지도를 지원하는 역할을 한다.

또한, 가족센터는 다문화가족 구성원의 경제적 자립을 돕기 위해 취업지원 프로그램도 운영하고 있다. 이를 통해 결혼이민자들이 사회에 적극적으로 참여하고 안정적으로 정착할 수 있도록 직업교육과 취업 상담을 제공한다. 이 외에도 가족센터는 다문화가족이 겪을 수 있는 법적·행정적 어려움을 해소하기 위해 통·번역 서비스를 지원하며, 다문화가족 자녀의 교육 환경을 개선하기 위한 다양한 프로그램도 운영하고 있다.

가족센터에 대한 정보는 공식 홈페이지(www.familynet.or.kr)와 다문화가족지원포털 다누리(www.liveinkorea.kr)를 통해 제공되고 있다. 가족센터 홈페이지는 전국 가족센터의 위치, 운영 프로그램, 상담 서비스 등을 안내하며, 다누리 포털은 13개 언어로 제공되는 다문화가족 전용 정보 사이트로서, 다양한 서비스와 상담을 지원하고 있다. 이를 통해 가족센터는 다문화가족뿐만 아니라 모든 가족이 안정적으로 생활할 수 있도록 종합적인 지원을 제공하고 있다.

3. 교육부의 중앙다문화교육센터

중앙다문화교육센터는 교육부가 2012년 지정하여 국가평생교육진흥원이 운영하는 기관으로, 한국의 다문화교육 정책을 총괄하며 다양한 교육 지원 프로그램을 운영하고 있다. 이 센터는 이주배경학생들의 학습권 보장과 원활한 사회 적응을 돕기 위해 다문화교육 연구 및 정책 개발을 수행하고 있으며, 다문화교육 지원 체계 구축을 위한 중추적인 역할을 담당하고 있다.

센터의 주요 기능은 다문화교육 정책 연구, 다문화교육 정책학교 및 지역 다문화교육지원센터 운영 지원, 교원 연수 및 연계 교육 개발, 다문화교육 포털 운영 등으로 구성된다. 특히, 이주배경학생을 위한 맞춤형 교육을 강화하기 위해 한국어(KSL) 교육과정을 총괄하며, 학교 내 다문화교육 활성화를 위한 지원을 지속적으로 확대하고 있다.

중앙다문화교육센터는 이주배경학생들을 위한 다양한 맞춤형 교육 프로그램을 운영하고 있다. '징검다리 과정 프로그램'을 통해 중도입국 학생과 외국인가정 자녀가 한국 학교에 원활히 적응할 수 있도록 지원하며, '전국 이중언어 말하기 대회'를 개최하여 이주배경학생들의 언어적 역량을 강화할 기회를 제공하고 있다. 또한, 이주배경학생들의 학습을 돕기 위해 한국어 및 교과 학습 영상 콘텐츠를 제작·보급하여, 학교생활 적응을 촉진하고 있다.

교원 연수 및 학부모 지원 프로그램도 중요한 부분을 차지하고 있다. 교원 연수를 통해 다문화교육 역량을 강화하고, '다문화교육 중앙지원단'을 운영하여 교원 간 교류와 협력을 촉진하고 있다. 학부모를 대상으로는 다국어 자료를 제작·보급하며, 이중언어 교재 전자책 서비스를 제공하여 다문화가정 내 자녀 교육을 지원하고 있다.

이와 함께, 중앙다문화교육센터는 다문화교육포털(www.edu4mc.or.kr)을 운영하여 다문화교육 관련 자료 및 정보를 종합적으로 제공하고 있다. 이 포털은 정책 안내, 교원 연수, 학부모 지원, 교육 자료 제공 등의 기능을 수행하며, 다문화교육의 현장에서 실질적으로 활용될 수 있는 자료를 제공하는 중요한 역할을 하고 있다.

4. 고용노동부의 외국인력지원센터

고용노동부의 외국인력지원센터는 외국인 근로자의 노동시장 적응과 사회통합을 지원하는 기관으로, 외국인 근로자들이 한국에서 안정적으로 생활하고 근무할 수 있도록 다양한 프로그램을 운영하고 있다. 외국인 근로자는 언어 장벽, 근로 조건, 법적 문제 등 다양한 어려움을 겪을 가능성이 높기 때문에, 외국인력지원센터는 이들에게 필요한 법률 상담, 직업 교육, 심리 상담 등의 서비스를 제공하며, 근로자들의 권익 보호와 안정적인 취업 환경 조성을 목표로 한다.

외국인력지원센터는 특히 노동법 및 근로조건 상담, 한국어 및 한국문화 교육, 직업훈련 지원, 귀국지원 프로그램 운영 등의 기능을 수행한다. 노동법 상담을 통해 임금 체불, 산업재해, 근로계약 관련 문제를 해결할 수 있도록 지원하며, 한국어 및 문화 교육을 제공하여 외국인 근로자들이 한국 사회에 보다 원활하게 적응할 수 있도록 돕는다. 또한, 직업훈련 및 귀국지원 프로그램을 운영하여 외국인 근로자가 한국에서 습득한 기술을 본국에서도 활용할 수 있도록 지원하고 있다.

2024년부터 외국인력지원센터 운영 방식이 지자체 및 민간 위탁 중심으로 변경되면서 예산 조정과 운영 규모 변동이 이루어졌다. 이에 따라 지원센터의 서비스 제공 방식이 일부 조정되었으며, 향후 지속적인 운영 방향에 대한 논의가 필요하다. 이러한 변화 속에서도 외국인력지원센터는 한국 사회에서 외국인 근로자의 노동권 보호 및 안정적인 생활 정착을 위한 역할을 지속적으로 수행하고 있다. 외국인력지원센터는 전국 주요 도시 및 산업단지를 중심으로 운영되고 있으며, 외국인 근로자들은 공식 웹사이트(eps.hrdkorea.or.kr)를 통해 필요한 정보를 확인하고 상담을 받을 수 있다. 이를 통해 고용노동부는 외국인 근로자의 권익 보호 및 사회통합을 촉진하며, 보다 안정적이고 지속 가능한 노동시장 환경을 조성하는 데 기여하고 있다.

　이외에도 보건복지부와 문화체육관광부는 사회통합정책의 일부 영역에서 중요한 역할을 수행하고 있다. 보건복지부는 이민자의 건강권을 보장하고, 의료 서비스 접근성을 높이기 위해 다양한 정책을 운영하고 있다. 체류 유형과 신분에 따라 건강보험 가입이 제한될 수 있는 이민자들을 위해, 정부는 건강 취약계층을 대상으로 한 무료 건강검진, 예방 접종, 긴급 의료 지원 등의 서비스를 제공하고 있다. 또한, 난민, 결혼이민자, 외국인 근로자 등을 위한 의료 지원을 강화하고 있으며, 지역사회 보건소 및 민간 의료기관과 협력하여 필수적인 의료 지원과 심리 상담 프로그램을 확대 운영하고 있다.

　문화체육관광부는 다문화사회 인식 개선 및 문화 다양성 증진을 위한 정책을 추진하고 있다. 다문화사회로 변화하는 과정에서 문화적 편견과 갈등을 완화하기 위해 다문화 축제, 다문화 예술 지원 사업, 공익 광고 및 다문화 콘텐츠 개발 등의 사업을 운영하고 있으며, 공공도서관 및 문화시설을 활용한 다문화교육 프로그램을 지원하고 있다. 또한, 이민자들이 한국 문화에 보다 쉽게 적응할 수 있도록 문화 체험 기회를 확대하는 정책도 함께 추진 중이다.

이처럼 한국의 사회통합정책은 법무부, 여성가족부, 교육부, 고용노동부를 중심으로 운영되며, 보건복지부와 문화체육관광부와 같은 부처들의 협력을 통해 더욱 보완되고 있다. 각 부처는 이민자의 안정적인 정착과 사회 참여를 지원하기 위해 역할을 분담하여 특화된 정책을 추진하고 있으며, 법무부는 이민자의 한국어 및 법·제도 교육을 담당하고, 여성가족부는 다문화가정 지원을 중심으로 가족 단위의 정착을 돕고 있다. 교육부는 이주배경학생의 학습 지원과 교육 기회를 확대하는 데 초점을 맞추고 있으며, 고용노동부는 외국인 근로자의 노동권 보호와 직업 훈련을 담당하고 있다. 또한, 보건복지부는 의료 지원을 통해 이민자의 건강을 보장하며, 문화체육관광부는 다문화 인식 개선 및 문화 다양성 증진을 위한 정책을 운영하고 있다. 이러한 사회통합정책은 단순히 이민자의 적응을 지원하는 것을 넘어, 한국 사회가 보다 포용적인 다문화사회로 발전할 수 있도록 유도하는 데 중요한 역할을 한다. 앞으로도 부처 간 협력과 정책 조정을 강화하여, 보다 체계적이고 지속 가능한 사회통합정책을 마련하는 것이 필요할 것이다.

제4절 한국 사회통합정책의 한계 및 개선 방안

한국 사회는 빠르게 다문화사회로 변화하고 있으며, 이에 대응하기 위해 법무부, 여성가족부, 교육부, 고용노동부를 중심으로 다양한 사회통합정책이 시행되고 있다. 이러한 정책들은 이민자의 법적·제도적 지원, 경제적 자립, 교육 및 사회적 통합, 노동권 보호 등의 영역에서 운영되며, 이민자의 정착과 사회 참여를 촉진하는 데 기여하고 있다. 그러나 현재의 사회통합정책은 여전히 개선이 필요한 부분이 존재하며, 지속 가능한 다문화사회를 구축하기 위해 보완해야 할 과제들이 남아 있다. 이에 본 절에서는 한국 사회통합정책의 주요 한계를 분석하고, 이를 극복하기 위한 개선 방안을 제시하고자 한다.

1. 한국 사회통합정책의 주요 한계

현재 한국의 사회통합정책이 다문화사회 형성을 위한 필수적인 역할을 수행하고 있음에도 불구하고, 여러 가지 한계를 내포하고 있다. 첫째, 부처 간 협력 부족과 정책 연계 미흡이 지속적으로 문제로 지적되고 있다. 사회통합정책은 법무부, 여성가족부, 교육부, 고용노동부 등 여러 부처에서 개별적으로 운영되고 있으며, 이에 따라 정책 간 연계성이 부족하고, 중복 정책 운영으로 인한 행정적 비효율성이 발생하고 있다. 대표적인 사례로, 이민정책을 총괄할 전담 기구의 부재를 들 수 있다(강동관, 2021). 2025년 현재까지도 '이민청' 설립에 대한 논의가 지속되고 있음에도 불구하고, 구체적인 실행 방안이 마련되지 못하고 있다. 이에 따라 법무부, 고용노동부, 여성가족부 등 여러 부처에서 개별적으로 이민·다문화 정책을 운영하면서 정책 조정 기능이 미흡한 상황이 이어지고 있다. 이로 인해 이민자의 체류 관리와 노동시장 정책이 유기적으로 연계되지 못하고 있으며, 부처별로 운영되는 지원 프로그램 간 중복과 사각지대가 지속적으로 발생하고 있다.

둘째, 외국인 근로자의 노동권 보호가 충분하지 않은 점도 문제로 제기되고 있다. 고용허가제를 통해 합법적인 외국인 근로자 고용이 이루어지고 있지만, 일부 산업에서는 임금 체불, 열악한 근로 환경, 산업재해 보호 부족 등의 문제가 지속적으로 보고되고 있다. 또한, 사업장 이동 제한으로 인해 외국인 근로자가 불리한 근로 조건을 감수해야 하는 문제점이 발생하고 있다. 2023년 이후 일부 산업에서 사업장 이동 제한 완화 방안이 논의되었으나, 실제 적용은 제한적이며, 특히 고용 불안정성이 높은 산업에서 외국인 근로자의 노동권 보호가 충분히 이루어지지 않고 있다.

셋째, 다문화 인식 부족과 차별 문제 역시 사회통합의 중요한 과제로 남아 있다. 한국 사회에서 이민자에 대한 편견과 차별이 여전히 존재하며, 일부 지역사회에서는 다문화가정과 외국인 근로자에 대한 부정적인 인식이 강하게 나타나고 있다(전기택 외, 2023). 특히 교육 현장에서 다문화교육이 형식적으로 운영되는 경우가 많으며, 관련 교사 연수 부족과 교육 과정의 일관성 부족이 실효성을 저해하는 요인으로 작용하고 있다(박미정 외, 2023). 이에 따라, 이주배경학생과 기존 학생 간의 차별과 갈등을 줄이는 데 한계가 있다.

넷째, 지역 맞춤형 사회통합정책이 부족하다는 점도 주요 한계로 지적된다. 한국 내 외국인 주민의 거주 패턴은 지역별로 큰 차이를 보이며, 특정 지역에서는 외국인 주민의 밀집도가 높아지고 있다. 예를 들어, 경기도 안산과 충남 아산은 제조업 중심의 산업단지가 발달하면서 외국인 근로자가 대거 유입된 지역이며, 전남 여수는 조선업과 해양산업의 발달로 인해 외국인 근로자의 비율이 높은 지역이다. 이러한 지역에서는 외국인 주민이 지역사회에 원활하게 적응할 수 있도록 특화된 지원이 필요하지만, 현재의 정책은 중앙정부 주도로 운영되면서 지역별 특성을 충분히 반영하지 못하고 있다. 특히, 지자체가 독자적으로 운영할 수 있는 다문화 지원 프로그램이 예산과 행정적 한계로 인해 제한적이며, 지역 사회와의 협력이 활성화되지 못하는 경우가 많다.

2. 한국 사회통합정책의 개선 방안

이와 같은 한계를 극복하기 위해 한국의 사회통합정책은 보다 포괄적이고 체계적인 접근이 필요하다. 첫째, 부처 간 협력을 강화하고 정책 간 연계성을 높여야 한다. 이를 위해 현재 운영 중인 사회통합자문위원회의 기능을 확대하고, 부처 간 협력을 위한 정기적인 협의체 운영을 활성화하는 것이 필요하다. 또한, 사회통합자문위원회가 단순한 자문 역할을 넘어, 부처 간 협업 조정 및 정책 평가 기능까지 수행할 수 있도록 법적·행정적 지원을 강화해야 한다. 이를 통해 출입국 관리, 노동시장 정책, 사회통합 지원이 보다 유기적으로 연계될 수 있도록 부처 간 협업 체계를 체계적으로 구축하고, 정기적인 정책 점검 및 평가를 통해 지속적인 개선이 이루어질 수 있도록 해야 한다.

둘째, 외국인 근로자의 노동권 보호를 강화하고 직업훈련 기회를 확대해야 한다. 현재 외국인 근로자의 근로 환경 개선과 노동권 보호를 위한 정책이 운영되고 있지만, 사업장 이동 제한이 여전히 엄격하게 적용되고 있으며, 특히 특정 산업에서는 근로 조건 보호가 미흡한 실정이다. 이에 따라, 사업장 이동 제한을 완화하여 근로자의 권리를 보호하고, 특정 업종에 집중된 노동력 수급 문제를 해결할 수 있도록 유연한 근로 정책을 도입하는 것이 필요하다. 또한, 외국인 근로자가 단순 노동에 머무르지 않고 숙련 근로자로 성장할 수 있도록 직업훈련 프로그램을 확대하고, 숙련 기능 인력(E-7-4 비자) 전환 기회를 체계적으로 운영해야 한다. 이를 위해 직업훈련 프로그램을 산업별로 차별화하여 제공하고, 외국인 근로자의 역량 개발을 위한 맞춤형 교육 및 연계 프로그램을 활성화할 필요가 있다.

셋째, 지역 특성을 반영한 사회통합정책을 도입해야 한다. 외국인 주민이 많은 지역에서는 지방자치단체가 주도적으로 맞춤형 정책을 운영할 수 있도록 지원해야 한다. 이를 위해, 각 지역의 다문화 환경을 반영한 맞춤형 교육, 복지, 고용 지원 프로그램을 강화하고, 지역 내 다문화지원센터와 협력하여 지역사회 중심의 정책 운영이 이루어질 수 있도록 해야 한다. 또한, 외국인 주민이 밀집한 지역에서는 지역 경제와 연계한 사회통합 프로그램을 개발하여, 외국인 근로자와 지역사회가 공존할 수 있도록 정책을 설계할 필요가 있다.

이러한 실질적인 개선과 함께, 한국 사회가 장기적으로 지속 가능한 사회통합정책을 마련하기 위해서는 보다 거시적인 정책 방향을 설정하는 것이 필요하다. 앞으로는 정책 간 연계를 강화하고, 외국인 근로자의 권익을 보호하며, 다문화 감수성을 높이는 방향으로 사회통합정책이 발전해야 한다. 이를 위해 정부뿐만 아니라 지방자치단체, 교육기관, 시민사회, 기업 등 다양한 주체들이 협력하여 지속적인 정책 평가 및 조정을 통해 사회통합을 위한 노력을 확대해 나가야 한다.

제5절 결론

1. 한국 사회통합정책의 발전 방향

한국 사회는 급속한 국제이주의 증가와 함께 다문화사회로 빠르게 변화하고 있다. 이에 대응하기 위해 한국 정부는 여러 부처를 중심으로 사회통합정책을 추진해 왔으며, 이를 통해 이민자의 정착과 사회적 통합을 촉진하고 있다. 그러나 단기적인 정책 개선만으로는 다문화사회가 안정적으로 정착하기 어려운 만큼, 보다 장기적이고 지속 가능한 정책 방향이 요구된다.

법무부의 사회통합프로그램(KIIP) 운영은 이민자가 한국어와 한국 사회의 법·제도를 이해하고 적응할 수 있도록 지원하는 역할을 하며, 여성가족부의 다문화가족지원정책은 가족관계 형성과 안정적 정착을 위한 다양한 서비스를 제공하고 있다. 또한, 교육부의 이주배경청소년 교육 및 정착 지원 정책은 이주배경학생들의 학습 기회를 확대하고, 언어 및 교육 격차를 해소하는 데 중점을 두고 있으며, 고용노동부의 외국인 근로자 지원 정책은 노동권 보호와 직업훈련을 통한 사회·경제적 자립을 지원하는 데 중요한 역할을 수행하고 있다.

이외에도 보건복지부는 이민자 의료 서비스 지원을 확대하고 있으며, 문화체육관광부는 다문화 감수성 교육과 문화 다양성 증진 정책을 통해 다문화사회로의 전환을 지원하고 있다. 이러한 사회통합정책들은 다양한 측면에서 긍정적인 성과를 거두고 있으며, 법적·제도적 지원 강화, 교육 및 직업 훈련 확대, 다문화 감수성 제고 등의 영역에서 사회통합을 촉진하는 중요한 역할을 수행하고 있다.

그러나 이러한 정책들이 보다 실질적인 효과를 거두기 위해서는 몇 가지 한계를 극복할 필요가 있다. 부처 간 협력이 부족하고, 정책 간 연계성이 미흡하며, 지역 맞춤형 지원이 충분히 이루어지지 않고 있는 점이 지속적인 과제로 남아 있다(문병기 외, 2023). 또한, 외국인 근로자의 노동권 보호 강화, 이민자 대상의 복지 서비스 접근성 확대, 다문화 감수성을 높이기 위한 교육 프로그램 강화 등의 보완이 요구된다.

2. 사회통합정책의 지속 가능성을 위한 제언

앞으로의 사회통합정책은 단기적인 대응을 넘어, 이민자와 국민이 함께 성장하며 정착할 수 있는 지속 가능한 사회통합체계를 구축하는 방향으로 발전해야 한다. 이를 위해 다음과 같은 정책적 방향을 제안한다.

첫째, 부처 간 협력과 정책 연계성을 강화해야 한다. 현재 운영 중인 사회통합자문위원회의 역할을 확대하고, 이민·다문화 정책을 총괄적으로 조정할 수 있는 기능을 보완할 필요가 있다. 출입국 관리, 노동시장 정책, 사회통합 지원이 유기적으로 연결될 수 있도록 부처 간 정기적인 협의체를 운영하고, 중복 정책을 조정하는 체계를 구축해야 한다. 이를 위해 법무부, 여성가족부, 교육부, 고용노동부 등 주요 부처 간 정책 협의 및 정보 공유 시스템을 마련하는 것이 중요하다.

둘째, 외국인 근로자의 노동권 보호를 확대하고, 직업훈련 기회를 강화해야 한다. 이를 위해 고용허가제의 유연성을 확대하고, 외국인 근로자가 지속적으로 경제활동에 참여할 수 있도록 체류 안정성을 보장하는 법적·제도적 지원을 강화해야 한다. 또한, 사업장 이동 제한을 완화하고, 외국인 근로자의 노동권 보호를 위한 법적 조치를 보완할 필요가 있다. 직업훈련 프로그램을 확대하여 숙련 기능 인력(E-7-4 비자) 전환 기회를 보다 체계적으로 운영하고, 외국인 근로자의 경제적 자립과 사회통합을 촉진할 수 있도록 종합적인 지원이 이루어져야 한다.

셋째, 다문화 감수성을 높이기 위한 교육과 인식 개선 활동을 확대해야 한다. 현재 다문화교육은 일부 학교에서만 운영되고 있어 전국적인 시행이 이루어지지 못하고 있다. 따라서 모든 초·중·고등학교에서 다문화 감수성 교육을 정규 교과 과정에 포함하는 방안을 고려해야 한다. 또한, 이주배경학생과 기존 학생 간 교류 프로그램을 활성화하고, 교사 대상 다문화교육 연수를 의무화하는 등의 방안을 통해 교육 현장에서의 다문화 감수성을 높이는 것이 필요하다. 이를 통해 사회적 통합을 촉진하고, 이민자와 국민 간의 상호 이해를 높일 수 있도록 해야 한다.

넷째, 이민자의 의료 및 복지 서비스 접근성을 개선해야 한다. 특히 취약 계층을 위한 의료 지원을 강화하고, 건강보험 적용의 범위를 확대하는 정책이 필요하다. 현재 일부 체류 자격에 따라 건강보험 가입이 제한되는 문제를 해결하고, 산업재해 보호, 정신 건강 지원, 산전·산후 관리 등 이민자 대상의 필수 의료 서비스를 확대해야 한다(장주영 외, 2023). 이를 통해 이민자의 기본적인 건강권을 보장하고, 지역사회 내 안정적인 생활을 지원할 필요가 있다.

다섯째, 중앙정부와 지방자치단체 간 협력을 강화하여 지역 특성을 반영한 맞춤형 사회통합정책을 추진해야 한다. 현재 한국의 사회통합정책은 중앙정부 주도로 일괄적으로 운영되는 경향이 있어, 각 지역별 외국인 주민의 거주 형태와 산업적 특성을 반영한 차별화된 정책이 필요하다. 특히, 외국인 근로자 밀집 지역과 다문화가정이 많은 농어촌 지역에서는 지방자치단체가 주도적으로 정책을 설계하고 실행할 수 있도록 지원해야 한다. 이를 위해 지역 맞춤형 교육, 복지, 고용 지원 프로그램을 강화하고, 지역사회 내 상호 교류를 촉진하는 다양한 사회통합 프로그램을 마련할 필요가 있다.

앞으로의 사회통합정책은 단순한 지원책을 넘어, 이민자와 국민이 상호 협력하며 조화를 이루는 포용적 사회를 구축하는 방향으로 나아가야 한다. 이를 위해 정부뿐만 아니라 시민사회, 교육기관, 기업, 지역사회 등 다양한 주체들이 협력하여 사회통합을 위한 노력을 지속적으로 확대할 필요가 있다.

참고문헌

강동관. (2021). 한국의 인구구조와 외국인 정책 방향: 이민자 유입, 사회통합, 거버넌스. 한국이민정책학회보, 4(2), 3-30.
고용노동부. (2024). 외국인 고용허가제 20주년 백서. 한국산업인력공단.
여성가족부. (2023). 제4차 다문화가족정책 기본계획 (2023~2027). 관계기관 합동.
교육부. (2023). 이주배경학생 인재양성 지원방안 (2023~2027년). 관계부처 합동.
문병기, 황민철 외. (2023). 국민과 이민자의 상호문화 이해증진을 위한 프로그램 개발 및 전달체계 연구: 2023년도 법무부 연구용역 최종보고서. (사)한국행정학회.

박미정, 이진경. (2023). 한국 다문화교육 정책의 현황과 과제. 인문사회21, 14(2).
법무부. (2024). 제4차 외국인정책 기본계획. 출입국·외국인정책본부.
신윤정, 이창원 외. (2018). 인구 변화 대응을 위한 포용적 다문화 정책 방안: 이주 배경 아동의 발생·성장 환경 분석. 한국보건사회연구원.
장주영, 이창원 외. (2023). 국내 이주배경주민 정책 현황 및 개선방안: 연구 최종보고서. 국민통합위원회.
전기택, 김은경 외. (2023). 2022년 다문화사회통합전략 연구. 한국여성정책연구원.
통계청. (2025). 외국인주민 현황. 국가통계포털 KOSIS.
한국학중앙연구원. (2017). 100가지 이야기로 배우는 한국의 역사와 문화.
Lacarte, V., Fix, M., & Batalova, J. (2023). *Immigration and integration in the ever more diverse Houston area. Migratio*n Policy Institute.
OECD. (2024). *International migration outlook 2024*. OECD Publishing.

국제이주와 사회통합: 미국, 캐나다

임동진

제1절 서론

21세기 국제이주는 글로벌 인구구조, 경제, 사회에 깊은 영향을 미치는 핵심 요소로 자리 잡고 있다. 2023년 OECD 회원국으로의 합법적 이민은 사상 최고치를 기록했으며, 신규 영주 이민자가 약 650만 명 유입되어 전년 대비 10% 증가했다(OECD, 2024). 이러한 증가세는 고소득 국가에서 이민이 사회경제적 환경 형성에 점점 더 중요한 역할을 하고 있음을 보여준다. 특히, 미국과 캐나다는 대표적인 이민 수용국으로, 각각 고유한 이민 및 사회통합 정책을 운영하고 있다.

이민 및 사회통합 정책은 경제 성장, 노동시장, 인구구조의 지속 가능성뿐만 아니라 사회적 결속에도 큰 영향을 미친다. 효과적인 이민 및 사회통합 정책은 이민자가 새로운 사회에 원활히 적응하고 기여하도록 돕는 동시에, 사회통합을 촉진하는 역할을 한다. 그러나, 노동시장 경쟁, 다문화주의, 국가 정체성과 같은 사회·정치적 논쟁을 동반하는 경우가 많다(World Bank, 2023). 이러한 요소를 이해하는 것은 포괄적이고 균형 잡힌 이민정책을 수립하는 데 필수적이다.

본 장에서 미국과 캐나다를 연구 대상으로 선정한 이유는 이들 국가가 오랜 이민 수용의 역사가 있으며, 서로 다른 정책 모델을 운영하기 때문이다. 미국은 가족 기반 및 고용 기반 이민을 균형 있게 운영하는 다층적 이민 모델을 채택하고 있다. 반면, 캐나다는 경제 이민을 우선시하는 점수 기반 시스템을 운영하며, 숙련노동 이민을 중심으로 노동시장 수요를 반영하는 정책을 추진하고 있다(Business Roundtable, 2023). 이러한 차별화된 정책 모델을 비교·분석하여 각 이민정책의 효과성과 사회적 영향을 평가할 수 있다.

본 장에서는 미국과 캐나다의 국제이주와 사회통합 정책을 다음 네 가지 주요 내용으로 설명하고자 한다.

① 국제이주의 역사적 발전: 시기별 국제이주의 발전 및 변화과정
② 국제이주의 현황 및 이민정책: 이민의 유입 및 유출, 인구학적 특성, 이민 유형 등
③ 이민자 사회통합 정책: 사회통합 모델, 법적 기반 및 주요 프로그램 등
④ 이민 및 사회통합 정책의 성과와 과제: 경제적 기여 및 노동시장 통합, 정치 및 여론의 도전과제 등

본 장은 총 4개 절로 구성되어 있다. 1절에서는 국가 선정 이유 및 주요 논의 내용을 설명하고, 2~3절에서는 미국, 캐나다의 국제이주 및 사회통합 정책을 위의 네 가지 측면에서 심층적으로 기술하고자 한다. 마지막으로, 4절에서는 두 국가의 이민정책과 이민자 사회통합 정책의 주요 내용과 특징을 비교하고자 한다. 이는 미국과 캐나다의 이민 및 사회통합 정책이 어떻게 운영되고, 각국의 사회에 어떠한 영향을 미치는지를 종합적으로 이해하는 데 도움이 될 것이다.

제2절 미국

1. 국제이주의 역사적 발전

미국의 이민 역사는 경제적, 사회적, 정치적 요인에 의해 형성되었으며 크게 보면 다섯 시기로 구분할 수 있다. 초기 개방적 이민정책에서 점점 더 규제가 강화된 현대 이민 시스템으로 국제이주 경향이 변화해 왔다.

첫 번째는 식민지 시대부터 19세기 중반(1600년대-1860년대) 시기이다. 식민지 시대 동안 영국, 독일, 네덜란드 출신 유럽 정착민들이 경제적 기회와 종교적 자유를 찾아 북아메리카로 이주했다. 대서양 노예무역을 통해 수백만 명의 아프리카인이 미국 식민지로 강제로 이주하였다(Zolberg, 2006). 19세기에는 아일랜드와 독일 출신 이민자들이 경제적 어려움과 정치적 불안으로 인해 대거 유입되었다(Ngai, 2004).

두 번째는 산업화와 대규모 이민(1870년대-1920년대) 시기이다. 19세기 후반과 20세기 초반은 산업화로 인해 대규모 이민이 발생한 시기였다. 이탈리아, 폴란드, 유대인 등 남유럽 및 동유럽 출신 이민자들이 공장, 광산, 철도 건설에 종사하기 위해 대거 유입되었다(Zolberg, 2006). 미국 정부는 대체로 개방적인 이민정책을 유지했으나, 1882년 중국인 배제법(Chinese Exclusion Act of 1882)과 같은 법률이 도입되면서 민족별 이민 제한 정책(ethnic-based immigration restrictions)이 시작되었다(Ngai, 2004).

세 번째는 이민 제한과 국적별 할당제(1920년대-1965년) 시기이다. 1924년 이민법은 '국적별 할당제(national origins quota system)'를 도입하여 서유럽 이외 국가의 이민을 크게 제한하였다. 이 시기에는 전반적인 이민 감소가 있었으나, 멕시코 출신 임시 노동자들은 '브라세로 프로그램(Bracero

Program)¹'(1942-1964년)을 통해 계속 유입되었다(Massey & Pren, 2012). 이 할당제는 인종적·국가적 편견을 반영하여 이민자의 다양성을 제한하였다(Ngai, 2004).

네 번째는 1965년 이후 이민 개혁과 다양화(1965년-1990년대) 시기이다. 1965년 이민 및 국적법(Immigration and Nationality Act of 1965)은 국적별 할당제(the quota system)를 폐지하고 가족 초청 및 숙련 노동자를 우선시하는 새로운 시스템을 도입했다. 이로 인해 라틴아메리카, 아시아, 아프리카 출신 이민자 유입이 증가하며, 이민자 구성에 큰 변화를 가져왔다(Massey & Pren, 2012). 1986년 이민 개혁 및 통제법(Immigration Reform and Control Act: IRCA)은 수백만 명의 불법 이민자에게 사면을 제공하는 한편, 국경 보안 조치를 강화하였다(Donato & Ferris, 2020).

마지막은 현대의 국제이주 경향과 정책적 논쟁(2000년대-현재) 시기이다. 21세기에는 세계화, 경제적 요인, 보안 문제 등으로 인해 국제이주 경향이 변동을 거듭하고 있다. 2012년 도입된 '청소년 추방 유예 프로그램(The Deferred Action for Childhood Arrivals, DACA)'은 불법 체류 청소년에게 일시적 구제를 제공했으며, '2017년 여행 금지(the 2017 travel ban)²' 조치는 미국의

---

1 브라세로 프로그램(Bracero Program)은 1942년부터 1964년까지 운영된 미국과 멕시코 간의 노동 협정으로, 수백만 명의 멕시코 노동자가 미국의 농업 및 철도 산업에서 일할 수 있도록 허용한 제도였다. 제2차 세계대전 중 노동력 부족을 해결하기 위해 도입된 이 프로그램은 20년 이상 지속되며 양국 간 이주 패턴과 노동관계에 큰 영향을 미쳤다. 그러나 멕시코 노동자들에게 고용 기회를 제공하는 한편, 착취적인 근무 환경과 노동 보호 부족으로 인해 비판을 받기도 했다. 1964년 프로그램이 종료 후, 미국의 이민정책은 변화했고, 불법 이주의 증가로 이어졌다(Cohen, 2011).
2 2017년 여행 금지령(2017 Travel Ban), 또는 행정명령 13769호(Executive Order 13769)는 트럼프 행정부가 시행한 정책으로, 주로 이슬람권 국가 출신 개인들의 미국 입국을 제한하는 조치였다. 2017년 1월 처음 발표된 이 행정명령은 법적 논란 속에서 여러 차례 수정되었으며, 2018년 미국 대법원이 최종적으로 승인하였다. 그러나 해당 정책은 차별적인 성격과 이민자 및 난민 공동체에 미친 영향 때문에 많은 비판을 받았다(Gjelten, 2018). 이후 2021년 조 바이든 대통령이 행정명령으로 철회하면서 공식적으로 종료되었다.

이민정책 변화에 대한 정치적 논쟁을 불러일으켰다(Donato & Ferris, 2020). 최근 논쟁은 국경 보안, 난민 보호 정책, 불법 체류자의 시민권 취득 경로에 초점을 맞추고 있다(Massey & Pren, 2012).

2. 국제이주 현황 및 이민정책

1) 국제이주의 현황

① 이주의 유입 및 유출

최근 미국으로의 국제이주 패턴에 있어서 상당한 변화가 나타나고 있다. 2023년 기준, 미국의 외국 출생 인구는 4,780만 명으로 전년 대비 160만 명 증가했으며, 이는 지난 20년 동안 가장 큰 연간 증가 폭이다(Pew Research Center, 2024). 이러한 원인은 순 국제이주(net international migration) 증가에 있으며, 2023년부터 2024년까지 미국의 총인구 증가(330만 명) 중 84%를 차지하였다(U.S. Census Bureau, 2024). 합법적인 이민도 팬데믹 이후 회복세를 보였다. 2023 회계연도 동안 미국 국무부는 관광객, 유학생 등을 포함한 1,040만 개의 임시 비자를 발급하였으며, 이는 2019 회계연도(870만 개) 대비 증가한 수치이다(Migration Policy Institute, 2024). 또한, 2024 회계연도 동안 81만 8,500명이 시민권을 취득하였다(U.S. Citizenship and Immigration Services, USCIS, 2025).

② 이민자의 인구학적 구성

미국의 이민자 집단은 출신국, 연령, 성별, 기술 수준 등에서 다양성을 보인다. 2023년 기준, 5,130만 명의 외국 출생 인구 중 약 49%가 미국 시민권자, 19%가 영주권자, 나머지 32%는 다양한 임시 비자 소지자 또는 불법 체류자이다(PBS NewsHour, 2025). 주요 출신국으로는 멕시코, 인도, 중국, 필리핀, 엘살바도르가 포함된다. 최근 이민자들은 비교적 젊은 연령층이 많으며, 이들 중 78%가 경제활동 연령에 해당하는 반면, 미국 태생 인구의 같은 연령층 비율은 60%에 불과하다. 이처럼 젊은 이민자들은 노동력 부족이 심각한 산업에서 중요한 역할을 하고 있다(The Wall Street Journal, 2024).

③ 국제이주의 유인 요인과 추진 요인

미국으로의 국제이주는 다양한 요인의 영향을 받는다. 경제적 기회와 노동시장의 수요는 주요 유인 요인(pull factor)으로 작용하며, 많은 이민자들이 더 나은 생활을 찾아 미국으로 유입되고 있다. 특히, 미국의 의료 부문(healthcare sector)[3]은 증가하는 수요를 충족하기 위해 이민 노동력에 크게 의존하고 있다(American Immigration Council, 2023c). 반면, 본국에서의 정치적 불안정, 경제적 어려움, 폭력 등은 주요한 국제이주 추진 요인(push factor)으로 작용한다(Pew Research Center, 2024). 또한, 인도적 프로그램(예: 인도적 사유의 임시 체류 허가, parole admissions)도 국제이주 패턴을 형성하는 데 중요한 역할을 하고 있다(El País, 2024).

2) 이민정책

① 이민정책의 역사적 배경 및 발전 과정

제2차 세계대전 이후 미국은 1920년대에 도입된 국적별 할당제(national origins quota system)를 유지하였으며, 이는 북유럽과 서유럽 출신 이민자

---

3 미국 의료 부문은 인력 부족과 증가하는 의료 수요로 인해 의사 및 외과의, 간호사, 개인 간병인 및 가정 건강 보조원, 그리고 의학 기술자 및 약사를 포함한 보건 관련 직종에서 이민 노동력에 크게 의존하고 있다(American Immigration Council, 2023b).

들에게 유리한 구조였다. 1952년 제정된 이민 및 국적법(Immigration and Nationality Act of 1952, McCarran-Walter Act)은 기존의 국적별 할당제를 유지하면서도 아시아계 이민자의 입국을 허용하였으나 제한적인 수의 비자를 배정하였다(Immigration and Nationality Act of 1952). 이후 1965년 이민 및 국적법 개정(Hart-Celler Act)을 통해 국적별 할당제가 폐지되고, 가족초청(family reunification) 및 숙련 이민(skilled immigration)을 우선하는 새로운 선발 방식이 도입되었다(Immigration and Nationality Act of 1965). 이로 인해 아시아 및 라틴 아메리카 출신 이민자의 유입이 증가하며 미국의 이민자 구성이 더욱 다양해졌다.

1986년 이민개혁 및 통제법(Immigration Reform and Control Act, IRCA)은 고용주가 불법 이민자를 고용하는 경우 제재를 가하는 조항을 도입하는 한편, 동시에 약 270만 명의 불법 이민자에게 사면(amnesty)을 제공하였다(Immigration Reform and Control Act of 1986). 1990년 이민법 개정(Immigration Act of 1990)을 통해 연간 이민 쿼터가 확대되었으며, 다양성 비자 추첨(Diversity Visa Lottery)이 도입되어 이민자가 적은 국가 출신자들에게 영주권을 부여하는 제도가 마련되었다(Immigration Act of 1990).

② 주요 이민 유형

미국의 이민제도는 이민 및 국적법(Immigration and Nationality Act, INA)을 기반으로 운영되며, 연간 최대 675천 명의 영주 이민자(permanent immigrants)를 선발할 수 있도록 규정되어 있다(American Immigration Council, 2023a). 주요 이민 유형은 다음과 같다. 이민 유형은 크게 ① 가족초청이민, ② 취업이민, ③ 다양성 비자 추첨, ④ 난민 및 망명, ⑤ 인도적 보호 프로그램으로 구분된다.

먼저, 가족초청 이민(Family-Based Immigration)은 가족 재결합(family reunification)을 우선시하며, 미국 시민권자 또는 영주권자가 가족을 초청할 수 있도록 한다. 직계 가족형(Immediate Relatives)은 시민권자의 배우자, 미성년 자녀, 부모는 연간 제한 없이 초청 가능하고, 가족 초청 우선순위형(Family Preference System)은 형제자매, 성인 자녀 등이 연간 쿼터에 따라 제한된다 (USCIS, 2023).

다음으로, 미국의 취업이민(Employment-Based Immigration)은 다음과 같이 5가지 우선순위(EB-1~EB-5)로 나뉜다: EB-1(특출난 능력 보유자, 저명한 교수·연구자, 다국적 기업 임원), EB-2(석사 학위 이상 보유자 또는 특별한 능력 보유자), EB-3(숙련 노동자, 전문직, 비숙련 노동자), EB-4(종교인, 국제기구 직원 등 특정 이민자), EB-5(미국 내 사업 투자 및 고용 창출을 조건으로 한 투자이민)(U.S. Department of State, 2023). 2023 회계연도 기준, 약 140천 개의 취업 이민 비자가 할당되었으며, 높은 수요로 인해 일부 카테고리는 신청 대기 시간이 길어지고 있다(U.S. Department of State, 2023).

셋째, 다양성 비자 추첨(Diversity Visa Lottery)이 있다. 1990년 이민법 개정에 따라 매년 55천 개의 영주권이 이민자가 적은 국가 출신자들에게 배정된다. 지원자는 학력 및 경력 요건을 충족해야 하며, 추첨을 통해 선발된다 (U.S. Department of State, 2023).

넷째, 난민 및 망명(Refugees and Asylees)이 있다. 미국은 박해를 피해 이주한 난민(refugees)과 망명 신청자(asylees)를 보호한다. 구체적으로, 난민 (refugees)은 본국을 떠나 해외에서 보호를 신청하는 경우이고, 망명 신청자(asylees)는 미국 입국 후 또는 국경에서 망명을 신청하는 경우를 의미한다. 2023 회계연도 기준, 연간 난민 수용 상한선은 125천 명이었으나, 행정적 처리 문제로 인해 실제 수용 인원은 목표치보다 적었다(Migration Policy Institute, 2023).

마지막으로, 인도적 보호 프로그램(Humanitarian Relief Programs)이 있다.

미국은 임시 보호 신분(Temporary Protected Status, TPS) 및 유예 추방(Deferred Enforced Departure, DED)을 통해 전쟁, 환경 재해 등으로 본국으로 돌아갈 수 없는 이민자에게 임시 체류 허가를 부여하고 있다(USCIS, 2023).

③ 2010년 이후 최근 이민정책 동향 및 이슈

2010년 이후 미국의 이민정책은 정책 변화 및 논쟁이 지속되었다. 첫째, 2012년, '청소년 추방 유예 프로그램(DACA)'이 도입되며, 어린 시절 미국에 불법 입국한 청년들(Dreamers)에게 추방 유예 및 노동 허가를 부여하였다. 하지만 DACA는 법적 논란과 행정부의 정책 변경으로 인해 지속적인 불확실성에 직면해 있다(American Immigration Council, 2023a).

다음으로, 2010년대에는 국경 통제(border security) 및 이민 단속 강화가 주요 이슈였다. 가족 분리 정책(Family Separation Policy), 멕시코 잔류 정책(Remain in Mexico)(망명 신청자가 심사받는 동안 멕시코에서 대기하도록 하는 제도)이 대표적이다(Migration Policy Institute, 2023).

마지막으로, 최근 이민 개혁 논의는 노동시장 수요, 난민 정책, 불법이민 문제를 중심으로 이루어지고 있다. 불법 체류자에 대한 시민권 취득 경로 마련, 고숙련 취업이민(Employment-Based Immigration) 제도 개선, 국경 보안 강화 및 난민 보호 확대 등이 주요 개혁안으로 제시되었으나, 정치적 대립으로 인해 포괄적인 이민개혁은 여전히 난항을 겪고 있다(American Immigration Council, 2023a).

3. 이민자 사회통합 정책

1) 제2차 세계대전 이후의 사회통합 모델

제2차 세계대전 이후, 미국은 주로 동화주의(assimilationism) 모델을 기반으로 이민자 통합 정책을 운영해 왔다. 이는 흔히 "용광로(melting pot)" 모델로 불리며, 이민자들이 주류 사회의 문화 규범과 가치를 수용하도록 장려하는 방식이다. 이러한 동화주의 모델은 국가적 통합을 유지하고 사회적 결속력을 강화하는 것을 목표로 하였다. 시간이 지나면서 다문화주의(multiculturalism)를 인정하고 문화적 다양성을 존중하려는 움직임이 나타났으나, 미국의 사회통합 정책에서는 여전히 동화주의가 중요한 개념으로 유지되고 있다(National Academies of Sciences, Engineering, and Medicine, 2015).

2) 이민자 사회통합 정책의 법적 기반 및 주요 프로그램

미국의 이민자 사회통합 정책은 다양한 연방 법률과 프로그램을 기반으로 하며, 연방, 주, 지방 정부, 지방 정부 차원에서 시행되고 있다.

① 연방 정부(Federal Level)

1980년 난민법(Refugee Act of 1980)은 보건복지부(Department of Health and Human Services) 산하의 난민 정착국(Office of Refugee Resettlement, ORR)을 설립했다. 난민 정착국(ORR)은 주로 난민과 망명 신청자를 대상으로 취업 지원, 영어 교육, 문화 적응 프로그램을 제공하는 역할을 한다. 또한, 미국 이민국(U.S. Citizenship and Immigration Services, USCIS)은 시민권 및 통합 보조금 프로그램(Citizenship and Integration Grant Program)을 운영하며, 시민권 취득을 지원하는 단체에 자금을 제공하고 있다. 2025 회계연도 기준, 이 프로그램의 예산은 10백만 달러로 책정되었다(U.S. Department of Homeland Security, 2024).

② 주 정부(State Level)

각 주 정부는 자체적으로 통합 프로그램을 운영하며, 주로 교육, 의료,

취업 지원을 중심으로 이루어진다. 예를 들어, 캘리포니아의 이민자 통합국(Immigrant Integration Branch)은 이민자들의 지역사회 정착을 돕기 위해 다양한 지원 서비스를 제공한다. 그러나 주별 정책에는 차이가 있으며, 일부 주에서는 더욱 포괄적인 통합 서비스를 제공하는 반면, 일부 주에서는 제한적인 지원만 제공하고 있다(National Academies of Sciences, Engineering, and Medicine, 2015).

③ 지방 정부(Local Level)

지방정부와 지역사회단체들은 이민자 통합을 위한 핵심적인 역할을 담당한다. 뉴욕, 시카고와 같은 대도시에서는 이민자 담당 부서(Offices of Immigrant Affairs)를 운영하며, 법률 지원, 언어 교육, 직업 훈련 프로그램을 제공하고 있다. 이러한 지역 차원의 정책은 각 지역사회의 이민자 구성과 특성에 따라 맞춤형으로 운영된다(National Academies of Sciences, Engineering, and Medicine, 2015).

3) 사회통합 프로그램의 특징, 예산 규모 및 이용 현황

미국의 이민자 사회통합 프로그램은 분권화된(decentralized) 방식으로 운영되며, 정부 차원 및 민간 부문에서 다양한 지원이 이루어진다.

먼저, 프로그램 특징(Program Characteristics)으로, 사회통합 프로그램은 언어 교육, 취업 지원, 시민 교육을 중심으로 구성된다. 예를 들어, 난민 정착국(ORR)에서 운영하는 프로그램에는 직업 훈련 및 영어(ESL) 수업이 포함되어 있으며, 이민자들이 경제적으로 자립할 수 있도록 돕는 것이 목표이다(National Academies of Sciences, Engineering, and Medicine, 2015).

다음으로 예산 규모(Budget Allocations)를 살펴보면, 이민자 사회통합 프로그램의 재정 지원은 연방, 주, 지방 정부 및 민간 기부금 등을 통해 이루어진다. 난민 정착국(ORR)의 예산 규모는 정책 변화와 난민 수용 인원에 따라 달라진다. 2023 회계연도 기준, 미국 이민국(USCIS)의 시민권 및 통합 보조금 프로그램(Citizenship and Integration Grant Program)에는 25백만 달러가 배정되었지만, 2025년에는 1천만 달러로 축소될 예정이다(U.S. Department of Homeland Security, 2024).

마지막으로 이민자 통합프로그램 이용 현황(Program Utilization)을 보면, 미국 내 이민자 통합 프로그램의 이용자 수에 대한 정확한 데이터는 기관마다 차이가 있지만, 난민과 망명 신청자를 중심으로 상당수가 혜택을 받고 있다. 1990년부터 2022년까지 미국은 210만 명 이상의 난민을 수용했으며, 80만 명 이상의 망명 신청자에게 보호를 제공했다. 이들 중 상당수가 사회통합 프로그램을 통해 정착 지원을 받았다(National Academies of Sciences, Engineering, and Medicine, 2015).

4. 성과와 과제

1) 이민 및 사회통합 정책의 성과

① 경제적 기여 및 노동시장 통합

이민자는 미국 경제의 핵심 구성 요소로, 다양한 산업에서 노동력을 제공하며 생산성과 혁신을 촉진한다. National Academy of Sciences(2017)에 따르면, 이민은 특히 기업가정신과 일자리 창출을 통해 경제 성장에 순기능을 한다. 이민자가 설립한 기업은 포츈 500대 기업의 약 45%를 차지하며, 주로 기술, 의료, 금융 부문에서 활약하고 있다(American Immigration Council, 2022). 이민자는 농업, 건설, 의료 분야에서 노동력 부족을 보완하며, 미국 전체 노동력의 17.4%를 차지한다(Bureau of Labor Statistics, 2022). 연구에 따르면, 장기적으로 이민은 임금 상승과 고용 기회를 증가시켜 미국 노동시장에 긍정적인 영향을 미친다(Peri, 2020).

② 정책 혁신 및 모범 사례

미국은 이민자의 경제적·사회적 통합을 촉진하고, 노동시장 수요에 대응하기 위해 다양한 정책을 시행하고 있다. H-1B 비자 프로그램[4]은 미국 기업들이 STEM(과학, 기술, 공학, 수학) 분야의 고급 기술 인력을 유치할 수 있도록 도와주며, 이는 미국의 글로벌 경쟁력을 강화하는 데 기여하고 있다(Kerr et al., 2016). 또한, 청소년 추방 유예 프로그램(DACA)은 60만 명 이상의 서류미비 청소년 이민자에게 취업 허가 및 법적 보호를 제공하고 있다(Migration Policy Institute, MPI, 2023). 이외에도 다양성 비자 복권(Diversity Visa Lottery) 프로그램은 대표성이 부족한 지역에서의 이민을 촉진하여 다문화주의와 경제적 다양성을 증진시키는 역할을 한다. 주정부 차원에서도 노동력 개발 프로그램과 영어 교육 프로그램을 운영하여 이민자의 경제 및 사회통합을 지원하고 있다.

③ 사회 및 정치적 통합

여러 도전과제에도 불구하고, 미국에서는 이민자의 사회적 및 정치적 통합이 점진적으로 개선되고 있다. 미국은 매년 약 84만 명이 시민권을 취득하는 등 높은 귀화율을 기록하고 있다(Department of Homeland Security, 2022).

4　H-1B 비자는 미국 고용주가 최소 학사 학위 이상의 전문직 외국인을 고용할 수 있도록 허용하는 임시 비이민 취업 비자(temporary, non-immigrant work visa)로, 연간 85,000개 한도(석사 이상 소지자 20,000개 포함)가 설정되어 있다(USCIS, 2024). "이중 의도(dual intent)" 원칙에 따라, 비자 소지자는 미국에서 계속 근무하며 취업 기반(EB) 영주권 신청이 가능하며, 주로 EB-2(고급 학위) 또는 EB-3(숙련·전문직) 카테고리를 통해 진행된다(DOL, 2024). 이에 따라 H-1B는 미국 내 외국인 전문가들의 주요 영주권 취득 경로로 활용된다.

또한, 이민자 유권자의 정치적 참여가 증가하고 있으며, 2020년 대통령 선거 당시 미국 유권자의 약 10%가 귀화 이민자로 구성되었다(Pew Research Center, 2021). 또한, 연방 및 지방 정부에서 이민자 출신 정치인의 수가 증가하며 대표성이 강화되고 있다. 연구에 따르면, 이민자의 2세대는 부모 세대보다 교육 수준과 소득 수준이 높아지는 경향을 보이며, 이는 장기적인 사회통합의 성공을 나타낸다(Portes & Rumbaut, 2014).

2) 이민 및 사회통합 정책의 과제

① 정치 및 여론의 도전 과제

이민 문제는 미국 정치에서 가장 논란이 큰 이슈 중 하나이며, 정책 논의는 정당 간 이념 대립으로 인해 자주 교착 상태에 빠진다. 대부분의 미국인은 합법적인 이민을 지지하지만, 국경 보안, 서류미비 이민, 난민 정책과 관련된 문제는 정치적 양극화를 심화시키고 있다(Gallup, 2023). 포괄적인 이민개혁을 위한 입법 시도는 수십 년간 정체되어 왔으며, 가장 최근의 대규모 개혁은 1986년 이민개혁 및 통제법(Immigration Reform and Control Act)이었다. 또한, 행정부가 바뀔 때마다 이민정책이 급격히 변동하며, 이는 이민자와 기업들에게 불확실성을 초래한다. 주(州) 단위에서의 이민정책 역시 큰 차이를 보이며, 일부 주에서는 이민자 친화적인 정책을 시행하는 반면, 다른 주에서는 엄격한 이민 규제를 도입하고 있다.

② 사회경제적 불평등 및 통합 장벽

이민자는 경제적 기여에도 불구하고 사회경제적 불평등을 겪으며 완전한 통합에 어려움을 겪고 있다. 임금 격차가 지속되며, 특히 영어 능력이 부족한 외국 출신 노동자의 경우 미국 출생 노동자보다 낮은 중위소득을 기록한다(Bureau of Labor Statistics, 2022). 또한, 학력과 기술 인증의 상호 인정 부족이 주요 장애물로 작용하며, 특히 의료 및 공학 분야의 숙련 이민자들이 자신들의 전문성을 살리지 못하고 저숙련 일자리에 종사하는 경우가 많다(New American Economy, 2021). 더욱이, 교육, 의료 서비스 접근성, 주거비용 등에서 나타나는 격차는 이민자 가정의 경제적 안정성을 위협하며, 특히 서류미비 이민자는 연방 지원 프로그램을 이용할 수 없어 더욱 어려움을 겪는다.

③ 정책 한계 및 미래 과제

미국의 이민 시스템은 여러 구조적 한계를 가지고 있어 변화하는 인구구조 및 노동시장 요구에 효과적으로 대응하지 못하고 있다. 비자 및 난민신청 적체 문제로 인해, 이민자들은 법적 지위를 얻기까지 오랜 시간 대기해야 한다(USCIS, 2023). 1천1백만 명 이상의 서류미비 이민자는 여전히 법적 지위를 확보할 방법이 없는 상태에 놓여 있다(Pew Research Center, 2023). 또한, 미국의 노동 인구가 고령화되고 출산율이 감소하는 상황에서, 이민 정책이 경제 성장과 노동력 수요를 충족할 수 있도록 개선될 필요가 있다. 미래에는 기후 변화로 인한 이민 증가 및 국제 난민 위기가 예상되며, 미국은 이에 대응해 난민 및 인도주의적 정책을 재검토해야 한다.

제3절 캐나다

1. 국제이주의 역사적 발전

캐나다의 이민 역사는 경제적 필요, 정치적 결정, 국제적 사건들에 따라 형성되었으며, 크게 다섯 시기로 구분할 수 있다. 시간이 지나면서 이민정책은 초기 배제 중심에서 숙련 노동자를 우선하는 점수제 시스템으로 변화해 왔다.

첫 번째는 초기 정착과 유럽의 지배적 이주(1600년대-1914년) 시기이다. 유럽의 식민지 개척으로 인해 대규모 이주가 발생했으며, 초기 이민자는 주로 프랑스와 영국 출신이었다. 19세기 후반, 캐나다 태평양 철도의 건설로 유럽 이민이 증가했으며, 이는 서부 지역 정착을 촉진하는 역할을 했다(Knowles, 2016).

두 번째는 이민 제한 정책(1914-1945년) 시기이다. 제1차 세계대전과 대공황으로 인해 이민이 제한되었으며, 비영국계 및 비유럽계 이민자의 유입이 크게 감소했다. 1923년 제정된 중국인 이민법(Chinese Immigration Act)은 사실상 중국인의 이민을 금지했으며, 이는 당시의 인종적 편견을 반영한 것이었다(Triadafilopoulos, 2012).

세 번째는 전후 이민 붐과 정책 개혁(1945-1967년) 시기이다. 제2차 세계대전 이후, 캐나다는 점진적으로 이민을 개방하며, 전쟁으로 인해 발행한 난민을 받아들이기 시작했다. 1952년 제정된 이민법(Immigration Act)은 유럽계 이민자들에게 유리한 정책을 강화했다(Kelley & Trebilcock, 2010).

네 번째는 점수제 이민 시스템 도입(1967-1990년대) 시기이다. 1967년, 캐나다는 이민 신청자를 교육 수준, 직업 경험, 언어 능력을 기준으로 평가하는 점수제 이민 시스템(points-based immigration system)을 도입하였다. 이로 인해 아시아, 아프리카, 카리브해 지역 출신 이민이 증가하며, 캐나다의 인구 구성이 더욱 다양해졌다(Triadafilopoulos, 2012).

마지막은 현대 이민 경향과 정책(1990년대-현재) 시기이다. 캐나다는 숙련 노동자 이민, 가족 재결합, 인도적 프로그램을 중심으로 이민정책을 지속적으로 개선하고 있다. 1990년대 도입된 주정부 추천 프로그램(Provincial

Nominee Program, PNP)은 각 주정부가 지역 노동 시장 수요에 맞춰 이민자를 선발할 수 있도록 했다(Kelley & Trebilcock, 2010). 캐나다는 현재 세계에서 가장 많은 이민자를 수용하는 국가 중 하나로, 연간 이민자 수는 40만 명을 초과하고 있다(Government of Canada, 2022).

2. 국제이주 현황 및 이민정책

1) 국제이주 현황

① 이주의 유입 및 유출

최근 캐나다의 이민 유입이 증가하고 있다. 2023년, 캐나다는 약 471,550명의 신규 영주권자를 받아들였으며, 이는 역대 최고 기록으로 전체 인구의 약 1.18%를 차지한다(IRCC, 2024). 이러한 증가세는 2024년에도 지속되어 483,390명의 영주권자가 추가로 유입되었다(IRCC, 2024). 2024년 기준, 주요 출신국은 인도(26.34%), 필리핀(6.68%), 중국(6.2%) 순이다(Statistics Canada, 2024). 영주권자 외에도 캐나다는 2023년에 604,000명 이상의 임시 노동자를 받아들였으며, 이들은 의료, 기술, 건설 등 다양한 산업에서 노동력 부족을 보완하는 역할을 하고 있다(IRCC, 2024).

② 이민자의 인구학적 구성

2021년 기준, 이민자는 캐나다 전체 인구의 23%를 차지하며, 이는 지난 150년 동안 가장 높은 비율이며 G7 국가 중 가장 높은 수준이다(Government of Canada, 2023). 이민자들은 다양한 배경을 가지고 있으며, 주요 인구 집단으로는 남아시아계(7.1%), 중국계(4.7%), 흑인(4.3%)이 포함된다(Statistics Canada, 2023). 이민자들은 대체로 젊은 연령층이 많아 경제활동 인구 비율이 높으며, 노동력 부족 해소와 경제 성장에 기여하고 있다(Statistics Canada, 2024). 또한, 캐나다의 이민 시스템은 기술 이민자를 유치하는 데 초점을 맞추고 있으며, '신속 이민 선발제도(Express Entry System, EES)[5]과 같은 프로그램을 통해 숙련 노동자를 적극적으로 받아들이고 있다(Government of Canada, 2024).

③ 국제이주의 유인 요인과 추진 요인

캐나다의 이민정책은 경제 성장과 인구 문제 해결을 위해 숙련 노동자 유치에 중점을 두고 있다. 높은 생활 수준, 우수한 의료 및 교육 시스템은 강력한 유인 요인(pull factor)으로 작용한다(Government of Canada, 2024). 또한, 캐나다의 다문화주의와 포용적인 사회 분위기는 이민자들에게 매력적인 요소로 작용하고 있다(Statistics Canada, 2023). 반면, 경제 불안정, 정치적 불안, 본국에서의 기회 부족 등의 요인으로 인해 많은 사람이 캐나다로 이주하고 있다. 또한, 캐나다는 난민 보호 및 정착 지원을 통해 인도적 임무를 수행하고 있다(IRCC, 2024).

2) 이민정책

① 이민정책의 역사적 배경 및 발전 과정

제2차 세계대전 이후, 캐나다는 기존의 제한적이고 차별적인 이민정책

---

5 신속 이민 선발제도(EES)는 2015년 캐나다가 도입한 온라인 이민 선발 시스템으로, 연방 기술이민(FSWP), 연방 기술직종이민(FSTP), 캐나다경험이민(CEC) 등 세 가지 경제 이민 프로그램의 영주권 신청을 관리하며, 종합 점수 시스템(CRS)을 활용해 연령, 학력, 경력, 언어 능력 등을 평가한 후 상위 점수자에게 영주권 신청 초청장(ITA)을 제공하며, 주 정부 추천 프로그램(PNP)과 연계되어 각 주의 노동 시장 수요에 맞는 숙련 노동자를 선발할 수 있도록 지원한다(Government of Canada, 2023).

을 개혁하기 시작했다. 1952년 이민법(Immigration Act of 1952)이 제정되어 행정 절차가 간소화되고 장관과 정부 기관의 권한이 명확해졌으나, 여전히 국적, 인종, 적합성 여부에 따른 이민 제한 조항을 유지했다(Pier 21, n.d.).

1976년 제정된 이민법(Immigration Act of 1976)은 캐나다 이민정책의 근본적인 목표를 설정하는 중요한 전환점이 되었다. 이 법은 가족 재결합(family reunification), 인도주의적 보호(humanitarian concerns), 경제 및 문화 발전을 주요 목표로 삼았으며, 난민 및 취약 계층을 보호하는 지정 클래스(designated classes) 개념을 도입했다(Government of Canada, 2023).

2002년 제정된 이민 및 난민 보호법(Immigration and Refugee Protection Act, IRPA)은 1976년 이민법을 대체하며, 이민자 선발 기준을 경제적 기여 가능성 중심으로 개편하였다. 점수제(points-based system)가 도입되어 신청자의 학력, 언어 능력, 직업 경험 등을 평가하여 캐나다 사회에 적응할 가능성이 높은 인력을 우선 선발하게 되었다(The Canadian Encyclopedia, n.d.).

② 주요 이민 유형

캐나다의 이민 시스템은 경제 성장, 가족 재결합, 인도적 지원을 반영하여 다양한 이민 유형을 운영한다.

첫째는 경제 이민(Economic Class)이다. 이 카테고리는 캐나다 경제에 기여할 수 있는 숙련 노동자와 투자자를 대상으로 한다. 주요 프로그램은 다음의 다섯 가지이다. ① 연방 숙련 노동자 프로그램(Federal Skilled Worker Program, FSWP): 신청자는 연령, 학력, 경력, 영어/불어 능력 등의 요소를 바탕으로 점수제를 통해 평가된다. ② 연방 숙련 기술자 프로그램(Federal Skilled Trades Program, FSTP): 숙련 직업군(배관공, 용접공 등)에 종사하는 노동자 대상, 취업 제안 또는 자격증 소지 필수이다. ③ 캐나다 경험 클래스 (Canadian Experience Class, CEC): 캐나다 내에서 1년 이상 숙련 노동 경험이 있는 이민자 대상으로, 현지 노동시장과의 연계성을 중시한다. ④ 주정부 추천 프로그램(Provincial Nominee Program, PNP): 각 주 및 준주 지역 경제 필요에 맞는 이민자를 직접 선발하는 프로그램이다. ⑤ 대서양 이민 프로그램(Atlantic Immigration Program): 캐나다 대서양 연안 지역(뉴펀들랜드·노바스코샤 등)에서 고용주가 직접 외국인을 채용할 수 있도록 지원하는 프로그램이다. 2023년 캐나다는 471,808명의 영주 이민자(permanent residents)를 수용했으며, 이 중 약 58%가 경제 이민을 통해 입국했다(Government of Canada, 2024).

둘째는 가족 초청 이민(Family Class)이다. 캐나다 시민권자와 영주권자가 가족을 초청할 수 있도록 지원하는 제도이다. 후원자(sponsor)는 일정 기간 경제적 지원을 제공해야 하며, 초청 대상은 다음의 3가지이다. ① 배우자 및 사실혼 배우자(Spouses and Common-Law Partners): 법적으로 인정된 동거 및 동성 파트너가 포함된다. ② 부양 자녀(Dependent Children): 22세 미만의 미혼 자녀이다. ③ 부모 및 조부모(Parents and Grandparents): 연간 쿼터 및 재정 요건 적용이 된다. 2023년 가족 초청 이민은 전체 신규 영주권자의 약 27% 비율을 차지했다(Government of Canada, 2024).

셋째는 난민 및 보호 이민(Refugees and Protected Persons)이다. 캐나다는 국제 난민 보호의 선두 국가로서, 다음과 같은 프로그램을 운영하고 있다. ① 정부 지원 난민(GARs, Government-Assisted Refugees): UN 난민기구(UNHCR)에서 추천한 난민을 캐나다 정부가 지원하여 정착시키는 프로그램이다. ② 민간 후원 난민(PSRs, Privately Sponsored Refugees): 비영리 단체 또는 개인 그룹이 재정 및 정착 지원을 제공하는 방식이다. ③ 난민 신청자(Refugee Claimants): 캐나다 입국 후 또는 국경에서 망명을 신청하여 보호 여부를 평가받는 경우이다. 2023년 캐나다는 다수의 난민을 재정착시키며 인도적 지원을 지속했다. 2019년에 캐나다는 30,087명의 난민을 재정착

(resettled refugees)시켰으며, 난민 및 보호 이민은 전체 신규 영주권자의 약 14%의 비율을 차지하고 있다(Government of Canada, 2024).

마지막은 인도적 및 동정적 고려(Humanitarian and Compassionate Grounds)이다. 이는 임의적(discretionary) 카테고리로, 다른 이민 프로그램에 포함되지 않는 예외적인 사례에 적용되며, 강력한 인도적 사유가 있는 개인이 영주권을 취득할 수 있도록 허용하고 있다. 2019년에는 총 4,681명이 이 카테고리를 통해 영주권을 부여받았으며, 이는 전체 영주권 승인자의 약 1.4%를 차지하고 있다(Reuters, 2024).

③ 2010년 이후 최근 이민정책 동향 및 이슈

2010년 이후 캐나다 이민정책의 주요 변화는 다음의 네 가지이다. 첫째는 경제 이민 확대이다. 2015년 신속 이민 선발제도(EES) 도입으로 경제 이민자의 선발 절차가 간소화되었으며, 경제적 기여도가 높은 신청자를 우선 선발하는 방식으로 전환되고 있다. 둘째는 임시 거주자 증가이다. 2023년 7월 1일 기준, 캐나다에는 약 2,198,679명의 비영주 인구가 거주하고 있으며, 이는 전년 대비 46% 증가한 수치이다. 국제 학생 및 임시 외국인 노동자 수가 급격히 증가하면서 주택 시장과 노동 시장에 미치는 영향을 둘러싼 논의가 진행되고 있다(Reuters, 2024). 셋째는 정책 조정이다. 주택 가격 상승 및 사회 기반 시설 부담 증가로 인해 일부 임시 거주자(유학생, 노동자)의 취업 및 체류 제한이 강화되고 있다(Reuters, 2024). 마지막으로, 주정부의 대응이다. 퀘벡 등 일부 주에서는 이민 프로그램 일시 중단을 선언하며, 지역 내 이민자 수용 역량을 평가하는 조치를 시행하고 있다(Le Monde, 2024). 이러한 동향은 경제 성장, 사회통합, 대중의 우려를 균형 있게 고려하려는 캐나다 이민정책의 방향을 반영하고 있다.

3. 이민자 사회통합 정책

1) 제2차 세계대전 이후의 사회통합 모델

제2차 세계대전 이후, 캐나다는 이민자 사회통합 정책으로 동화주의(assimilationism) 접근 방식과는 차별화되는 다문화주의(multiculturalism) 모델을 채택하였다. 이 모델은 문화적 다양성을 인정하고 존중하며, 이민자들이 자신의 문화적 정체성을 유지하면서도 캐나다 사회에 적극적으로 참여하도록 장려한다. 캐나다의 다문화주의 정책은 1988년 제정된 다문화주의법(Canadian Multiculturalism Act)을 통해 공식적으로 확립되었다. 이 법은 다문화주의를 보호하고 발전시키는 것을 목표로 하며, 캐나다가 포괄성과 다양성을 중시하는 국가임을 보여주는 정책적 틀을 제공한다(Canadian Multiculturalism Act, 1988).

2) 이민자 사회통합 정책의 법적 기반 및 주요 프로그램

캐나다의 이민자 사회통합 정책은 포괄적인 법적 체계를 바탕으로 연방, 주, 지방 정부 차원에서 다양한 프로그램을 운영하고 있다.

① 연방 정부(Federal Level)

이민난민시민권부(Immigration, Refugees and Citizenship Canada, IRCC)는 이민자와 난민의 수용 및 통합을 담당하는 핵심 부처이다. IRCC는 신규 이민자들이 캐나다 사회에 적응할 수 있도록 언어 교육, 취업 지원, 정착 교육 프로그램 등의 서비스를 제공한다. IRCC는 2022-2023 회계연도 기준, 퀘벡주를 제외한 정착 서비스에 약 11억 캐나다 달러(CAD $1.1 billion)를 배정하였으며, 이는 캐나다 정부의 이민자 사회통합에 대한 강한 정책적 의지를 보여준다(OHCHR, 2023).

② 주 정부(Provincial Level)

각 주 정부는 지역 특성에 맞춰 독자적인 통합 정책과 프로그램을 운영할 수 있다. 예를 들어, 퀘벡주는 캐나다-퀘벡 협정(Canada-Québec Accord)을 통해 이민자 선발과 프랑스어 교육 중심의 정착 지원 서비스를 독자적으로 운영하고 있다. 또한 브리티시컬럼비아(British Columbia)와 매니토바(Manitoba)와 같은 주에서는 다문화주의 법안을 도입하고, 이민자 통합을 지원하는 자문위원회를 구성하였다(Canadian Multiculturalism Act, 1988).

③ 지방 정부(Local Level)

지방자치단체와 지역사회단체들은 이민자 통합 서비스를 제공하는 중요한 역할을 한다. 지방 정부 차원의 프로그램들은 주로 언어 교육, 취업 워크숍, 커뮤니티 참여 활동에 초점을 맞추어, 신규 이민자들이 지역사회에 적응하는 데 필요한 다양한 지원을 제공한다. 이러한 풀뿌리(grassroots) 수준의 노력은 연방 및 주 정부 프로그램을 보완하며, 지역별 특성과 요구에 맞는 맞춤형 지원을 가능하게 한다(Migration Policy Institute, 2023).

3) 사회통합 프로그램의 특징, 예산 규모 및 이용 현황

캐나다의 이민자 사회통합 프로그램은 연방, 주, 지방 정부 및 지역 사회 파트너들이 협력하는 방식으로 운영된다. 먼저, 프로그램 특징(Program Characteristics)으로, 이민자 사회통합서비스는 언어 교육, 취업 지원, 문화 오리엔테이션을 포함한다. 예를 들어, '신규 이민자를 위한 언어 교육 프로그램(Language Instruction for Newcomers to Canada, LINC)'은 이민자들이 영어 또는 프랑스어 실력을 향상시키도록 무료 교육을 제공한다. 이를 통해 이민자들은 노동시장과 지역사회에 원활하게 정착할 수 있도록 지원한다. 또한 취업 관련 지원 프로그램을 통해 신규 이민자들이 캐나다의 노동시장 구조

를 이해하고, 취업 역량을 개발하며, 기존의 학력 및 경력을 인정받을 수 있도록 돕는다(Council on Foreign Relations, 2023).

다음으로, 예산 규모(Budget Allocations)를 보면, 캐나다 정부는 이민자 정착 서비스를 위해 상당한 예산을 투자하고 있으며, 이민난민시민권부 (IRCC)의 예산 중 큰 비율이 이민자 정착 프로그램에 할당된다. 2022-2023 회계연도 기준, IRCC는 약 11억 캐나다 달러를 배정하였으며, 이는 이민 자들의 성공적인 사회 정착을 국가적 목표로 인식하는 정책 기조를 반영한 다(OHCHR, 2023).

마지막으로, 프로그램 이용 현황(Program Utilization)을 보면, 캐나다의 적 극적인 이민자 통합 정책을 통해 높은 수준의 이민자 만족도와 귀화율을 유지하고 있다. 2022-2023 회계연도 동안 약 68만 명의 신규 이민자가 IRCC의 정착서비스를 이용하며 안정적으로 정착하였다(OHCHR, 2023).

4. 성과와 과제

1) 이민 및 사회통합 정책의 성과

① 경제적 기여 및 노동시장 통합

이민자는 캐나다 노동시장에서 중요한 역할을 하며, 인력 부족을 보 완하고 혁신을 촉진한다. 2021년 기준, 캐나다 인구의 23%가 외국 출생 자로, 이는 선진국 중에서도 가장 높은 이민자 비율 중 하나이다(Statistics Canada, 2022). 2015년에 도입된 신속 이민 선발제도(EES)는 교육, 경력, 언 어 능력과 같은 인적 자본 요소를 기반으로 이민자를 선발하여 숙련 노동 이민을 크게 개선했다(IRCC, 2023). 이민자는 캐나다 경제에 상당한 기여를 하고 있으며, 캐나다 내 사업체 소유자의 약 34%가 이민자로 구성되어 있다(Conference Board of Canada, 2022). 또한, 주정부 추천 프로그램(PNP)을 통해 각 주(州)는 지역 노동시장 수요에 맞는 이민자를 유치하여 보다 균형 잡힌 인구 분포를 도모하고 있다.

② 정책 혁신 및 모범 사례

캐나다는 경제 성장과 사회통합을 지원하는 진보적이고 적응력 있는 이민정책으로 잘 알려져 있다. 1988년 제정된 다문화주의법(Multiculturalism Act)은 캐나다의 다양성에 대한 헌신을 제도화하며, 이민자들에게 포용성과 평등한 기회를 제공하는 정책을 장려했다. 또한, 데이터 기반 접근 방식으로 설계된 신속 이민 선발제도(EES)는 경제적 잠재력을 기준으로 이민자를 선발하는 혁신적인 모델이 되었다(IRCC, 2023). 또한, 캐나다 정부는 신규 이민자를 위한 언어 교육(LINC)과 고용 연계 프로그램 등 포괄적인 정착 지원 서비스를 제공하여 경제적 통합을 촉진한다(Government of Canada, 2022). 캐나다는 난민 재정착(resettlement) 정책에서도 선도적인 역할을 하고 있으며, 개인 후원 난민 프로그램(Private Sponsorship of Refugees Program)은 민간 시민들이 난민 정착을 지원할 수 있도록 하는 글로벌 모범 사례로 인정받고 있다(UNHCR, 2023).

③ 사회 및 정치적 통합

캐나다의 이민 및 사회통합 정책은 이민자의 사회·정치적 통합을 촉진하며, 국가적 결속력을 강화한다. 캐나다는 세계에서 높은 귀화율 중 하나를 기록하고 있으며, 이민자의 85% 이상이 도착 후 10년 이내에 시민권을 취득한다(Statistics Canada, 2022). 또한, 이민자의 정치 참여가 증가하고 있으며, 점점 더 많은 신규 이민자가 지방, 주(州), 연방 선거에 출마하고 있다. 캐나다의 포괄적인 다문화주의 접근 방식은 비교적 높은 이민 수용도를 유지하는 데 기여하며, 캐나다인의 70% 이상이 이민이 경제에 긍정적인 영향을 미친다고 믿고 있다(Environics Institute, 2023). 또한, 2세대 이민자는 부모 세대보다 교육 수준과 소득 수준이 높아지는 경향을 보이며, 이는 장기적인 사회통합의 성공을 반영한다(Picot & Hou, 2022).

2) 이민 및 사회통합 정책의 과제

① 정치 및 여론의 도전 과제

캐나다는 일반적으로 개방적인 이민정책을 유지해 왔지만, 최근 몇 년간 높은 이민 수용 수준의 지속 가능성에 대한 논의가 활발해지고 있다. 연방 정부는 2025년까지 연간 50만 명의 신규 영주권자를 수용하는 목표를 설정했지만(IRCC, 2023), 이민자 유입이 주택 가격 상승, 인프라 부담, 노동 시장 포화 등의 문제를 초래할 수 있다는 우려가 커지고 있다. 또한, 난민 수용 정책에 대한 정치적 논쟁이 심화되며, 일부에서는 불법 입국 통제를 강화해야 한다는 목소리가 높아지고 있다. 미국과 비교하면 캐나다는 이민 정책에 있어 상대적으로 합의 중심적인 접근 방식을 취하고 있지만, 경제적 불확실성과 여론 변화는 이민자 친화적인 정책에 도전 과제가 될 가능성이 있다(Environics Institute, 2023).

② 사회경제적 불평등 및 통합 장벽

캐나다는 강력한 사회통합 정책을 운영하고 있음에도 불구하고, 이민자는 여전히 경제적 불평등과 고용 격차를 겪고 있다. 해외 학위 및 자격증의 인정 문제는 여전히 해결되지 않은 주요 장애물이며, 이로 인해 많은 숙련 이민자가 자신의 경력을 살리지 못하고 저숙련 직업에 종사하고 있다(Conference Board of Canada, 2022). 최근 이민자의 소득은 캐나다 출생 노동자

보다 평균 15~20% 낮다(Statistics Canada, 2022). 또한, 주택 및 의료 서비스 접근성 문제는 정착 초기 이민자들이 직면하는 가장 큰 과제로, 저소득층 이민자에게 더욱 큰 부담이 된다. 캐나다 정부는 Canada Job Grant와 같은 노동시장 통합 프로그램을 운영하고 있지만, 장기적인 소득 및 고용 격차를 해소하기 위해 추가적인 정책 조정이 필요하다.

③ 정책 한계 및 미래 과제

캐나다의 이민 시스템은 전반적으로 효과적이지만, 행정적 및 구조적 한계로 인해 효율성이 저하되는 문제가 있다. 영주권 신청 적체(backlog) 문제는 점점 심화되고 있으며, 신청자 중 일부는 승인까지 몇 년을 기다려야 한다(IRCC, 2023). 또한, 주정부 추천 프로그램(PNP)은 이민자를 보다 균형 있게 분포시키는 데 기여하고 있지만, 소규모 지역에서의 이민자 정착률 유지(retention rate)는 여전히 어려운 문제로 남아 있다(Picot & Hou, 2022). 향후, 기후 변화로 인한 이민 증가, 국제 노동시장 변화, 지정학적 위기 등의 요인을 고려한 정책 개혁이 필요하며, 캐나다가 지속적으로 이민자를 유치하는 경쟁력을 유지하기 위해 보다 유연한 시스템을 구축해야 한다.

제4절 결론

1. 국가별 이민정책의 비교

앞서 설명한 미국과 캐나다 이민정책의 주요 내용과 특징을 요약하면 다음과 같다. 먼저, 미국의 이민정책은 이민 및 국적법(INA)을 기반으로 운영되며, 연간 최대 675,000명의 영주 이민자를 허용한다. 주요 이민 유형으로는 ① 가족초청 이민, ② 취업 이민, ③ 다양성 비자 추첨, ④ 난민 및 망명, ⑤ 인도적 보호 프로그램이 있다. 가족 초청 이민은 가족 재결합을 최우선으로 하며, 시민권자의 배우자와 미성년 자녀, 부모는 연간 제한 없이 초청할 수 있다. 취업 이민은 5개 우선순위(EB-1~EB-5)로 나뉘며, 숙련 노동자 및 투자이민을 포함한다. 다양성 비자 추첨은 이민자가 적은 국가 출신자들을 대상으로 매년 55,000개의 영주권을 부여한다. 또한, 난민 및 망명 신청자를 보호하며, 인도적 보호 프로그램을 통해 전쟁이나 환경재해로 본국으로 귀국할 수 없는 사람들에게 임시 체류 신분을 부여한다. 미국은 경제 및 가족 재결합을 중시하면서도, 다양성 비자와 난민 보호 등 여러 이민 경로를 운영하는 것이 특징이다.

다음으로, 캐나다의 이민정책은 경제 성장, 가족 재결합, 인도적 지원을 주요 목표로 한다. 주요 이민 유형으로는 ① 경제 이민, ② 가족 초청 이민, ③ 난민 및 보호 이민, ④ 인도적 고려 이민이 있다. 경제 이민은 숙련 노동자, 기술자, 캐나다 경험자, 주정부 추천 프로그램(PNP), 대서양 이민 프로그램(AIP) 등으로 구성되며, 점수제를 기반으로 운영된다. 2023년 기준, 영주 이민자의 58%가 경제 이민을 통해 입국하였다. 가족초청 이민은 시민권자 및 영주권자가 배우자, 자녀, 부모를 초청할 수 있도록 하며, 전체 이민자의 27%를 차지한다. 캐나다는 정부 지원 난민(GARs), 민간 후원 난민(PSRs), 난민 신청자(Refugee Claimants) 프로그램을 운영하여 연간 수만 명의 난민을 수용하고 있다. 또한, 인도적 고려(H&C) 이민을 통해 기존 제도에서 보호받지 못하는 예외적인 사례를 고려하여 영주권을 부여하는 것이 특징이다.

〈표 8-1〉 미국과 캐나다의 이민정책 비교

비교 기준	미국	캐나다
이민정책의 기본 원칙	경제 성장, 가족 재결합, 인도적 보호	경제 성장, 가족 재결합, 인도적 보호
주요 이민 유형	가족초청, 취업, 다양성 비자, 난민·망명, 인도적 보호	경제 이민, 가족초청, 난민·보호 이민, 인도적 고려
가족 초청 이민	시민권자의 배우자·미성년 자녀·부모는 연간 제한 없음, 기타 가족은 연간 쿼터	배우자·자녀·부모 초청 가능, 초청자는 일정 기간 경제적 지원 필요
취업/경제 이민	EB-1~EB-5 우선순위 기반, 투자이민 포함	점수제 기반, 연방 및 주정부 이민 포함, 다양한 프로그램 운영
난민 및 보호 이민	난민·망명 신청자 보호, 연간 수용 상한선 존재	정부 지원 난민, 민간 후원 난민, 난민 신청자 보호
주요 특징	가족초청 및 취업이민 비중 높음, 다양성 비자 운영	경제 이민 비중 높음(58%), 난민 보호 적극적

2. 국가별 이민자 사회통합 정책의 비교

미국과 캐나다의 이민자 사회통합 정책의 주요 내용과 특징을 요약하면 다음과 같다. 먼저, 미국의 사회통합 정책은 동화주의(assimilationism) 모델을 기반으로 운영되며, 이민자들이 미국의 주류 문화와 사회적 규범을 받아들이도록 장려한다. 연방, 주, 지방 정부 차원에서 다양한 프로그램이 운영되며, 주요 법적 기반으로는 1980년 난민법(Refugee Act of 1980)이 있다. 연방 정부 차원에서는 난민 정착국(ORR)과 미국 이민국(USCIS)이 시민권 및 통합 보조금 프로그램을 운영하며, 난민 및 이민자들에게 취업 지원, 영어 교육, 문화 적응 프로그램을 제공한다. 주 정부별로 이민자 지원 서비스의 범위가 상이하며, 일부 주(예: 캘리포니아)는 보다 적극적인 지원을 제공한다. 미국의 이민자 사회통합 정책은 시민권 취득 지원과 취업 중심의 경제적 자립을 핵심 목표로 하며, 정부 및 민간 부문이 협력하여 서비스를 제공하는 것이 특징이다.

다음으로, 캐나다의 이민자 사회통합 정책은 다문화주의(multiculturalism) 모델을 공식적으로 채택했으며, 1988년 캐나다 다문화주의법(Canadian Multiculturalism Act)을 통해 문화적 다양성을 보호하고 장려하고 있다. 캐나다 이민난민시민권부(IRCC)는 이민자 통합을 위한 핵심 부처로, 연방 정부 차원의 정착 서비스에 연간 11억 캐나다 달러 예산을 배정하고 있다. 주요 프로그램으로는 신규 이민자 언어 교육(LINC), 취업 지원, 문화 적응 오리엔테이션 등이 있다. 주 정부는 지역별 필요에 따라 통합 프로그램을 운영하며, 퀘벡주는 독자적인 프랑스어 정착 프로그램을 제공한다. 지방 및 커뮤니티 차원의 지원도 활성화되어 있으며, 연방-주-지방 정부 간 협력 구조가 강하고, 이민자의 문화적 정체성을 유지하며 사회 참여를 촉진하는 것이 특징이다.

〈표 8-2〉 미국과 캐나다의 이민자 사회통합 정책 비교

비교 기준	미국	캐나다
사회통합 모델	동화주의(assimilationism)	다문화주의(multiculturalism)
법적 기반	1980년 난민법 (Refugee Act of 1980)	1988년 캐나다 다문화주의법 (Canadian Multiculturalism Act)
주요 연방 기관	난민 정착국(ORR), 미국 이민국(USCIS)	이민난민시민권부(IRCC)
주요 프로그램	시민권 및 통합 보조금 프로그램, 영어 교육(ESL), 난민 지원	LINC(신규 이민자 언어 교육), 취업 지원, 다문화 오리엔테이션
예산 규모 (연방 지원)	2025년 기준 1,000만 달러 (시민권 및 통합 보조금)	2022-2023 회계연도 기준 11억 캐나다 달러
언어 교육	ESL(영어 교육) 지원	LINC(영어·프랑스어 교육)
취업 지원	난민 및 취업 이민자 대상 직업 훈련	이민자 직업 인증 및 취업 연계
지역사회 참여	주 및 지방 차원의 프로그램 운영	연방-주-지방 협력 강함, 지역사회 기반 프로그램 활발
주요 특징	시민권 취득 지원 및 취업 중심의 사회통합	다문화주의를 기반으로 한 적극적 지원 및 높은 예산 투자

참고문헌

American Immigration Council. (2022). Immigrants in the U.S. labor force.
American Immigration Council. (2023a). How the United States immigration system works.
American Immigration Council. (2023b). The U.S. healthcare sector relies heavily on immigrant labor to meet increasing demands.
American Immigration Council. (2023c). U.S. immigration statistics.
Bureau of Labor Statistics. (2022). Foreign-born workers: Labor force characteristics—2022.
Business Roundtable. (2023). U.S. immigration policy lessons from Canada and Australia.
Canadian Multiculturalism Act. (1988). Canadian Multiculturalism Act. Government of Canada.
Cohen, D. (2011). Braceros: Migrant citizens and transnational subjects in the postwar United States and Mexico. University of North Carolina Press.
Conference Board of Canada. (2022). Untapped potential: Canada's immigrant entrepreneurs and the economy.
Council on Foreign Relations. (2023). What is Canada's immigration policy?
Department of Homeland Security. (2022). Naturalization statistics.
Donato, K. M., & Ferris, E. (2020). Refugee integration in Canada, Europe, and the United States: Perspectives from research. The ANNALS of the American Academy of Political and Social Science, 690(1), 7-35.
El País. (2024, December 17). El censo incluirá a beneficiarios del 'parole' humanitario en su recuento de inmigrantes.
Environics Institute. (2023). Canadian public opinion on immigration and diversity.
Gallup. (2023). Americans' views on immigration remain divided.
Gjelten, T. (2018). A nation of nations: A great American immigration story. Simon & Schuster.
Government of Canada. (2022). Settlement services for newcomers in Canada.
Government of Canada. (2023). Express Entry: Overview. Immigration, Refugees and Citizenship Canada.
Government of Canada. (2024). Express Entry: Overview.
Immigration Act of 1990, Pub. L. No. 101-649, 104 Stat. 4978 (1990).
Immigration and Nationality Act of 1952, Pub. L. No. 82-414, 66 Stat. 163 (1952).
Immigration and Nationality Act of 1965, Pub. L. No. 89-236, 79 Stat. 911 (1965).
Immigration Reform and Control Act of 1986, Pub. L. No. 99-603, 100 Stat. 3359

(1986).

Immigration, Refugees and Citizenship Canada. (2024). 2023 annual report to Parliament on immigration.

Kelley, N., & Trebilcock, M. (2010). The making of the mosaic: A history of Canadian immigration policy. University of Toronto Press.

Kerr, W. R., Kerr, S. P., & Lincoln, W. F. (2016). Skilled immigration and the employment structures of U.S. firms. Journal of Labor Economics, 34(3), 733–778.

Knowles, V. (2016). Strangers at our gates: Canadian immigration and immigration policy, 1540–2015. Dundurn Press.

Massey, D. S., & Pren, K. A. (2012). Unintended consequences of US immigration policy: Explaining the post-1965 surge from Latin America. Population and Development Review, 38(1), 1–29.

Migration Policy Institute. (2023). Frequently requested statistics on immigrants and immigration in the United States.

Migration Policy Institute. (2024). Frequently requested statistics on immigrants and immigration in the United States.

National Academies of Sciences, Engineering, and Medicine. (2015). The integration of immigrants into American society. National Academies Press.

National Academy of Sciences. (2017). The economic and fiscal consequences of immigration. National Academies Press.

New American Economy. (2021). Untapped talent: The economic costs of brain waste among highly skilled immigrants in the United States.

Ngai, M. M. (2004). Impossible subjects: Illegal aliens and the making of modern America. Princeton University Press.

Office of the High Commissioner for Human Rights. (2023). Revisiting migrants' rights in Canada.

Organisation for Economic Co-operation and Development. (2024). International migration outlook 2024.

PBS NewsHour. (2025, February 6). Analysis: Who are the immigrants who come to the U.S.? Here's the data.

Peri, G. (2020). The impact of immigration on wages and employment: New evidence from the U.S. Journal of Economic Perspectives, 34(4), 133–156.

Pew Research Center. (2021). Naturalized citizens now make up record one-in-ten U.S. eligible voters.

Pew Research Center. (2023). U.S. unauthorized immigrant population estimates.

Pew Research Center. (2024, September 27). Key findings about U.S. immigrants.

Picot, G., & Hou, F. (2022). The economic integration of second-generation immigrants in Canada. Statistics Canada.

Pier 21. (n.d.). Immigration Act, 1952.

Portes, A., & Rumbaut, R. G. (2014). Legacies: The story of the immigrant second generation. University of California Press.

Reuters. (2024, September 18). Canada further tightens rules on temporary workers, students.

Statistics Canada. (2022). Canada's population estimates and immigration trends.

Statistics Canada. (2023). Canada at a glance, 2023: Immigration and ethnocultural diversity.

Statistics Canada. (2024). Canada immigration statistics.

The Canadian Encyclopedia. (n.d.). Immigration policy in Canada.

The Wall Street Journal. (2024, September 15). How immigration remade the U.S. labor force.

Triadafilopoulos, T. (2012). Becoming multicultural: Immigration and the politics of membership in Canada and Germany. UBC Press.

U.S. Census Bureau. (2024, December 30). Migration drives highest population growth in decades.

U.S. Citizenship and Immigration Services. (2023). Temporary protected status and deferred action programs.

U.S. Citizenship and Immigration Services. (2024). H-1B Specialty occupations.

U.S. Citizenship and Immigration Services. (2025, January 15). Naturalization statistics.

U.S. Department of Homeland Security. (2024). U.S. Citizenship and Immigration Services budget overview.

U.S. Department of Labor. (2024). H-1B program overview.

U.S. Department of State. (2023). Visa bulletin and employment-based immigration statistics.

United Nations High Commissioner for Refugees. (2023). Canada's private sponsorship of refugees: A global model.

World Bank. (2023). World development report 2023: Migrants, refugees, and societies.

제9장

국제이주와 사회통합: 영국, 프랑스

황미혜

제1절 서론

　국제이주는 현대 사회에서 중요한 사회적, 경제적, 정치적 이슈로 자리 잡고 있으며, 유럽에서는 특히, 영국, 프랑스가 주요 이민 수용국으로 부상하였다. 이들 국가는 식민지 지배의 역사, 경제적 필요, 인구구조의 변화 등 다양한 요인으로 인해 지속적으로 이주노동자와 이민자를 유입해왔다.
　영국은 대영제국 시기부터 카리브해, 인도, 파키스탄, 아프리카 출신의 이주자들이 대거 유입되었으며, 2004년 유럽연합(EU) 확대 이후에는 동유럽 출신 노동자의 증가로 인해 이민정책의 전환이 이루어졌다. 프랑스는 역사적으로 북아프리카 출신 이민자가 많으며, 1962년 알제리 독립 이후 다수의 알제리인이 프랑스로 이주하였다.
　국제이주는 단순한 인구 이동을 넘어 노동시장, 사회적 응집력, 정치적 안정성 등에 광범위한 영향을 미치며, 이에 따라 사회통합 문제는 중요한 정책적 과제로 부각되고 있다. 특히, 각국의 역사적 배경과 정책적 접근 방식의 차이에 따라 사회통합 모델도 상이한 형태로 발전해 왔다. 이에 본 장에서는 영국, 프랑스의 국제이주 및 사회통합 정책을 비교·분석하고, 사회통합 모델과 그 차이를 고찰하고자 한다. 연구 방법으로는 문헌 연구를 기반으로 하며, 기존의 학술 연구, 정부 보고서, 국제기구 자료 등을 참고하여 분석을 진행한다. 또한 두 국가의 주요 법률과 정책 문서를 검토함으로써 국가별 사회통합 접근법의 특성과 차이를 도출하고자 한다.

제2절 영국

1. 국제이주의 역사적 발전

1) 영국의 시기별 이주

영국의 국제이주는 제국주의 및 식민주의와 밀접하게 연관되어 있으며, 이민자 유입과 사회적 통합의 과정에서 여러 중요한 변화들을 경험하였다. 본 절에서는 각 시기별로 주요 이민 흐름과 관련된 사건들을 고찰한다.

(1) 고대 및 중세

고대 로마 제국의 정복과 북유럽 민족 침입은 초기 영국 이민의 주요 배경이었다. 로마 제국은 기원전 43년부터 5세기까지 영국을 지배하면서 이탈리아 및 로마 제국 내 타 지역 출신의 사람들이 영국에 정착하게 하였다. 중세에는 바이킹과 노르만인의 정복이 이어졌으며, 이들은 영국 내 정치·사회 구조에 심대한 영향을 미쳤다(King & Raghuram, 2013).

(2) 16~18세기: 대영제국의 확장기

16세기부터 18세기까지 대영제국은 전 세계로 식민지를 확장하면서부터 대규모 이주를 촉진하였다. 영국은 북미, 아프리카, 아시아 등에 식민지를 건설하면서 이주자들을 유입시켰고, 동시에 많은 영국인들이 식민지로 이주하였다. 특히, 아프리카에서의 노예 무역과 인도 및 카리브 지역으로의 이주가 활발했으며, 이민정책은 제국의 경제적 필요와 정치적 목적에 의해 형성되었다(Castles & Miller, 2009).

(3) 19세기: 산업화와 이민 증가

산업화가 진행된 19세기에는 노동력 수요가 급증하면서 다양한 국가로부터 노동자들이 영국으로 이주하였다. 아일랜드 대기근(1845~1852)은 대규모 아일랜드 이주를 야기했으며, 인도, 카리브, 아프리카 출신 이민자들은 영국의 산업 성장에 기여하였다(Bento & Schuster, 2003).

(4) 20세기 초반: 제국 해체와 이민의 지속

제1차·제2차 세계대전 이후, 대영제국은 점차 해체되었지만, 이전 식민지 국가들로부터의 이민은 여전히 지속되었다. 1948년 제정된 국적법(British Nationality Act 1948)은 영국 식민지 출신 국민에게 영국 내 거주 및 노동의 권리를 부여했으며, 대규모 이민을 촉진하였다. 이 시기에는 인도, 파키스탄, 카리브 지역에서의 이민이 활발하였다(Castles & Miller, 2009).

(5) 1970~1980년대: 이민 규제 강화

1960년대 후반부터 영국 내 이민자 수가 급증하면서 정치적 논쟁과 사회적 갈등이 심화되었고, 이에 따라 이민 규제도 강화되었다. 1971년 제정된 이민법(Immigration Act 1971)은 비영국 시민의 입국을 제한하고 노동시장 접근을 통제하는 정책을 도입하였다. 이 법은 특정 지역 출신 이민자의 유입을 억제하는 방향으로 작용하였다(King & Raghuram, 2013).

(6) 1990년대 이후: 다문화 사회로의 발전

1990년대 이후 영국은 다문화 사회로서의 정체성을 강화하였다. 아시아, 아프리카, 카리브 지역 출신 이민자들은 영국 사회 내에서 중요한 역할을 수행하였고, 2004년 EU 동유럽 국가들의 가입 이후에는 폴란드, 헝가리, 체코 등의 이민자 유입도 증가하였다(Castles & Miller, 2009).

(7) 21세기: 브렉시트와 이민

2016년 브렉시트[1] 국민투표를 통해 영국은 EU 탈퇴를 결정하였고, 이에 따라 EU 시민의 자유로운 이동이 제한될 가능성이 커졌다. 2019년 제정된 이민 및 사회보장 조정법(Immigration and Social Security Coordination Act 2019)은 EU 시민의 영국 내 거주 및 취업 조건을 변경하는 내용을 담고 있다(EU Withdrawal Act, 2019).

2. 국제이주 현황 및 이민정책

1) 국제이주 현황

영국은 20세기 초부터 다양한 이민법을 제정하여 이민자의 유입과 사회통합을 관리해 왔다.

1905년 제정된 외국인법(Aliens Act 1905)은 영국에서 이민을 제한한 최초의 주요 법률로, 동유럽 유대인 공동체의 대규모 유입을 규제하기 위한 목적을 가졌다. 이 법은 영국 국민과 외국인을 명확히 구분하며, 입국 허가 여부에 중요한 영향을 미치는 기준으로 작용하였다. 그 후속 법으로는 1914년 영국 국적 및 외국인 지위법(British Nationality and Status of Aliens Act 1914), 그리고 제

---

[1] 브렉시트(Brexit)는 "영국(Britain)"과 "탈퇴(Exit)"의 합성어로, 영국의 유럽 연합(EU) 탈퇴를 의미한다. 2016년 6월 영국 국민투표를 통해 EU 탈퇴를 결정하면서 널리 쓰이게 되었고, 이후 영국의 EU 탈퇴는 공식적으로 2020년 1월 이루어졌다(KD, https://eiec.kdi.re.kr).

1차 세계대전 이후 1919년 외국인 제한(개정)법(Aliens Restriction(Amendment) Act 1919)이 있다. 1930년대에는 나치 독일에서 탈출한 유대인 난민들의 입국을 제한하며, 1938년에는 모든 외국인에게 비자 취득을 의무화함으로써 입국 요건을 더욱 강화하였다(Refugee History, 2025).

2) 이민정책

(1) 제2차 세계대전 이후 이민정책의 변화

전후 영국은 국적 및 시민권 문제를 해결하기 위해 두 가지 중요한 법을 제정하였다. 1948년 영국 국적법(British Nationality Act 1948)은 영연방(Commonwealth) 국가의 시민들에게 영국 및 식민지 시민(British subjects) 지위를 부여하였다. 영국 내 국민건강서비스(NHS)와 같은 핵심 산업 분야의 노동력 부족을 해결하기 위해 영연방 출신 이민자들의 유입을 적극적으로 장려한 시기였다(Full Fact, 2018).

(2) 1971년 이민법(Immigration Act 1971)

1971년 이민법(Immigration Act 1971)은 신규 이민자에게는 임시 거주권만을 부여하고, 1973년 이전에 입국한 영연방 출신 이민자에게는 무기한 체류를 허용하였다. 이는 후에 윈드러시 스캔들(Windrush Scandal)[2]로 이어졌다

---

2 1948년 영국은 국적법 개정으로 당시 영국과 영국의 식민지역에서 출생하였거나 당대 영국 식민지의 국적을 지닌 이들이라면 영국 본토에서의 거주권을 부여해왔다. 영국의 카리브해 식민지들에서 1948-1970년간 약 50만 명 정도가 이주해왔고 이는 영국 정부에서 장려한 것이었으며, 영국은 당시 제2차 세계대전의 휴유증으로 심각한 인력부족 현상을 겪고 있었다. 이렇게 당시 영국으로 이주해온 이들을 '윈드러시 세대'라 부른다. 영국의 반이민정책 기조로 각종 활동에[4] 본인의 신분 증빙 서류를 요청하는 등 영국 내 불법 이민자들이 단속 대상이었으나, 윈드러시 세대가 그 유탄을 맞게 되었다(신동경, 2024).

(United Kingdom, 1971).

(3) 이민자 및 난민 지원정책

1947년 폴란드 재정착법(Polish Resettlement Act 1947)은 제2차 세계대전 이후 폴란드 난민 정착을 지원한 사례로, 이후에도 영국은 동유럽 및 영연방 출신 난민들을 수용해 왔다. 2004년 EU 동유럽 국가의 가입(A8국가) 이후, 영국은 이들 국가에서 대규모 노동이민을 받아들였다. 이는 향후 브렉시트(Brexit)로 이어지는 중요한 요인이 되었다(United Kingdom, 1947).

(4) 브렉시트 이후 이민정책의 변화

영국이 유럽연합(EU)에서 탈퇴하면서(브렉시트, 2020년) 자유로운 이동(Freedom of Movement) 원칙이 폐지되었고, 이에 따라 EU 시민들도 비(非)EU 시민과 동일한 이민 심사 과정을 거쳐야 하였다. 이로 인해 영국 내에서 노동력을 공급받던 많은 산업에서 인력 부족 현상이 발생하였으며, 이에 따라 영국정부는 숙련 노동자 중심의 새로운 포인트 기반 이민제도(Points-Based Immigration System)를 도입하였다. 또한, 영국 시민들도 더 이상 EU 회원국에서 자동적으로 거주하고 일할 권리를 가지지 못하게 되면서, 브렉시트가 영국인과 외국인 모두의 이민정책에 영향을 미치게 되었다. 포인트 기반 이민제도 도입은 숙련 노동자 중심으로 이민을 통제하려는 정책이라고 할 수 있다.

(5) 이민정책의 역사적 의의

영국의 이민법은 20세기 초 이민 규제에서 시작하여, 2차 세계대전 이후 노동력 확보를 위한 개방 정책을 거쳤으며, 이후 다시 이민 규제를 강화하는 방향으로 변화해 왔다.

- 1905년 외국인법 → 최초의 이민 제한법, 동유럽 유대인 난민 규제
- 1948년 영국 국적법 → 영연방 시민들에게 영국 정착 기회 제공
- 1971년 이민법 → 신규 이민자에 대한 임시 거주권 부여
- 2004년 EU 시민의 자유 이동 허용 → 노동이민 증가
- 2020년 브렉시트 → EU 시민들도 비(非)EU 시민과 동일한 기준 적용

이와 같이 1905년 외국인법에서 시작된 영국의 이민정책은 시대적 요구에 따라 개방과 제한을 반복하며 변화해 왔다. 이 과정은 국가 정체성과 사회통합 정책의 핵심 요소로 기능하며, 이민자들의 사회적 자립과 권리 보장을 위한 지속적인 정책 개발이 요구된다.

3. 이민자 사회통합 정책

1) 1960년대~2010년까지의 통합 정책 변화

영국은 단일한 전국 통합정책 프레임워크 없이, 내무부(Home Office), 주택·지역사회·지방정부(MHCLG: Ministry of Housing, Communities and Local Government) 등 여러 부처가 분산적으로 통합정책을 운영하고 있다. 스코틀랜드, 웨일스, 북아일랜드 등은 각기 독립적인 정책을 시행하나, 이민 관련 권한은 중앙정부에 있다.

(1) 1960~1990년대: 초기 통합 정책

1960년대 이후 뉴커먼웰스(New Commonwealth)[3] 출신 이민자들의 정착을

---

3   영연방(Commonwealth of Nations)은 영국과 과거 식민지 국가를 중심으로 54개 독립국가들이 구성된 것이다. 일종의 국제 기구 형태이다. 현재 회원국의 인구수는 약 24억 명으로 전세계 인구의 1/3에 해당한다. 영연방은 영국 총리와 여러 식민지 총리들이 주기적으

지원하고자, 차별금지와 인종 혐오 방지를 위한 법이 제정되었으며, 시민권 취득과 정치 참여 권리를 보장하였다. 그러나 이후 2세대 및 후속 세대의 통합 문제로 초점이 옮겨갔고, 새로운 이민자 대상 정책은 부족한 실정이었다.

(2) 2000년대 이후 난민 및 이민자 통합 전략

2000년 난민통합전략(Refugee Integration Strategy)은 난민이 평등한 시민으로 자리잡을 수 있도록 일자리, 주거, 건강, 교육, 지역사회 참여 등을 통합적으로 지원하는 통합전략이었다(Home Office 2000; 2005; Ager and Strang 2008).

2001년 인종 폭동[4] 이후, 지역사회 응집(Community Cohesion) 정책이 도입되었고, 다문화주의(Multiculturalism)의 기조를 수정하며, 영국적 가치(British values)가 강조되었다.

2004년 EU 확대로 인해 동유럽 출신 이민자들이 급증하였으며, 지방정부는 CIC(Commission on Integration and Cohesion) 보고서를 통해 지침과 자원을 제공받았다.

로 회합을 갖던 제국 회의에 기원을 두고 있다. 현재는 상호 우호관계에 가깝다(외교부, https://gbr.mofa.go.kr).

[4] 영국 중북부 올덤은 인구 22만의 도시로 인구의 11%가 파키스탄·방글라데시계이다. 2001년 5월 올덤에서 시작된 15년만의 최악의 인종폭동은 인근 산업도시 번리(Burnely), 브래드퍼드(Bradford) 등으로 번져 극우 백인 청소년과 파키스탄·방글라데시 등 서남아시아계 청소년간의 폭력충돌이 벌어졌다. 총선을 불과 며칠 앞두고 벌어졌던 올덤 폭동은 수백 명의 청소년들이 화염병과 벽돌을 상대방과 진압경찰에 던지며 상점과 차량을 불태우는 등 극도로 폭력화된 양상을 보였다(염운옥, 2012).

2) 2010년 이후 영국의 통합 정책 변화

(1) 지역사회 중심 통합(Creating the Conditions for Integration, 2012)

2012년 발표된 이 정책은 통합을 중앙정부가 직접 수행하기보다는 지역사회가 주도하도록 방향을 전환하였다. 공공 부문의 개입을 축소하고, 민간·자발 부문이 핵심 역할을 하도록 유도한 정책이다(Casey, L. 2016).

(2) 케이시 보고서(Casey Review, 2016)

2016년 발표된 루이스 케이시(Louise Casey) 보고서는 일부 소수민족 공동체의 문화나 종교 관행이 영국 법과 가치에 상충할 수 있음을 지적하며, 언어교육 부족, 여성 인권 문제 등을 비판한 보고서이다. 이 보고서는 특히, 영어 능력 부족이 사회통합의 가장 큰 장벽임을 강조하였으며, 통합 촉진을 위해 영어교육, 시민교육, 공동체 간 교류 확대 등이 필요함을 제안한 내용이다.

(3) 2018년 이후 통합 전략의 전개와 과제

2016년 케이시 보고서는 영국 내 일부 지역에서 나타나는 분리된 공동체(segregated communities) 문제와 통합되지 않은 이민자 집단의 실태를 지적하며, 정부 차원의 보다 적극적인 사회통합 전략 수립의 필요성을 강조하였다. 이 보고서를 계기로 영국 정부는 통합을 위한 정책적 대응의 일환으로 2018년 통합 공동체 전략 그린 페이퍼(Integrated Communities Strategy Green Paper)가 발간되었다. 이 그린 페이퍼는 영어 능력, 경제 참여, 교육, 지역사회 리더십, 가족 구조 등 다섯 가지 핵심 영역을 중심으로 통합의 방향을 제시하며, 영국 사회의 핵심 가치—자유민주주의, 성평등, 법치주의 등—을 공유하는 '공통된 생활양식(shared norms and values)'의 내면화가 강조되어 있다.

우선, 영어 교육의 강화를 통해 이민자, 여성들의 사회참여를 촉진하고자 하는 것이었다. 이는 영어 능력을 통합의 필수적 기반으로 간주한 것에 따른 조치로, 실용적인 회화 중심의 프로그램 확대를 주요 과제로 삼았다. 또한, 여성과 이민자의 노동시장 참여 확대도 중요한 정책 목표로 설정되었다. 이는 단순한 취업 훈련을 넘어서, 자립을 통한 사회적 연결망 형성을 꾀하는 방향으로 추진되었다. 교육 영역에서는 민족적으로 분리된 학교 구조를 완화하고, 다양한 배경의 청소년 간 교류를 촉진하는 프로그램이 제안되었으며, 지역사회에서는 종교 및 공동체 리더십을 신뢰 기반으로 재구성하려는 시도가 이루어졌다. 아울러 일부 문화권에서 지속되는 해외 결혼 및 사촌 간 결혼 관행에 대해서도 문화적 접근을 재검토할 필요성이 제기되었다.

이러한 방향은 사회통합을 단순한 다문화 간 공존이 아닌, 보다 일관된 사회적 규범을 중심으로 한 통합주의적 접근으로 해석할 수 있다. 이에 대해 일부 연구자들은 정부의 시각이 문화적 동화(assimilation)에 가까우며, 다문화주의의 기반이 약화되고 있다는 점에서 비판적인 시선을 던지기도 한다.

그린 페이퍼 발표 이후 2019년에는 통합 공동체 행동 계획서(Integrated Communities Action Plan)가 발표되면서 정책 실행을 위한 구체적인 틀이 제시되었다. 영국 정부는 5개 시범지역—Blackburn with Darwen, Bradford, Peterborough, Walsall, Waltham Forest—을 선정하여, 각 지역의 특성과 필요에 따라 맞춤형 통합 프로그램을 실행하였다. 예를 들어, Blackburn 지역에서는 여성 대상의 영어 교육과 직업기술 훈련을 병행하는 프로그램이 운영되었고, 청소년을 대상으로 한 다문화 교류 캠프가 기획되었다. 또한, 종교 간 갈등 해소를 위해 종교기관 간 협력 네트워크를 구축하는 시도도 있었다. Bradford 지역에서는 종교 간 대화 프로그램(Interfaith

Dialogue)과 함께, 학교 간 학생 교류를 통한 링크 프로그램이 운영되어 민족 간 교류의 기반을 넓히려 하였다.

영국 정부는 이러한 시범사업이 지역 맞춤형 접근이라는 점에서 긍정적 성과를 거두었다고 평가하였다. 특히, 지방 정부, 학교, 경찰 등 다양한 행위자 간 협력이 통합 거버넌스 구축에 기여하였다는 점에서 주목할 만하다. 그러나 동시에 이들 사업이 단기 지원 중심의 구조에 머물렀고, 사회경제적 불평등이나 주거 격리 등 구조적인 원인에 대한 근본적 접근이 부족하다는 점에서 한계도 지적되었다.

현재 영국의 통합 정책은 몇 가지 과제를 안고 있다.

첫째, 지나치게 동화주의적인 관점에서 통합이 추진된다는 비판이 지속적으로 제기된다. 영국정부가 강조하는 공유된 영국적 가치(shared British values)는 문화적 다양성보다는 단일한 생활양식을 강조하는 경향이 있으며, 이는 비서구적 배경을 가진 공동체에게 문화적 동일화를 요구하는 것으로 해석될 수 있다.

둘째, 이러한 통합주의적 접근은 2000년대 초까지 유지되던 다문화주의적 기조의 후퇴로 이어졌다. 차이의 인정(recognition of difference)이라는 원칙은 점차 약화되었으며, 민족문화센터와 같은 다문화 기반시설에 대한 정부 지원도 축소되었다.

셋째, 통합 정책이 특정 집단—특히, 파키스탄계와 방글라데시계 무슬림 공동체—를 중심으로 구성된다는 지적도 존재한다. 이는 정책 설계 및 담론 수준에서 해당 공동체를 일종의 문제 집단(problematic group)으로 낙인찍는 효과를 낳을 수 있다는 점이다.

마지막으로, 정책의 지속 가능성과 지역 간 불균형 역시 주요 과제로 남아 있다. 시범사업이 시행된 지역 이외에서는 관련 정책의 적용이 미흡하거나 전무하며, 시범사업 종료 이후에도 지속 가능한 성과를 이어가기 위한 제도적 장치가 부족하다는 점에서 문제점이 지적된다.

결과적으로, 영국의 통합 정책은 다문화주의에서 통합주의, 나아가 부분적으로는 통합된 동일성의 강조라는 새로운 방향으로 전환되고 있다. 이러한 흐름은 사회통합의 효과성이라는 측면에서는 긍정적인 측면이 있으나, 정체성의 다양성과 집단 간 평등의 존중이라는 다문화주의의 핵심 가치와 긴장 관계에 놓여 있음을 부정할 수 없다. 향후 영국 통합 정책의 발전을 위해서는 문화적 다양성에 대한 제도적 인정과 구조적 불평등 해소를 동시에 고려하는 포괄적 접근이 필요하다.

(4) 영국의 지역별 통합 정책과 재정 지원

영국의 통합 정책은 지역별로 차이를 보이며, 스코틀랜드, 웨일스, 북아일랜드는 잉글랜드와는 다른 접근 방식을 채택하고 있다. 스코틀랜드의 뉴스콧(New Scots) 전략은 스코틀랜드 정부가 난민 등 기타 강제 이주민의 사회 통합을 지원하기 위해 마련한 정책을 말한다(scottishrefugeecouncil, 2025). 입국일부터 통합(Integration from Day One)을 핵심 원칙으로 삼고 있으며, 난민 신청자도 신분이 확정되기 전부터 사회통합 프로그램에 참여할 수 있도록 보장한다(Scottish Government, 2018).

지방 정부는 이민자와 지역사회 간의 관계를 관리하는 역할을 수행하며, 일자리·주택·공공 서비스 접근성 보장을 위해 노력하고 있다. 이민 영향 기금(Migration Impact Fund, MIF)과 이민 통제 기금(Controlling Migration Fund, CMF)은 이주민과 관련된 정책 실행을 위한 지방 정부 지원금으로 운영되었다(Griffiths and Morris 2017).

(6) 이민정책과 사회통합의 관계

영국에서는 이민자의 사회통합을 촉진하기 위해 다양한 권리가 부여되지만, 이민자의 법적 지위에 따라 권리의 범위가 달라지는 점이 통합을 저해할 수 있다는 지적이 있다.

- 이민자는 도착 즉시 언론의 자유, 공정한 재판을 받을 권리 등을 보장받는다.
- 그러나 노동시장 참여, 사회 주택, 복지 서비스 이용, 투표권, 가족 재결합 권리 등은 법적 지위와 거주 기간에 따라 차등 적용된다.

이와 같은 법적 제한은 이민자의 사회적 응집력을 저해할 수 있으며, 특정 이민자 그룹이 사회에서 소외되는 문제를 발생시킬 수 있다. 또한, 영국 정부는 불법 이민을 방지하기 위해 2010년 이후 적대적 환경 정책(Hostile Environment Policy)을 도입하면서, 불법 체류자의 접근을 더욱 제한하는 방향으로 정책을 강화하였다(Migration Observatory, 2019).

그러나 이러한 정책이 이민자의 사회통합에 미치는 영향에 대한 실질적인 연구는 제한적이며, 이민 규제 강화가 오히려 사회통합을 저해하는 역효과를 초래할 가능성이 있다는 점이 지속적으로 제기되고 있다(Pobjoy and Spencer 2012; Penninx, R., & Garcés-Mascareñas, B. 2016).

4. 성과와 과제

영국은 오랜 역사 동안 이민을 통해 경제 성장과 사회적 발전을 이루어왔으며, 다문화주의 정책을 도입하여 다양한 인종과 문화적 배경을 가진 사람들을 포용하는 사회를 구축해왔다. 하지만 최근 브렉시트 이후 이민정책이 변화를 겪고 있으며, 사회통합과 관련한 도전 과제가 여전히 존재한다. 본 절에서는 영국의 이민 및 사회통합 정책이 거둔 주요 성과와 해결해야 할 과제를 분석한다.

1) 성과

(1) 다문화주의 정책을 통한 사회적 포용 확대

영국은 1970년대부터 다문화주의(Multiculturalism) 정책을 채택하여 다양한 문화적 배경을 가진 이민자들의 정체성을 존중하고, 사회통합을 촉진하는 정책을 시행해왔다. Race Relations Act(2000년 개정)는 인종차별을 법적으로 금지하고, 공공기관 및 고용 시장에서 평등한 기회를 보장하고 있다. 다양한 인종과 문화 간의 상호 이해를 촉진하는 정책(Community Cohesion Policy)을 도입하여 British Citizenship Test(BCT 2005년 도입)는 영국 사회와 문화에 대한 기본 지식을 평가하여 시민권 취득 과정을 체계화하였다. 이러한 정책들은 이민자들의 영국 사회 적응을 돕고, 문화적 다양성을 존중하는 사회를 조성하는 데 기여도가 있다는 점이다.

(2) 노동시장 내 이민자의 기여

영국은 이민을 통해 노동력 부족 문제를 해결하고, 경제 성장을 촉진해왔다. 1950~60년대에는 2차 세계대전 이후 노동력 부족을 해결하기 위해 카리브해, 인도, 파키스탄, 아프리카 출신 이민자들을 적극적으로 유입하였다. 2004년 EU 확대 이후부터는 폴란드, 루마니아 등 동유럽 출신 노동자들이 대거 유입되면서 영국 경제 성장에 기여한 점이다.

최근 브렉시트 이후 Points-Based System을 도입하여 숙련 노동자를 우선적으로 수용하고 있다. 이민자들은 영국의 건설업, 보건의료, 서비스업 등에서 핵심적인 역할을 하며, 국민보건서비스(NHS: National Health Service) 내 이민자 의료진 비율이 높다는 점이 대표적인 사례이다.

(3) 이민정책의 지속적 개혁과 통합 모델 개선

영국은 사회 변화에 따라 지속적으로 이민정책을 개혁해왔다. 2012년에는 불법 이민을 억제하기 위한 강력한 정책(Hostile Environment Policy)을 시행하였다. 2016년 브렉시트 결정 이후에는 유럽 출신 이민자에 대한 이동성을 제한하고, 숙련 노동자 중심의 이민정책으로 개편하였다. 2021년 Points-Based System을 도입하여 노동시장 수요에 따라 이민을 조정하고, 숙련 노동자와 대학 졸업생을 우대하는 정책을 추진하였다.

이러한 변화는 영국의 이민정책이 경제적 필요성과 사회적 통합을 동시에 고려하면서 유연하게 운영되고 있음을 보여준다.

2) 과제

(1) 브렉시트 이후 이민정책의 불확실성과 노동력 부족 문제

브렉시트 이후 유럽 출신 노동자의 이동이 제한되면서, 노동력 부족 문제가 심화되고 있다. EU 출신 저숙련 노동자의 감소로 인해 농업, 건설업, 요식업, 보건의료 부문에서 인력 부족 현상이 발생하고 있다. 영국 정부는 Seasonal Workers Scheme 등을 통해 임시적으로 노동력을 보충하고 있지만, 근본적인 해결책은 되지 못하고 있다.

Points-Based System은 숙련 노동자를 우선적으로 수용하지만, 저숙련 노동자의 부족을 해결하는 방안이 부족하다. 이러한 문제는 영국 경제에 부정적인 영향을 미칠 수 있으며, 노동시장 유연성을 확보하는 정책적 대안이 필요하다.

(2) 사회적 통합과 인종차별 문제

영국은 다문화주의를 채택했음에도 불구하고, 일부 지역에서 인종 간 갈등과 사회적 분리(segregation) 문제가 발생하고 있다. 특정 이민자 집단이 특정 지역에 집중적으로 거주하면서, 사회적 통합이 원활하지 않은 문제가 지속되고 있다. 또한, 브렉시트 이후 반(反)이민 정서가 강해지면서 이민자 대상 혐오범죄가 증가하는 추세이다. 아울러 다문화주의 정책이 문화적 다양성을 존중하는 데 기여했지만, 일부 지역에서는 이민자와 원주민 간의 소통 부족이 사회적 단절을 초래하기도 하였다. 사회적 통합을 강화하기 위해서는 교육, 일자리 기회 확대, 지역사회 내 협력을 촉진하는 추가적인 정책이 필요하다.

(3) 불법 이민 문제와 강경한 이민정책의 부작용

영국 정부는 불법 이민을 억제하기 위해 강경한 정책을 시행하고 있지만, 이 과정에서 인권 문제가 제기되고 있다.

2012년 도입한 Hostile Environment Policy는 불법 체류자에 대한 강력한 단속 정책이 시행되었으며, 이로 인해 Windrush scandal과 같은 문제가 발생하였다. 망명 신청자들이 체류 허가를 받기까지 오랜 시간이 걸리며, 일부는 열악한 환경에서 생활해야 하는 문제가 지속되고 있다. 불법 이민을 단속하는 것은 필요하지만, 인권 보호와 법적 절차의 공정성을 강화하는 방안이 함께 마련되어야 한다.

(4) 시민권 및 귀화 과정의 강화로 인한 사회적 장벽

영국은 최근 귀화 요건을 강화하면서, 일부 이민자들에게 시민권 취득이 어려워지고 있다. British Citizenship Test의 난이도가 증가하여 영국 사회와 역사에 대한 지식 평가가 강화되면서, 일부 이민자들이 시민권을 얻는데 어려움을 겪고 있다. 영어 능력 요구 기준 강화 정책으로 거주 허가 및 귀화 신청 시 요구되는 영어 능력 수준이 높아지면서 특히, 고령 이민자나 저학력 이민자들에게 불리한 조건이 되고 있다. 사회통합을 위해서는 보다 유연한 귀화 및 시민권 취득 절차가 필요하며, 언어 교육 및 문화적 적응 프로그램을 강화하는 것이 중요하다.

이와 같이 영국은 다문화주의 정책을 통해 이민자의 사회적 통합을 추진해왔으며, 노동력 확보와 경제 성장에 기여하는 성과를 거두었다. 하지만 브렉시트 이후 이민정책이 변화하면서 노동력 부족, 사회적 갈등, 불법 이민 문제 등의 도전 과제가 남아 있다. 앞으로 영국은 이민자의 사회적 통합을 강화하면서도 경제적 필요에 맞는 유연한 이민정책을 마련하는 것이 중요하다. 이를 위해 다음과 같은 정책적 접근이 필요하다.

영국의 이민자 통합 정책은 1960년대부터 시작된 초기 정책에서, 2000년대 난민 통합 전략과 지역사회 응집 정책을 거쳐, 2010년 이후에는 지역사회 중심의 접근 방식으로 변화해왔다. 그러나 정책이 지속적으로 변화하는 과정에서 이민자와 지역사회 간의 갈등이 완전히 해소되지 못하고 있으며, 통합 정책의 일관성이 부족하다는 문제가 제기되고 있다. 또한, 이민자의 법적 지위에 따른 차별적인 접근이 사회통합을 저해할 가능성이 있어서 보다 포괄적이고 균형 잡힌 정책이 요구된다. 향후 영국은 사회통합을 위한 보다 체계적이고 장기적인 전략을 마련하고, 지역사회의 참여를 강화하는 방향으로 정책을 발전시켜 나가야 할 것이다.

제3절 프랑스

1. 국제이주의 역사적 발전

1) 프랑스의 시기별 국제이주

프랑스에서 본격적인 이민 논의는 일반적으로 19세기 말 또는 20세기 초부터 시작된 것으로 평가된다. 그러나 외국인이라는 개념 자체는 19세기 들어서면서 점차 국적의 차이를 반영하며, 구체화되기 시작하였다(Sylvain Allemand, 2023). 과거에는 교통수단의 미비로 인해, 먼 도시나 마을에서 온 사람들조차도 외지인 혹은 이방인으로 여겨졌으며, 심지어 반경 2.5km 이내에서 온 사람마저도 낯선 존재로 인식되곤 하였다(Sylvain Allemand, 2002).

프랑스 지역은 고대부터 지속적인 이주를 수용해 온 역사적 공간이었다. 기원전 3세기에는 켈트족의 이주가 있었고, 3세기에서 6세기 사이에는 게르만족의 이동이 두드러졌다. 중세 이후에는 로마인(집시)의 이동이 주요한 특징으로 나타났다(Géopolis, 2018). 이처럼 프랑스는 유럽 내외의 다양한 민족과 문화가 이동하면서 정착해 온 이주의 중심지였다.

(1) 프랑스 국적의 법적 개념

프랑스 혁명기인 1789년, 기존의 국왕의 신하라는 개념은 시민이라는 개념으로 대체되었다. 당시 시민의 정의는 출생지나 혈통이 아닌, 혁명을 지지하는 정치적 의지에 기초하였기 때문에 오늘날의 국적 개념과는 다소 차이가 있었다. 그러나 프랑스 혁명 이후 지속된 전쟁 속에서 타 지역 출신에 대한 경계심과 배척이 강화되었고, 1791년부터는 토지 소유권을 기반으로 한 법적 국적 개념이 도입되기 시작하였다.

1804년 나폴레옹 보나파르트가 제정한 민법전(Code Civil)은 부계 혈통에 따라 국적을 결정하는 원칙을 채택하였다. 이후 프랑스의 국적 개념은 국제 정세 및 식민지 정책과 맞물리면서 점차 정비되었다. 1889년, 제3공화국은 국적법을 제정하여 출생지주의 원칙(jus soli)과 혈통주의 원칙(jus sanguinis)을 결합한 병행적 국적 체계를 수립하였다. 이 법은 또한 귀화 기준과 국민에게 부여되는 권리—예컨대 공무원직과 특정 직업에 대한 독점적 접근 권한—을 명확히 규정하고 있다(Géopolis, 2018).

(2) 이민과 프랑스 사회

낯선 자에 대한 프랑스 사회의 인식은 이중적인 양상을 보였다. 낯선 이방인은 때로는 매력적인 존재로, 또 때로는 거부의 대상으로 인식되었다. 19세기 말 민족주의의 고조와 함께 프랑스 국적이 없는 사람들은 모두 외국인으로 간주되었고, 이민 문제는 제3공화국 하의 민주주의 체제 속에서 언론, 대중, 정치 담론의 중심 주제가 되었다. 특히, 이민자들이 프랑스 노동자들과 일자리를 놓고 경쟁하게 되면서, 이민은 노동 시장 및 국가 안보와 직결된 민감한 사안으로 인식되기 시작하였다. 이로 인해 프랑스 국적을 보유하고 있음에도 불구하고 유대인, 귀화 시민, 이민자 2세, 식민지 출신 프랑스 국민 등은 여전히 진정한 프랑스인으로 인정받지 못하고 외국인으로 취급받는 경우가 많았다. 이러한 배제는 프랑스 사회 내에서 소속감과 정체성의 위기를 낳았으며, 시민권과 국적 사이의 간극을 드러냈다(Pierre George, 2019).

그럼에도 불구하고 일부 계층에서는 이민이 국가에 경제적으로 유익하다는 점을 인식하고 있었다. 저렴하고 숙련된 노동력을 제공하며, 병력 충원을 위한 인적 자원을 확보하고, 인구 감소 문제를 해결하는 데 있어서 이민은 필수적인 요소로 여겨졌다. 프랑스가 체계적인 이민정책을 본격적으로 시행하기 시작한 것은 제1차 세계대전 이후였으며, 이후 국가 주도의 적극적 이민 수용 정책이 전개되었다.

2) 프랑스의 이민 물결
프랑스의 이민 역사는 세 차례의 주요 이민 물결로 나눌 수 있다.

> 첫 번째 물결(1850~1914년) - 산업혁명 시기 노동력 유입이 활발했던 시기이다.
> 두 번째 물결(1914~1939년) - 제1차 세계대전과 전간기 동안 증가한 노동 수요에 의해 형성되었다.
> 세 번째 물결(1945년 이후) - 제2차 세계대전 이후 본격적으로 전개된 이민 시기이다.

(1) 첫 번째 이민 물결(1850~1914년)

프랑스의 산업혁명은 상대적으로 늦게 시작되었으며, 본격적인 경제 성장은 제2제정기(1851~1870년)에 이루어졌다. 18세기 이후 프랑스는 인구 증가율 둔화로 노동력 부족 문제에 직면하게 되었다. 이러한 문제를 해결하기 위해 벨기에, 스위스, 이탈리아, 스페인, 독일 등 인접 국가들로부터 노동자들이 대거 유입되었다.

1851년 프랑스 정부는 최초로 인구조사에 국적과 출생지를 기재함으로써 외국인 인구의 수를 산정하기 시작하였다. 당시 프랑스에는 약 38만 명의 외국인이 거주하고 있었으며, 그 중 6만 3천 명은 이탈리아인이었다. 이후 이탈리아계 이민자는 꾸준히 증가하여 1876년에는 16만 3천 명, 1881년에는 24만 명, 20세기 초에는 33만 명에 이르렀다.

1880년대부터는 동유럽 지역에서 박해를 피해 도망친 유대인들이 프랑스로 이주해 왔으며, 이들은 주로 파리의 마레 지구에 정착하여 노동자 및 기술자로 활동하였다. 이러한 변화 속에서 1889년 6월 26일, 프랑스 정부는 프랑스에서 태어나 성년이 된 모든 외국인에게 프랑스 국적을 부여한다는 법을 제정하면서 출생지주의 원칙(jus soli)을 이민법의 근간으로 삼았다. 이 법은 이후 1993년까지 유지되었다.

19세기 후반 프랑스 사회는 강한 민족주의적 흐름을 겪었으며, 이는 드레퓌스 사건(1894~1906),[5] 극우 정당의 성장, 반유대주의와 외국인 혐오 등으로 표출되었다(Géopolis, 2018).

(2) 두 번째 이민 물결(1914~1939년)

제1차 세계대전 기간 동안 프랑스는 노동력과 병력 부족 문제를 해결하기 위해 외국인 이민을 적극적으로 유치하였다. 북아프리카(알제리, 모로코), 인도차이나, 중국 등지에서 온 이민자들은 군수 산업과 위험한 노동 현장에 투입되었다.

1920년대에는 폴란드, 체코슬로바키아, 이탈리아로부터 대규모 노동 이민이 이루어졌으며, 이들은 주로 광산과 공장에서 일하였다. 동시에 러시아 혁명과 아르메니아 대학살을 피해 정치적 망명자들이 대거 프랑스로 유입되었다.

1931년 기준으로 프랑스 인구의 5.9%에 해당하는 약 289만 명이 외국인이었고, 1921년부터 1939년 사이 약 100만 명이 프랑스 국적을 취득하였다. 그러나 1930년대 대공황의 여파로 경제 상황이 악화되자 외국인

---

5   드레퓌스 사건은 프랑스군 장교 알프레드 드레퓌스가 유대인이라는 이유로 간첩 혐의를 받고 억울하게 종신형을 선고받은 사건으로 규모면에서 유례를 찾아볼 수 없는 정치적, 사회적, 도덕적 위기였고, 20세기 프랑스사를 이해하는 데 중요한 사건이었다. 1894-1906년까지 프랑스 사회를 소용돌이 속에 휘말리게 했던 드레퓌스 사건은 프랑스의 갈라진 사회의 단면을 잘 드러내는 중요한 역사적 국면이었다. 그래서 프랑스 국민을 좌우의 대결의 소용돌이 속으로 몰아넣은 '사건 중의 사건'으로 기록되고 있다(마은지, 2017).

에 대한 적대감이 고조되었고, 정부는 이민 제한 정책을 강화하게 되었다 (Chokri Ben Fradj, 2004).

(3) 세 번째 이민 물결(1945년 이후)

세 번째 이민 물결은 제2차 세계대전 이후 본격화되었으며, 가족 재결합 이민의 확대가 주요 특징이다. 전쟁으로 인해 인구가 감소하고 경제 재건을 위해 노동력이 절실히 요구되자, 프랑스는 북아프리카, 사하라 이남 아프리카, 포르투갈, 스페인 등 다양한 지역으로부터 이민자를 적극적으로 받아들였다.

해방 직후 프랑스의 가장 시급한 과제는 국가 재건이었으며, 이에 따라 프랑스 정부는 점진적으로 이민정책을 체계화해 나갔다. 그중 첫 번째 주요 조치는 1945년 11월 2일 제정된 법령으로, 이를 통해 국가 이민국이 설치되고, 1년, 5년, 10년 단위의 거주 허가 제도가 도입되었다(Pascal Le Pautremat & Charles-Robert Ageron, 2003). 이 시기 이후 프랑스의 이민정책은 노동력 수요, 사회적 갈등, 정치적 변화에 따라 유동적으로 조정되었으며, 이민은 프랑스 사회통합과 다문화주의 논의의 핵심 의제가 되었다.

2. 국제이주 현황 및 이민정책

1) 1945년 이민법과 정책 변화

1945년 11월 2일 프랑스 정부가 제정한 법령은 장기적인 이민정책의 기틀을 마련한 중요한 조치였다. 이 법령은 특히, 가족 재통합을 통한 정착과 체류 기간 연장을 통한 권리 획득을 포함함으로써, 이민자의 사회적 통합을 주요 목표로 삼았다. 이를 바탕으로 국제이주국(Office of International Migration), 그리고 외국인 및 이주민 수용을 위한 국가기관인 ANAEM의 전신이라 할 수 있는 국가이주사무소(ONI: Office National Immigration)가 창설되었다(Pascal Le Pautremat & Charles-Robert Ageron, 2003).

당시 프랑스에서의 이민은 장기적이고 가족 중심적이며, 경제 활동과 밀접하게 연계된 것으로 간주되었다. 그러나 1974년 7월, 프랑스 정부는 이주노동자의 신규 유입을 중단했고, 1978년에서 1980년 사이에는 북아프리카 노동자들을 알제리로 송환하려는 시도도 있었지만, 이는 실질적인 성공을 거두지 못하였다. 한편, 1947년부터 마르세유 항구를 통해 입국하는 이민자들은 국경 보건 통제국(Santé aux Frontières)의 검사를 받기 시작하였다.

(1) 해외부처 이민개발국(BUMIDOM) 설립과 이주 노동 정책

1963년, 당시 프랑스 장관이었던 미셸 드브레(Michel Debré) 장관은 해외 부처에서 인구 문제를 해결하기 위한 방안으로 해외 부처 이민개발국(BUMIDOM: Bureau pour le développement des migrations dans les départements d'outre-mer)을 설립하였다. 이 기관은 프랑스 본토와 해외 영토 간의 인구 이동을 관리하고 조정하는 역할을 수행했으며, 이후 이주노동자라는 용어는 법적, 사회적으로 더욱 정착되기 시작하였다. 특히, 알제리인이나 해외 영토 출신 이민자들은 법적으로 외국인으로 간주되지 않았다는 점에서 당시의 법적 프레임의 독특한 점을 나타내고 있다.

(2) 이주노동자 주택 정책과 SONACOTRA[6] 설립

1950년대 중반 알제리 전쟁이 시작되면서, 프랑스 정부는 이주노동자를 일반 거주자와 분리시키는 동시에 이들에게 기초적 거주 환경을 제공하기 위한 시설을 조성하기 시작하였다. 이는 이민자들이 프랑스 사회에 통합되지 않도록 통제하려는 정책적 의도가 반영된 것이었다.

1956년에는 주택 부족 문제 해결을 위해 국립 주택 건설 회사인 SONACOTRA가 설립되었으며, 1958년에는 알제리 노동자 및 그 가족을 위한 사회 활동 기금인 FAS가 창설되었다. 이러한 주택 사업은 1959년 아르장퇴유(Argenteuil)에 처음 건설된 이래, 1966년부터 1972년 사이에 집중적으로 추진되었다(Gérard Noiriel, 2009).

이 정책의 핵심 목표는 세 가지로 요약된다. 첫째, 공중위생 개선을 통한 판잣집 철거, 둘째, 도시 중심지 재개발을 위한 빈민가 정비, 셋째, 사회적 통제 수단으로서의 이주노동자 관리이다. 이 시설의 관리는 대체로 군 출신이나 식민지 행정 경험자들에 의해 운영되었다는 점도 주목할 만하다.

(3) 1968년 5월 운동[7]과 이민자 참여

1968년 프랑스에서는 샤를 드골 정부의 권위주의와 사회적 불평등에 저항하는 대규모 사회운동, 즉 68운동이 발생하였다. "금지하는 것을 금지하라(Il est interdit d'interdire!)"라는 구호로 대표되는 이 운동은 프랑스 사회 전

---

6   프랑스 대도시 소재 외국인 독신 노동자 숙소의 대명사인 소나코트라(SONACOTRA)는 2007년부터 글로벌 사회복지 주거로서 그 기능을 확장해 외국인뿐 아니라 내국인을 위한 서비스를 제공하는 것으로서 1957년 프랑스 정부는 파리, 마르세유, 리옹 등지의 대도시 재건 및 산업분야에 활동하는 독신 이주노동자를 위한 기숙사인 소나코트라를 설립하였다 (스티븐 카슬, 마크 J. 밀러, 2013).
7   1968년 프랑스 5월 혁명 또는 프랑스의 68운동은 프랑스 샤를 드골 정부의 실정과 사회의 모순으로 인한 저항운동과 총파업 투쟁하며, 기존의 가치와 질서에 저항한 사건이다.

반에 큰 충격을 주었다.

당시 프랑스 인구는 약 5천만 명이었으며, 이 중 약 262만 명이 외국인이었다. 이들 중 68%는 노동자였고, 프랑스 산업 부문 노동력의 15%를 차지할 만큼 중요한 역할을 하였다. 일부 스페인과 포르투갈 출신 노동자들은 68운동의 사회적 불안 속에서 귀국하기도 했으며, 가톨릭 교회는 이주노동자들에게 정치 활동을 피할 것을 권고하였다. 그러나 많은 이민자들이 운동에 적극적으로 참여하였다. 특히, 낭테르 대학 근처 판잣집에 거주하던 이민자들은 학생들과 연대하며 시위를 벌였고, 이를 통해 이민자들의 열악한 주거 환경과 생활 조건이 사회적 문제로 부각되었다. 이후 학생들과 활동가들은 식량 지원, 문해 교육, 주거 지원 등의 활동을 전개했고, 일부 단체에서는 집단적 귀화 요구까지 제기하였다(Gérard Noiriel, 2009).

(4) 1970년대 경제 위기와 이민 규제 강화

1970년대 들어 세계 경제 위기와 1973년 석유파동은 프랑스 노동시장에도 심각한 영향을 미쳤다. 완전고용 시대가 막을 내리자 프랑스 정부는 이주노동자 유입을 제한하는 정책을 본격화하였다. 1972년 발표된 마르셀린-폰타넷(Marcellin-Fontanet)[8] 문서는 거주 허가를 취업 허가 및 적절한 주거 조건과 연계시키고, 정규화 절차를 제한함으로써, 이민자들의 법적 지위를 어렵게 만들었다. 이 조치로 인해 이주노동자의 83%가 불법체류가 되는 상황에 놓였다. 이에 저항한 이민자 학생 사이드 부지리(Saïd Bouziri)

---

8   1972년, Marcellin-Fontanet 정책의 일환으로 그의 활동 때문에 그와 그의 아내를 표적으로 삼아 추방 명령이 내려졌다. 그는 자신의 권리를 주장하기 위해 단식 투쟁을 시작했으며, 이는 큰 반향을 불러일으켰다. 그는 Jean-Paul Sartre, Claude Mauriac, Michel Foucault를 포함한 다양한 인물들의 지원을 받았고 당시 2,000명 이상이 지지 시위에 참여하여 결국 소송에서 승소하였다(Plein Droit, 1990).

는 임신한 아내와 함께 단식 투쟁을 시작하였다(Plein Droit, 1990). 부지리가 추방되던 날에는 주요 관련자 등, 2천여 명이 파리 시내에서 시위를 벌였다. 이들의 지지를 바탕으로 같은 해 이민 노동자의 생명과 권리 방어 위원회(CDVDTI: Comité de défense de la vie et des droits des travaill.)가 창설되었고, 노동 허가 발급과 권리 보장을 요구하는 투쟁이 본격화되었다.

(5) 베트남 보트피플과 대규모 정규화

1970년대 경제 위기와 더불어 이민자에 대한 규제는 더욱 강화되었다. 1972년 Marcellin-Fontanet의 시행으로 인해 다수의 이주노동자가 불법 체류 상태에 처하게 되었고, 저항 운동이 본격화되었다.

한편, 베트남 전쟁을 피해 16,000명의 보트피플이 1972년 프랑스로 유입되었다. 1973년 4월 1일에는 4,000명의 불법 이민자가 파리의 라 뮤추얼리테(La Mutualité)에 집결하였고, 7월에는 메닐몽탕(Ménilmontant)에서 무기한 단식 투쟁이 선언되었다. 이에 따라 당시 노동·고용·인구 장관이었던 조르주 고르스(Georges Gorse)는 최초의 전면적 정규화를 단행하였고, 35,000명의 불법체류 외국인이 정규 노동자로 전환되었다(Plein Droit, 1990). 같은 해, 아랍 노동자 운동(MTA: Mouvement des Travailleurs Arabes)은 공장에서 총파업을 조직하였으며, 이는 혁명적 공산주의 연맹(LCR: Ligue Communiste Révolutionnaire) 및 일부 마오주의자들과의 갈등을 촉발시켰다. 농업 부문에서도 대규모 파업이 이어졌다.

1974년에는 발레리 지스카르 데스탱 대통령이 당선되었고, 미셸 포니아토프스키 내무부 장관은 교회가 제공하던 망명 관행을 중단한다고 발표하였다. 이에 따라 파업 중이던 이민자들은 교회에서 강제 퇴거당하였다. 이 시기, 이민 노동자를 위한 정보 및 지원 그룹(GISTI: Groupe d'information et de soutien des immigrés)은 국무원 판결을 통해 폰타넷 통지문의 무효화를 이끌어냈고, 이는 이민자 권리 보호를 위한 법적 승리로 평가된다(Plein Droit, 1990). 법률가 및 사회복지사 중심의 비정형 단체들은 법을 국가 권력에 맞서는 도구로 활용하면서 이민 문제를 노동과 계급투쟁 중심의 경제·사회 문제에서 법적 문제로 전환하는 데 기여하였다. 이러한 흐름 속에서 투표권, 국적 취득권, 평등권 등 새로운 시민권적 요구들이 등장하게 되었다.

(6) 1980년~1990년대: 이민이 주요 정치 이슈로 부상

1982년, 이주민들은 스스로 조직화하여 프랑스 마그레브 노동자 협회를 창설하였으며, 프랑스 국적을 가진 이민자 자녀들도 차별 철폐와 동등한 권리를 요구하기 시작하였다. 이 시기부터 이주노동자라는 용어는 점차 이민자로 대체되었으며, 이는 이주가 더 이상 일시적 현상이 아님을 인식한 결과였다.

1984년에는 법률 제84-622호가 제정되어, 취업 허가와 별도로 10년 단일 거주 허가가 신설되었다. 그러나 1986년 샤를 파스카 내무부 장관은 법률 제86-1025호를 도입하여, 거주 카드 발급을 제한하고 불법체류 외국인 추방을 용이하게 하였다. 1988년에는 말리인 101명이 추방되었으며, 이에 대한 대규모 항의 시위가 발생하였다.

1988년, 프랑스 이민국은 국제이주국으로 재편되었으며, 프랑스는 2003년에 사회통합정책을 개정, 사회통합을 추진하기 위해서 인구이민부 아래에 이민국(ANAEM: Ankara Nuclear Research and Training Center)을 설치하는 것과 동시에 수용통합에 대한 새로운 제도를 도입하고 있다.

1989년 베를린 장벽 붕괴는 망명권에 직접적인 영향을 미쳤고, 국민전선(FN: Front National)의 부상으로 이민 규제는 주요 선거 이슈로 부상하였다.

1991년 12월 31일, 크레송 정부는 법률 제91-1383호를 통해 불법 입국 및 체류, 불법 고용에 대한 처벌을 강화하였다.

(7) 2000년 이후: 이민자의 지위

2000년대 이래로 프랑스 인구는 매년 평균 30만 명씩 증가했으며, 이 중 약 30%가 이민으로 인한 것이다. 2000년대에는 이민 문제가 점차 유럽 연합 차원에서 다루어졌으며, 2003년에는 가족 재결합에 관한 지침을 채택하고 회원국 간 이민정책을 조화시키려고 시도하였다. 2006년 7월, 니콜라 사르코지 내무부 장관의 제안으로 이민 및 통합에 관한 법률이 통과되어, 프랑스에 합법적으로 거주하는 외국인이 가족 재결합을 요청할 수 있는 기간을 12개월에서 19개월로 연장하였다.

2009년 3월, 프랑수아 피용 정부는 이민부의 감독을 받는 프랑스 이민 및 통합 사무소를 설립했고, 2010년에는 내무부, 해외 영토, 지방자치단체 및 이민부의 산하기관을 설립하였다.

2015년 7월, 베르나르 카제뇌브 내무장관은 정규 이민과 불법 이민의 구분을 없애는 외국인 권리에 관한 법률을 제안하였다.

2016년 2월 18일에 통과된 이민법은 개방성을 장려하고 외국인의 권리를 강화하며, 프랑스 국적 취득을 위한 새로운 기회를 창출하였다. 이 법은 불법체류 신분으로 자신의 나라에서 치료를 받을 개인적 수단이 없는 병든 외국인에게 정규화 허가를 얻고 프랑스 의료 시스템의 혜택을 받을 권리를 부여하는 정책이다. 따라서 불법 상황에 있는 가족을 추방하는 것은 사실상 불가능하다는 것을 의미한다(Ministère de l'Intérieur, 2016).

2024년에는 이민 규제 강화로 2024년 10월, 브루노 르테이요 내무부 장관은 이민을 줄이기 위한 두 가지 회람을 발표하였다. 첫 번째는 추방을 증가시키고 정규화를 감소시키는 목표를 설정하며, 두 번째는 발스 회람을 대체하여 불법체류 외국인의 정규화 기준을 단순화하고 강화하는 내용을 담고 있다.

2025년 2월, 프랑스 정부는 거주권이나 시민권을 신청하는 외국인에 대한 언어 능력 평가를 강화하였다. 이 테스트는 프랑스 원어민조차 통과하기 어려울 정도로 까다로워 비판을 받았다. 이러한 정책 변화들은 프랑스의 경제적 필요, 사회 통합, 정치적 압력 등 다양한 요인에 의해 주도되었다.

3. 이민자 사회통합 정책

1) 최근 사회통합 정책

(1) 2024년 개정 이민법

2024년 개정 이민법은 불법체류 외국인 근로자에 대한 예외적 합법화 조치를 일부 유지하는 동시에, 사회통합 기준을 강화하고 강제추방 요건을 확대하는 등 전반적으로 엄격한 관리체계를 도입하고 있다. 가장 주목할 변화 중 하나는 특정 직종(건설업, 가사도우미, 케이터링 등)에 종사하는 불법체류 외국인에게 임시 근로자 또는 직원 거주 허가를 예외적으로 부여하는 제도를 유지하되, 이제는 고용주를 거치지 않고도 신청이 가능해졌다는 점이다. 신청자는 최근 24개월 중 최소 12개월 이상 근무 이력이 있어야 하며, 프랑스에서 3년 이상 거주한 사실과 사회적 통합 증거를 제출해야 한다. 이 허가는 도지사 재량에 따라 부여되며, 2026년 말까지 시범적으로 운영될 예정이다.

프랑스 정부의 초기 법안은 이보다 더 진보적인 내용을 담고 있었다. 예컨대, 특정 부족 직종에서 근무하는 경우 자동으로 거주 허가를 발급하는 방안이나, 난민 인정 가능성이 높은 국가 출신 망명 신청자에게 즉시 노동시장 접근을 허용하는 조치 등이 있었다. 또한 EU 외 국가에서 자격을 취득한 의사, 치과의사, 조산사, 약사 등을 대상으로 의료·약학 분야 인재 장기거주 허가(PADHUE: Praticiens à Diplôme Hors Union Européenne)를 도입하여 의료 및 사회복지 분야의 인력난 해소를 목표로 하였다. 아울러 고급 기술 인력 및 프로젝트 리더를 위한 인재 거주 허가 절차가 간소화되었다.

한편, 플랫폼 노동자의 불법 고용을 방지하기 위해, 자영업자로 일하려는 경우 관련 직종에 대한 허가를 포함하는 거주 카드를 보유해야 한다는 규정이 신설되었고, 비정규직 외국인을 불법 고용한 사업체에 대한 처벌도 강화되었다(République Française, 2022).

(2) 통합 및 거주 허가요건 강화

개정안은 장기 거주 허가요건을 대폭 강화하였다. 기존에는 공화국 통합 계약(CIR)에 따라 프랑스어 과정 이수 여부만 확인했지만, 개정 후에는 프랑스어 능력의 최소 기준이 A2에서 B1 또는 B2 수준으로 상향 조정되었으며, 거주 카드 발급 및 귀화 신청 요건에 포함되었다. 해당 조치는 늦어도 2026년 초까지 발효될 예정이다. 또한, 이주노동자의 프랑스어 교육에 대한 고용주의 책임이 강화되었고, 모든 신청자는 표현의 자유, 양심의 자유, 남녀평등, 공화국의 모토 및 상징 존중을 포함하는 새로운 공화국 계약에 서명해야 한다. 이 공화국 원칙을 거부할 경우, 도지사는 거주 허가 발급을 거부하거나 기존 허가를 철회할 수 있다. 불법체류 외국인이 악덕 집주인으로부터 피해를 입고 법적 절차를 밟는 경우, 형사 소송 기간 동안 거주 허가를 받을 수 있는 조항도 신설되었다. 또한, 서류 위조나 공직자에 대한 범죄, 사회질서 위협 등의 사유가 있는 경우, 임시 또는 장기 거주 허가 발급·갱신이 거부될 수 있도록 기준이 확대되었다. 아울러 특정 장기 체류 허가 갱신 시, 프랑스 내 상시 거주 요건도 새롭게 도입되었다(République Française, 2022).

(3) 강제 추방 조치

개정안의 주요 목표 중 하나는 공공질서를 심각하게 위협하는 외국인의 추방을 용이하게 하는 것이다. 장기 거주 외국인이나 가족 유대가 있는 외국인이라 하더라도, 특정 중범죄(최소 3~5년형 선고 가능)를 저질렀을 경우, 추방 대상이 될 수 있다. 또한, 공직자나 공공기관 구성원에 대한 폭력행위도 추방 요건에 포함되었다.

입국금지명령(ITF: International Tennis Federation)의 적용 범위가 확대되었고, 13세 이전 입국자, 프랑스 시민과의 결혼자 등 기존 보호 대상자에 대한 면제 조항도 폐지되었다. 대신, 외국인 미성년자에 대한 보호는 유지되며, 프랑스 영토 퇴거 명령(OLFT: Obligation to leave French territory) 지방자치단체 판단에 따라 발급된다. 전쟁 등으로 자국 송환이 불가능한 외국인은 헌법위원회 심사를 거쳐 최대 3년간 거주 가능(기존 1년)하도록 하였다.

또한, 외국인 미성년 범죄자에 대한 개별 데이터베이스 구축이 허용되었고, 아동복지 프로그램을 마친 21세 미만 외국인은 청년 성인 계약 혜택에서 제외되었다. 외국인 미성년자의 행정 구금은 여전히 금지되며, 인신매매업자 및 불법 임대업자에 대한 처벌 강화, 국경 지역 차량 검문 확대(기존 9인승 이상 → 일반 차량까지 확대) 등의 조치도 포함되었다(République Française, 2022).

(4) 망명 및 소송 절차의 개혁

개정안은 망명 절차를 간소화하고 지방 분산화를 통해 효율화를 꾀하고 있다. 기존의 원스톱 수용 센터(GUDA: Guichets Uniques d'acceuil des Demandeurs d'Asile)를 대체하기 위해, 전국적으로 프랑스 피난처(FRANCE ASILE)이라는 지역 중심 허브 체계를 구축하여, 지자체의 등록, 프랑스 이민 통합국(OFII: Office Français de l'Immigration et de l'Intégration)의 행정 지원,

프랑스 난민 및 무국적자 보호 사무소(OFPRA: Office français de protection des réfugiés et apatrides)의 신청 절차를 통합 운영하도록 계획하고 있다.

프랑스 국가인권재판소(CNDA: Cour Nationale du Droit d'Asile) 조직 개편을 통해, 지역별 법원 설치, 일반 사건의 단독 판사 담당 제도를 도입하고, 복잡한 사건은 다수의 판사로 구성된 대학부에서 처리하게 된다. 공공질서 위협 또는 도주 위험이 있는 망명 신청자는 가택 연금 또는 구금 대상이 될 수 있다. 이처럼 이 개정안은 불법 이민 및 공공질서 유지에 초점을 맞추며, 동시에 법적 절차의 간소화와 통합적 행정 체계 구축을 통한 사회통합의 질적 향상도 함께 도모하고 있다(République Française, 2022).

(4) 외국인의 망명 및 소송 절차 개혁

2024년 1월 25일, 프랑스 헌법위원회는 최근 제출된 이민법 개정안에 대한 심사를 진행하여 해당 법안의 일부 조항을 위헌으로 판단하였다. 이후 1월 26일, 에마뉘엘 마크롱 대통령은 헌법위원회를 통과한 개정안을 공식 공포하였다.

이번 개정안은 국회를 통과한 원안과는 상당히 다른 양상을 보이고 있다. 실제로 헌법위원회는 국회에서 통과된 개정안에 포함된 총 86개 조항 중 32개 조항에 대해, 이민법 개정의 취지에 부합하지 않거나 법률의 범위를 넘어선 부수적 조항이라는 이유로 위헌 결정을 내리고 삭제하였다. 삭제된 주요 조항에는 이민자의 사회보장제도 수급 자격 제한 및 강화, 출신지주의 폐지, 이민 쿼터제 도입, 가족 재결합(Regroupement familial)에 대한 요건 강화 등이 포함되어 있다. 이들 조항은 주로 프랑스 극우 정당인 국민연합(RN: Rassemblement National)과 보수 정당인 공화당(Les Républicains)이 주장한 내용을 반영한 것이었다(Mestre & Pascual, 2024). 이 개정안은 프랑스의 이민 및 사회통합 정책을 더욱 엄격하고 체계적으로 관리하기 위한 조치를 포함하고 있으며, 불법 이민 및 공공질서 유지에 중점을 두고 있다 (République Française, 2022).

4. 성과와 과제

1) 성과

프랑스는 오랜 시간 동안 다양한 이민 집단을 수용하면서 다문화적 사회로 발전해 왔다. 이 과정에서 사회통합과 관련된 정책적 성과와 한계가 병존해왔다. 프랑스의 이민정책은 기본적으로 공화주의적 동화 모델(assimilationism)에 기반하고 있으나, 실제로 효과적인 사회통합을 달성하기까지는 여러 도전 과제가 남아 있다. 다음은 프랑스 이민정책의 주요 성과를 중심으로 살펴본다.

(1) 제도적 정비와 이민 관리체계 구축

프랑스는 19세기 후반부터 체계적인 이민 관리체계를 구축해 왔으며, 1945년 이후 국적법과 사회통합 정책을 통해 이민자의 법적 지위를 명확히 규정해왔다. 1889년 국적법에서는 출생지주의(jus soli)를 도입하여 프랑스에서 태어난 외국인 자녀의 시민권 취득을 용이하게 하였고, 1945년 이민법은 국가이민국의 창설과 함께 체류 허가 및 귀화 절차를 제도화하였다. 2000년대 이후에는 프랑스 이민·통합 사무청(OFII: Office français de l'immigration et de l'intégration)를 중심으로 망명 절차의 정비와 이민자의 권리 보호 강화가 이루어졌다. 이러한 제도적·행정적 개선은 이민자의 법적 지위를 공고히 하며, 사회통합을 위한 기반을 마련하였다.

(2) 노동시장 내 이민자의 기여 확대

프랑스의 이민정책은 역사적으로 노동력 부족을 보완하는 역할을 하였다. 1850~1914년 산업혁명기에 이탈리아, 벨기에, 스페인 출신 노동자들이 제조업과 건설업에 투입되었다. 1914~1939년 1차 세계대전 이후, 폴란드, 체코슬로바키아, 이탈리아 노동자들이 프랑스 경제 회복에 기여하였다. 1945년 이후, 알제리, 모로코, 튀니지 등 북아프리카 출신 노동자들이 프랑스 노동시장의 중요한 축을 형성하였다.

현재도 프랑스 내 건설업, 농업, 서비스업에서 이민자 노동자들이 핵심적인 역할을 담당하고 있으며, 최근에는 IT 및 의료 분야에서 고급 기술 인력 이민도 증가하고 있다.

(3) 다문화 사회로의 진전과 공공 서비스 확충

1980년대 이후 프랑스는 다문화 사회로서의 정체성을 일부 인정하며, 이민자 통합을 위한 공공 정책을 적극 추진하였다. 다문화 교육 프로그램을 통해 프랑스 출생 이민자 2세대와 내국인 간의 상호 이해를 촉진하고, 도시 재생 프로그램을 통해 이민자 밀집 지역의 생활환경을 개선하였다. 또한, 공공의료와 사회복지 서비스를 확충하여 이민자의 기본적인 생활권을 보장하는 정책도 실시하였다.

2) 과제

(1) 이민자 사회통합의 한계와 사회적 갈등

프랑스의 공화주의적 동화 정책은 이민자들에게 프랑스의 문화와 가치를 수용할 것을 요구하지만, 실제로는 이민자 공동체 내에서 문화적·종교적 차이가 유지되며, 사회적 분리 현상이 발생하고 있다. 파리 외곽의 방리유(Banlieue) 지역에는 북아프리카 출신 이민자들이 집중적으로 거주하고 있으며, 이들은 프랑스 주류 사회와 단절된 삶을 영위하는 경우가 많다. 특히, 2004년 공립학교 내 히잡 착용 금지법 시행은 이슬람 문화권 이민자와 프랑스 정부 간의 갈등을 심화시켰으며, 2005년과 2018년에는 이민자 밀집 지역에서 경찰의 과잉 진압과 경제적 불평등에 항의하는 시위와 폭동이 발생하였다.[9]

(2) 노동시장 내 차별과 경제적 불평등

프랑스의 이민자들은 대체로 낮은 임금과 불안정한 고용 환경에 놓여 있으며, 실업률도 프랑스 태생 노동자에 비해 약 2배 높은 것으로 나타났다(INSEE, 2022). 고학력 및 고숙련 이민자조차도 본인의 기술과 경력을 제대로 인정받지 못하는 경우가 많으며, 이로 인해 고학력 이민자들이 저숙련 노동에 종사하는 비율도 높다. 일부 고용주들은 이민자의 출신국이나

---

9 방리유(Banlieue)는 프랑스 파리 외곽에 위치한 도시 주변부로, 주로 이민자 출신의 저소득층이 밀집하여 거주하는 지역이다. 방리유 거주자들은 오랜 시간 동안 사회적 낙인(stigmatization)의 대상이 되어 왔으며, 일상적인 인종적 차별과 사회적 배제를 경험해왔다. 특히, 고용 시장 진입과 교육을 통한 신분 상승의 기회로부터 구조적으로 배제되면서, 이들은 프랑스 사회의 중심으로부터 점점 더 주변화되었다. 2005년 방리유에서 발생한 대규모 청년 폭동은 이러한 구조적 모순이 폭발적으로 드러난 대표적 사례로, 프랑스의 사회·경제 시스템이 더 이상 소외된 계층의 분노를 흡수하고 조절할 수 없는 상태에 도달했음을 보여주는 '사회적 위기(social crisis)'로 해석되었다. 이 사건은 단순한 치안 문제를 넘어, 프랑스 공화국이 지향하는 평등·자유·우애의 가치가 일부 시민에게는 실질적으로 적용되지 않고 있음을 드러낸 상징적인 사건으로 평가된다. 방리유 거주자들은 '사회적 낙인찍기'를 통한 일상화된 인종적 차별을 겪고 있었으며, 취업 및 신분상승 가능성으로부터 구조적으로 배제되어 있었다. 이들은 1980년대 이래로 그들을 차별하는 '부당한' 사회에 대한 분노를 표출했고 구조적인 모순에 대해 저항해 왔다. 이러한 저항의 형태는 정치적 목적이 불분명하고 무의식적이었으나 방화라는 행위를 통해 수십 년 동안 상징적으로 의례화 되고 있었다. 또한, 시간이 지나면서 지역을 초월하는 축제화된 폭력으로 발전하는 성향을 보였다. 2005년 방리유 청소년들의 사회적 저항은 조절 능력을 상실한 프랑스의 사회, 경제제도가 직면한 '사회적 위기'로 읽혔다(신동규, 2014).

문화적 배경을 이유로 고용을 회피하는 경향을 보이기도 한다.

(3) 불법 이민 대응과 인권 사이의 균형 문제

프랑스 정부는 최근 불법 이민을 억제하기 위해 보다 강력한 규제 정책을 도입하고 있다. 2024년 개정 이민법은 불법 체류자의 거주 허가 요건을 강화하고, 공공질서에 위협이 되는 외국인에 대한 강제 추방 권한을 확대하였다. 그러나 이로 인해 불법 체류자의 인권 침해 가능성이 증가하고, 이들이 더욱 불안정한 노동 환경에 노출될 위험이 커지고 있다. 또한, 난민 신청 절차가 점점 엄격해지면서 실제로 보호가 필요한 이들이 적절한 지원을 받지 못하는 사례도 증가하고 있다.

(4) 동화주의와 다문화주의 모델 간의 충돌

프랑스는 공식적으로 공화주의적 동화 모델(assimilationism)을 고수하고 있으나, 현대 사회에서는 다양한 문화적 배경을 인정하고 포용하는 다문화적 접근(multiculturalism)의 필요성이 커지고 있다. 프랑스 내 다양한 출신의 이민자 공동체가 확대됨에 따라, 단일한 문화적 기준에 기반한 동화주의는 한계에 직면하고 있으며, 문화적 다양성을 고려한 포괄적 사회통합 전략으로의 전환이 요구되고 있다.

제4절 결론

1. 국가별 이민정책과 이민자 사회통합 정책의 비교

영국, 프랑스는 각각 고유한 역사적, 사회적 배경에 따라 이민정책과 사회통합 정책을 발전시켜 왔다.

1) 영국

영국은 전통적으로 다문화주의(Multiculturalism)를 중심으로 한 사회통합 정책을 추진해 왔다. 1948년 British Nationality Act 제정 이후 영연방 국가 출신 이민자들의 유입이 증가하였고, 이에 따라 인종관계법(Race Relations Act) 등 반차별 정책을 도입해 이민자의 권익을 보호하고자 하였다. 그러나 2000년대 이후 다문화주의에 대한 비판과 함께 사회적 응집(Social Cohesion)을 강조하는 정책으로의 전환이 이루어졌으며, 최근에는 브렉시트(Brexit)로 인한 유럽 출신 노동자의 이동성 제한과 더불어, 숙련노동자 중심의 점수제(Points-Based System)를 도입하여 이민정책의 방향이 변화하였다.

2) 프랑스

프랑스는 공화주의적 동화주의(Assimilationism)를 바탕으로 이민자 정책을 운영해 왔다. 1889년 국적법을 통해 출생지주의(jus soli)를 도입하였으며, 1945년 이후 보다 체계적인 국적법 및 사회통합 정책을 마련하였다. 프랑스 정부는 이민자가 프랑스 문화와 가치를 수용하고 동화되도록 유도하며, 이를 위해 프랑스어 교육과 공화주의적 가치 교육을 강조하는 정책을 지속적으로 시행해왔다. 그러나 최근 이민자들의 사회적 배제 문제가 지속적으로 제기됨에 따라, 보다 포용적인 통합 모델에 대한 필요성이 대두되고 있다.

이와 같이 두 국가의 이민정책과 사회통합 정책을 비교해 보면, 영국은 다문화주의에서 점진적으로 사회적 응집 정책으로 변화하였고, 프랑스는 동화주의 모델을 유지하면서도 현실적인 사회통합 문제에 직면해 있다. 독일은 비교적 포용적인 이민정책을 유지하고 있지만, 난민 및 비(非)EU 이민자들의 노동시장 진입 장벽과 문화적 통합 문제를 해결해야 하는 과제를 안고 있다.

〈표 9-1〉 국가별 이민정책과 이민자 사회통합 정책 비교

구분	영국	프랑스
이민정책 특징	다문화주의 → 사회적 응집 정책으로 전환	동화주의(Assimilationism) 기반, 공화주의적 가치 강조
법적 체계	Points-Based System 도입 (숙련 노동자 우대)	국적법(1889), 체류 및 귀화 요건 강화
주요이민 유입국가	인도, 파키스탄, 카리브해, EU	북아프리카 (알제리, 모로코, 튀니지), 중동
노동시장 내 역할	NHS(국민보건서비스), 서비스업, 건설업 중심	건설업, 제조업, 서비스업
사회통합 정책	다문화주의 정책 → Community Cohesion 정책 강화	프랑스어 교육 및 공화주의 가치 교육 필수
최근 변화	브렉시트 이후 EU 출신 노동자 이동 제한, 불법 이민 규제 강화	반(反)이민 정서 증가, 이민법 개정(2024)
주요 도전과제	노동력 부족 문제, 반이민 정서 증가	이민자 사회적 배제, 경제적 불평등

2. 한국에의 정책적 시사점

한국은 현재 점진적인 다문화 사회로 전환하는 과정에서, 영국, 프랑스의 사례를 바탕으로 다음과 같은 정책적 시사점을 도출할 수 있다.

1) 사회통합 모델 정립의 필요성

한국은 아직 명확한 사회통합 모델을 확립하지 못한 상태라고 할 수 있다. 영국의 다문화주의, 프랑스의 동화주의 통합정책 등 다양한 모델을 종합적으로 검토한 후, 한국 사회의 역사적·문화적 특수성을 고려한 사회통

합 전략을 수립할 필요가 있다. 특히, 사회적 응집을 중시하는 영국의 최근 정책 변화는 한국에도 유의미한 시사점을 제공할 수 있다.

2) 이민자의 노동시장 참여 확대

두 국가 사례에서 볼 수 있듯이, 노동시장 통합은 이민자의 사회통합에 핵심적인 역할을 한다. 한국도 농업, 제조업, 서비스업 등 여러 산업 분야에서 이주노동자의 비중이 점차 증가하고 있는 만큼, 언어교육 및 직업훈련 시스템을 벤치마킹하여 체계적인 노동시장 참여 전략을 마련할 필요가 있다.

3) 국적 및 체류 정책 개선

프랑스는 시민권 및 체류 관련 제도를 지속적으로 개혁하며, 이민자의 법적 지위를 제고해 왔다. 한국 역시 단기적 노동력 유입 중심의 외국인 정책을 넘어서, 장기체류와 시민권 취득을 고려한 종합적인 이민정책이 필요하다. 현재 시행 중인 결혼이민자 및 다문화가족 지원정책에 더해, 다양한 유형의 이민자를 포괄할 수 있는 장기적인 사회통합 전략이 요구된다.

4) 사회적 갈등 완화를 위한 정책 강화

프랑스는 이민자 증가에 따른 외국인 혐오, 극우정당의 부상 등 사회적 갈등을 경험해 왔다. 한국도 이민자의 수가 증가함에 따라 유사한 갈등 발생 가능성이 존재하므로, 이를 예방하기 위한 다문화 교육과 대중 인식 개선 정책이 필요하다. 프랑스의 공화주의 교육과 언어 교육 프로그램은 한국의 사회통합 프로그램 설계에 있어 유용한 참고 사례가 될 수 있다.

이에 따라 한국은 이민자 증가에 대비하여 보다 포괄적이고 장기적인 사회통합 전략을 수립해야 하며, 이를 위해 유럽 주요국의 정책 경험을 면밀히 분석하고 한국의 상황에 적합하게 적용할 필요가 있다.

〈표 9-2〉 한국에 대한 시사점

주요 과제	정책적 시사점 (영국, 프랑스, 독일)
사회통합 모델 정립	한국의 상황에 맞는 통합 모델 필요 (다문화주의 vs 동화주의 vs 혼합형)
노동시장 통합 강화	언어 교육 및 직업훈련 시스템 참고하여 이주노동자 지원 확대
체류 및 국적 정책 개선	프랑스처럼 장기 체류 및 귀화 절차 개혁, 이민자 가족 정책 강화
이민자 사회적 갈등 예방	프랑스 사례 참고하여 다문화 교육 및 반(反)차별 정책 강화
불법 이민 관리 및 인권 보호	영국 사례를 반영하여 법적 규제와 인권 보호 균형 유지

결론적으로 한국은 다문화 사회로의 전환을 준비하며, 유럽 주요 국가들의 경험을 참고하여 맞춤형 이민·사회통합 정책을 설계해야 할 것이다. 단순한 노동력 유입 정책을 넘어, 장기적인 사회통합 전략을 더욱 확대 수립하는 것이 중요하다고 할 수 있다. 아울러 한국의 경제·사회 구조에 맞는 사회통합 모델을 도입하고, 이민자 권리 보호와 노동시장 참여 기회를 확대하는 정책적 노력이 지속적으로 필요한 시점이다.

참고문헌

마은지(2017), 드레퓌스 사건을 통해 본 프랑스의 분열과 통합, 「서양사론」, 135(0), 168-197.
성원용(2024), 우리가 위그노다, 「국민북스」, 1-160.
신동경(2024), 영국 '윈드러쉬 세대'와 그 '스캔들'-제국의 시민에서 불법 이민자가 된 노동자들, 「역사비평」, 146(0), 326-351.
신동규(2014), 방리유(Banlieue) 사건(프랑스, 2005), 「e-Journal Homo Migrans」, 11(0), 65-67.
스티븐 카슬, 마크 J. 밀러(2013), 이주의 시대, 「한국이민학회」, 1-592.
윤선자(2005), 이야기 프랑스사, 「청아출판사」, 1-215.
염운옥(2012), 인종주의와 빈곤의 정치학 : 2001년 영국 올덤 소요사태, 중앙사론, 36,

417-449.

외교부(2021), 영연방(Commonwealth of Nations)에 대한 짧은 상념, 주 영국대사관, gbr.mofa.go.kr(2025. 04.01).

Bento, R., & Schuster, C.(2003), Participation: The Online Challenge. In A. Aggarwal (Ed.), Web-Based Education: Learning from Experience. Hershey, PA/London, UK: Idea Group Publishing, 156-164.

Castles, S. & Miller, M. J.(2009), The Age of Migration: International Population Movements in the Modern World.(4th edition). Basingstoke: Palgrave MacMillan, 5(2).

Casey, L.(2004), The Casey Review: a review into opportunity and integration London: Department for Communities and Local Government.

Chokri Ben Fradj(2004), L'immigration nord-africaine dans le discours syndical français de la Grande Guerre aux années du Front populaire (1914-1939) in Algériens et Français: mélanges d'histoire, Éditions L'Harmattan, 1-111.

Full Fact(2018), How immigration law changed for Commonwealth citizens. Available at: https://fullfact.org/immigration/how(2023. 02.08.).

Géopolis(2018), Immigration: Rétrospective de la première vague: 1851, 1900-1939.

Gérard Noiriel(2009), Immigration, antisémitisme et racisme en France: (XIXe - XXe siècle) Discours publics, humiliations privées, Paris, éditions Hachette.

Griffiths & Morris(2017), An immigration strategy for the UK Six proposals to manage migration for economic success, IPPR: London, https://www.ippr.org/research/publications(2025. 01.22.).

Home Office(2000), Full and Equal Citizens — A Strategy for the Integration of Refugees into the United Kingdom.

INSEE(2022), Institut national de la statistique et des études économiques, https://www.insee.fr/fr/accueil(2025. 02.07.).

King, Russell & Raghuram, Parvati(2013), International student migration: mapping the field and new research agendas. Population, Space and Place, 19(2), 127-137.

Mestre, A. & Pascual(2024), Loi immigration: Avec finalement 51 articles, un texte plus fourni que le projet initial du gouvernement, Retrieved from, https://www.lemonde.fr/societe/article/2024/01/26/loi-immigration(2025. 01.20.).

Ministère de l'Intérieur(2016), Loi du 7 mars 2016 relative au droit des étrangers en France, https://www.immigration.interieur.gouv.fr(2025. 02.25.).

Pascal Le Pautremat, & Charles-Robert Ageron(2003), La politique musulmane de la France au XXe siècle: de l'hexagone aux terres d'Islam: espoirs, réussites, échecs, Maisonneuve & Larose, 301-319.

Penninx, R., & Garcés-Mascareñas, B.(2016), The concept of integration as an analytical tool and as a policy concept, 11-29. http://www.springer.com/us(2025. 01.23.).

Pierre George(2019), L'immigration italienne en France de 1920 à 1939: aspects démographiques et sociaux ≫, Publications de l'École Française de Rome, 94(1), 5-67.

Plein Droit(1990), https://www.gisti.org/doc/plein-droit/11/clandestinite.html(2025. 03.02.).

Pobjoy, J., & Spencer, S.(2012), Equality for All? The Relationship between Immigration Status and the Allocation of Rights in the United Kingdom, European Human Rights Law Review, 2, 160-175.

Radio Praha(2012), Jakub Šiška: Von Jan Hus zu den Herrnhutern - wie die.

Refugee History(2023), Refugee History, https://refugeehistory.org/timeline-immigration(2025. 03.04.).

République Française(2022), Immigration: l'évolution de la politique pour l'intégration des immigrés, https://www.vie-publique.fr/eclairage/201(2025.01.22.).

Scottish Refugee council(2025), The New Scots Refugee Strategy, https://scottishrefugeecouncil.org.uk(2025. 04.03.).

Scottish Government(2025), 'New Scots: refugee and asylum seekers integration strategy 2018-2022', https://www.gov.scot/publications(2025. 02.18.).

Sylvain Allemand(2023), De la terre à la mer, ce que change la maritimité aux enjeux énergétiques, La mer, l'éolienne et le citoyen, 129-140.

Sylvain Allemand(2002), Droit du sol vs droit du sang?, Sciences Humaines, 130(8), 3-35.

United Kingdom(1947, 1971), Polish Resettlement Act 1947, 1971, http://www.legislation.gov.uk/ukpga(2025. 01.27.).

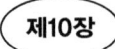

국제이주와 사회통합: 일본, 싱가포르

하정봉

제1절 서론

아시아는 매우 광범위한 지역을 가리키는 용어로 남북으로는 인도네시아에서 시베리아까지 동서로는 일본에서 아라비아에 걸친 지역이다. 아시아 지역은 기원전부터 유럽대륙과 무역망을 형성하면서 다양한 민족간의 문화교류, 유목민족 이동 등의 역사가 존재하였지만 국가의 통제를 받는 현대적 의미의 국제이주(이민)가 자리 잡은 것은 1970년대 이후라고 할 수 있다.[1]

아시아 가운데 동아시아 지역은 1970년대 이후 급속한 경제적 성장을 이룬 국가들이 존재한다. 일본이 경제 대국으로 성장하는 동안 대만, 싱가포르, 한국, 홍콩은 대외지향적 산업화를 통해 고도 경제성장을 달성함으로써 세계적인 주목을 받으면서 1990년대 '아시아의 네 마리 용'으로 불리기도 하였다. 동아시아 지역에서는 경제발전에 따른 일손 부족을 메우기 위해 상대적으로 성장에서 뒤처진 국가로부터 먼저 산업화를 달성한 국가로의 국제이주가 지속적으로 증가하는 현상이 나타나고 있다.

이민자 수용과 송출의 비율을 기준으로 동아시아 국가들을 유형화해 볼

---

[1] 국제연합(UN)은 3개월 이상 삶의 근거지를 다른 나라로 옮기는 것을 이민으로 정의한다.

수 있는데 일찍이 1970년대 초부터 외국인 이민을 적극적으로 받아들이고 있는 선도 수용국으로는 싱가포르가 대표적이다. 다음으로 1990년대 이후 점진적으로 이민자 수용을 확대하고 있는 한국, 대만, 일본은 후발 수용국으로 분류할 수 있다. 그리고 이민자 수용보다 국민을 다른 나라로 내보내는 비율이 높은 필리핀, 베트남, 인도네시아, 캄보디아 등은 송출국가로 분류할 수 있다.

이 장에서는 동아시아 국가의 국제이주와 사회통합을 고찰하기 위해 후발 수용국인 일본 사례와 선도 수용국인 싱가포르 사례에 초점을 맞추어 살펴보기로 한다. 이들 국가는 저출산·고령화라는 현재 한국 사회가 직면하고 있는 인구·사회학적 구조변화를 동일하게 겪고 있다. 실제로 2023년 기준 합계출산율은 일본 1.2, 싱가포르 0.97이며 고령화율은 일본 29.1%, 싱가포르 19.1%을 기록하였다.[2] 또한 고도 경제성장 이후 날로 치열해지는 글로벌 경쟁하에서 IT, 바이오, 금융 등 신산업 중심의 경제적 도약을 모색하고 있으며 이 과정에서 이민자 유치, 활용이 중요한 쟁점으로 대두하고 있는 국가들이기도 하다.

사례 분석에 있어서는 외국인의 출입국과 체류를 관리하는 이민정책 그리고 입국한 외국인을 해당 사회가 생활인으로서 받아들이는 사회통합 정책을 중심으로 고찰한다. 아울러, 시간의 흐름에 따라 나타나는 이민정책의 변화와 그 배경 요인을 파악해 봄으로써 국제이주를 둘러싼 정책의 동태적 측면도 조명해 보고자 한다. 외국인 인력 유치를 둘러싸고 한국과 경쟁관계에 있는 일본, 싱가포르 사례를 살펴보는 것은 우리나라 이민정책 및 사회통합 정책에도 유의미한 함의를 줄 수 있을 것으로 기대된다.

국가별 사례분석의 목차 구성은 다음과 같다. 첫째, 국제이주의 역사적

---

2 한국은 합계출산율 0.72, 고령화율 18.3%였다.

발전 과정을 개관함으로써 국가별 역사적 맥락을 파악한다. 둘째, 국제이주 현황과 이민정책을 살펴보는데 외국인 수와 전체인구 중 비율, 추이를 분석하고 외국인 유입과 관련된 주요 기구 및 제도에 대해 검토한다. 국제이주 외국인은 주로 취업을 목적으로 유입되기에 이와 관련된 제도에 주목한다. 셋째, 주요 이민자 사회통합 정책을 소개하는데 각 국가의 특징적 프로그램에 초점을 맞춘다. 넷째, 이민정책 및 사회통합 정책의 성과, 그리고 과제에 대해 검토한다. 마지막 결론 부분에서는 이상의 논의를 바탕으로 국가별 정책을 요약하고 그 특징을 언급한다.

제2절 일본

1. 국제이주의 역사적 발전

일본의 이민정책을 둘러싼 시기 구분은 주류 외국인의 성격과 출입국관리 제도의 변화를 중심으로 다음과 같은 4개 시기로 나눌 수 있다. 제1기는 1970년대부터 1980년대 초까지로 일본 다문화 정책 이전 시기이다. 이 시기 다문화 관련 주요 움직임은 재일한국인들의 민족차별 시정 운동이었다. 이 시기에 차별철폐 운동 과정에서 일본 시민들의 관심과 연대가 가능했던 것은 도쿄도를 비롯한 진보적인 혁신지자체의 존재가 있었으며 베트남 난민수용에 대한 국제적 압력 등이 작용하였다. 결과적으로 일본 정부는 1979년 국제인권규약을, 1982년 난민조약을 각각 비준하여 외국인 및 난민관련 인권보장을 확대하였다. 그리고 사회보장에 있어서 국적조항을 폐지하는 한편, 출입국 관리령의 강제퇴거 조항 일부를 삭제하였다.

제2기는 1980년대 중반에서 1990년대 중반까지의 시기로 사회통합 정책이 본격 태동하게 된 시기이다. 베트남 난민의 수용과 함께 나카소네(中曽根) 수상의 '유학생 10만명 유치계획'에 따라 외국인 유학생이 급증하였고 농촌에서는 결혼이민이 증가하여 새로운 이민자층인 이른바 '뉴커머'가 등장하게 되었다. 1980년대 후반 경기호전으로 노동력 부족이 현실화하자 일본정부는 1989년 출입국관리법을 개정하여 연수 및 정주자 체류자격이 신설하였다. 정주자는 일본계 외국인(日系人)에 한하여 허용하였는데 취업제한이 없고 가족을 동반할 수 있는 것은 물론 갱신가능한 3년간의 체류자격이 인정되었다. 그런데 이러한 단순노동자 제한 원칙에도 불구하고 실제로는 연수나 유학목적으로 입국한 외국인들이 단순노동에 종사하는 경우가 많았고 이들 중 상당수가 불법체류자로 일본에 계속 머무르는 현상도 나타났다.

제3기는 1990년대 후반에서 2000년대 후반까지로 일본형 사회통합 정책인 '다문화 공생'정책의 확산기이다. 저출산으로 인한 인구감소 우려가 본격화하고 노령화가 진전되는 상황에서 일부 분야에서 노동력 부족이 현실화하기 시작한 시기이기도 하다. 일손 확보를 위해 일본의 경제단체들(日本経済団体連合会, 日本商工会議所 등)은 외국인 수용 확대 필요성을 적극적으로 정부에 건의하였다. 일본 정부는 '일본인과 외국인의 공존'을 출입국관리의 중요 과제(2000년 제2차 출입국관리계획)로 인식함을 표방하였으나 고급인력의 선별적 수용이라는 정책 기조에는 변화가 없었다. 이 시기에는 일본계 브라질 및 페루인이 특정 지역에 밀집 거주하여 이들의 지역사회 정착이 중요한 과제로 등장하였다.

제4기는 2010년대 이후의 시기로 단순노동 인력과 고급인재라는 이분법이 공식적으로는 유지되고 있지만 실제로는 제도변화와 함께 다양한 유형의 외국인이 증가하고 있는데 외국인력 확보가 경제유지의 필수요건이라는 인식이 국민적 공감대를 얻게된 시기라고도 할 수 있다. 특히 2012년 등장한 제2차 아베정권은 공격적인 경제성장 노선을 추진하였다. 이를 위해 고급인재 유치 확대를 위한 노력과 함께 성장의 걸림돌이 되는 노동력 부족 문제를 해결하기 위한 목적으로 수요 급증 분야별, 지역별로 외국인 노동인력에 대한 문호를 확대하였다.

2. 국제이주 현황 및 이민정책

1) 외국인 현황

외국인 중장기 체류자(3개월 초과 체류자 및 영주자) 수는 2000년 168만 6,444명에서 2024년 6월말 기준 358만 8,956명으로 크게 증가하였다. 전체인구 중 중장기 외국인 체류자가 차지하는 비중도 2.9%로 역대 최고치를 기록하였다.[3] 국적별 체류 외국인 수는 중국이 84만 4,187명으로 가장 비중이 높다(전체의 23.5%). 이어서 베트남 60만 348명(16.7%), 한국 41만 1,043명(11.5%), 필리핀 33만 2,293명(9.3%), 브라질 21만 2,325명(5.9%), 네팔 20만 6,898명(5.8%)의 순으로 나타났다. 2014년 말과 비교하면 중국이 1위인 것은 같지만 베트남이 제5위(9만 9,865명)에서 제2위로 약진한 것이 두드러진 변화이다. 반면 한국 국적자는 감소추세에 있다.

〈표 10-1〉 주요 체류자격별 추이(단위: 명)

연도	총수	영주자	유학	기능실습	정주자	기술·인문지식·국제업무	고도전문직
2012	2,033,656	624,501	180,919	151,477	165,001	-	-
2014	2,121,831	677,019	214,525	167,626	159,596	-	-
2016	2,382,822	727,111	277,331	228,588	168,830	161,124	3,719

---

3 다만, 일본의 외국인 거주자 비중은 OECD 회원국 평균 12%와 비교하면 크게 낮고 한국의 5.2%(2024년 현재)보다도 낮다.

2018	2,731,093	771,568	337,000	328,360	192,014	225,724	11,061
2020	2,887,116	807,517	280,901	378,200	201,329	283,380	16,554
2022	3,075,213	863,936	300,638	324,940	206,938	311,961	18,315
2024	3,588,956	902,203	368,589	425,714	221,217	394,295	26,803

주: 2024년은 6월말 현재, 그 외는 연도말. 자료: 일본 법무성 홈페이지.

유자격별로는 '영주자'가 90만 2,203명(25.1%)으로 가장 많다. 이어서 '기능실습' 42만 5,714명(11.9%), '기술·인문지식·국제업무' 39만 4,295명(11.0%), '유학' 36만 8,589명(10.3%), '특별영주자' 27만 7,664명(7.7%), '특정기능' 25만 1,594명(7.0%), '정주자' 22만 1,217명(6.2%), '일본인의 배우자' 15만 208명(4.2%) 등의 순이다(〈표 10-1〉 참조). 체류자격을 노동 숙련도면에서 보면 기능실습, 특정활동 등은 저숙련 인력에 속하고 기술·인문지식·국제업무 등은 중숙련 인력에 속하며 고도전문직, 교수, 법률·회계, 경영·관리 등은 고숙련 인력으로 분류할 수 있다.[4] 특별영주자는 1945년 당시 일본 국적을 상실하게 된 일본 거주 국적이탈자(조선인과 대만인)와 그 자손들에 부여되는 자격이며, 영주자는 법무대신이 영주를 인정하는 자로서 무기한 체류가 가능하고 취업제한도 받지 않는다.

2) 이민정책

(1) 유입관리 체계

일본은 이민정책을 총괄하는 부서가 존재하지 않고 각 부처가 개별적으로 소관분야에서 외국인 관련 정책을 추진하였다. 예컨대 2009년 일본계

---

[4] 특정활동 체류자격은 동남아 개별 국가들과 체결한 경제연계협정(EPA)에 의한 간호사 및 개호복지사후보자, 외국인 건설노동자 등을 대상으로 한다.

이주민을 대상으로 추진한 '정주외국인지원에 대한 정책'은 교육, 고용, 주택, 방재, 귀국지원, 정보제공, 추진체계 등 분야별로 주요 정책과제와 담당 성청을 명기하고 있는데 출입국관리는 법무성, 지자체 외국인 종합지원 업무는 총무성, 외국인 아동의 교육 및 유학생 관리는 문부과학성, 기능실습생 관리는 후생노동성, 임대주택 관리는 국토교통성이 담당하며 내각부가 각 성청과 협력하여 추진 회의 개최 및 포털 사이트 구축을 담당하도록 하였다.

제2차 아베정권 등장 이후부터는 적극적 성장전략의 관점에서 수상 직속의 자문회의를 중심으로 외국인력 유입·활용에 대한 정책 방향을 구체적으로 제시하고 있다. 경제재정자문회와 일본경제재생본부가 양대 축이라고 할 수 있는데 경제재정자문회는 거시 측면에서 경제안정에 초점을 둔 정책 수립을 위한 사령탑으로써 수상이 의장을 맡고 있으며 학계, 기업계 등 민간인사들도 참여한다. 일본경제재생본부는 경제재정자문회의와의 연계하에 미시적 경제정책 부분을 담당하면서 성장전략 추진에 방점을 두고 있으며 전원 각료들로 구성된다.

2018년말에는 입관법 및 법무성설치법 개정을 통해 법무성의 임무를 종래 "출입국의 공정 관리"에서 "출입국 및 외국인 체류의 공정관리"로 변경하였다. 아울러 법무성 소속 내국(국장급)이었던 입국관리국을 출입국재류관리청(장관급)으로 확대 개편하였다. 외국인 대상 정책의 성청간 연계가 불충분하다는 지적을 반영하여 출입국재류관리청의 역할로 기존 출입국 및 외국인 체류관리 업무 외에 외국인 유입과 체류 환경정비에 관한 기획·입안관련 조정역할을 추가한 것이다.

(2) 유입관리 제도

① 엄격한 영주 조건

일본에 거주하는 외국인 가운데 일반 영주자의 비중은 2010년대 이후 25%~30% 수준을 나타내고 있다. 영주자 허가권한은 법무대신에게 있으며 일정한 자격 요건을 필요로 한다. 즉, 소행이 선량할 것, 독립된 생계를 영위할 만한 자산 또는 기능을 보유할 것, 그리고 원칙적으로 10년이상 일본에 거주할 것(그중 5년이상 취로·거주자격으로 거주) 등이다. 일본과 같이 10년 기한을 설정하고 있는 국가는 스위스뿐이고 한국, 영국, 프랑스 등 대부분 국가는 5년을 원칙으로 하고 있다.[5] 허가는 법무대신의 재량행위로 자격요건을 갖춘다고 해서 모두 영주허가를 받을 수 있는 것은 아니며 불허가 등 행정처분에 대해서는 행정절차법의 적용이 제외되어 불허가 이유 등을 명시하지 않아도 된다. 정주자는 영주자와는 달리 특별한 사정이 있는 경우 법무대신의 판단으로 허가하는 체류자격으로써 취업제한은 없으나 체류자격을 기간만료 시마다 갱신해야 한다.

② 고도 인재 포인트제 도입

2010년대 들어서부터 고급인력 우대 정책을 강화하고 있다. 2012년 도입된 고도인재 포인트제는 고숙련 외국인의 활동 내용을 고도학술연구, 고도전문기술, 고도경영관리의 3가지로 분류하고 각각의 활동에 학력, 경력, 연수입, 연구실적 등의 항목별 포인트를 설정하여 합산 점수가 일정 수준 이상일 경우 고도인재로 선정하는 내용이다. '고도인재 포인트제'를 뒷받

---

5   영주자와 일본인의 배우자 등은 혼인생활 3년이상 계속(1년이상 국내거주) 요건이며 특별공로자 및 정주자는 5년이상 거주가 요건이다.

침하기 위한 체류자격으로 2014년 고도전문직이 도입되었다. '고도전문직 1호(70포인트 이상)'는 5년간 체류가 가능하며 3년이상 활동자는 심사를 거쳐 직종에 구애받지 않고 무기한 체류가 가능한 '고도전문직 2호'로의 전환이 가능하다. '고도전문직' 체류자격에 대해 2017년 4월부터 영주권 취득 기간이 3년(70포인트 이상), 1년(80포인트 이상)으로 단축된 데 이어 2023년 4월 말부터는 일정 소득 이상의 고도전문직을 대상으로 1년만에 영주권 취득이 가능하도록 하였다.

③ 특구제도 활용과 '특정기능'자격 신설

우수 외국인재를 확보하기 위한 노력이 강화되는 한편 인력부족이 심각한 건설, 돌봄 등의 분야 등을 대상으로 다양한 유형의 외국인력 유입제도가 신설되었다. 아울러 지역별 특성을 반영하여 획일적 규제를 완화하는 특구제도를 활용하여 맞춤형 외국인력 허용도 이루어지고 있다(〈표 10-2〉 참조).

〈표 10-2〉 2012년 이후 외국인력 유입제도 변화

제도	연도	내용
고도인재 포인트제	2012	우수 외국인재 활동 성과 점수화 및 우대
고도전문직 체류자격 신설	2014	고급인재 체류기간 연장, 직종제한의 완화, 가족동반 가능
가사지원 외국인재 허용	2015	가사지원 및 창업관련 외국인재 허용(특구대상)
기능실습 3호 신설	2016	우수 실습생 체류기간 연장
체류자격 개호 신설		개호(돌봄)복지사 자격취득 외국인재 개호업무 허용
쿨저팬 외국인재 허용		만화, 게임, 요리 대상(특구대상)
농업분야 외국인재 허용	2017	농업분야 대상
특정기능 체류자격 신설	2018	숙련성을 갖춘 외국 노동자의 취업 및 정착 확대
일본어교육추진법 제정	2019	사용자에 외국인노동자 대상 일본어 교육 책임 부여
외국인 미용사양성 사업	2021	국내 미용사양성시설 졸업후 면허취득자(특구대상)
육성취로제도 도입	2024	기능실습제도를 대체(특정기능과 연계, 일부 전직허용)

주: 육성취로제는 준비기간을 거쳐 2027년 6월까지 시행예정임.

민간투자 활성화를 도모하기 위한 규제개혁의 일환으로 도입된 국가전략특구 제도는 특정지역과 분야에 한해 금융지원, 세제상의 우대조치와 함께 규제완화 특례가 적용된다. 이를 활용해 2015년 가사지원 외국인재 및 창업관련 외국인재, 2016년 쿨 저팬 관련 외국인재에 이어 2017년 6월 농업분야에서도 외국인 노동자 수용이 가능해졌다. 그 가운데 특히 주목할 만한 변화는 2018년 신설된 '특정기능'체류자격이다. 인력난이 심각한 14개 분야(돌봄, 건설, 선박, 자동차, 숙박, 농업, 산업기계제조 등)의 인력부족을 메우기 위해 중숙련 외국인 노동자를 대상으로 2018년 입관법 개정을 통해 '특정기능' 체류자격을 신설하였다. 기능실습수료자 또는 일정 수준의 전문성·기술을 보유한 외국인력을 대상으로 하는데 '특정기능 1호'는 최대 5년간 체류할 수 있으며 높은 숙련성을 갖춘 '특정기능 2호'의 경우 가족동반을 허용하며 체류기간의 계속 갱신을 통해 영주권 취득이 가능하다.[6]

④ 기능실습 폐지와 육성취로제 도입

　일본의 외국인 노동자 정책은 비숙련 외국인력은 교체순환 원칙에 따라 정주화를 억제하고 내국인으로 충원하지 못하는 분야에만 최소한으로 고용한다고 하는 노동시장 보완성의 원칙을 견지하고 있다. 단순인력 충원의 핵심 제도는 1993년 도입된 외국인 연수·기능 실습 제도이다. 동제도는 개도국에 대한 기술이전을 통한 국제공헌이라는 취지로 도입되었다. 그런데 실제로는 일본 제조업의 단순 인력 확보용으로 활용되었고 엄격한 이직금지 등으로 인해 인권침해의 소지가 적지 않다는 문제점이 지적되어 왔다.
　이러한 문제점을 개선하기 위해 2024년 기능실습제도를 육성취로제도

6　2024년 6월말 현재 특정기능 2호 체류자는 건설분야 66명, 조선·선박공업 분야 23명, 제조업 23명이다.

로 개편하는 법률 개정이 이루어졌다(2027년 시행예정). 유입 단계에서부터 일정한 일본어 능력(N4)을 갖춘 노동자를 선발할 계획이며 일본에서의 취업 이후 일정 요건을 갖추면 전직도 허용한다는 방침이다. 나아가 3년간의 육성기간을 거쳐 일정 수준에 도달한 노동자는 특정기능 1호로 이행할 수 있게 하여 장기체류를 도모한다는 계획이다.

3. 이민자 사회통합 정책

1) 지방자치단체 중심의 '다문화 공생' 정책

일본에서 외국인에 대한 사회통합 정책은 주로 지방자치단체를 중심으로 한 지역차원에서 이루어졌다. 1990년대 외국인 정주자가 급증한 지자체를 중심으로 거주 외국인을 어떻게 지역사회에 정착시킬 것인가를 고민하게 되었고 이를 위한 정책을 일반적으로 '다문화 공생' 정책이라고 지칭하게 되었다.[7] 2001년 브라질계 외국인이 집중적으로 거주하는 도시들을 중심으로 '외국인집주도시회의(外国人集住都市会議)'가 설립되어 다문화공생 정책을 선도하였다. 이러한 다문화공생 선진 지자체의 성과를 바탕으로 지자체를 총괄하는 총무성은 2005년 다문화공생 추진에 관한 연구회 설립하고 그 연구성과를 반영하여 2006년 '지역에서의 다문화공생추진 프로그램(地域における多文化共生推進プラン)'을 발표하였다. 동 프로그램은 다양한 언어에 의한 행정 및 생활정보 제공을 내용으로 하는 커뮤니케이션지원 분야, 입주차별의 해소 및 취업지원 등을 내용을 하는 생활지원 분야, 다문화공생 교육 및 외국인 주민의견 반영 등을 내용으로 하는 다문화공생 지역만들기

---

7 총무성은 다문화 공생을 "국적이나 민족 등이 서로 다른 사람들이 서로 문화적인 차이를 인정하고 대등한 관계를 구축하면서 지역사회의 구성원으로 함께 살아가는 것"이라고 정의한다.

분야, 다문화 추진부서 설치 및 부서간 횡단적 연계강화 등을 내용으로 하는 다문화 공생 추진체계 정비 분야로 구성되었다. 동 프로그램 발표이후 다문화공생 추진 지자체가 증가하였는데 총무성 조사(2017년)에 따르면 어떤 형태로든 다문화공생 추진에 관한 지침이나 계획이 있는 지자체는 전체의 44%로 나타났다. 광역지자체이거나 도시 규모가 클수록 다문화공생 관련 지침 및 계획을 수립한 비율이 높은 편이다.

한편, 중앙정부 차원의 외국인에 대한 사회통합 정책은 최근에서야 본격화하였는데 2018년 관계각료회의 주도로 '외국인재 유입·공생을 위한 종합적 대응책(外国人材の受入れ·共生のための総合的対応策)'을 수립하였다. 또한, 2019년 문화청 주도로 일본어교육추진법이 제정되었는데 사용자에게 기능실습생을 포함한 외국인 노동자에 대한 일본어 교육 기회 제공과 함께 필요한 지원을 강구하도록 하는 내용이다.

2) 외국인 주민의 지역사회 주체화

최근 들어 지자체 차원에서 외국인 주민을 지원대상으로서만이 아니라 지역사회의 활동 주체로써 활용하고자 하는 움직임이 활발해지고 있다. 아이치현은 전국 최초로 '다문화 소셜 워커'제도를 도입하였다. 다문화 소셜 워커는 문화적 차이에서 기인하는 다문화가정의 문제를 해결하는 데 기여하고 있다. 일반적인 상담원은 피상담자와의 일대일 상담으로 끝나는 경우가 대부분이나 소셜 워커는 가족, 커뮤니티, 행정기관, NPO 등과의 연계 및 조정을 통해 피상담자에게 실질적 지원 및 별도 상담이 이루어지도록 한다는 점이 특징이다.

이시카와현에서는 외국인의 시점에서 본 지역의 매력을 발산하는 '유학생 등 이시카와 매력발신 모니터 투어'를 2015년부터 연 2회 개최하고 있다. 동 프로그램은 현내 대학에 재학 중인 유학생 및 JET 프로그램(外国語

靑年招致事業) 참여자를 대상으로 현내 관광지를 탐방하고 그 매력에 대해 논의하면서 이시카와현에 대한 이해를 심화시키는 동시에 이를 바탕으로 견문, 체험 내용을 SNS 등을 활용하여 모국의 가족, 친지, 지인들에게 발신하는 내용이다. 동 프로그램을 통해 외국인 관광객의 시점에서 현내 관광지가 어떻게 인식되는지 파악할 수 있었고 개선 사항 발견으로도 이어졌다.

3) 혐오발언 규제

외국인 거주자의 증가 및 재일 한국·조선인들에 대한 혐오시위 증가를 배경으로 2016년 특정 집단에 대한 공개적 차별·혐오발언을 규제하는 '헤이트 스피치(hate speech) 해소법(本邦外出身者に対する不当な差別的言動の解消に向けた取組の推進に関する法律)'이 제정되었다. 동법률은 상담체제 정비, 교육충실, 홍보활동 등에 대한 중앙 및 지방정부의 역할을 규정하고 있다.

실제로 동법 시행이후 일부 지자체에서는 공공시설 이용과 관련하여 제삼자 기관을 설치하여 시설사용 관련 가이드라인 적용을 강화하였으며 인터넷상의 차별발언에 대한 모니터링을 확대해 시행하고 있다. 또한, 외국인을 포함한 차별금지 관련 조례를 제정하는 지자체 사례도 늘고 있다. 동법은 차별·혐오발언을 정부차원에서 억제하려는 것으로 외국인에 대한 사회통합을 촉진하고 정치적 의사표현 공간을 확대하는 의미가 있다.

4. 성과와 과제

일본의 외국인 노동자 정책의 기본 기조는 고도인재는 적극 수용하여 정착을 유도하지만('정주형'), 단순노동 인력은 귀국을 전제로 하며 가족 동반을 인정하지 않는다는 것('환류형')이다. 현재도 일본 정부는 공식적으로 이민을 부정하고 있다. 하지만 생산인구 감소와 적극적 성장전략을 배경으로 2010년대 들어 외국인 노동자 수는 지속해서 증가하는 추세이다. 체류자격 신설, 체류기간 연장, 특구제도 활용 등에서 보듯이 점진적 제도변화가 이루어지고 있는데 상위정책 기조는 유지한 채 하부정책에서 외국인 노동력의 유입 제도의 다양화·세분화가 진행되고 있다고 할 수 있다. 이와 같은 제도변화 가운데 주목할 만한 것은 단순노동 인력에 대해서도 숙련도를 높이면 가족을 동반하여 일본에 장기체류할 수 있는 '특정기능' 체류자격을 신설한 일이다. 종래 고급 인력에 한정되었던 문호를 중숙련 인력에게도 개방한 것으로 동제도 운영 여하에 따라서는 이민 국가로의 본격적인 전환이 이루어질 가능성도 있다.

한편 일본에서 외국인 거주자에 대한 사회통합 정책은 지자체와 지역NPO를 중심으로 한 지역차원에서 추진되고 있다. 이에 따라 지역특성을 반영한 다양한 사회통합 정책이 활발하며 최근에는 외국인을 단순히 지원대상으로만 보지 않고 외국인들이 스스로 지역발전과 국제교류에서 주도적인 역할을 할 수 있도록 권한을 부여하거나 네트워크화를 촉진하는 노력이 이루어지고 있다.

중앙정부 차원의 사회통합은 비교적 최근에야 시작되었고 체류관리를 강화하는 차원에서 입국관리국을 출입국재류관리청으로 승격하였지만, 여전히 이민정책 전반을 아우르는 컨트롤 타워는 부재한 실정이다. 아울러 이민관련 기본법의 부재, 강한 부처 할거주의 속성으로 인한 이민정책의 통합성 부족, 동일 분야 체류제도의 복잡성, 특정기능 체류자격 운영 불확실성 등의 과제도 지적할 수 있다.

외국인의 정치·사회적 권리와 관련해서는 한때 지방참정권 논의가 진행되었으나 현실화하지는 못하였다. 특정 집단에 대한 공개적 차별·혐오발언을 규제하는 법률은 제정되었지만 벌칙규정이 없으며 혐오발언 이외의 외국인에 대한 차별행위를 규제하지 못한다는 것도 한계로 지적된다.

다만, 독자적인 차별금지 조례를 제정하거나 외국인 주민에게 주민투표권을 부여하는 지자체, 외국인 시민대표자회의 설치를 통해 행정에 외국인 주민의 의사를 반영하는 지자체도 있는 등 지역별 편차가 크다는 점이 일본 이민자 사회통합 정책의 특징이라고 할 수 있다.

제3절 싱가포르

1. 국제이주의 역사적 발전

싱가포르 공화국(Republic of Singapore)은 영국의 식민지를 거쳐 1965년 8월 말레이시아 연방으로부터 독립한 국가이다. 독립 당시 인구는 약 189만 명이었는데 2024년 6월 현재는 약 603만 명이다. 민족 구성은 중국계 74%, 말레이계 13%, 타밀계(인도계) 9% 등이다. 싱가포르의 면적은 간척사업을 거쳐 740㎢로 확장되었는데 이는 서울(605.25㎢)보다 약간 크고 부산광역시(771.33㎢)와 유사한 면적이다.

본래 인구가 적었던 도시국가였는데 1980년대부터 합계출산율이 1.82를 기록하는 등 저출산 경향이 나타나기 시작했다. 싱가포르는 1976년부터 2024년까지의 평균 GDP 연간 성장률이 6.16%를 기록하는 등 꾸준히 높은 경제성장이 이어지고 있다. 경제성장 과정에서 일찍부터 외국인 노동력을 활용하였는데 건국 직후인 1968년 외국인 노동 허가제도를 도입하였다. 초기에는 주로 인접한 말레이시아 출신 노동자를 받아들였지만 이후 인도네시아, 방글라데시, 미얀마 등 다양한 국가 출신들이 유입되었다. 1980년대에는 태국, 필리핀 등지에서 가사노동자들의 유입이 크게 증가하였다. 이후 1990년대부터 2010년까지 약 20년간에 걸쳐서 토목·건설, 가사노동 등 단순 노동력뿐만 아니라 우수 연구자, 기술자, 투자가 등 이른바 해외 우수 인재 유치정책을 적극적으로 추진하였다. 그 결과 외국인 인구가 전체인구의 약 40%를 차지하고 있으며 적극적 이민정책의 성공사례로 평가받고 있다.

싱가포르의 정치체제는 의원내각제(단원제) 인데 독립 이래 현재까지 인민행동당(PAP)이 계속해서 집권하고 있다. 선거는 주기적으로 치러지고 있으나 언론자유의 수준이 낮고 마약 범죄에 대한 의무적 사형제도, 반사회적 범죄에 대한 태형제도 등 엄격한 형벌제도를 시행하는 권위주의 체제적인 특성을 보인다. 법인세율과 소득세율이 낮으며 노동조합 설립 요건이 까다롭고 최저 임금제는 없다. 근로자들의 퇴사와 이직이 자유로운 편으로 정당한 사유가 있을 시 해고도 쉽다.

세계은행은 비즈니스 친화적 법률, 유연한 이민정책, 간편한 세금신고 등을 높이 평가하여 2018년과 2019년 연속해서 싱가포르를 '기업을 경영하기 좋은 나라(Doing Business Index)' 제2위로 선정한 바 있다. 싱가포르의 주요 산업은 금융업, 관광업, 해운업 등이며 명목 1인당 GDP는 2025년 기준 9만 3,960달러로 아일랜드, 스위스, 룩셈부르크에 이어 세계 4위 수준이다. 실업률도 평균 2% 내외 수준을 유지하고 있다. 이처럼 권위주의적 정치체제 하에서 장기간의 고성장과 높은 고용률을 달성하면서 체제 안정성은 비교적 높다고 할 수 있다. 다만, 우수 외국인 인력에 대해서는 영주권 취득을 장려하는 한편, 비숙련 단순 외국인 노동자의 경우 경기 상황에 따라 유연하게 쓰고 버릴 수 있는 일종의 '완충 인력'으로 간주하여 열악한 노동조건과 비인권적 대우를 한다는 비난도 존재한다.

이처럼 싱가포르는 경제성장을 위한 노동력 확충에 외국인 노동자를 적극적으로 활용해 왔다고 할 수 있으며 이 과정에서 정부가 주도적 역할을 담당하였다. 싱가포르는 다민족국가로 출발하였기에 외국인 노동자 유입에 대해 별다른 거부감이 없었는데 2000년대 이후 외국인 노동자 유입이 크게 증가하면서 주택가격 상승, 일자리 경쟁 격화, 교통정체 등 문제점도 드러났다. 이에 따라 2010년대 이후에는 국민 우선 고용과 외국인 노동력 유입의 억제로 정책방향을 수정하는 움직임이 나타나고 있다. 그런데 싱가포르의 합계출산율은 2013년 1.19명에서 2023년 0.97명으로 하락하고 있으며 같은 시기 65세 이상 고령인구 비율도 11.7%에서 19.1%로 급증하였다. 따라서 노동인구 감소를 메우기 위해서는 일정 수준의 외국인 노동자 유입이 불가피한 상황이라고 할 수 있다. 현재 싱가포르 이민정책의 당면 과제는 외국인 인구의 유입 속도를 적절히 조절하여 국민 반발을 최소화하는 것 그리고 국민(Citizen)이 될 수 있는 예비군인 고급 인력의 영주권자 수를 일정 수준으로 유지하는 것이라고 할 수 있다.

2. 국제이주 현황 및 이민정책

1) 외국인 현황

2024년 6월 현재 싱가포르 전체인구는 외국인 노동자 증가에 힘입어 전년 대비 2.0% 증가한 603만 6,860명으로 역대 최고치를 기록하였다. 영주권자를 제외한 외국인 노동자 수는 185만 5,992명으로 전체인구의 30.7%의 비중이며 영주권자 54만 4,931명을 합친 전체 외국인 거주자 비율은 전체인구의 39.8%에 이른다. 외국인 노동자 비중은 1980년 5.4%, 1990년 10.2%, 2000년 18.7%, 2010년 25.7%로 지속해서 증가하는 추세이다. 2019년~2023년 연평균 국적 취득자 수는 2만 2,400명이며 영주권 취득자 수는 3만 2,600명 수준으로 나타났다. 영주권 취득자 수는 2008년 7만 9,164명으로 정점을 기록하였으나 이후 안정된 추세를 보인다(〈그림 10-1〉 참조).

싱가포르 영주권의 유효기간은 5년이며 연장신청이 가능하다.[8] 영주권 취득은 250만 싱가포르 달러 이상의 투자, 싱가포르 국적자 또는 영주권자의 배우자 및 21세 미만의 자녀, 취업비자(EP, PEP, SP)를 소지하고 최소 6개월 이상 싱가포르에 근무하는 경우 신청이 가능하다. 영주권자는 연금·의료·교육을 위한 중앙적립기금(CPF)에 가입하여야 하며 남성 자녀의 경우 병역의무도 짊어지게 된다.

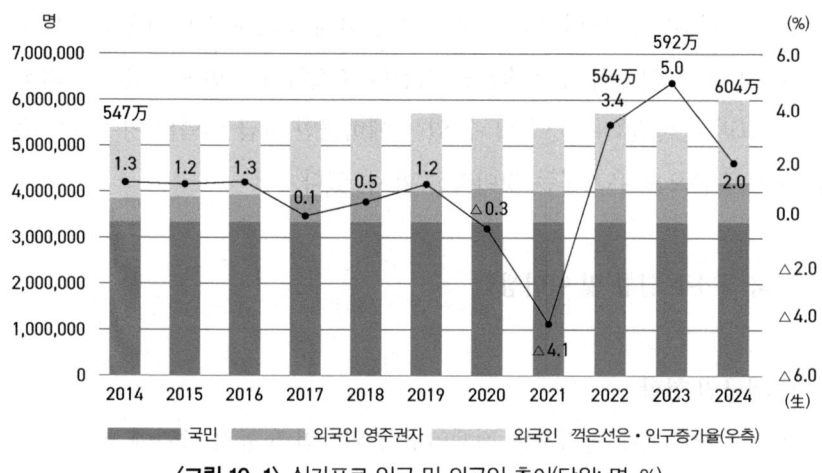

〈그림 10-1〉 싱가포르 인구 및 외국인 추이(단위: 명, %)

자료: 싱가포르 통계국, 수상부 전략그룹.

가족이 있는 영주권자에게는 싱가포르의 HDB(Housing & Development Board)가 공급하는 구축 공공 임대아파트를 구매할 수 있는 자격이 부여된다.[9] 영주권자가 국적을 취득하기 위해서는 21세 이상의 성인으로서 최저

---

8 미승인 사례는 전체 신청건수의 약 2% 수준이다.
9 신축은 시민권자(국민)만 구매할 수 있다. 참고로 월평균 6,000 싱가포르 달러 이상의 고소득층은 공공주택 공급대상에서 제외된다.

2년에서 6년간의 경과기간이 필요하다. 국적 부여 심사 요건은 양호한 소행, 항구적 거주 의사, 경제적 자립 등으로 종합적 심사가 이루어진다.

2) 이민정책

(1) 유입관리 체계

싱가포르의 출입국관리는 2003년 설립된 '이민 검문국(Immigration & Checkpoints Authority: ICA)'이 전담하고 있다. 싱가포르 내무부 산하 기관으로 싱가포르의 각종 비자 발급, 출입국관리 및 국경 경비, 싱가포르 여권 발급 및 갱신, 출생 및 사망신고 등 각종 행정 서류 관리 등을 총괄하는 기관으로 싱가포르 내무부 소속기관이다.

싱가포르 노동부(Ministry of Manpower: MOM)는 외국인 노동자에 대한 고용허가·갱신 전반 및 외국인 노동자 관리를 담당한다. 산하의 외국인 인력관리부는 불법 고용 및 파견, 허위 급여 신고, 뇌물 및 불법 노동을 감시하며 외국인 노동자 관련 조사 업무를 수행한다. 노동부 산하에 국제인력국(International Manpower Division: IMD)은 채용정보 사무소를 통해 온라인과 오프라인으로 외국인 대상 싱가포르 채용정보를 제공하고 있다.

외국인 유입과 관련한 정책기조는 국가 미래전략 차원에서 수립된다. 건국 당시부터 정부의 핵심 가치로 다인종주의, 다문화주의, 다언어주의, 다종교주의, 능력주의를 표방했고 이러한 기조 속에서 싱가포르인의 정체성 확립을 추진하고 있다. 이민자에 대한 개방적 태도는 이러한 가치 추구의 연장선상으로 볼 수 있다.

한편, 1990년대 후반 들어 저출산·고령화 및 글로벌 경쟁 심화라는 환경변화에 대한 대응이 본격적으로 논의되면서 이를 반영한 싱가포르 정부의 미래 국가전략이 수립되었다. 1997년 발표한 '싱가포르 21 비전' 및 인재확보정책(Draw Foreign Talent)은 소규모 인구로 인한 인재 부족을 보완하기 위해 향후 전세계 모든 분야에서 우수 두뇌의 육성·집적을 도모해 싱가포르의 고도 코스모폴리탄화를 진행해 나가고자 하는 내용이었다. 구체적으로 입국관리 규제완화, 외국인용 정보센터(콘택트·싱가포르) 설립, 취업허가증 발행 간소화, 외국인 전문직 취업분야 확대, 유학생 범위 확대 등의 조치를 포함하고 있었는데 이후 싱가포르 이민정책의 토대가 되었다고 할 수 있다.

그리고 이러한 거시적 국가전략은 경제적 관점에서 주기적으로 재검토되고 있다. 싱가포르 통상산업부 산하 경제 전략 위원회(Economic Strategies Committee)가 2010년 수립한 신성장전략에서는 저임금 외국인 노동자 의존으로부터의 탈피, 지식집약 경제로의 전환, 중소기업 진흥 등의 경제 재구조화 필요성이 강조되었다. 2017년에는 미래 경제 위원회(Committee on the Future Economy)가 7대 신성장 전략을 발표하였다.[10] 동 전략에서는 개인의 고도 기술 습득 및 평생학습, 기업혁신, 국제적이면서 역동적인 도시, 산업구조 개혁을 통한 생산성 제고 등의 비전이 제시되었다. 외국인 인력에 대해서는 고용허가(EP) 기준으로 학력, 급여, 경험 이외에 고용하는 회사 활동의 파급효과 등도 포함할 필요성을 지적하였다.

(2) 유입관리 제도

① 취업비자 유형에 의한 차등화

싱가포르는 건국 당시부터 외국인 노동자의 비자에 대해 고도 인재 대

---

10 주요 부처 장관과 기업 CEO 등으로 구성되며 재무부 장관과 통상산업부 장관이 공동의장이다.

상 고용허가 패스(Employment Pass)와 비고도 인재 대상 노동허가서(Work Permit)를 발급하였다. WP 비자는 건설, 제조, 해양, 서비스업 등에 종사하는 근로자를 대상으로 하며 특별한 기술, 경력을 요구하지 않는다.[11] WP 비자 소지자에 대해서는 거주이전의 자유가 없고 싱가포르인과의 결혼도 불가능하며 체류기간도 제한된다. 2004년에 신설된 SP 비자는 대학학사, 전문대학 졸업자 또는 1년 이상의 학업 과정을 거친 기술자격증 소지자 등 중간 정도의 기능과 일정 학력을 보유한 사람을 대상으로 하는데 최소급여 조건이 있다. EP 비자는 대학 학사학위 이상의 학력을 갖춘 전문직 근로자를 대상으로 발급하는 비자인데 SP 비자와 마찬가지로 최소급여 조건이 있으며 가족 동반비자 신청이 가능하다(〈표 10-3〉 참조).

〈표 10-3〉 외국인 노동자 대상 취업비자 종류

구분	고용허가 (Employment Pass)	S Pass	노동허가 (Work Permit)
월수입(고정급)	S5,600달러 이상	S3,300달러 이상	-
기능의 정도	관리직 또는 전문직으로 대학 졸업자격, 전문기술자격·전문직위 보유자	중급수준 기술자	단순노동 (가사도우미 포함)
유효기간	신규: 최장 2년 갱신: 최장 3년 단위		신규·갱신: 최장 2년
고용세	미적용		적용
고용상한율	미적용		적용
보증금	없음		S5,000달러/인당
가족동반패스 (DP)	월수입 S6,000달러 이상인 경우 배우자와 21세 미만 자녀 발급가능		불가능

주: 말레이시아인은 보증금 대상에서 제외. 월수입 기준은 2025년 1월 현재.
자료: 自治体國際化協會.(2020). 싱가포르 노동부.

---

11 다만, 18세~50세 미만의 고등학교 학력 이상의 자여야 한다.

〈표 10-4〉 입국 비자별 노동자 수 추이(단위: 명)

비자 종류	2020년	2021년	2022년	2023년	2024년
Employment Pass	177,100	161,700	187,300	205,400	202,400
S Pass	174,000	161,800	177,900	178,500	178,200
Work Permit (Total)	848,200	849,700	1,033,500	1,113,000	1,165,900
총 외국인 노동자 수	1,231,500	1,200,400	1,424,200	1,525,500	1,576,500

주: 영주권자 제외. 총 외국인 노동자 수는 기타 고용 비자 소지자 포함. 자료: 싱가포르 노동부 홈페이지.

싱가포르 노동부에 의하면 2024년 12월말 현재 총외국인 노동자 수는 157만 6,500명이다. 비자 종류별로 보면 WP가 116만 5,900명(73.9%), EP가 20만 2,400명(12.8%), SP가 17만 8,200명(11.3%)의 순으로 나타났다(〈표 10-4〉 참조). 전체 WP 가운데 가사 분야는 29만 4,800명, 건설 및 해양선박 분야는 44만 2,900명으로 조사되었다. 2020년과 2024년을 비교해 보면 SP 비자 취득자 수는 일정 수준을 유지하고 있는 데 반해 EP는 14.3%, WP는 34.2% 증가하였다.

싱가포르는 2007년 우수 외국 인재 유치를 위해 개인 맞춤형 고용비자(Personalised Employment Pass)를 신설하였다. 특정 기업의 종업원이 아니라 개인을 대상으로 발급하는데 월급여 2만 2,500 싱가포르 달러 이상 해외 거주자를 대상으로 한다. 유효기간은 3년이며 갱신은 불가능하다.

② 고용세 및 고용상한율 제도

싱가포르의 외국인 노동력·이민의 유입관리 제도는 경제상황과 밀접하게 연동하여 운영된다. 1980년대 노동집약산업에서 지식집약산업으로 산업구조를 고도화하는 과정에서 저임금 외국인 노동자 유입을 억제할 필요가 있었다. 이를 위해 1980년 외국인 고용세(Foreign Workers Levy) 제도, 1987년에는 외국인 고용자 수 상한제가 도입되었는데 동 제도는 SP와 WP 비자 소지자를 대상으로 적용된다.

2000년대 초에 실시된 외국인 노동자 자유화 정책으로 외국인 노동자 비율이 상승하자 2010년 2월 '신경제정책'을 발표하여 경제체질의 개선을 추진하였다. 노동생산성의 향상 및 임금 인상과 더불어 외국인 노동자의 억제를 통해 기술과 혁신중심의 성장전략을 천명한 것이었다. 또한 관광, 금융, 정보통신 등 기존산업의 경쟁력 강화와 함께 바이오 등 신분야의 연구개발 역량 확충을 목표로 하였는데 이를 위해 국가 주도로 해외 우수 인재 유치를 적극적으로 추진하였다. 한편, 전체 인구의 약 40%를 차지하던 외국인 노동자 비중을 전체 노동인구의 30% 선으로 억제하는 수치 목표를 도입하였다. 이를 위해 외국인 고용상한의 축소와 고용세의 인상이 이루어졌으며 동시에 자국민의 취업률 증가를 위해 기혼여성 취업장려와 함께 정년을 60세에서 65세로 연장하였다.

　이러한 대책 외에 국내 노동력의 3분의 2를 영주권자를 포함한 싱가포르 국민이 담당하도록 하는 목표(Singaporean Core, 2011) 달성을 위한 주요 외국인력 억제책은 다음과 같다. 첫째, 공정 고려 체제(Fair Consideration Framework: 이하 FCF) 구축인데 기업의 외국인 한정 구인을 제한하고자 하는 것이다. 국민대상 사전 구인광고 게재를 의무화와 함께 정부에 의한 기업 채용활동 개입이 가능하도록 하였다. 둘째, 감시 기업 리스트(Watch List)의 작성이다. 싱가포르 국민비율이 2/3이하인 기업, 싱가포르에 대한 경제사회적 공헌도나 싱가포르인 중심의 인재육성 방침 수립 여부가 미흡한 기업의 명단을 작성하여 개선을 촉구하려는 것이다.

　둘째, 2020년에는 FCF를 개정하여 위반기업에 대한 벌칙을 강화하였다. 싱가포르인 우선 고용 규정을 위반한 경우 비자 발급정지 적용기간을 연장하고 발급만이 아니라 갱신 시에도 적용하도록 하였다. 아울러 외국인 고용에 관한 허위신고 시 국가의 기소가 가능하게 하였다.

　셋째, 외국인 고용에 대해서는 비자발급 종류와 함께 업종별로 고용상한율을 탄력적으로 조정하고 있다. 업종별 고용상한율과 외국인 노동자 비율을 통제함으로써 경기상황에 유연하게 대응하는 것은 물론 싱가포르 국민의 외국인 증가에 대한 불만을 완화하려는 목적이다. 예를 들어 서비스업 SP의 경우 상한선은 15%였으나 2020년 13%, 2021년 10%로 규제를 강화하였다. 그리고 건설업 WP의 경우에는 싱가포르 국민과 외국인 비율을 1:7로 상한선을 정하고 있다. 이처럼 정부는 고용세 및 고용상한율을 주기적으로 검토하여 탄력적으로 운용함으로써 단순, 비숙련 노동자 수를 조절하고 있다.

단순노동 인력에 대한 억제기조가 이어지는 가운데 우수 인재 유치 노력은 강화하고 있다. 급여수준이 높은 외국인 전문 인재에 대해서는 사실혼 배우자를 포함해 폭넓은 가족 동반을 허용하며 최초 2년 경과 후에도 출국하지 않고 현지에서 체류연장을 허용한다. 2021년 싱가포르 정부 외국인 대상 신규 취업허가증으로 테크 패스(Tech Pass)를 도입했다. 정보기술 분야에서의 경쟁력 강화와 세계적인 기술 허브 지위 확립을 위한 것으로 연간 500명의 기술 관련 우수 노동자 유치를 목표로 하고 있다. 2023년 도입된 원패스 비자(Overseas Networks and Expertise Pass)는 기존의 취업비자보다 높은 수준의 능력을 보유한 외국인 근로자 또는 사업가를 위해 만들어진 비자로 유효기간 5년, 최대 5년까지 갱신 가능, 자유로운 재취업, 복수취업 및 이직 가능, 배우자 취업 가능 등의 장점이 있다. 최근 1년간 월수입 3만 싱가포르 달러 이상이거나 문화, 예술, 스포츠, 과학기술, 연구 및 학문분야에서 뛰어난 업적을 쌓은 사람을 대상으로 한다.

③ 단순노동 인력(WP)에 대한 엄격한 관리

외국인 노동 인력 가운데 WP 비자 보유자 비율은 약 73%로 대부분을 차지하고 있다. 이들에게는 고용세, 고용상한율 제한 외에도 보증금제도가 적용된다.[12] 부과 금액은 체류 허가 종류, 업종, 자격과 전문지식 보유여부, 경험 유무에 따라 기술자(Skilled)와 비기술자(Unskilled)로 구분되어 차등 적용된다.

외국인 근로자도 싱가포르의 고용법에 의해 보호된다. 원칙상 고용주에게는 노동시간과 잔업시간 준수, 의료보험 가입과 함께 적절한 주거를 제공하는 등 생활 전반에 관한 책임이 부여된다. WP 비자 소지 노동이민자의 경우 거주의 자유가 제한되어 고용주가 제공하는 주거지에 집단으로 거주하는 경우가 많다.[13] 또한 다른 직종과 달리 월급여액 기준이 정해져 있지 않다.

앞서 언급한 바와 같이 고용주는 WP 노동자를 고용할 때 정부에 보증금을 맡기는데 근로자의 계약 위반 시 보증금은 정부에 몰수된다. 몰수 사유에는 싱가포르에 불법체류를 목적으로 한 도망 등도 포함되어 있다.[14] 노동자가 계약기간을 채워 무사히 귀국하게 되면 기업은 보증금을 반환받는다. 싱가포르의 불법체류자 총수에 대한 공식 데이터는 없지만 ICA가 불법체류혐의 체포자 수를 매년 공표하고 있다. 최근 통계를 보면 2022년 357명, 2023년 542명, 2024년 389명이 체포되었는데 불법체류자 수가 많지 않음을 유추해 볼 수 있다.[15]

WP 노동자 가운데 4분의 1을 차지하는 가사노동자(메이드)는 필리핀, 인

---

12 2024년 7월 현재 WP 업종별 상한률을 보면 건설업 83.3%, 가공업 83.3%, 제조업 60%, 서비스업 35%, 해운조선업 77.8%이며 SP의 경우 서비스 10%, 나머지 분야는 일률적으로 15%이다.
13 싱가포르 정부는 대규모 기숙사를 규제하고 위생과 보안을 강화하기 위해 2015년 외국인 직원 기숙사법을 제정하였고 2022년 10월부터 모든 기숙사로 확대하였다.
14 또한 불법으로 외국인 노동자를 고용한 고용주는 벌금 또는 징역형이 부과된다.
15 2022년 일본의 불법체류 단속자수는 1만 4,465명이었으며 2023년 기준 한국은 2만 427명이었다.

도네시아, 캄보디아, 미얀마, 스리랑카 등 출신자가 많은데 완전한 개인계약 방식으로 고용된다.[16] 각 가정에서 노동시간 등의 조건이 다르다는 이유로 다른 노동자와 달리 고용법의 적용을 받지 못한다. 가사 노동자는 반년에 한 번 임신검사를 포함한 건강검진을 받을 의무가 있으며, 가사노동자가 임신한 경우 고용주는 즉시 관리당국에 보고하여야 한다. 가사 노동자는 가정 내 폐쇄적 환경에서 일하기 때문에 고용자에 의한 학대 문제가 발생하는 일이 적지 않고 송출 당시 계약에 의한 임금이 지급되지 않는 예도 있어 이들의 인권 보호 문제가 계속 지적되고 있다.

3. 이민자 사회통합 정책

1) 다언어 공용어 정책

싱가포르는 다민족 사회로 출발하였는데 무엇보다 출신 민족에 의한 분단, 대립을 방지하고 싱가포르 국민 의식의 양성을 우선시하는 정책을 펼쳐왔다. 건국 헌법에서 민족, 종교, 출신 등에 관계없이 평등을 보장하고 사상과 신앙의 자유, 차별금지 등을 규정하였다. 이러한 헌법정신을 구현하기 위한 대표적 제도가 1968년 설치된 '대통령자문회의'인데 특정 민족에 대해 차별적 입법이 되지 않도록 국회가 제정하는 모든 법률을 검토하는 역할을 수행한다. 검토 결과는 매년 연차 보고서 형태로 작성하여 일반에 공개한다.

싱가포르의 공용어는 영어, 표준 중국어, 말레이어, 타밀어이다. 영어는 국제경제도시로써 비즈니스 편의성이라는 측면과 함께 국민의 일체성을 높이기 위한 공통어라는 통합 촉진적 측면에서 공용어로 채택된 것이다.

---

16 외국인 가사도우미의 최저 시급은 국가간 협의를 통해 정한다.

출신과 관계없이 초등학교부터 영어를 배우고 있으며 일상생활에서도 영어를 주로 사용한다.

2) 주거를 통한 교류촉진

싱가포르는 주택개발청(HBR)이 건설한 공영주택에 국민의 약 80%가 입주하고 있다. HBR은 주택입주자의 비율이 일정 지역별로 국민전체의 민족비율과 유사한 수준으로 유지하도록 하고 있다. 특정 지역에 특정 민족, 언어, 종교의 주민이 밀집되어 배타적 커뮤니티가 형성되는 것을 막고 다양한 배경의 주민들이 어울려 살도록 유도하기 위한 목적이다. 또한 HBR은 다양한 주거 형태로 단지를 구성하여 한 개 단지에 소득수준과 가족구성을 달리하는 사람들이 입주하도록 하여 계층 간의 교류에도 노력하고 있다.

싱가포르는 GRC(Group Representation Constituencies)라는 독특한 선거제도를 도입하고 있다. 이는 원래 소선거구였던 구역을 복수 모아 1개의 선거구로 하고, 복수의 후보자가 1개의 그룹으로서 입후보해, 가장 득표가 많은 그룹이 전원 당선되는 방식이다. 일종의 그룹 대항전 방식이라고 할 수 있는데 이 제도의 또 다른 특징은 그룹 안에 중화계 출신 이외의 다른 민족 출신 후보자도 최소 1명이 있어야 한다는 규칙이다. 모든 민족이 국회의원에 포함될 수 있도록 배려하는 장치라고 할 수 있다. 다만, 그룹 대항전이기 때문에 의석의 절대적 다수를 차지하는 여당인 인민행동당(Peoples's Action Party: PAP)에게 유리한 제도라는 비판도 있다.

3) 풀뿌리 조직을 활용한 사회통합 지원

싱가포르에는 지방자치단체가 존재하지 않는다. 그렇지만 각종 지역사회 커뮤니티 정책을 담당하는 기관은 존재하고 지역사회에 뿌리내린 활동이 이루어지고 있다. 대표적인 기관은 인민협회(People's Association: PA)이다.

PA는 사회, 교육, 문화, 자원봉사 활동을 통해서 단결한 활력 있는 문화적인 나라 만들기를 목적으로 하는 조직이다. 1960년 사회 개발부(Ministry of Culture) 산하에 법정기관으로 설립되었는데(현재는 문화, 지역사회 청소년부 소속) 역대 회장을 총리가 맡고 있으며, 주로 지역주민과 정부의 가교 구실을 담당하고 있다. 또한, PA는 성별·나이·민족·언어·종교 간의 이해 촉진, 싱가포르인으로서의 국민의식 제고, 다민족 사회에 공헌하는 차세대의 인재양성을 목표로 활동을 전개하고 있다. 특히 PA 산하의 시민자문위원회(Citizen's Consultative Committees)는 지역에서 선발된 외국인 사회통합을 지원하는 활동가들이 참여하고 있다.

PA 산하의 28개 커뮤니티 센터(Community Centre, Community Club: CC)도 지역주민의 시민활동 장소 및 행정 서비스의 창구로서 기능하고 있다. 다양한 지역 이벤트 개최를 통해 주민의 지역에의 귀속 의식을 함양하여 민족 간의 융합에 공헌하고 있다. 이러한 PA나 CC의 활동에 외국인 주민도 참여할 수 있다. 즉 지역주민 대상 정책설명회에 참석할 수도 있고 CC가 제공하는 각종 프로그램에도 자유롭게 참여할 수 있다. 특히 CC는 다양한 외국어 강좌를 저렴한 비용으로 제공하고 있다. 또한 이들 기관은 새롭게 국적을 취득한 국민이나 영주자를 대상으로 싱가포르에 대한 이해를 도모하는 프로그램이나 지역주민과의 교류 프로그램을 제공하고 있다. 2009년 설립된 국가통합위원회는 신규 국적 취득자에 대상 지역사회 통합 프로그램에 대해 재정적 지원을 하고 있다.

싱가포르의 다인종주의 정책의 또 다른 특징은 특정 인종을 대상으로 한 적극적인 차별 시정조치(affirmative action)가 부재하다는 점이다. 헌법에서 말레이계 민족의 특별한 지위를 인정하고 지원하는 것이 규정되어 있지

만 실제적인 노력은 거의 이루어지지 않고 있다.[17]

4. 성과와 과제

싱가포르는 다민족 도시국가로서 국가 생존을 위해 경제성장에 최우선 순위를 두어왔다. 그 결과 높은 경제성장률과 함께 1인당 국민소득 면에서 세계 4위의 경제적 성과를 거두었다. 싱가포르 경제의 성장을 뒷받침하는 데 있어서 부족한 노동력은 해외 이주 노동자를 통해 보완하였는데 숙련도 등을 고려한 정교한 제도적 통제장치를 구축하고 있다. 이러한 통제장치를 적절히 활용하여 경기상황과 연동된 외국인 노동력 규모 조절이 이루어지고 있으며 고급 인재에 속하는 다수의 영주자를 적극적으로 받아들여 인구 증가에 성공하였다.

한편, 싱가포르 정부는 저렴한 외국인 노동자에 대한 의존이 설비투자 저하, 노동생산성 향상 노력 저해, 신산업 동력 발굴 저조로 이어질 수 있음을 인식하고 있다. 이러한 문제의식과 외국인 증가에 따른 국민불만 고조를 배경으로 2010년대부터는 외국인 노동력 가운데 중숙련, 단순기능 인력분야에 대해 자국민 우선 정책을 전면에 내세우면서 무분별한 유입을 억제하는 방향으로 정책을 전환하였다. 자국민의 능력개발을 우선시하는 정책과 더불어 고급인재에 대해서도 아시아 허브화의 핵심 경쟁력 분야를 중심으로 한 우수 해외 인재유치에 초점을 맞추고 있다. 이처럼 능력주의에 기반한 외국인 인력 활용이 싱가포르 이민정책의 핵심기조라고 할 수 있으며 현재까지 이러한 싱가포르의 이민정책은 성공적이라고 평가할 수 있다.

---

17 1982년 설립된 '무슬림 아동 교육평의회(MENDAKI)'는 예외적이라고 할 수 있는데 말레이계 아동의 학력 향상, 취업 지원, 빈곤가정 지원을 목적으로 하는 자조단체로 정부와 기업의 지원을 받고 있다.

해외 우수 인재들에게 있어서 싱가포르는 매력적인 이민대상국 후보인데 스위스 국제경영개발연구원(IMD)이 매년 발표하는 인재경쟁력 순위에서 상위권을 차지하고 있다. 구체적으로 살펴보면 2024년 평가에서 전체 인재경쟁력은 67개국 중 제2위였으며 우수 외국인에 대한 매력도는 제5위를 기록하였다.[18] 영어가 가능하며 거주환경이 양호하고 취업 기회가 풍부하다는 점이 강점으로 꼽히고 있다.

이러한 성공의 이면에는 외국인 고용세 제도, 고용 상한율 제도 같은 수급조정 제도뿐만 아니라 결혼제한, 출산금지, 보증금 제도를 통한 불법체류 방지 등 철저한 외국인 노동자 관리정책이 존재한다. 이러한 철저한 관리는 싱가포르의 엄격한 형벌제도, 좁은 국토면적과 맞물려 단순 기능 노동이민자의 불법체류 및 정주화를 효과적으로 방지함으로써 외국인 노동자 유입에 따른 사회적 비용을 최소화하였다고 할 수 있다. 그렇지만 한편으로는 낮은 임금수준, 열악한 거주환경, 인권 보호의 미흡이라는 과제를 안고 있다고 지적할 수 있다.

제4절 결론

1. 국가별 이민정책의 비교

일본과 싱가포르의 이민정책 특징은 〈표 10-5〉와 같이 요약할 수 있다. 서론에서도 언급한 바와 같이 일본과 싱가포르는 한국과 마찬가지로 저출

---

[18] 종합순위 제1위는 스위스였으며 싱가포르는 인재풀 내의 기술·역량 가용성을 뜻하는 '준비도' 면에서 제1위로 조사되었다.(https://www.newsgd.com/node_99363c4f3b/b69452e2b8.shtml).

산·고령화로 생산인구 감소현상을 겪고 있으며 이를 극복하기 위해 외국인 노동력이 필수적인 상황이다.

〈표 10-5〉 일본, 싱가포르의 이민정책 비교

비교 기준		일본	싱가포르
정체성		단일 민족	다민족
인구 구조		저출산·고령화	저출산·고령화
외국인 거주자	총수	약 359만명	약 240만명
	전체 대비	2.9%	39.8%
영주권 부여		원칙 10년 고도전문직 3년~1년	고·중숙련 최단 6개월 단, 5년마다 갱신
이민정책 기조		비숙련, 중숙련, 전문 해외 인재 확대	전문 기술 해외 인재 확대, 이주민 총량억제, 국민역량제고
주요 정책	비숙련	기능실습(육성취로), 특정활동, 특구제도	노동허가(WP)
	중숙련	기술·인문지식·국제업무	S Pass
	고숙련	고도전문직(포인트제)	고용허가(EP), TP
유입 관리	수단	출입국재류관리청 개편	보증금, 고용세, 고용상한율
	국민대상	-	국민대상 구인광고

인구감소가 본격화 하고 있는 일본에서는 전문인력뿐만 아니라 중숙련, 저숙련 인력에 대한 유입 규모를 확대하고 있다. 실제로 코로나19 팬데믹 이후 일본의 외국인 거주자 수는 계속 증가하고 있으며 증가율도 가파른 추세이다. 싱가포르는 국가 출범 당시부터 외국인 노동자에 대한 의존도가 높았는데 2010년 이후 외국인 노동자 비율을 전체인구의 30% 수준으로 억제하려는 정책목표를 추진하고 있다. 이는 과도한 외국인 의존이 국민 생활의 불편과 불만을 불러왔기 때문인데 여성, 노령자의 취업을 촉진하고 국민의 역량 제고에도 힘쓰고 있다.

바이오, 디지털 테크놀로지 등 첨단분야의 경제적 파급력이 커지는 가운데 일본, 싱가포르 모두 우수 해외 인재 유치를 위한 제도적 노력을 기울이고 있다. 일본은 고도 포인트제 및 고도전문직 체류자격을 신설하였고 싱가포르는 테크 패스, 원패스 비자제를 도입하였다. 그리고 우수 인재에 대해서 영주권 취득을 위한 소요 기간을 단축해 주는 정책도 공통적이었다. 그중에서 싱가포르는 영주권 취득 소요 기간이나 자격조건 면에서 일본보다 용이한 것으로 나타났다. 다만 싱가포르의 영주권은 5년마다 갱신 신청 및 승인을 얻어야 한다는 제약이 있다.

외국인 노동자에 대해서는 일본, 싱가포르 모두 숙련도에 따른 맞춤형 제도를 운영하고 있다. 특징적인 제도를 살펴보면 일본의 경우 개발도상국 대상 연수목적으로 도입되었던 기능실습제도를 폐지하고 육성취로 제도로 개편하기로 하였다. 그리고 육성취로 제도를 특정기능 제도와 연계할 수 있도록 함으로써 단순 기능 외국인 노동자의 중·고숙련화 및 장기체류를 도모하고 있다.

싱가포르는 저숙련 외국인 노동자 및 고용주에 대한 철저한 관리를 통해 불법체류 등이 극소수에 그치고 있다. 보증금제도, 고용세, 고용상한율 등의 규제 외에 엄격한 형벌조항이 적용된다. 고용세 및 고용상한율은 경제상황을 적시에 반영하여 외국인 인력 유입량을 탄력적으로 조절하는 기제이기도 하다. 또한, 싱가포르는 외국인 고용에 앞서서 자국민을 대상으로 한 일종의 노동시장 테스트 제도를 갖추고 있다. 즉 국민을 대상으로 한 구인 광고 게재를 의무화하고 있는데 외국인 고용에 대한 반발을 억제하려는 조치이다.

2. 국가별 이민자 사회통합 정책의 비교

이민자에 대한 사회통합은 국가의 정체성 인식과 밀접한 관련이 있다.

일본의 경우에는 외국인 노동자 유입이 꾸준히 증가하고 있으며 유입확대를 위한 제도 개편이 활발함에도 공식적인 이민국가로의 전환에는 여전히 부정적이다. 이에 따라 앞서 살펴본 바와 같이 중앙정부 차원의 사회통합정책은 뒤늦게 도입되었고 이민정책의 기본법도 부재한 상황이다. 다만, 지방자치단체 차원의 사회통합 노력은 상대적으로 활발한 편으로 지역의 국제화(국제교류)협회가 중심이 되어 다문화이해 촉진활동(만남의 장, 시민축제, 다문화살롱 개최), 지역거주 외국인에 대한 지원(원스톱 상담창구, 아동대상 일본어교실), 다문화공생 활동 활성화(인재발굴 및 육성, 다문화 관련단체 지원, 네트워크 구축) 정책이 추진되고 있다. 최근에는 이주민을 지원 대상으로서만이 아니라 지역사회 활성화의 주체로 자리매김 시키려는 움직임이 나타나고 있다.

이에 반해, 싱가포르는 다민족 국가라는 정체성을 지니기에 다문화사회 구축이 일본보다 상대적으로 용이한 측면이 있다. 싱가포르는 다문화국가를 공식 표방하고 있으며 언어에 있어서도 영어, 중국어, 말레이어, 타밀어가 공용어로 지정되어 있기에 언어적 측면에서 사회적 배제 우려가 일본에 비해 낮은 편이다. 싱가포르 사회통합 정책의 특징은 도시 국가적 특성을 반영하여 공공 임대주택 건축 및 배정에서 특정 집단이 밀집해서 거주하지 않도록 하며 다양한 정체성을 가진 사람들 간의 교류가 이루어지도록 배려하고 있다는 점이다. 또한 그룹 대표제라는 독특한 선거제도를 통해 소수민족의 정치적 대표성을 반영하고 있다는 점도 다른 나라에서 볼 수 없는 측면이라고 할 수 있다(〈표 10-6〉 참조). 다만, 단순 비숙련 외국인 노동자에 대해서는 집단 거주, 외출 제한, 최저 임금제 미비 등 인권 침해 요소가 적지 않고 사회통합 대상에서 배제되어 있는 점은 과제로 지적할 수 있다.

〈표 10-6〉 일본, 싱가포르의 사회통합 정책 비교

비교 기준		일본	싱가포르
이민가 유형과 정책기조		• 후발 이민국가 • 공식적 이민국가 전환 부정	• 선도 이민국가 • 다민족국가 표방
사회 통합	계기	• 정주자 밀집 거주(1990년대)	• 건국 당시부터 유입(1965년)
	주요 정책	• 지자체 중심의 다문화 공생 • 혐오발언 규제 • 이주민의 지역사회 주체화	• 다언어 공용어 채택 • 주거를 통한 융합 • 소수민족 배려 선거제도
과제		• 기본법 부재와 제도 복잡성	• WP 인권보호 미흡

참고문헌

권향원·최낙혁.(2021). 이민정책 조직체계 국가간 비교연구: 일본, 싱가포르, 중국, 대만을 중심으로.「2020 한국이민정책학회 동계학술대회 자료집」.

국회예산정책처.(2023).「주요국 해외 인력유입의 사례 및 사회·경제적 효과」.

변수정외.(2014).「동아시아 국가의 다문화가족 현황 및 정책 비교연구」. 한국보건사회연구원 연구보고서, 2014-22-5.

오정은.(2021). 저출산·고령화에 대응하는 싱가포르 이민정책 연구.「민족연구」, 78: 95-114.

하정봉.(2018). 일본의 외국인 노동자 수용정책 변화와 함의: 아베정권을 중심으로.「한국비교정책학보」, 22(1): 29-56.

하정봉. (2023). 일본 이민정책의 형성배경과 특징: 2012년 이후 변화를 중심으로.「한국이민정책학보」, 6(1): 1-28.

Asis, Maruja M.B.(2014). Not Here for Good? International Migration Realities and Prospects in Asia, National Institute of Population and Social Security Research, The Japanese Journal of Population, Vol.2, No.1, March 2014.

Economic Strategies Committee.(2010). Key Recommendations, January 30, 2010.

Nowrasteh, Alex.(2018). Singapore's Immigration System: Past, Present, and Future, Cato Institute, Cato Working Paper, No.53, October 23, 2018.

OECD.(2012). The Changing Role of Asia in International Migration, International Migration Outlook 2012.

OECD.(2020). International Migration Outlook 2020(44th edition), OECD Publishing.

明石純一.(2018). 日本における移民政策のグランドデザイン構築に向けて: 入国管理体制の再検討.「移民政策研究」, 第10号: 5-10.

井口泰.(2018). 外国人労働者政策の現状と改革の展望: 労働需給ミスマッチ緩和と地域

創生の視点から. 「移民政策研究」, 第10号: 60-75.
小笠原美喜. (2015). 多文化共生 先進自治体の現在. 「レファレンス」, 8: 109-126.
近藤敦. (2009). なぜ移民政策なのか 移民の概念, 入管政策と多文化共生政策の課題, 移民政策学会の意義. 「移民政策研究」, 1: 6-17.
栗本英世. (2016). 日本的多文化共生の限界と可能性. 「未来共生学」, 3: 69-88.
總務省. (2006a). 「地域における多文化共生推進プランについて」.
總務省. (2006b). 「多文化共生の推進に関する研究会報告書」.
總務省. (2017). 「多文化共生事例集2017: 共に拓く地域の未来」.
自治体國際化協會. (2020). 「シンガポールの政策: 外国人政策編」.
自治体國際化協會. (2015). 「シンガポールの民族融和・多文化共生政策について」.
高谷幸編. (2019). 「移民政策とは何か: 日本の現実から考える」, 人文書院.
内閣府. (2001). 「定住外国人に関する対策の推進について」.
永吉希久子編. (2021). 「日本の移民統合: 全国調査から見る現況と障壁」, 明石書店.
日本経済団体連合会. (2016). 「外国人材受入促進に向けた基本的考え方」.
法務省. (2016). 「2016年版 出入国管理および在留外國人統計」.
法務省. (2023). 「在留資格別在留外国人数の推移」.
宮島喬. (2022). 「移民国家としての日本: 共生への展望」, 岩波新書.
宮島喬・鈴木江里子. (2014). 「外国人労働者受け入れを問う」, 岩波書店.
毛受敏浩. (2016). 「自治体がひらく日本の移民政策-人口減少時代の多文化共生への挑戦」, 明石書店.
労働政策研究・研修機構. (2018). 「諸外国における外国人材受入制度——非高度人材の位置づけ」.
싱가포르 수상부 전략그룹. (The Strategy Group in the Prime Minister's Office). (https://www.strategygroup.gov.sg/).
싱가포르 이민검문국. (Immigration and Checkpoints Authority). (https://www.ica.gov.sg/).
싱가포르 인민협회. (https://www.pa.gov.sg/).
싱가포르 노동부. (Ministry of Manpower Singapore). (https://www.mom.gov.sg/).
싱가포르 통계국. (Singapore's National Statistical Office). (https://www.singstat.gov.sg/).
일본 내각부. (https://www.kantei.go.jp/).
일본 법무성. (http://www.moj.go.jp/).
일본 총무성. (http://www.soumu.go.jp/).

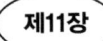

국제이주로 인한 사회갈등과 사례 연구

김민주

제1절 서론

1. 연구의 목적 및 필요성

대한민국은 유례없는 인구 감소라는 심각한 도전에 직면해 있다. 저출산 현상이 심화되면서 사회 전반의 활력이 저하될 것이라는 우려가 커지고 있다. 이러한 인구 구조의 변화는 경제, 사회, 문화 등 다양한 영역에 걸쳐 복합적인 영향을 미칠 것으로 예상되며, 미래 사회의 지속가능성에 대한 근본적인 고민을 던져주고 있다.

인구구조의 변화는 특히 지방에서 더욱 심각하게 나타나고 있다. 2016년 처음으로 '지방소멸위험지수' 개념이 도입된 이래 소멸위험지역은 매년 증가하는 추세에 있다(이상호, 2024).[1] 일부 농촌 지역은 65세 이상 고령 인구 비율이 40%를 초과하는 초고령사회에 들어섰다. 이로 인해 학교와 병원이 문을 닫고, 교통, 의료, 돌봄 등 필수 인프라의 유지조차 어려워

---

1 한국고용정보원의 「2023년 지방소멸위험지수」에 따르면, 전국 228개 시·군·구 중 118개 지역이 이미 소멸위험 단계에 진입하였으며, 이는 전체의 51.8%에 해당한다. 이상호(2016)에 따르면 소멸위험지수는 20~39세 여성 인구수를 65세 이상 인구수로 나눈 값으로, 이 값이 0.5 미만이면 소멸위험진입단계, 0.2 미만이면 소멸고위험단계로 구분된다.

지고 있다. 노동력 부족, 지역경제 침체, 세수 감소, 공공서비스 축소 등은 상호 연쇄적으로 작용하며 지역소멸을 가속화하고 있다.

최근 발표된 2024년 3월 기준 소멸위험지역 현황에서는 더욱 심각한 상황이 확인되었다. 소멸위험지역은 130곳으로 57.0%에 이르렀으며, 특히 부산이 광역시 중 최초로 소멸위험단계(소멸위험지수 0.490)에 진입했다.[2] 이는 지방소멸 현상이 더이상 농어촌만의 문제가 아니라 대도시로까지 확산되고 있음을 명확히 보여준다.

인구위기 상황에서 국제이주는 한국 사회가 직면한 현실적 대안으로 부상하고 있다. 정부는 2023년 「인구구조 변화 대응방안」을 통해 외국인 정책의 패러다임을 '관리' 중심에서 '활용' 중심으로 전환하겠다는 방향을 제시하였으며, 이에 따라 우수 외국인력 유치를 위한 비자 제도 개편, 외국인 정주 여건 개선 등의 정책이 추진되고 있다. 특히 인구감소지역을 중심으로 지역특화형비자제도, 농어촌 지역을 중심으로 외국인계절근로자제도, 광역비자의 도입은 심각한 인력난을 완화하기 위한 방안으로 주목받고 있다. 그러나 국제이주의 확대는 사회 전반에 긍정적 효과만을 가져오는 것이 아니다. 문화적 차이, 생활방식의 이질성, 제도적 미비 등은 다양한 형태의 사회갈등을 야기할 수 있으며, 이는 지역사회통합을 저해하는 주요 요인으로 작용한다. 국내에서도 이민자 밀집 지역의 경우 쓰레기 무단투기, 소음, 주차 문제 등을 둘러싼 주민과 이민자 간의 갈등이 점차 가시화되고 있으며, 일부 주민들은 이민자에 대한 규제를 요구하는 집단행동에 나서는 경우도 증가하고 있다.

국제사회에서도 국제이주 문제는 심각한 사회적 갈등을 불러일으키는

---

2   이상호(2024). 「지방소멸 2024: 광역대도시로 확산하는 소멸위험」, 『지역산업과 고용』, 2024년 여름호, 한국고용정보원, pp. 126-137.

요인이 되고 있다. 국제이주로 인한 사회적 갈등이 가시화되고 실질적으로 국제이주에 대해 자물쇠를 잠그기 위한 정책을 펴는 곳이 증가하고 있다. 대표적인 사례로는 미국 트럼프 행정부의 불법 이민자 추방 정책을 들 수 있다.[3] 이는 국경 통제를 넘어 관세 부과, 송금 제한 등과 연계된 국제 정치·경제 이슈로 확산되고 있으며, 이민정책이 단순한 인구 문제를 넘어 복합적 갈등의 중심에 놓여 있음을 시사한다.

한국 사회 역시 '이민 1세대'를 넘어 '이민 2세대'가 본격적으로 성장하고 있는 시점에 있다. 2023년 기준 체류 외국인은 약 230만 명으로 전체 인구의 4.4%를 차지하며, 다문화가정 자녀는 약 29만 명에 이르고 있다. 특히 농어촌 및 중소도시의 경우 외국인근로자 없이는 지역경제 유지 자체가 불가능한 수준에 이르렀지만, 동시에 이민자에 대한 주민의 불안감과 갈등 또한 증폭되고 있다. 이러한 상황은 이민자와 지역주민 간 관계가 단순한 공존의 문제를 넘어 구조적 긴장과 대립의 국면으로 접어들고 있음을 의미한다. 이에 따라 국제이주로 인한 사회갈등의 원인과 양상, 그리고 이를 완화하기 위한 정책적·사회적 대응방안에 대한 체계적인 연구는 더이상 미룰 수 없는 과제가 되었다. 특히 지역 단위에서 발생하는 갈등의 구체적 맥락과 특성을 분석하고, 이를 바탕으로 한 갈등관리 및 사회통합 모델을 개발하는 일은 한국 사회의 지속가능성을 확보하기 위한 핵심 과제라 할 수 있다. 만약 이민자와 지역주민 간 상호 신뢰와 협력을 바탕으로 한 통합적 관계 형성에 실패한다면, 한국 사회는 더욱 심화된 사회적 분열과 갈등에 직면하게 될 것이다.

본 연구는 국제이주가 초래하는 사회갈등의 다양한 양상을 종합적으로

---

3 하상섭(2025)에 따르면 트럼프 대통령은 2025년 취임 직후 국가비상사태를 선포하고 약 1,100만 명에 이르는 불법 이민자에 대한 전면적 추방 계획을 발표하였다.

분석하고, 이를 통해 한국 사회의 현실에 부합하는 갈등관리 및 사회통합 방안을 모색하는 것을 목적으로 한다. 특히 지역사회에서 발생하는 갈등 사례를 중심으로 그 원인과 전개 양상을 심층적으로 고찰하고, 국내외의 성공적인 갈등 해결 사례를 발굴함으로써 실질적이고 정책 적용 가능한 대안을 제시하고자 한다.

2. 연구의 범위와 접근방법

이 장에서는 국제이주로 인해 발생하는 사회갈등의 배경과 특징을 분석하고, 이를 해결하기 위한 다양한 정책적·사회적 접근법과 사례를 검토함으로써, 한국 사회에서 실질적인 사회통합 방안을 모색하고자 한다. 특히 이민자와 지역사회 간 상호작용 과정에서 나타나는 갈등의 구체적 양상을 파악하고, 이를 완화하기 위한 제도적 대응과 실천적 사례에 초점을 맞춘다.

이 장은 총 다섯 개의 절로 구성된다. 제1절에서는 국제이주로 인한 사회갈등에 대한 논의의 필요성과 목적, 그리고 이 장의 구성과 접근방법을 설명한다. 제2절에서는 갈등 개념의 이론적 정의를 바탕으로, 국제이주로 인해 발생하는 사회갈등의 배경과 주요 특성, 갈등을 유발하는 요인과 그 유형을 분석한다. 제3절에서는 국제이주로 인한 사회갈등의 국내외 사례를 중심으로 갈등의 전개과정과 특징을 비교·검토한다. 제4절에서는 다양한 국가와 지역에서 시도된 갈등 해결 및 사회통합의 구체적 사례를 분석하여, 실천 가능한 정책적 시사점을 도출하고자 한다. 마지막으로 제5절에서는 향후 한국 사회에서 예상되는 국제이주 관련 갈등의 유형을 전망하고, 지속가능한 사회통합을 위한 방향성과 정책적 대안을 제시한다.

이 장은 문헌조사를 중심으로 내용을 구성하되, 다양한 자료를 종합적으로 활용한다. 국내외 학술 논문, 정부 및 지방자치단체의 정책 보고서,

국제기구의 통계 자료, 언론 보도 등 여러 2차 자료를 통해 국제이주의 현황과 사회갈등의 사례를 분석하고, 특히 통계청, 법무부, 행정안전부 등 유관 기관의 최신 데이터를 활용하여 신뢰성을 높이고자 한다. 또한 국가 간 비교를 통해 각국의 갈등 대응 전략을 분석함으로써 한국 사회에 적용 가능한 시사점을 제시한다.

이 장에서는 국제이주와 사회갈등이라는 복합적인 사회현상을 다각도로 조망하기 위해 학제적 접근을 시도한다. 사회학, 정치학, 경제학, 문화인류학, 심리학 등 다양한 학문 영역의 이론과 분석틀을 통합적으로 활용함으로써, 국제이주로 인해 발생하는 갈등의 구조적 요인과 문화적 맥락을 종합적으로 이해하고, 이에 대응하기 위한 이론적·실천적 기반을 제공하고자 한다.

제2절 국제이주로 인한 사회갈등

1. 갈등의 개념 및 특성

갈등(conflict)은 서로 다른 목표, 이해관계, 가치관을 지닌 개인이나 집단 간에 발생하는 대립과 충돌을 의미한다(김미라,2020; 김용찬,2021; 윤인진, 2008). 사회학자 루이스 코저(Lewis Coser)는 갈등을 "가치나 희소 자원에 대한 요구를 둘러싸고 상대방을 제거하거나 무력화시키려는 투쟁"으로 정의하였다. 독일 사회학자 게오르그 짐멜(Georg Simmel)은 갈등을 사회적 상호작용의 한 형태로 보며, 사회 구성원 간의 관계를 재조정하고 새로운 균형을 창출하는 과정으로 이해하였다. 갈등은 개인 간, 집단 간, 국가 간 등 다양한 수준에서 발생할 수 있으며, 특히 현대사회에서는 문화적 배경이

상이한 집단 간 갈등이 주요한 사회적 이슈로 부상하고 있다.

국제이주 맥락에서의 갈등은 특히 복합적인 성격을 지닌다. 단순한 이해관계의 충돌을 넘어서, 정체성, 문화, 가치관, 역사적 경험 등이 서로 영향을 주고받는 복합적이고 다층적인 현상으로 나타난다. 이민자와 수용국 사회 간의 갈등은 때로 명시적으로 드러나기도 하지만, 많은 경우 구조화된 형태로 존재하며 제도적 차별, 사회적 배제, 편견이나 고정관념 등으로 은밀하게 작동하기도 한다(윤인진, 2008; 오경석, 2012). 이러한 갈등은 겉으로는 평온해 보이는 지역사회 내부에 긴장과 불신의 요소를 잠재적으로 내포하고 있는 경우가 많다.

갈등의 중요한 특성 중 하나는 역동성이다. 갈등은 고정된 상태가 아니라, 시간의 흐름에 따라 변하는 과정적 현상이다. 초기에는 단순한 오해나 마찰로 시작되었던 갈등이 적절하게 관리되지 않으면 점차 확대되어 집단 간의 적대감이나 폭력으로 비화할 수 있다. 반면에 갈등이 잘 조정되고 중재될 경우에는 오히려 사회적 문제를 해결하는 계기이자 상호 이해와 협력을 이끄는 촉진제가 될 수 있다.

갈등의 양상은 그것이 발생하는 사회적·문화적·역사적 맥락에 따라 달라지며, 동일한 갈등이라도 시기나 지역에 따라 전혀 다른 형태로 전개될 수 있다. 예를 들어, 이민의 역사가 오래된 다문화 사회에서는 제도적 기반과 사회적 수용성이 일정 수준 구축되어 있어 갈등이 제도 안에서 조율되는 경향이 있다. 반면, 비교적 최근에 이민자를 받아들이기 시작한 국가나 지역에서는 제도와 인식의 미비로 인해 갈등이 격화되기 쉬운 조건을 가진다. 또한 경제 상황 역시 갈등의 양상과 강도에 큰 영향을 미친다. 경제 호황기에는 이민자의 기여가 부각되며 갈등이 상대적으로 완화되지만, 경제 불황기에는 일자리나 복지 자원에 대한 경쟁이 심화되면서 이민자를 위협적 존재로 인식되는 경향이 강해진다.

갈등을 유발하는 요인은 다양하나, 대표적으로 다음과 같은 다섯 가지로 정리할 수 있다. 첫째, 자원의 희소성이다. 제한된 자원, 특히 일자리, 복지혜택, 교육기회 등은 국민과 이민자 간의 경쟁을 유발하며, 이는 사회적 긴장을 높이는 요인이 된다. 둘째, 가치관과 문화의 차이는 상호이해를 어렵게 만들고, 새로운 문화적 관행이 기존의 전통적인 가치관과 충돌할 때 갈등이 발생하게 된다. 셋째, 정체성과 인정의 문제다. 소수 집단의 문화적 정체성과 생활방식을 인정받고자 하는 요구와 다수 집단이 이를 받아들이지 않으려는 경향 사이에서 충돌이 나타난다. 특히 이민자가 자신의 문화를 유지하려 할 때, 주류 사회는 이를 통합 대신 분리로 받아들일 수 있다. 넷째, 권력의 불균형 역시 중요한 갈등의 원인이다. 이민자는 대체로 정치적·경제적·사회적 권력 구조에서 주변화되며, 이러한 권력의 비대칭성은 갈등을 장기화시키는 요인이 된다. 다섯째, 의사소통의 부재는 오해와 불신을 증폭시킨다. 언어 장벽, 문화적 맥락에 대한 이해 부족은 갈등의 고리를 끊기 어렵게 만든다.

갈등은 일반적으로 부정적인 것으로 인식되지만, 사회학적 관점에서는 그 양면성을 주목한다(김미라, 2020, 김용찬, 2011). 갈등은 한편으로는 사회 분열, 불안정, 자원 낭비, 폭력 등의 부정적 결과를 가져올 수 있으며, 특히 국제이주와 관련해서는 혐오, 차별, 게토화, 사회적 배제 등의 현상으로 구체화된다. 그러나 다른 한편으로 갈등은 문제 인식과 해결을 촉진하고, 집단 내 결속을 강화하며, 기존 질서에 대한 성찰을 유도하는 긍정적인 기능도 수행할 수 있다. 코저(Coser, 1956)는 갈등이 집단의 경계를 분명히 하고 내부 응집력을 높이는 기능을 하며, 결과적으로 사회 변화를 가능하게 한다고 보았다. 랄프 달렌도르프(Ralf Dahrendorf, 1959) 역시 갈등을 사회 변화의 원동력으로 평가하였다.

갈등은 표출 방식, 발생 원인, 내용, 이해관계의 성격 등에 따라 다양한 유형으로 분류될 수 있다. 먼저, 표출 방식에 따라 현시적 갈등과 잠재적 갈등으로 구분할 수 있다. 현시적 갈등은 혐오 발언, 시위, 폭력 사건 등 외부로 표출된 갈등을 말하며, 잠재적 갈등은 사회 내부에 존재하지만 드러나지 않은 상태로, 차별, 배제, 편견 등의 형태로 축적되어 있다가 특정 계기를 통해 표면화될 수 있다. 발생 원인에 따라서는 구조적 갈등과 우발적 갈등으로 나뉘며, 구조적 갈등은 법적 제도, 경제 구조, 사회 시스템 등에서 기인한 지속적이고 반복적인 갈등이고, 우발적 갈등은 특정 사건이나 계기에서 비롯된 단발적 충돌을 의미한다.

갈등의 내용에 따라서는 분배적 갈등과 인정 갈등으로 구분된다. 분배적 갈등은 복지자원, 주택, 교육기회 등 물질적 자원의 분배를 둘러싼 갈등이며, 경제 불황기에는 특히 더 두드러진다. 인정 갈등은 이민자의 언어, 종교, 복장, 문화 관습 등이 사회적으로 인정받기를 요구하는 과정에서 발생하며, 이는 물질적 이해관계를 넘어 집단 정체성과 존엄에 관한 문제로 연결된다. 이해관계의 성격에 따라서는 이해관계 갈등과 가치 갈등으로 구분된다. 이해관계 갈등은 일자리, 임금, 복지 등 명확한 계산이 가능한 물질적 대상이 중심이며 협상 가능성이 높지만, 가치 갈등은 종교, 성 역할, 가족관계 등에 대한 신념의 차이에서 비롯되어 타협이 어려운 경우가 많다. 이러한 갈등 유형은 현실에서 독립적으로 발생하기보다 서로 얽혀 복합적으로 나타나는 경우가 많다. 예를 들어, 이민자 밀집 지역에서의 문제는 주거환경에 대한 불만이라는 분배적 갈등과, 문화적 차이에 대한 불편함이라는 가치 갈등이 동시에 작용하는 복합 갈등의 형태로 나타나곤 한다. 따라서 갈등을 효과적으로 해결하기 위해서는 그 복합성과 다층성을 정확히 이해하고, 원인과 유형에 따라 차별화된 대응 전략을 모색하는 것이 중요하다.

국제이주 맥락에서의 갈등을 설명하기 위한 이론적 접근도 다양하게 발전되어 왔다. 달렌도르프(Ralf Dahrendorf)는 갈등이 권력과 권위의 불평등한 분배에서 기인한다고 주장하였으며, 이민자는 구조적으로 권력의 주변부에 위치함으로써 갈등의 주요 당사자가 된다고 보았다. 사회정체성 이론을 제시한 헨리 타즈펠(Henri Tajfel)은 집단 간 갈등이 사회적 범주화와 내집단 편향에서 비롯된다고 보며, 이민자와 국민 간의 '우리 vs 그들' 구도가 편견과 차별을 심화시킨다고 보았다. 현실적 갈등 이론은 희소 자원을 둘러싼 경쟁이 갈등의 핵심 원인이라고 설명하며, 이는 경제 침체기에 이민자에 대한 적대감 증가를 해석하는 데 유용하다. 반면 고든 올포트(Gordon Allport)의 접촉 가설은 적절한 조건 아래 집단 간 접촉이 편견을 줄이고 갈등을 완화할 수 있다고 보며, 이는 사회통합정책의 이론적 기반으로 활용된다.

국제이주로 인한 갈등은 개인적 차원(심리적 불안과 편견), 집단적 차원(문화적 충돌과 경쟁), 제도적 차원(법적 지위나 정책적 배제), 구조적 차원(사회경제적 불평등과 권력 관계) 등 여러 층위에서 동시에 작용한다. 이러한 다층적 성격을 고려할 때, 갈등을 해결하거나 완화하기 위해서는 다양한 차원의 통합적 접근이 요구된다.

결론적으로, 국제이주와 관련된 갈등은 완전히 제거하기보다는 건설적으로 관리하고, 사회 변화의 동력으로 전환할 수 있도록 조정하는 것이 필요하다. 다문화사회로의 이행 과정에서는 다양한 갈등이 필연적으로 나타나기 마련이며, 이 갈등을 어떻게 관리하느냐가 사회통합의 수준과 방향을 결정짓는 핵심 요소가 된다.

2. 국제이주로 인한 사회갈등의 배경 및 특징

국제이주로 인한 사회갈등은 다음과 같은 배경과 특징을 가진다. 국제이주는 새로운 현상이 아니지만, 현대의 국제이주는 규모, 속도, 복잡성 측면에서 과거와 차별화된다. 특히 1990년대 이후 세계화의 가속화와 함께 국제이주가 급증했으며, 이는 다양한 사회적 긴장을 초래했다. 한국의 경우, 1980년대 후반부터 외국인 근로자의 유입이 시작되었고, 2000년대 들어 결혼이민자, 유학생 등 다양한 이민자가 증가하면서 이민 관련 갈등이 표면화되기 시작했다.

국제이주로 인한 갈등은 비대칭성, 복합성, 지속성, 상호작용성이라는 구조적 특징을 지닌다. 비대칭성은 이민자와 수용국 사회 간의 권력 불균형이 존재함을 의미하며, 특히 미등록 이민자는 법적 지위의 불안정성으로 인해 극도로 취약한 위치에 놓이게 된다. 복합성은 이민 관련 갈등이 경제적, 문화적, 정치적, 법적 차원이 복합적으로 얽혀 있어 단일한 해결책을 적용하기 어렵다는 특성이다. 지속성은 이민자의 정착과 통합이 장기적 과정이며, 이 과정에서 발생하는 갈등 역시 단기간에 해소되기 어려운 성격을 가진다는 것을 의미한다. 상호작용성은 이민자와 수용국 사회 간의 상호작용 방식이 갈등의 양상과 강도를 결정한다는 특성으로, 긍정적 상호작용은 갈등을 완화하지만, 부정적 상호작용은 갈등을 심화시킨다.

국제이주로 인한 갈등은 각 국가의 역사적, 문화적, 제도적 맥락에 따라 다양한 양상으로 나타난다. 전통적 이민국가(미국, 캐나다, 호주 등)와 최근 이민국가로 전환된 국가들(한국, 일본, 남유럽 국가들) 간에는 이민자 수용 및 통합 방식에 차이가 있으며, 이는 갈등의 양상에도 영향을 미친다. 한국의 경우, 단일민족 신화와 혈통 중심의 국민 정체성이 강했던 역사적 배경으로 인해, 이민자 수용에 있어 독특한 도전에 직면하고 있다.

3. 국제이주로 인한 사회갈등 요인과 유형

1) 국제이주로 인한 갈등의 요인

국제이주로 인한 사회갈등은 다양한 요인에 의해 발생한다. 법적·제도적 요인으로는 체류자격과 시민권의 문제가 있다. 예를 들어 미등록 이주배경아동은 합법적 체류자격이 없어 기본적 권리에서 배제된다. 한국의 국적법은 속인주의 원칙을 채택하고 있어, 한국에서 출생하더라도 외국인 부모의 자녀는 자동적으로 한국 국적을 취득할 수 없으며, 부모가 미등록 체류자인 경우 그 자녀 역시 법적으로 미등록 상태에 놓이게 된다. 한국의 외국인정책은 『출입국관리법』, 『재한외국인 처우 기본법』, 『다문화가족지원법』 등 여러 법령으로 분산되어 있어 법체계가 분절화되어 있다. 이러한 분절화로 인해 이민자와 미등록 이주배경아동 등에 대한 통합적인 정책 접근과 지원이 어려운 실정이다.

경제적 요인으로는 자원 경쟁이 있다. 복지, 교육, 의료 등 공공서비스를 둘러싼 경쟁이 갈등을 유발한다. 이민자에게 공공서비스를 제공하는 것이 국민의 복지를 저해한다는 인식이 존재한다. 비용 부담에 대한 우려도 있으며, 특히 지방자치단체는 제한된 예산 내에서 이민자 지원 사업을 추진해야 하는 어려움에 직면한다. 노동시장 경쟁도 중요한 갈등 요인으로, 이민자가 국민의 일자리를 대체한다는 인식은 갈등의 원인이 된다. 실제로는 외국인근로자가 주로 국민이 기피하는 업종에 종사하지만, 저숙련 노동자층에서는 일자리 경쟁으로 인한 갈등이 발생할 수 있다.

사회문화적 요인으로는 정체성과 소속감의 문제가 있다. 예를 들어 미등록 이주배경 아동은 한국에서 성장하며 한국문화에 동화되지만, 법적으로는 한국 사회의 구성원으로 인정받지 못하는 이중적 상황에 놓인다. 이는 정체성 혼란과 소속감 결여로 이어질 수 있다. 차별과 편견도 중요한 갈등 요인으로, 이민자는 사회적 차별과 편견에 노출된다. 이는 국민과 이민자 간의 사회적 거리감을 증가시키고 갈등을 심화시킨다. 언어 및 문화적 장벽 역시 갈등 요인으로, 언어와 문화적 차이는 의사소통을 어렵게 하고 상호이해를 저해한다. 다수의 실증 연구에서도 한국어 의사소통 능력 부족이 이민자들이 경험하는 가장 핵심적인 사회적응 장애요인으로 지속적으로 지적되고 있다.

정치적 요인으로는 정치적 의제화가 있다. 국제이주로 인한 문제가 정치적으로 의제화되면서 이념적 대립이 심화될 수 있다. 보수와 진보 간의 이민정책에 대한 시각 차이가 갈등을 증폭시킨다. 국가 주권과 인권의 충돌도 중요한 갈등 요인으로, 국경 통제와 주권 행사라는 국가적 이익과 이민자의 기본권 보장이라는 인권적 가치가 충돌한다. 이는 정책 결정과정에서 딜레마를 초래한다. 국제적 압력 역시 갈등 요인이 될 수 있는데, 국제사회와 인권단체의 압력이 국내 정책에 영향을 미치며, 이에 대한 반발이 발생할 수 있다.

2) 국제이주로 인한 사회갈등 유형

국제이주로 인한 사회갈등은 다양한 형태로 표출된다. 권리 접근성 관련 갈등으로는 교육권 갈등이 있다. 예를 들면 이주배경아동 중 미등록 이주배경아동은 한국에서 초·중등교육을 받을 수 있지만, 취학통지를 받지 못하고 학교장 재량에 따라 입학이 결정되는 등 제도적 불안정성이 존재한다. 이는 교육기회의 평등이라는 가치와 선별적 교육기회 제공이라는 현실 사이의 갈등을 초래한다. 의료권 갈등도 중요한 유형으로, 미등록 이주배경아동은 건강보험 가입이 불가능하여 의료서비스 접근에 제약이 있다. '외국인근로자 등 의료비지원사업'이 있지만 지원대상 선정 절차가 복잡하고 접근성이 낮다. 이는 보편적 의료서비스 제공과 한정된 의료자원의 효율적 배분 사이의 갈등을 나타낸다. 복지권 갈등도 발생하는데, 미등록 이주배경아동은 아동수당, 보육료 지원 등 복지혜택에서 배제된다. 이는 아동복지의 보편성과 국가 복지자원의 제한성 간의 갈등을 보여준다.

체류자격과 시민권 관련 갈등으로는 출생등록 갈등이 있다. 한국의 「가족관계의 등록 등에 관한 법률」은 대한민국 '국민'의 출생에 대해서만 증명사항을 규정하고 있어, 미등록 이주배경아동은 출생등록이 불가능하다. 이는 아동의 기본권인 출생등록권과 국민 중심의 법체계 사이의 갈등을 보여준다. 체류권 갈등도 중요한 유형으로, 미등록 이주배경아동은 원칙적으로 강제퇴거 대상이지만, 2021년부터 '국내출생 불법체류 아동 조건부 구제대책'을 통해 일부 아동에게 한시적 체류자격이 부여되고 있다. 이는 국가의 출입국관리 주권과 아동의 안정적 체류권 보장 사이의 갈등을 나타낸다.

정책 거버넌스 관련 갈등으로는 중앙-지방 간 갈등이 있다. 이민정책에 있어 중앙정부와 지방자치단체 간 역할과 책임 분담이 명확하지 않다. 부처 간 갈등도 발생하는데, 법무부, 교육부, 보건복지부, 여성가족부 등 관련 부처 간 협력이 부족하다.

사회통합 관련 갈등으로는 정체성 갈등이 있다. 이주배경아동은 한국에서 성장하며 한국문화와 정체성을 형성하지만, 법적으로는 외국인으로 분류되는 외국인자녀나 미등록 이주배경아동도 많다. 이는 법적 지위와 실질적 정체성 사이의 괴리를 초래한다. 결혼이민자 가정의 경우, 국제결혼 부부간 문화적 차이, 의사소통 문제, 가족 관계 등에서 갈등이 발생할 수 있다. 외국인 근로자는 고용 불안정, 임금 차별, 열악한 근로환경, 사회보장 배제 등의 문제에 직면하며, 이는 노동권 침해와 사회적 배제 갈등으로 나타난다. 또한 특정 지역에 집중거주하면서 지역주민과의 생활방식 차이, 문화적 충돌 등으로 인한 갈등이 발생하기도 한다. 외국인 유학생은 학업 적응, 경제적 부담, 문화적 차이, 차별 경험 등으로 인한 어려움을 겪는다.

특히 언어 장벽으로 인한 학업 부진, 한국 학생들과의 교류 부족, 주거 및 생활환경 문제 등이 갈등 요인이 된다. 대학의 국제화 정책과 유학생 관리 체계의 미비도 갈등을 심화시키는 요인이다. 난민의 경우, 한국의 낮은 난민 인정률과 장기화된 심사 과정, 제한적인 사회보장 지원 등으로 인해 사회적 통합에 어려움을 겪는다. 난민에 대한 부정적 인식과 편견, 문화적 차이에 따른 갈등도 존재한다. 특히 2018년 제주 예멘 난민 사태 이후 난민 수용을 둘러싼 사회적 논쟁이 격화되었으며, 이는 인도주의적 가치와 국가 안보, 사회적 비용 부담 등에 관한 가치 갈등의 성격을 띤다.

사회적 배제와 포용 간 갈등도 발생하는데, 이민자에 대한 사회적 배제는 장기적으로 사회통합을 저해하고 복지비용 증가와 같은 사회적 부담을 가중시킬 수 있는 반면, 과도한 포용정책은 단기적으로 추가적인 미등록 이민을 유인할 수 있다는 우려가 공존한다. 특히 세대 간 갈등 측면에서는, 한국에서 태어나 성장한 이주배경 청소년들이 성인이 되면서 직면하는 법적 지위 문제가 중요한 사회적 도전으로 부상하고 있다. 이들이 한국문화 속에서 정체성을 형성했음에도 성인이 되는 시점에 합법적 체류자격을 상실하게 되는 상황은 심각한 사회적 갈등과 통합의 위기를 초래할 가능성이 높다.

제3절 국내외 사례 연구: 국제이주와 사회갈등의 사례

1. 국제이주로 인한 사회갈등 사례: 국외 사례 분석(스웨덴의 게토화)

오늘날 세계 각국은 국제이주로 인해 다양한 사회적·정치적 도전에 직면하고 있다. 미국에서는 불법이민자 추방 정책이 강화되고 있으며, 유럽은 난민 유입을 차단하기 위한 위기 대응에 몰두하고 있다. 많은 국가들이 이민자 유입을 제한하고 국경을 강화하는 정책을 추진하면서, 이민 문제는 단순한 인구 문제를 넘어 정치적, 사회적 갈등의 중심으로 부상하고 있다. 특히 유럽에서는 반이민 정서를 기반으로 한 우익 정당의 세력 확장이 두드러지고 있으며, 이민자 문제는 이제 각국 정치에서 핵심 의제로 자리잡고 있다.

이러한 맥락에서 스웨덴 사례는 국제이주와 사회통합의 현실을 보여주는 중요한 연구 대상이다. 김철주(2017)에 따르면 스웨덴은 오랫동안 관대한 복지제도와 개방적인 이민정책을 기반으로, 다문화주의의 이상을 구현해온 대표적 국가로 평가받아 왔다. "평등, 선택의 자유, 협력"이라는 가치 아래, 이민자들이 자신들의 문화적 정체성을 유지하면서도 스웨덴 사회의 일원으로 통합될 수 있도록 적극적으로 지원해왔다. 그러나 최근 들어 이민자 밀집 지역의 게토화 현상과 사회갈등이 심화되면서, 2022년 총선에서는 반이민 정당인 스웨덴민주당이 제2당으로 부상하는 등 정치 지형에 커다란 변화가 나타나고 있다. 이는 다문화주의의 모범 국가로 간주되던 스웨덴조차 이민자 통합이 결코 단순한 과제가 아님을 보여주는 사례로, 국제이주에 따른 사회갈등의 복합성과 보편성을 이해하는 데 중요한 시사점을 제공한다.

스웨덴은 오랫동안 포용적 다문화주의 모델을 기반으로, 이민자들이 자신의 문화적 정체성을 유지하며 스웨덴 사회에 안정적으로 정착할 수 있도록 다양한 정책을 추진해왔다. 그러나 이러한 공적 담론과는 달리, 최근에는 대도시 외곽을 중심으로 이민자 밀집 지역이 형성되며, '진입금지구역(No-go zones)'이라 불리는 심각한 수준의 게토화 현상이 발생하고 있다.

말뫼(Malmö)시는 이러한 게토화 현상이 가장 두드러진 대표적인 사례다. 1910년대 산업화 초기 북유럽에서 가장 빠르게 성장하던 말뫼는 섬유, 조선, 기계 산업의 중심지로 1980년대까지 스웨덴 내에서 가장 부유한 도시 중 하나였다. 그러나 1960년대 이후 탈산업화가 진행되면서 도시의 경제 기반은 약화되었고, 1990년대 경제위기 이후에는 스웨덴에서 가장 빈곤한 지역 중 하나로 전락했다. 현재 말뫼시의 빈곤율은 30%를 넘어, 스웨덴 전체 평균의 두 배 수준에 달한다.

말뫼시의 인구 구성 또한 크게 변화했다. 1995년 전체 인구의 24.8% 였던 이민자 비율은 2012년에는 40.8%로 증가하였으며, 특히 로젠고드(Rosengård) 지역의 경우 이민자 비율이 80%에 달한다. 그 중 해르고든(Herrgården) 지역은 이민자 비율이 90%를 초과하며, 대부분이 아랍계 출신으로 구성되어 있다. 이 지역에서는 아랍어가 일상어로 사용되며, 여성들은 히잡을 착용하고, 할랄 음식이 판매되는 등 아랍-이슬람 문화가 일상화되어 있다. 문제는 이러한 문화가 스웨덴 사회와 조화를 이루지 못하고 문화적 분리로 이어지고 있다는 점이다.

이민자 밀집 지역의 사회경제적 상황은 매우 취약한 상태다. 말뫼시 전체의 스웨덴인 고용률은 75%로 전국 평균과 유사하지만, 이민자 고용률은 40~42%에 불과하다. 특히 로젠고드의 해르고든 지역은 이민자 고용률이 27% 수준이며, 실업률은 스웨덴인보다 4배 이상 높다. 이는 프랑스 사회학자 로익 바캉(Loïc Wacquant)이 언급한 '프레카리아트(precariat)' 계층[4]의 전형적 특징을 보여준다.

범죄 문제도 심각하다. 2007년 이후 말뫼 일부 지역에서는 강도, 방화, 폭력 사건이 급증하였으며, 2016년 7월에는 연이은 폭발, 총기 난사, 방화 사건을 진압하기 위해 경찰 특수부대가 파견되는 일도 발생했다. 이와 같

---

4   프레카리아트(precariat)란 불안정한 고용 상태에 놓인 저소득 계층을 의미하며, 이들은 직업적 정체성을 확립하지 못하고, 문화적·사회적·경제적·정치적 권리로부터 소외되는 경향을 보인다(김철주, 2017).

은 상황은 인종 차별과도 깊이 관련되어 있으며, 일부 지역에서는 경찰의 통제가 사실상 미치지 않는 상태에 이르렀다. 주거 환경 역시 열악하여, 해충과 습기로 인한 주거 질 저하가 만성질환 증가로 이어지고 있다. 천식, 비염, 이염, 호흡기 질환 등이 대표적이며, 건강 불평등 문제가 갈등을 더욱 고조시키고 있다.

이러한 게토화 현상의 원인은 크게 세 가지로 요약할 수 있다. 첫째, 도시계획의 실패이다. 1964년부터 1974년까지 사민당 정부가 추진한 '백만 가구 신축 프로그램(Miljonprogram)'은 주택난 해소를 위한 대규모 건설 정책이었다. 그러나 이 주거지는 도심 외곽에 위치해 교통과 사회활동의 중심지로부터 단절되어 있었고, 중산층에게는 매력적이지 않은 공간으로 인식되었다. 1970년대 경제 침체와 함께 빈집이 늘어나면서, 이 공간은 점차 사회경제적 취약 계층과 이민자의 거주지로 전환되었다. 둘째, 친시장적 복지정책 도입이다. 1991년 우파 정권은 주거부(Ministry of Housing)를 폐지하고, 주거 급여 및 수당을 삭감하였다. 이에 따라 신축 주택 공급이 줄고, 주택 가격이 상승하였으며, 민간 부문이 공급한 고급 주택은 상류층에게 집중되는 반면 저소득층을 위한 공공임대는 부족해졌다. 교육 분야에서도 1992년 도입된 '독립학교(independent school)' 제도는 학생과 부모에게 학교 선택권을 부여했지만, 사회경제적 자원이 부족한 이민자 가정은 질 좋은 학교 접근에서 소외되었고, 결과적으로 교육적 분리와 '백인 중산층의 교외 이주(White Flight)' 현상을 초래했다. 셋째, 난민 정책의 과부하와 분산 정책의 실패이다. 스웨덴은 비교적 관대한 난민 수용 정책을 유지해왔으나, 2015년 한 해 동안 16만 명에 달하는 난민이 유입되면서 정책적 수용 한계를 드러냈다. 정부는 전국적인 분산정책을 통해 난민의 균형적 배치를 시도했지만, 취업 기회와 사회적 연결망이 부족한 지방 도시에서는 난민의 정착이 어렵게 되었고, 많은 이민자들이 자발적으로 이민자 밀집지역으로 이동하면서 다시 집중과 격리가 반복되었다.

이와 같은 게토화 현상은 스웨덴 사회의 정치적 양극화를 심화시키고 있다. 대표적으로 스웨덴 민주당의 부상은 반이민 정서가 점점 정치화되고 있음을 보여준다. 이 정당은 2022년 총선에서 20.54%의 득표율을 얻으며 제2당으로 부상하였고, '복지 쇼비니즘(welfare chauvinism)' 또는 '복지 민족주의'를 내세우는 극우 정당으로 분류된다. 이와 같은 반이민 정치 세력의 성장은 동시에 반스웨덴 정서를 가진 일부 이민자 커뮤니티의 정치 세력화와 맞물려, 양 진영 간 갈등이 현실화될 경우 극단적인 문화적 충돌로 이어질 위험성을 내포하고 있다.

스웨덴의 경험은 다문화사회로 이행 중인 많은 국가들에 중요한 교훈을 제공한다. 첫째, 정책의 의도치 않은 결과에 주목해야 한다. 주거정책이나 난민정책이 사회통합을 목표로 하더라도, 설계와 실행 과정에서 분리와 배제를 야기할 수 있다. 둘째, 사회통합은 주거정책만으로 해결되지 않으며, 고용, 교육, 건강, 사회서비스 등 복합적 영역을 아우르는 통합적 접근이 필요하다. 특히 노동시장 통합은 게토화 방지의 핵심이다. 셋째, 친시장적 정책과 사회통합의 균형이 중요하다. 선택과 효율을 강조하는 시장주의는 사회적 분리를 심화시킬 수 있으므로, 정책의 조정 능력이 요구된다. 넷째, 이민자 특성에 따른 맞춤형 정책이 필요하다. 이주 목적, 문화적 배경, 교육 수준, 언어 능력 등에 따라 이민자의 욕구와 통합 과정은 상이하며, 특히 난민은 취약성이 높아 더욱 세심한 지원이 필요하다.

스웨덴의 사회통합과 갈등 봉합을 위한 정책적 과제는 다음과 같다. 첫째, 이민자 밀집지역의 주거환경 개선과 도시 재생 프로그램을 강화해야 한다. 둘째, 이민자의 노동시장 진입을 지원하는 교육 및 직업훈련을 체계화해야 한다. 셋째, 이민자와 지역사회 간의 문화적 교류와 상호이해 증진 프로그램을 활성화해야 한다. 넷째, 지역사회 기반의 범죄 예방 프로그램과 청소년 대상 교육 및 여가 활동을 확대하여 사회적 일탈을 예방할 필요가 있다. 다섯째, 이민자의 정치적 참여와 시민사회 활동을 장려함으로써, 이들이 스웨덴 사회의 책임 있는 구성원으로 자리 잡을 수 있도록 유도해야 한다.

결국, 스웨덴이 현재의 복합적인 도전 과제를 어떻게 극복해 나가느냐는 향후 다문화사회로 이행하려는 많은 국가들에게 중요한 참고 사례가 될 것이다. 특히 사회통합의 이상과 현실 간의 간극을 어떻게 좁힐 것인지, 그리고 다양성과 통합이라는 두 가치의 균형을 어떻게 구현할 것인지에 대한 스웨덴의 고민과 정책적 대응은 국제사회 전반의 주목을 받고 있다.

2. 국제이주로 인한 사회갈등 사례: 국내 사례 분석

1) 사례 1. 대구 북구 이슬람사원 건립 갈등

대구 북구 대현동 이슬람사원 건립 갈등은 한국 사회가 다문화사회로 이행하는 과정에서 종교적·문화적 다양성과 지역공동체의 수용성 사이에서 발생한 복합적 사회갈등의 대표적 사례이다[5]. 경북대학교 인근에 거주하는 무슬림 유학생 공동체는 2014년부터 기도 공간 마련을 위한 노력을 지속해 왔고, 2020년 정식 건축허가를 받아 사원 건립을 시작하였다. 그러나 공사 초기부터 인근 주민들은 소음, 냄새, 주차 문제, 슬럼화 우려 등을 이유로 반발하였고, 북구청은 주민 민원을 근거로 2021년 공사 중지를 명령하였다. 이후 주민들은 '이슬람은 공존 불가능한 문화'라는 주장과 함께 반대 시위, 혐오성 현수막, 종교적 금기(돼지머리 등)를 이용한 상징 행위를

---

5 중앙일보, 「끝나지 않는 대구 이슬람사원 갈등…이번엔 부실 공사 논란에 소송전」, 2024.03.21.

이어갔다.

이러한 갈등은 단순한 생활권 침해 논쟁을 넘어, 종교 정체성, 인종주의, 권리 담론이 교차하는 다층적 구조를 보인다. 육주원·이소훈(2022)은 외국인 혐오나 차별 감정이 '정당한 지역 방어'라는 언어로 은폐되어 작동한다고 분석하였다. 특히 '국민 우선주의', '역차별', '정서불안' 등의 담론은 무슬림을 비국민으로 위치짓고 권리에서 배제하는 수단으로 기능하였다. 공공기관인 북구청은 건축허가를 부여한 주체임에도, 주민 민원에 휘둘려 일관되지 않은 행정으로 공공 중립성을 훼손했다는 비판을 받았다. 이에 대해 대구지방법원은 2022년 공사 중지 명령이 위법하다고 판결하였고, 국가인권위원회 역시 사원 건축 방해가 종교의 자유를 침해할 소지가 있다고 판단하였다.[6,7]

그럼에도 불구하고 갈등은 종결되지 않았다. 2023년 시공사 측의 콘크리트 시공 불량이 드러나며 북구청은 다시 공사 중지 명령을 내렸고, 건축주와 시공사 간에는 계약 불이행과 추가 비용을 둘러싼 법적 분쟁이 발생하였다. 건축주 측은 외국인이라는 이유로 행정과 주민 모두에게 불리한 대우를 받고 있다고 주장하며 차별 문제를 제기하였다. 일각에서는 주민의 물리적 방해나 혐오성 집회에도 북구청이 별다른 제재 조치를 취하지 않았다는 점에서 공공의 책임을 묻는 목소리도 커지고 있다.

이 사례는 한국 사회가 다문화 구성원, 특히 종교적 소수자를 수용하고 공존하기 위한 제도적 기반과 사회적 인식을 얼마나 갖추고 있는지를 점검하게 한다. 단순히 건축허가 여부나 민원 수렴의 문제가 아니라, 어떤 기준과 가치에 따라 공동체의 경계를 설정할 것인가에 관한 사회적 합의를 요

---

6   대구지방법원, 2021구합22687 판결문, 2021.12.01.
7   국가인권위원회, 진정 제21진정0426300호 결정문, 2021.09.02.

구하는 사안이다. 특히 이슬람사원을 둘러싼 갈등은 생활환경에 대한 우려를 넘어서, 종교적 차이와 문화적 다양성에 대한 한국 사회의 수용성에 대한 질문을 던진다.

이러한 갈등의 반복을 줄이고, 다문화사회의 지속가능한 발전을 도모하기 위해 다음과 같은 과제가 필요하다.

첫째, 공공기관은 민원 수렴과 더불어 기본권 보장이라는 책무를 균형 있게 수행해야 한다. 행정기관은 종교적 소수자의 권리 보호와 지역 갈등 조정을 동시에 고려할 수 있는 중립성과 전문성을 갖추어야 한다. 둘째, 지역사회 내 문화다양성에 대한 교육 및 이민자를 포함한 지역주민 간의 자연스러운 소통이 강화되어야 한다. 종교와 문화에 대한 정보 부족은 불필요한 오해와 불안을 낳을 수 있으므로, 이민자와 지역주민을 대상으로 하는 체계적인 교육과 자연스러운 만남 및 지역사회에 대한 대화의 기회가 필요하다. 셋째, 혐오표현에 대한 명확한 기준과 대응 체계가 마련되어야 한다. 표현의 자유는 보장되어야 하지만, 타인의 존엄과 권리를 침해하는 혐오적 표현은 공공 영역에서 제한될 수 있다. 넷째, 종교시설 등 공공시설의 입지는 지역사회와의 조화를 전제로 해야 한다. 설계와 운영 단계부터 지역 의견을 반영하는 절차가 필요하며, 갈등이 발생할 경우 공식적인 협의 채널이 마련되어야 한다. 다섯째, 지역에 거주하는 이민자의 권리가 지역에서도 실질적으로 존중받을 수 있도록, 제도적 보호와 행정적 지원이 강화되어야 한다. 이들의 권리 보장은 단지 법률적 차원이 아니라, 사회통합의 기초이기도 하다.

이와 같은 노력이 병행될 때, 종교적·문화적 차이를 넘어서는 공존의 가능성이 열릴 수 있다. 이 사례는 지역사회의 대응 능력뿐 아니라, 한국 사회가 다문화 시대에 어떤 방향으로 나아갈 것인지에 대한 판단 기준을 제시한다.

2) 사례 2. 국적법 개정과 미등록 외국인 아동 체류에 관한 갈등

2021년 법무부의 국적법 개정안은 '보충적 출생지주의'를 도입하여, 영주권 소지 외국인의 국내 출생 자녀가 신고만으로 한국 국적을 취득할 수 있게 하는 등(영주권(F-5)을 가진 외국인 부모의 국내출생 자녀의 경우 시험이나 면접 없이 신고만으로 국적을 취득 가능) 외국인 아동의 법적 지위와 사회통합에 관한 사회적 논쟁을 불러일으켰다.

법무부는 이 제도가 저출산·고령화에 따른 인구감소 대응, 아동 인권 보호, 사회통합 기반 조성을 위한 현실적인 조치라고 주장했다. 특히 국내에서 출생하고 장기간 체류하고 있음에도 국적을 얻지 못해 무국적 상태에 놓인 아동들이 교육·의료·복지 등 기본권의 사각지대에 놓이는 문제가 지속적으로 제기되어 왔다.

하지만 개정안이 입법예고되자, 상당한 반대 여론이 형성되었다. 반대 측은 이 제도가 중국 국적 자녀에게 혜택이 집중될 수 있다고 우려하였다. 실제 법무부에 따르면 당시 제도의 적용 대상자 약 3,900명 중 95%가 중국 국적자였으며, 이 가운데에는 조선족, 화교 자녀 등이 다수 포함되어 있었다. 이러한 구조는 일부 국민들 사이에 '특정 국적에 대한 특혜', '병역 의무 회피 가능성', '복지 남용 우려' 등의 논란을 불러일으켰다. 청와대 국민청원에는 반대 글이 올라와 약 27만 명의 동의를 얻었고, 유튜브 생중계로 열린 온라인 공청회에서는 실시간으로 수천 건의 반대 댓글이 쏟아지는 등, 법무부의 입법 추진에 대한 국민적 반발이 분명히 나타났다.

국적법 개정 논의가 잠정 중단된 이후, 정부는 직접적인 국적 부여 대신, 체류자격을 부여하는 방식의 제도적 조치를 통해 유사한 문제를 단계적으로 해결하려는 접근을 시도하였다. 대표적인 사례가 2021년 도입된 '미등록 외국인 아동의 체류자격 부여 제도'이다. 해당 제도는 국내에서 출생하거나 장기체류 중인 미등록 아동이 초·중·고에 재학 중일 경우, 일정 요건을 충족하면 아동과 그 부모에게 체류자격을 부여하는 제도로 시작되었으며, 이후 요건이 점차 완화되었다.

2025년 3월, 법무부는 이 제도를 2028년까지 3년 연장하기로 발표하였다. 또한 대학 진학 여부와 관계없이 고등학교 졸업 후에도 구직·연수·취업 비자 자격으로 체류를 가능하게 하였으며, 사회통합프로그램 5단계 이수자에게도 동일한 혜택을 적용하였다. 이 조치는 국적 부여 없이도 외국인 아동과 청소년의 사실상 정주와 사회통합을 허용하는 정책 전환으로 평가된다.

그러나 이 제도 역시 찬반이 엇갈린다. 찬성 측은 아동의 교육권, 생존권 보호와 더불어, 장기적으로는 정주 외국인의 사회통합과 지역사회의 안정에 기여할 수 있다고 본다. 반면 반대 측은 불법체류를 간접적으로 인정하거나 보상하는 방식, 국민과의 형평성 문제, 특정 국적 집중에 대한 우려 등을 지적하며, 이 역시 국적법 개정과 유사한 방식의 사회적 갈등을 야기할 가능성을 경고하고 있다.

이 사례는 국적이라는 법적 지위와 체류라는 실질적 지위가 어디까지 사회적으로 허용될 수 있는가에 대한 경계 설정의 문제를 드러낸다. 아동의 권리 보호와 국민 정서 사이에서 균형점을 찾는 일은 쉽지 않지만, 이를 회피하는 대신 공론화, 단계적 제도 설계, 정확한 실태조사, 국민 인식개선 등의 과정을 통해 사회적 합의를 이끌어내는 것이 정책 성공의 핵심 조건임을 시사한다.

국적법 개정을 둘러싼 사회갈등과 외국인 밀집지역의 문제점을 분석한 결과, 다음과 같은 시사점을 도출할 수 있다. 첫째, 사회적 합의 형성을 위한 공론화 과정이 필요하다. 국적법 개정은 국민 정서와 밀접하게 연관된 사안이므로, 다양한 이해관계자들의 의견을 수렴하고 공론화하는 과정이 선행되어야 한다. 둘째, 단계적·점진적 접근이 필요하다. 보충적 출생지주의의 도입은 급진적인 변화보다는 단계적·점진적으로 접근하는 것이 바람직하다. 셋째, 정확한 실태조사가 선행되어야 한다. 보충적 출생지주의 도입의 실효성을 확보하기 위해서는 실제 국적 취득 욕구를 가진 대상의 규모와 특성에 대한 정확한 실태조사가 필요하다. 넷째, 국민 인식개선을 위한 교육과 홍보가 필요하다. 혈통을 중시하는 한국 사회의 정서를 고려하여, 보충적 출생지주의 도입의 필요성과 효과에 대한 교육과 홍보를 지속적으로 실시하는 것이 필요하다. 여섯째, 포괄적인 사회통합 정책이 병행되어야 한다. 지역사회, 학교, 직장 등 다양한 영역에서의 포괄적인 사회통합 정책이 병행되어야 한다.

국적법 개정은 단순히 법적 지위의 문제를 넘어, 한국 사회가 다양성과 포용성을 어떻게 받아들이고 발전시켜 나갈 것인가에 대한 근본적인 질문을 제기한다. 이는 인구구조 변화라는 사회적 도전 속에서 국가의 지속가능성을 확보하고, 다양한 배경을 가진 구성원들이 함께 공존하는 사회를 만들어가는 중요한 과제이다. 따라서 국적법 개정을 둘러싼 갈등을 해소하고 사회통합을 이루기 위해서는 다양한 이해관계자들의 참여와 소통, 그리고 상호 존중과 이해를 바탕으로 한 사회적 합의 형성이 무엇보다 중요하다.

제4절 갈등 해결 및 사회통합 구체적 사례 연구

1. 갈등 해결 및 사회통합 사례: 국외 사례 분석

국제이주로 인한 사회갈등은 오늘날 세계 각국이 공통적으로 직면하고 있는 주요 과제이다. 그러나 이러한 갈등을 효과적으로 관리하며 사회통합을 이루어 낸 국가들도 존재한다. 그중에서도 독일의 사례는 특히 주목할 만하다. 독일은 전통적으로 혈통 중심의 민족국가였으나, 포용적 이민정책을 통해 다문화 국가로 성공적으로 전환한 대표적인 국가로 평가받고 있다. 이는 단순히 인구 문제 해결에 그치지 않고, 사회통합이라는 보다 근본적인 과제를 동시에 추진했다는 점에서 중요한 의미를 지닌다. 특히 독일 사례는 한국처럼 단일민족 정체성이 강하고 급격한 이민자 유입을 경험하는 국가에 있어 유용한 정책적 시사점을 제공한다.

김현정(2021)의 연구에 따르면 독일은 제2차 세계대전 이후 심각한 노동력 부족을 해결하기 위해 '게스트 워커(Gastarbeiter)' 제도를 도입하여 외국인 노동자를 유치하였다. 이 제도는 외국인 노동자를 일시적인 경제활동 인력으로 활용하려는 목적에서 출발하였으며, 이민자들에게는 장기적 정착보다는 단기적 노동력 제공만을 허용하는 전형적인 차별배제 모델이었다. 이들은 주로 3D업종 등 기피 직종에 종사하였으며, 복지 혜택, 국적 취득, 시민권 및 선거권 등 사회적·정치적 권리로부터 배제되었다. 독일 정부는 이들이 일정 기간 후 자국으로 귀국할 것이라는 전제를 두고 정책을 설계하였지만, 실제로는 상당수가 독일에 정착하면서 사회통합 문제가 본격적으로 대두되었다.

1990년대 중반까지도 독일은 자국을 이민 국가로 공식적으로 인정하지 않았다. 당시 이민정책은 이민자의 본국 귀환을 염두에 둔 일시적 조치에 가까웠으며, 모국어 및 모국 문화 교육을 지원한 것 역시 본국 재적응을 위한 사전 준비의 성격이 강했다. 독일어 교육은 필수가 아닌 선택 사항으로 간주되었고, 독일에서 출생한 이민자의 자녀조차 시민으로 인정받지 못했다. 이는 독일의 국민 정체성이 혈통 중심의 속인주의(jus sanguinis)에 기반해 있었기 때문이다.

그러나 2000년대에 들어서며 독일은 본격적인 인구위기에 직면하게 되었다. 출산율 감소와 고령화의 가속화, 베이비붐 세대의 은퇴는 노동력 부족 문제를 심화시켰고, 이에 따라 독일은 국가 차원의 이민정책 패러다임 전환을 추진하게 되었다. 이러한 변화의 시작점은 2000년 제정된 새로운 국적법으로, 이는 속인주의 원칙에 속지주의(jus soli) 요소를 도입함으로써 국적 취득 기준을 완화하였다. 이 법에 따라 외국인이 독일 내에서 8년간 합법적으로 체류한 경우 귀화청구권을 부여받을 수 있게 되었고, 일정 조건 하에서 이중국적도 허용되었다.

2005년 시행된 이민법(Zuwanderungsgesetz)은 행정 절차 간소화와 더불어 통합 중심의 이민정책을 제도화한 획기적인 전환점이었다. 이 법은 독일어 교육과 법·제도 및 문화 교육을 포함한 통합과정(Integrationskurs)을 제도화하였으며, 이를 모든 신규 이민자에게 의무화하였다(김현정, 2021). 특히 실업 상태의 이민자에게는 이 과정의 참여가 적극적으로 요구되었다. 이를 통해 독일은 이민자들의 사회 적응과 통합을 제도적으로 지원하는 기반을 마련하였다.

2007년 제2차 '통합정상회의'에서는 연방, 주, 자치단체뿐 아니라 무슬림 단체, 이민자 단체, 시민사회단체 등이 함께 참여한 '국민통합계획(Nationaler Integrationsplan, NIP)'이 수립되었다. 이는 국가 차원을 넘어 시민 사회 전체가 참여하는 통합정책의 역사적 이정표로 평가된다. 이 시기부터 이민자 집단의 주류화도 본격화되었다. 게스트 워커의 자녀 세대는 정치, 언론, 문화 등 다양한 분야에서 두각을 나타내며, 독일 사회 내 이민자에 대한 인식 변화에 기여하였다.

2010년대에 들어서면서 독일은 시리아 내전 등으로 인한 난민 위기에 직면하였다. 독일 정부는 적극적인 난민 수용 정책을 채택하였으며, 특히 2015년 하반기에는 난민 유입으로 인해 인구가 71만 7천 명 증가하였다. 2013년 당시 독일 난민 신청자의 체류 허용률은 25%에 불과했으나, 2015년에는 절반으로 급등하여 난민 보호 수용률이 2년 만에 두 배 이상 증가하였다.

이같은 포용적 접근은 정치권 일각의 반발을 불러일으키기도 했다. 당시 메르켈 총리의 연정 파트너였던 기독사회당(CSU)의 제호퍼(Horst Seehofer) 당수는 "독일이 통제 불가능한 위기를 자초하고 있다"고 비판하였으며, 난민 수용 비율이 높았던 노르트라인베스트팔렌(NRW) 주 등에서도 부담을 호소하는 목소리가 제기되었다. 그럼에도 불구하고 메르켈 총리는 16년간의 집권기간 동안 일관된 난민 포용 기조를 유지하였다.

독일의 포용적 이민정책은 점진적으로 성과를 거두고 있다. 2019년 프리드리히 에버트 재단(FES)이 실시한 여론조사에 따르면, 응답자의 53%가 이민자가 독일의 발전에 기여할 것이라고 응답했으며, 29%는 부정적으로, 17%는 중립적으로 평가하였다. 이는 국민 다수가 이민자를 독일 사회의 기회요인으로 인식하고 있음을 보여준다. 이어서 2020년 3월에는 '전문인력이주법(FEG)'이 시행되어, 전문 인력의 개념을 정립하고 노동시장 접근성을 확대하였으며, 취업우선권 심사 완화, 부족 직종에 대한 제한 해제, 영주권 취득 요건 완화 등이 포함되었다.

독일은 인구구조 변화와 사회통합 과제를 동시에 해결하기 위해 적극적이고 포용적인 이민정책을 추진해왔다. 이러한 정책들은 이민자를 단순한 정책 수혜자가 아닌, 공동체 구성원으로 간주하며 상호 교류와 협력을 통한 통합을 지향하고 있다는 점에서 주목할 만하다. 정책의 목표는 다양성과 포용성, 그리고 사회결속과 경제 발전의 균형을 이루는 데 있다.

독일 사례는 다음과 같은 시사점을 제공한다. 첫째, 시민권 및 국적 취득 절차의 완화를 통해 이민자의 법적 지위를 안정시키는 것이 포용정책의 핵심이 될 수 있다. 둘째, 이민자를 '통합의 대상'으로만 보는 관점을 넘어, 지역사회 구성원 모두의 상호교류를 기반으로 한 정책적 접근이 요구된다. 셋째, 언어교육과 문화이해를 지원하는 통합 프로그램은 사회적 참여의 기초를 형성하는 데 필수적이다. 넷째, 이민자의 노동시장 진입을 위한 실질적인 정책적 지원이 병행되어야 한다.

향후 독일이 이러한 정책 성과를 지속하기 위해서는 다음과 같은 과제가 남아 있다. 첫째, 이민자 밀집지역의 주거환경을 개선하고, 지역사회 재생 프로그램을 지속적으로 확대해야 한다. 둘째, 맞춤형 직업훈련 및 교육을 통해 이민자의 경제적 자립을 지원해야 한다. 셋째, 문화적 교류와 상호이해를 증진하기 위한 지역 기반 프로그램을 활성화할 필요가 있다. 넷째, 이민자의 정치적 참여를 확대하고 시민사회 활동을 촉진하여 사회적 소속감을 강화해야 한다. 마지막으로, 이중국적 허용 범위를 확대하여 이민자의 안정된 법적 지위를 보장하고, 완전한 사회통합을 유도해야 한다.

결국 독일의 사례는 이민자 통합이 단순한 동화나 적응의 문제가 아니라, 이민자와 주류 사회 간의 지속적인 상호작용과 제도적 협력을 통해 이루어져야 함을 보여준다. 이는 한국과 같이 빠르게 다문화사회로 전환하고 있는 국가들에게 실질적인 정책적 통찰을 제공한다.

2. 갈등 해결 및 사회통합 사례: 국내 사례 분석

2001년 9.11 테러 이후 미국은 테러와의 전쟁을 선포하고 탈레반이 장악하고 있던 아프가니스탄을 침공했다. 이 과정에서 한국을 포함한 미국의 동맹국들은 아프가니스탄 재건 사업에 참여했다. 대한민국은 2001년 12월부터 해군수송지원단 해성부대를 시작으로 공군수송단 청마부대, 의료지원단 동의부대, 건설공병지원단 다산부대 등을 파병했고, 2010년부터는 민·관·군으로 구성된 아프간 지방재건팀(PRT)을 운영하며 2014년까지 아프가니스탄에 주둔했다. 이러한 배경 속에서 아프가니스탄 현지인들은 가족과 자신의 생존을 위해 미국과 그 동맹국에 협력하는 삶을 선택하게 되었다. 그러나 2021년 8월, 미군 철수 결정 이후 탈레반이 빠르게 정권을 장악하면서 외국 정부와 협력했던 아프가니스탄인들은 '배신자'로 간주되어 보복의 대상이 되었다. 이에 한국 정부는 우리 정부와 협력했던 아프가니스탄인들과 그 가족들을 '미라클 작전'을 통해 한국으로 이송하기로 결정했다. 한국 정부는 이들을 난민이 아닌 '특별기여자'로 지칭했는데, 이는 난민에 대한 부정적 인식을 피하고 이들이 한국에 기여한 공로를 인정하기 위한 정치적 판단이었다. 법적으로는 「재한외국인처우기본법」에 특별기여자 처우 조항을 신설하여 이들에게 난민인정자와 동등한 처우를 제공하고, 출입국관리법 시행령을 개정하여 거주(F-2) 자격을 부여했다.

최현정, 김영순(2023)은 아프가니스탄 특별기여자들이 한국에 도착한 직후부터 다양한 갈등이 표출되었다고 한다. 가장 두드러진 갈등은 2022년 2월 울산 지역에서 발생했다. 아프가니스탄 특별기여자 자녀들의 초·중·고등학교 입학이 결정되자 지역주민들의 강한 저항이 있었고, 학교를 중심으로 특별기여자 자녀들의 입학을 반대하는 학부모들의 움직임이 확대되었다. 청와대 국민청원과 유입반대 시위까지 발생했으며, 이는 이슬람에 대한 부정적 인식과 종교적 차이에서 오는 문화적 거부감에서 비롯되었다. 이러한 갈등은 단순한 자원 배분이나 이해관계의 충돌이 아닌, '가치갈등'의 성격을 띠고 있었다. 서로 다른 문화적 가치와 종교적 신념에서 비롯된 이 갈등은 해결이 더욱 복잡하고 어려운 특성을 가졌다. 특히 무슬림의 종교적 관습(할랄 식품, 히잡 착용 등)과 한국 사회의 일상 문화 사이의 충돌이 두드러졌다.

아프가니스탄 특별기여자들 역시 한국 사회에 정착하는 과정에서 다양한 어려움에 직면했다. 현상학적 연구를 통해 이들의 경험을 분석한 결과, 대부분의 특별기여자들은 한국어 습득에 큰 어려움을 겪었다. 남성들은 생계유지를 위한 경제활동으로, 여성들은 자녀 양육과 가사노동으로 한국어 학습 시간을 확보하기 어려웠다. 또한 이슬람 문화권 출신으로서 한국 사회의 음식문화에 적응하기 어려웠으며, 할랄 식품을 구하기 어렵고, 학교 급식에서도 종교적으로 금기시되는 음식을 피하기 위해 도시락을 싸거나 점심을 굶는 경우도 있었다. 많은 특별기여자들은 아프가니스탄에서 의사, 간호사, 약사, 교사 등 전문직에 종사했으나, 한국에서는 자신의 학력과 경력을 인정받지 못하고 단순 노무직에 종사하게 되었다. 이러한 전문직에서 단순 노동직으로의 전환은 소득 감소로 이어졌고, 이는 경제적 빈곤과 사회적 지위 하락을 야기했다. 또한 탈레반의 보복을 피해 급히 모국을 떠난 경험, 고향에 남겨진 가족에 대한 걱정, 불확실한 미래에 대한 불안 등으로 많은 특별기여자들이 외상 후 스트레스 장애(PTSD)와 우울증을 겪었다. 영주권(F-5) 대신 거주(F-2) 자격을 받게 되면서 장기적인 체류 안정성에 대한 불안감도 느꼈다.

초기의 갈등과 어려움에도 불구하고, 아프가니스탄 특별기여자들은 점차 한국 사회에 적응해 나가기 시작했다. 이들의 성공적인 사회통합 과정에는 여러 요인들이 기여했다. 특별기여자들에게는 난민인정자와 동일한 처우가 제공되었으며, 법무부 주도의 정부합동지원단이 초기 정착을 지원했다. 주택, 생계비, 의료보험 등 기본적인 생활 지원이 제공되었고, 취업 연계와 직업훈련 기회도 마련되었다. 특히 울산 지역의 경우, 현대중공업이 적극적인 경제적 지원에 나서 특별기여자들의 취업 기회를 제공하고 직업훈련 프로그램을 운영하여 이들의 경제적 자립을 도왔다. 또한 현대중공업은 지역사회와 특별기여자들 간의 문화교류 행사를 후원하며 상호이해 증진에 기여했다. 갈등 해소 과정에서 주목할 만한 것은 지역 주민들과의 적극적인 소통이었다. 울산시와 교육청은 주민 공청회를 개최하여 특별기여자들의 배경과 상황을 설명하고, 주민들의 우려와 질문에 답변하는 시간을 마련했다. 이러한 공개적인 소통의 장은 오해와 편견을 해소하는 데 중요한 역할을 했으며, 일부 주민들은 직접 특별기여자 가정을 방문하여 환영의 뜻을 전하기도 했다. 이와 같은 쌍방향 소통은 초기의 갈등을 완화하고 상호 이해의 기반을 마련하는 데 결정적인 역할을 했다. 아프간 자녀들이 입학한 학교에서는 교직원들이 이슬람 문화에 대한 다문화이해교육을 받았으며, 아프간 자녀 대상 전문 통역사 상담이 이루어졌다. 학교는 다양한 예산을 마련하여 이들의 한국 학교생활 적응을 위한 준비를 갖추었다. 한국어교사들은 단순히 언어를 가르치는 역할을 넘어 이들의 심리·정서적 지지자이자 한국 사회와의 소통 창구역할을 했다. 이러한 지지는 아프간 자녀들의 문화적응력을 강화하고 자아존중감을 높이는 데 기여했다. 초기의 반대와 저항에도 불구하고, 지역주민들은 시간이 지남에 따라 아프간 특별기여자들에 대한 이해의 폭을 넓혀갔다. 특별기여자들은 한국 문화를 배우고 이웃과 소통하려는 노력을 보이자 지역사회의 인식도 점차 개선되었다. 특별기여자들은 직업을 통한 경제적 안정을 가지게 되었고, 자녀들의 교육과 미래를 위해 한국 사회에 적응하려는 강한 의지를 보였다. 자녀들이 학교에서 한국어를 배우고 친구들을 사귀면서 가족 전체의 사회통합이 촉진되었다.

아프가니스탄 특별기여자의 한국 정착 사례는 초기의 문화적 가치 갈등에도 불구하고, 체계적인 지원과 상호이해를 통해 성공적인 사회통합이 가능함을 보여준다. 이들은 한국사회에서 다름과 낯섦 속에서 자신들의 정체성을 고집하며 한국사회의 구성원으로 적응해가고 있다. 많은 특별기여자 가족들은 이제 "한국인"으로서의 정체성을 형성해가고 있으며, 한국을 새로운 희망의 땅으로 여기고 있다. 이러한 성공적인 통합 사례는 향후 한국 사회가 다양한 문화적 배경을 가진 이민자들과 함께 살아가는 데 있어 중요한 참고 모델이 될 것이다. 특히 종교적, 문화적 차이에서 오는 가치 갈등을 해결하기 위해서는 상호 존중과 이해를 바탕으로 한 점진적 접근이 필요하며, 이 과정에서 정부의 체계적 지원, 교육과 중재자의 역할, 그리고 지역사회의 수용이 핵심적임을 알 수 있다. 아프가니스탄 특별기여자들의 한국사회 정착 경험은 한국이 다문화사회로 나아가는 과정에서 중요한 이정표가 될 것이다.

제5절 결론: 미래 한국 사회의 국제이주와 사회통합

1. 한국사회의 미래: 국제이주 증가로 인해 예상되는 사회갈등 유형

한국사회는 저출산·고령화, 노동시장 구조 변화, 세계화 등으로 인해 국제이주가 지속적인 증가로 인한 다양한 형태의 사회갈등을 예상할 수 있다. 첫째, 세대 간 갈등이 심화될 가능성이 높다. 현재 한국에서 출생하고 성장한 이주배경아동이 성인이 되면서 세대 간 갈등이 심화될 우려가 있다. 특히 미등록 이주배경아동은 한국어를 모국어로 사용하고 한국적 정체성을 형성했음에도, 성인이 되면 합법적 체류자격을 상실하여 취업, 주거, 복지 등에서 심각한 제약에 직면한다. 이러한 법적 지위와 문화적 정체성 간의 괴리는 '1.5세대' 또는 '2세대' 이민자들의 사회적 소외감과 불만을 증폭시킬 수 있으며, 프랑스의 방리유 소요사태나 미국의 DACA 운동과 유사한 사회갈등으로 발전할 가능성이 있다. 둘째, 복지자원 분배를 둘러싼 갈등이 심화될 수 있다. 저출산·고령화로 인한 복지 부담 증가와 경제 성장 둔화 상황에서, 제한된 복지자원을 이민자에게까지 분배하는 문제를 둘러싼 사회적 갈등이 심화될 수 있다. 국가 차원에서는 이민자에 대한 교육, 의료, 복지 서비스 제공에 대한 국민적 반발이 증가할 우려가 있으며, 지방자치단체 차원에서도 재정적 부담과 주민 여론 사이에서 정책적 딜레마에 직면할 수 있다. 일부 지자체는 이민자 지원에 적극적인 반면, 다른 지자체는 재정 한계와 주민 반발로 소극적 태도를 보이면서 지역 간 이민정책 불균형이 심화되고, 이로 인해 이민자의 특정 지역 집중 현상이 가속화될 가능성이 있다. 셋째, 문화적 다양성과 정체성 갈등이 나타날 수 있다. 국제이주 증가에 따른 한국 사회의 문화적 다양화는 전통적 단일민족 국가 정체성과 새로운 다문화주의 가치관 사이의 긴장을 고조시킬 수 있다. 이주배경아동의 사회통합 과정에서는 이들의 복합적 문화 정체성을 인정하고 존중하는 방식에 대한 사회적 합의가 요구된다. 더불어 학교, 직장, 지역사회와 같은 일상 공간에서 언어, 종교, 생활습관의 차이로 인한 갈등이 증가할 가능성이 있으며, 이러한 문화적 차이에 대한 이해 부족은 상호간 편견과 차별을 심화시킬 우려가 있다. 넷째, 노동시장에서의 갈등이 증가할 수 있다. 국제이주 증가는 노동시장에서 새로운 형태의 갈등을 야기할 수 있다. 외국인 근로자 유입 확대로 특정 산업 분야, 특히 저숙련 일자리 부문에서 내국인 근로자와의 경쟁이 심화되면서 임금 하락 압력과 고용 기회 감소에 대한 사회적 우려가 증폭될 수 있다. 동시에 체류 외국인들의 노동권 인식이 높아짐에 따라 임금, 근로시간, 산업안전, 사회보장 등에서 내국인과 동등한 처우를 요구하는 움직임이 강화될 것이며, 이러한 요구는 기업의 경영 부담과 정부의 정책적 딜레마를 가중시킬 가능성이 있다. 다섯째, 정치적 양극화와 이민정책 갈등이 심화될 수 있다. 이민자 문제가 주요 정치 의제로 부상하면서 이민정책을 둘러싼 정치적 양극화 현상이 심화될 우려가 있다. 어떤 진영은 국가 안보와 법치주의 관점에서 엄격한 이민 통제를 주장하는 반면, 어떤 진영은 인권 보호와 문화적 다양성 증진을 위한 포용적 이민정책을 옹호하는 경향을 보인다. 이러한 이념적 대립은 정권 교체에 따른 이민정책의 급격한 변동으로 이어질 수 있으며, 결과적으로 이민자와 그 가족들은 법적 지위의 불안정성에 지속적으로 노출되어 장기적 생활 계획을 수립하기 어려운 상황에 처할 수 있다. 여섯째, 중앙-지방 간 거버넌스 갈등이 발생할 수 있다. 이민자 정책에 있어 중앙정부와 지방자치단체 간 역할과 책임 분담을 둘러싼 갈등이 심화될 수 있다. 지방자치단체는 이민자 지원에 적극적이지만, 법적 근거 부족과 중앙정부 정책과의 충돌로 인해 어려움이 나타나고 있다. 이러한 상황은 지방자치단체의 자율성과 중앙정부의 정책 일관성 사이의 갈등을 초래할 수 있다.

2. 한국 사회에서 갈등 해결 및 사회통합 방안 및 정책적 시사점

국제이주로 인한 사회갈등을 해결하고 사회통합을 촉진하기 위해서는 다음과 같은 방안이 필요하다.

첫째, 중앙-지방 간 협력적 거버넌스 구축이 필요하다. 이민자 정책의 효과적 추진을 위해서는 중앙정부와 지방자치단체 간 유기적인 협력 체계가 필수적이다. 이를 위해 먼저 명확한 역할 분담이 이루어져야 하는데, 중앙정부는 법률 및 제도적 기반 마련, 전국 단위의 정책 수립과 가이드라인 제공, 재정 지원을 담당하고, 지방자치단체는 지역 특성을 반영한 세부 정책 개발, 현장 중심의 직접 서비스 제공, 지역사회 협력 네트워크 구축에 집중해야 한다. 또한 중앙부처 간 협력 강화도 필요하다. 법무부, 교육부, 보건복지부, 여성가족부 등 관련 중앙부처 간 효율적 협업을 위한 컨트롤 타워를 설치하고 명확한 협력 지침을 마련함으로써 정책의 일관성과 효율성을 제고할 필요가 있다. 이와 함께 지방자치단체의 자율성과 창의성을 존중하는 분권적 접근을 통해, 중앙정부는 기본적인 가이드라인과 재정 지원을 제공하되 구체적인 정책 집행 방식은 각 지역의 특수성을 고려하여 지방자치단체가 자율적으로 결정할 수 있도록 하는 균형적 접근이 바람직하다. 법무부, 교육부, 보건복지부, 여성가족부 등 관련 부처 간 협력을 위한 컨트롤타워를 마련하고, 부처 간 협력을 위한 명확한 지침과 기준을 설정해야 한다. 또한 지방자치단체의 자율성과 창의성을 존중하는 분권적 접근이 필요하다. 지방자치단체가 지역 특성에 맞는 이민자 지원 정책을 추진할 수 있도록, 중앙정부는 가이드라인과 재정 지원을 제공하되 세부적인 집행 방식은 지방자치단체의 자율에 맡기는 방식이 효과적일 수 있다.

둘째, 사회적 인식개선과 다양한 이해 교육 강화가 필요하다. 이민자 관련 갈등 해소와 사회통합 증진을 위해서는 전 사회적 차원의 인식개선과 체계적인 다문화 이해 교육이 필수적이다. 우선 교육 현장에서는 초·중·고등학교 교육과정에 다문화 이해 교육을 확대 도입하여 학생들이 어린 시절부터 다양한 문화적 배경을 가진 사람들을 존중하는 태도를 함양할 수 있도록 해야 한다. 이와 함께 교사들에게 다문화 감수성 향상을 위한 전문적 연수 기회를 제공하여 다양한 배경의 학생들을 효과적으로 지도할 수 있는 역량을 강화해야 한다. 공공부문에서는 특히 이민자 관련 업무를 담당하는 공무원들을 대상으로 한 교육이 시급하다. 일선 행정 서비스의 질적 향상을 위해 모든 관련 공무원들에게 체계적인 이민정책 관련 교육 프로그램, 다문화 이해 관련 프로그램을 제공해야 한다. 사회적 차원에서는 대중매체와 다양한 사회 캠페인을 통한 인식개선 노력이 필요하다. 이민자에 대한 부정적 고정관념과 편견을 해소하기 위해 이들의 실제 삶과 지역사회와의 상호작용을 조명하는 다큐멘터리 제작, 문화 행사 개최, 인식개선 캠페인 등을 활성화해야 한다. 특히 이민자들이 한국 사회의 경제, 문화, 인구 측면에서 기여할 수 있는 잠재력과 가능성을 부각시키는 긍정적 메시지 전달이 중요하다.

셋째, 시민사회와의 협력 강화가 필요하다. 이민자 지원에 있어 정부와 시민사회의 협력은 매우 중요하다. 이민자 지원 정책의 효과적 추진을 위해서는 정부와 시민사회 간의 긴밀한 협력체계 구축이 필수적이다. 시민사회는 공식 정책의 사각지대에 놓인 이민자들에게 실질적 지원을 제공하고 현장의 생생한 목소리를 정책에 반영하는 중요한 가교 역할을 수행한다. 이를 위해 정부는 이민자 정책 수립 및 집행 과정에 시민단체, 학계 전문가, 이민자 당사자 등 다양한 이해관계자가 참여할 수 있는 공식적인 정책 협의 채널을 강화해야 한다. 이러한 참여적 거버넌스는 정책의 현장 적합성을 높이고 실질적인 효과성을 제고하는 데 기여할 수 있다. 또한 지역사회 차원에서는 지방자치단체를 중심으로 학교, 의료기관, 시민단체, 종교단체 등 다양한 지역 자원을 연계한 통합적 지원 네트워크를 구축할 필요가 있다. 이러한 협력 체계는 이민자와 지역주민 모두의 다양한 욕구에 효과적으로 대응하면서도 제한된 자원의 중복 투자를 방지하고 시너지 효과를 창출하는 데 기여할 수 있다.

넷째, 점진적이고 단계적인 접근이 필요하다. 이민자 관련 정책은 사회적 민감성과 복잡성을 고려하여 급진적 변화보다는 점진적이고 단계적인 접근법을 취하는 것이 바람직하다. 우선 체류자격 부여 대상을 단계적으로 확대함으로써 사회적 수용성을 높이고, 이 과정에서 지역주민과의 충분한 소통을 통해 잠재적 갈등 요소를 사전에 파악하고 해소할 수 있는 의사소통 채널을 구축해야 한다. 정책 도입 시에는 정책의 실효성을 검증하면서도 급격한 변화에 따른 정채적 반발을 최소화할 수 있도록 이민자 밀집 지역을 중심으로 시범사업을 먼저 실시하고, 그 성과와 한계를 면밀히 분석하여 전국적으로 확산하는 단계적 접근이 효과적이다.

또한 해외 선진국의 이민정책 사례를 참고하되, 한국 사회의 역사적·문화적 특수성과 현재의 사회경제적 맥락을 충분히 고려하여 적용함으로써 정책의 현실적합성과 효과성을 제고해야 한다. 이러한 맥락화된 접근법은 글로벌 표준과 한국적 특수성 사이의 균형을 유지하는 데 기여할 것이다.

마지막으로, 증거기반 정책 수립과 모니터링 체계 구축이 필요하다. 이민정책의 실효성 제고를 위해서는 과학적 데이터에 기반한 정책 수립과 체계적인 모니터링 시스템 구축이 필수적이다. 현재 한국 사회에는 이민자의 정확한 규모와 생활실태에 관한 종합적 통계자료가 부족한 실정으로, 이민자의 인구학적 특성, 지역별 분포, 생활여건, 서비스 욕구 등에 관한 체계적인 실태조사가 우선적으로 실시되어야 한다. 또한 이민자 지원 정책의 효과성, 효율성, 형평성을 지속적으로 평가할 수 있는 모니터링 체계를 구축하여 정책의 성과와 한계를 객관적으로 분석해야 한다. 이 과정에서 정책 수혜자인 이민자와 그 가족의 만족도 및 의견을 적극적으로 수렴함으로써 수요자 중심의 정책 개선 방향을 도출할 필요가 있다. 더불어 학계와 연구기관의 이민 관련 연구를 활성화하고, 이러한 연구 결과가 실제 정책 수립과 집행 과정에 체계적으로 반영될 수 있는 연계 시스템을 구축함으로써 이론과 실천의 선순환 구조를 확립해야 한다. 이러한 증거기반 접근법은 이민정책의 과학화와 합리화에 기여하여 궁극적으로 사회통합의 효과성을 높일 것이다.

국제이주로 인한 사회적 도전에 대응하는 과정은 단순한 정책적 과제를 넘어 한국 민주주의와 인권 의식을 한 단계 성숙시키는 역사적 여정이다. 이는 특정 소수집단의 권리 보장이라는 협소한 관점을 초월하여, 우리 사회 전체의 가치체계와 정체성을 재정립하는 근본적 과제이다. 모든 구성원이 출신과 배경에 관계없이 동등한 존엄성을 인정받고 기본권을 보장받는 사회는 궁극적으로 모든 시민에게 더 풍요롭고 안전한 삶의 환경을 제공한다.

압축적 경제 성장과 민주화의 경험을 성공적으로 이루어낸 한국은 이제 다문화 사회로의 전환이라는 새로운 역사적 과제 앞에 서 있다. 이 전환기에서 국제이주로 인한 갈등관리와 사회통합의 성공 여부는 한국의 미래를 결정짓는 중요한 시금석이 될 것이다. 경제적 위상에 걸맞은 인권과 다양성 존중의 가치를 실현하는 진정한 선진국으로 도약하기 위해서는, 이민자를 '타자'가 아닌 '함께 살아가는 이웃이자 지역사회의 구성원'으로 인식하는 근본적 패러다임 전환이 필요하다. 다양성을 창조적 자산으로 포용하고 모든 구성원의 권리와 존엄성을 존중하는 사회를 구축해 나가는 것은, 글로벌 시민사회의 책임 있는 일원으로서 한국의 시대적 사명이자 다음 세대를 위한 현명하고도 용기 있는 선택이 될 것이다.

참고문헌

김미라. (2020). 갈등관리의 이론과 실제. 경기도: 공동체.
김성근. (2013). "다문화 사회에서의 사회갈등문제 실태분석 및 효과적인 대응방안 연구."
김용찬. (2011). 다문화사회와 갈등관리. 박영사.
김원식 (2009). 갈등과 소통: 다문화사회의 통합을 위한 이론적 고찰. 한국사회학, 43(5), 123-156.
김이선·최윤정·이은아·황정미 (2022). 다문화가족 장기정착을 위한 정책방안 연구. 서울: 한국여성정책연구원.
김철주 (2017). 스웨덴 거주 이주민 밀집지역의 게토화 실태와 원인: 말뫼(Malmö)시 사례를 중심으로. 스칸디나비아연구, 20, 43-82.
김철주. (2023). 스웨덴 이주민 정책에 대한 논의— 스웨덴 외국인법을 중심으로 —. 사회법연구, 51, 309-348.
김현정 (2021). 독일의 포용적 이민정책과 인구구조 변화. 민족연구, 78, 35-60.
라휘문·박충훈·조경훈·정기용. (2020). 한국사회에 적합한 보충적 출생지주의 도입방안 연구. 국가정책연구, 34(3), 211 - 236.
법무부 (2020). 출입국·외국인정책 통계연보.
설동훈 (2001). 노동력의 국제이동. 서울대학교출판부.
오경석 (2012). 한국에서의 다문화주의: 현실과 쟁점. 인간사랑.
육주원·이소훈. (2022).「대구 북구 이슬람사원 갈등을 통해 본 인종주의의 위장술」.『아시아리뷰』12(1), 33-65.
윤인진. (2008). 이민사회학. 을유문화사.
이상호. (2016).「한국의 지방소멸에 관한 7가지 분석」.『지역고용동향브리프』, 2016년 봄호, 한국고용정보원, pp. 3-17.
이상호. (2024).「지방소멸 2024: 광역대도시로 확산하는 소멸위험」.『지역산업과 고용』, 2024년 여름호, 한국고용정보원, pp. 126-137.
임동진, 윤수재 (2016). 갈등원인이 갈등수준에 미치는 영향력 분석: 쟁점요인과 매개요인의 효과를 중심으로. 행정논총, 54(2), 117-148.

장선화, 김영지 (2017). 유럽의 난민 위기와 사회통합의 도전: 독일과 프랑스 사례를 중심으로. 유럽연구, 35(3), 97-126.

장선희 (2014). 독일의 이민정책의 변화와 사회통합 관련 법제에 관한 연구: 독일이민법을 중심으로. 법학연구, 55(4), 31-58.

최현정, 김영순 (2023). 한국어교사의 아프간 특별기여자 자녀 교육 경험에 관한 현상학적 연구. 교육문화연구, 29(5), 205-229.

하상섭 (2025). 트럼프 2기 행정부의 이민정책과 미국 사회의 갈등. 국제정치연구, 28(1), 33-58.

한국고용정보원 (2023). 2023 지방소멸위험지수. 음성: 한국고용정보원.

한국보건사회연구원 (2023). 인구구조 변화에 따른 사회경제적 영향 분석. 세종: 한국보건사회연구원.

안성경·윤이숙(2013). 난민의 지위와 인정 절차의 법제화에 대한 비판적 검토: 독일 난민법과 비교를 중심으로. 「유럽헌법연구」, 13(0): 137-138.

Allport, G. W. (1954). The nature of prejudice. Cambridge, MA: Addison-Wesley.

Banting, K., Johnston, R., Kymlicka, W., & Soroka, S. (2006). Do multiculturalism policies erode the welfare state? An empirical analysis. In K. Banting & W. Kymlicka (Eds.), Multiculturalism and the welfare state: Recognition and redistribution in contemporary democracies (pp. 49-91). Oxford: Oxford University Press.

Bochner, S. (1982). The social psychology of cross-cultural relations. In S. Bochner (Ed.), Cultures in contact: Studies in cross-cultural interaction (pp. 5-44). Oxford: Pergamon Press.

Castles, S., & Miller, M. J. (2003). The Age of Migration: International Population Movements in the Modern World (3rd Ed.). Guilford Press.

Castles, S., & Miller, M. J. (2014). The age of migration: International population movements in the modern world (5th ed.). New York: Guilford Press.

Coser, L. A. (1956). The functions of social conflict. New York: Free Press.

Dahrendorf, R. (1959). Class and class conflict in industrial society. Stanford, CA: Stanford University Press.

Kriesberg, L. (2007). Constructive conflicts: From escalation to resolution (3rd ed.). Lanham, MD: Rowman & Littlefield.

OECD. (2014). All on Board: Making Inclusive Growth Happen. OECD.

Rothman, J. (1997). Resolving identity-based conflict in nations, organizations, and communities. San Francisco, CA: Jossey-Bass.

Sainsbury, D. (2006). Immigrants' social rights in comparative perspective: welfare regimes, forms in immigration and immigration policy regimes. Journal of European Social Policy, 16(3), 229-244.

Simmel, G. (1955). Conflict and the web of group affiliations. New York: Free Press.
Tajfel, H., & Turner, J. C. (1979). An integrative theory of intergroup conflict. In W. G. Austin & S. Worchel (Eds.), The social psychology of intergroup relations (pp. 33-47). Monterey, CA: Brooks/Cole.
Ting-Toomey, S., & Oetzel, J. G. (2001). Managing intercultural conflict effectively. Thousand Oaks, CA: Sage Publications.

신문기사

중앙일보. (2024.03.21).「끝나지 않는 대구 이슬람사원 갈등…이번엔 부실 공사 논란에 소송전」. https://www.joongang.co.kr/article/25236840

중앙일보, (2021.05.26.)「'국적법 개정' 국민 의견 청취?…찬반 갈린 국적법 개정안 공청회」

중앙일보, (2021.05.27.)「외국인 자녀 국적 취득 절차 간소화 추진…대상 95%는 중국 국적」

한겨레, (2025.03.20.)「미등록 외국인 아동 체류 3년 연장…대학 진학 않아도 체류 가능」

국제이주와 디지털시대의 사회통합

김화연

제1절 서론

1. 디지털시대, 이민자 사회통합의 의의와 패러다임의 변화

디지털 기술의 급격한 발전은 개인의 삶은 물론 사회 전반에 커다란 변화를 가져왔다. 과거에는 오프라인에서 대면 접촉을 중심으로 형성되던 사회적 관계가 온라인으로 옮겨가면서, 디지털 공간에서 형성된 커뮤니티가 새로운 공론장의 역할을 수행하고 있다. 디지털 기술은 국제화를 촉진하는 주요 요인으로 작용하기도 한다. 실시간 정보 공유가 가능해지면서 국가 간 경제·문화·정치적 교류가 더욱 활발해졌고, 인터넷과 소셜미디어는 물리적·지리적 장벽을 허물며 전 세계가 즉각적으로 소통할 수 있는 환경을 조성하였다. 이러한 변화는 한국에 대한 국제적 관심을 높이는 데에도 기여하였다. 디지털 플랫폼을 통해 k-pop, k-드라마 등 대중문화가 전 세계로 확산되었으며, 이에 영향을 받아 국제적 교류가 증가하고 있다. 또한, 이민자들은 국제이주를 결정하는 과정에서 더욱 풍부한 정보를 사전에 습득하고 준비할 수 있게 되었다.

디지털시대로의 전환은 단순히 정보 전달과 국가 간 연결을 강화하는 데 그치지 않고, 이민자를 대상으로 하는 사회통합의 방식이나 수준에도 중요한 변화를 가져왔다. 과거 이민자의 사회통합은 주로 오프라인에서 이루어지는 과정으로 인식되었으나, 디지털 기술의 발전은 이민자들에게 온라인을 활용한 다양한 사회통합 지원을 가능하게 하였다. 예를 들어, 언어 및 문화 교육을 위한 디지털 학습 플랫폼이 확산되면서, 이민자들은 보다 효과적으로 학습할 수 있는 환경을 갖추게 되었다. 또한, 한국에 거주하는 외국인들은 온라인 커뮤니티를 활용하여 모국어로 한국 생활 및 취업 정보를 공유하고, 수용국의 문화를 접하며 이해하는 창구로 이를 활용하고 있다(Leurs, 2015). 이는 사회통합의 패러다임이 기존의 오프라인 중심 방식에서 디지털 기반의 다차원적 방식으로 확장되고 있음을 시사한다. 특히 한국에 유입되는 이민자의 연령층이 디지털에 익숙한 세대라는 점을 고려해 보면 디지털을 활용한 사회통합 지원은 더욱 확대될 수 있을 것이다.

그러나 디지털 기술의 발전이 이민자의 정착과 통합을 촉진하는 긍정적인 역할을 하는 동시에, 새로운 갈등과 도전 과제를 야기하기도 한다.

소셜미디어, 유튜브, 온라인 뉴스 등 디지털 콘텐츠는 이민자의 사회통합뿐만 아니라 국민의 수용성 형성에도 중요한 역할을 한다. 특히 미디어에서 이민자를 다루는 방식에 따라 특정한 프레임이 강화되면서, 이민자에 대한 사회적 인식이 달라질 수 있다. 과거 일부 방송 매체에서는 결혼이민자나 외국인 근로자를 도움이 필요한 약자나 복지 수혜자로 묘사하는 경향이 있었고, 극단적인 경우에는 한국에 피해를 끼치는 집단으로 묘사하기도 하였다. 또한, 일부 드라마나 영화에서는 인종차별적 요소나 편견을 고착화하는 콘텐츠가 제작되기도 하였다. 하지만 최근에는 유학생, 사업가, 방송인 등 다양한 이민자들이 미디어를 통해 노출되면서, 이민자에 대한 편견이나 오해가 점차 해소되는 긍정적인 변화도 나타나고 있다. 그럼에도 불구하고 일부 언론에서는 특정 이민자 집단을 부정적으로 묘사하거나, 사회적 갈등을 조장하는 방식으로 보도하는 사례가 여전히 존재한다.

디지털 전환으로 인한 또 다른 문제로는 알고리즘 편향성과 '필터버블 현상'이다. 필터버블 현상은 이용자가 선호하는 정보에만 선택적으로 노출되도록 유도하는 알고리즘의 작동 방식으로 인해, 다양한 관점과 정보로부터 고립되는 현상을 의미한다. 이민자의 경우, 모국 출신자들과만 상호작용하거나 국민과의 접촉이 제한될 가능성이 있으며, 이는 사회통합을 저해할 수 있다. 또한, 국민이 이민자에 대한 특정 편견을 강화하는 정보만 소비할 경우, 사회적 인식이 왜곡될 위험이 있다. 결국, 디지털시대의 사회통합은 기술 발전에 따른 긍정적·부정적 영향을 균형 있게 고려해야 한다.

2. 연구의 범위와 접근법

제12장 「국제이주와 디지털시대의 사회통합」에서는 디지털시대가 가져온 도전과 과제 중 '미디어의 영향'에 초점을 맞춘다. 여기에는 언론 보도뿐만 아니라, 인터넷을 기반으로 하는 소셜미디어와 동영상 플랫폼 콘텐츠, 방송까지 포함된다.

제2절에서는 미디어의 기능과 사회통합 간의 관계를 분석하며, 미디어에서 재현되는 이민자의 이중성과 가짜뉴스 문제를 다룬다. 제3절에서는 혐오 표현의 확산과 디지털 환경의 관계를 살펴보고, 온라인 혐오의 현황 및 이를 설명하는 관련 이론을 검토한다.

제4절에서는 디지털시대의 사회통합 방향과 정책적 제언을 제시한다.

제2절 국제이주와 미디어의 상호작용

1. 사회통합과 미디어, 수용성

1) 미디어의 기능

미디어는 단순한 정보의 전달을 넘어, 사회 구성원의 의견 형성에 지대한 영향을 미치며, 문화적 가치를 전파하고 사회 구성원으로서의 정체성을 형성하는 사회화 과정에 깊숙이 관여한다. 또한, 사회의 부조리나 권력의 남용을 감시하고 비판하는 파수꾼으로서의 역할을 수행하기도 한다. 본 장에서는 이러한 다층적인 미디어의 기능 중에서도 핵심적인 세 가지 측면, 즉 정보 전달 기능, 사회적 의견 형성 기능, 그리고 문화 전달 및 사회화 기능에 심층적인 논의를 집중하고자 한다.

먼저 미디어의 가장 전통적인 역할은 대중에게 필요한 정보를 제공하는 것이다. 신문, 방송, 인터넷 뉴스, 소셜미디어 등은 정치·경제·사회·문화 등 다양한 분야의 정보를 전달하며, 이를 통해 사회 구성원들이 현실을 이해하고 적절한 대응을 할 수 있도록 돕는다. 특히 이민정책의 영역에서 미디어는 이민자와 관련된 핵심적인 사안이나 정책적 변화를 보도함으로써, 대중에게 해당 문제에 대한 인지도를 높이고 심층적인 논의를 촉발하는 중요한 역할을 수행한다. 특정 국가의 이민정책 기조 변화, 국내 이민자 현황, 관련 법률의 개정 등의 정보가 미디어 채널을 통해 전달될 때, 일반 대중은 이를 기초 자료 삼아 해당 정책에 대한 지지 또는 반대 입장을 정립하고, 더 나아가 공공 담론의 장에 적극적으로 참여할 수 있는 계기를 마련하게 된다. 뿐만 아니라, 미디어는 이민자들에게도 사회 제도, 법적 권리, 그리고 생활 정보에 대한 접근성을 제공함으로써, 낯선 환경에 성공적으로 적응하고 사회 구성원으로서의 권리를 행사하는 데 실질적인 도움을 제공한다.

둘째, 사회적 의견 형성의 기능이다. 미디어는 단순히 정보를 제공하는 데 그치지 않고, 사회적 의견을 형성하는 기능도 수행한다. 사회적 이슈에 대한 정보를 제공함으로써 대중의 인식과 태도에 영향을 미치며, 궁극적으로 특정한 여론을 형성하는 데 기여한다. 언론은 객관적인 사실을 전달하는 것처럼 보이지만, 실제로는 특정한 프레임을 설정하여 정보를 제공하는 경우가 많다. 이러한 과정에서 대중은 미디어가 설정한 프레임에 영향을 받을 가능성이 높아지고, 이를 통해 사회적 이슈를 특정한 방식으로 이해하게 된다. 예를 들어, 이민자 문제를 다루는 미디어의 보도 방식에 따라 대중의 인식이 달라질 수 있다. 일부 미디어가 이민자를 경제적 기여자로 강조하면 긍정적인 인식이 확산될 수 있지만, 반대로 이민 문제를 사회적 갈등이나 치안 문제와 연계하여 보도할 경우, 부정적인 여론이 형성될 가능성이 크다. 또한, 소셜미디어의 발전으로 인해 개인들이 직접 의견을 표출하고 공론장에 참여하는 기회가 확대되면서 사회적 의견 형성 기능은 더욱 강력해지고 있다. 개인들은 특정 이슈에 대한 자신의 견해를 게시하고, 다른 사람들과 토론하며, 심지어 해시태그 캠페인을 통해 여론을 형성하는 등 적극적으로 미디어 환경에 개입하고 있다. 의견을 표현하거나 사회(특히 정치적)참여에 제한이 있는 이민자의 경우에도 소셜미디어를 통해 자신들의 의견을 표현하거나 토론에 참여할 수 있는 기회도 마련된다.

셋째 문화전달 및 사회화 기능이다. 미디어는 단순히 정보를 전달하는 역할을 넘어 문화적 가치와 사회적 규범을 확산하는 사회화 기능도 수행한다. 영화, 드라마, 음악, 문학 등 다양한 콘텐츠를 통해 한 국가의 문화가 다른 국가로 전달되며, 이를 통해 서로 다른 문화권 간의 이해가 증진될 수 있다. 특히 한류(Korean Wave)의 확산은 미디어의 문화 전달 기능을 보여주는 대표적인 사례다. 박준용 외(2020) 연구에 따르면, 한류 콘텐츠가 국내 고등교육기관의 외국인 유학생 유치에 긍정적인 영향을 미치며, 국가 간 물리적 거리로 인한 장벽을 완화하는 역할을 하는 것으로 분석되었다.

2) 사회통합에서 미디어의 중요성

미디어는 국민의 이민자에 대한 인식 형성과 사회적 태도 결정에 중요한 영향을 미친다. 국민들은 이민자를 직접 접촉할 기회가 제한적인 경우가 많기 때문에, 주로 미디어를 통해 이민자에 대한 간접적인 경험을 하며 이미지를 형성하게 된다(황태연·김화연, 2024). 따라서 미디어는 단순한 정보 전달 수단을 넘어, 이민자와 관련된 사회적 인식을 구축하고, 나아가 이민자 수용성에도 영향을 미치는 핵심 요인으로 작용한다.

그러나 미디어가 이민자를 바라보는 시각에는 이념적 차이가 존재하며, 이러한 차이는 프레임을 통해 대중에게 전달된다. 일반적으로 보수 성향의 언론은 이민자를 '타자화'하거나 사회적 문제와 연계하여 부정적인 프레임을 형성하는 경향이 있는 반면, 진보 성향의 언론은 포용적인 관점을 강조하며 이민자를 사회적 약자로서 보호해야 할 대상으로 묘사하는 경우가 많다(Quinonez, 2018; 채영길, 2010). 이러한 미디어의 관점 차이는 국민의 태도 형성에 영향을 미치며, 궁극적으로 이민자의 사회통합 과정에도 영향을 미칠 수 있다. 미디어가 이민자를 범죄와 연계하거나 사회적 부담으로 묘사할 경우, 국민들은 이민자를 부정적으로 인식하게 되고, 이는 사회적 갈등을 심화시키는 요인이 된다. 반대로, 이민자의 경제적·문화적 기여를 강조하고 이들과의 공존 가능성을 제시하는 보도는 사회통합을 촉진하는 데 기여할 수 있다. 따라서 미디어가 어떠한 방식으로 이민자를 재현하는지는 단순한 정보 제공을 넘어, 다문화 사회로의 전환과 사회통합 수준을 결정하는 중요한 변수로 작용한다.

이와 같은 맥락에서, 미디어는 이민자의 입장에서도 부정적인 인식을 완화하고 사회통합을 촉진하는 도구로 활용될 수 있다. 과거에는 이민자들이 언론 보도의 대상이 되는 수동적인 존재로 인식되는 경우가 많았으나, 최근 디지털 미디어와 소셜미디어의 확산으로 인해 이민자들은 더 이상 수동적인 정보 수용자가 아니라, 자신들의 이야기를 직접 전달하는 미디어 생산자로서의 역할을 수행할 수 있게 되었다. 유튜브, 블로그, 팟캐스트, SNS 등의 플랫폼을 활용하여 이민자들은 자신의 일상과 경험을 공유하고, 기존 미디어에서 다뤄지지 않는 다양한 현실을 직접 전달하며, 이를 통해 국민과의 상호 이해를 높일 수 있다.

이러한 과정은 이민자들을 단순한 '외부인'이 아니라, 사회의 일원으로 인식하도록 돕는 역할을 한다. 예를 들어, 이민자들이 직접 운영하는 SNS 계정이나 블로그에서 자신의 문화와 정체성을 소개하거나, 한국에서의 생활을 이야기하는 콘텐츠를 공유하는 경우, 국민들은 이민자에 대한 기존의 편견에서 벗어나 보다 실질적인 이해를 할 수 있다. 또한, 이민자들이 겪는 현실적인 문제를 직접 알리고 공론화할 수 있는 기회가 확대됨에 따라, 기존 언론이 제공하는 편향적인 서사에 대한 균형을 맞출 수 있는 가능성도 커지고 있다.

결과적으로, 미디어는 국민의 이민자 인식 형성뿐만 아니라, 이민자 스스로 자신의 목소리를 내고 사회와 소통할 수 있는 도구로 활용될 수 있다. 따라서 미디어 환경이 변화하면서, 이민자들이 적극적으로 미디어를 활용할 수 있도록 지원하고, 보다 다양한 이민자 서사가 공론장에서 다뤄질 수 있도록 하는 것이 사회통합을 촉진하는 데 중요한 요소가 될 것으로 보인다.

2. 이민자 관련 미디어 재현의 이중성

1) 가짜뉴스의 확산

디지털시대의 도래와 함께 정보 유통 방식이 급격히 변화하면서 가짜뉴스(fake news)의 확산이 중요한 사회적 문제로 부각되고 있다. 특히 이민자와 관련된 가짜뉴스는 사회적 갈등을 조장하고, 혐오와 차별, 공포를 강화하는 요인으로 작용한다.

가짜뉴스는 주로 온라인 플랫폼과 소셜미디어를 통해 빠르게 확산되며, 알고리즘을 기반으로 한 정보 필터링 시스템이 특정 이념이나 편향된 정보만을 강화하는 필터버블(filter bubble) 현상을 야기하여 사실 왜곡을 심화시킨다.

가짜뉴스는 주관적인 견해나 정치적·경제적 목적 등을 가지고 조작된 정보로, 사실 검증이 이루어지지 않은 채 허위성을 갖고 확산되는 것이 특징이다(오세욱 외, 2017; Allcott & Gentzkow, 2017).

한편, 허위 정보의 유포가 현대 사회에 국한된 현상은 아니다. 과거 디지털 기술이 현재와 같은 수준으로 발전하기 이전 시대에도, 전쟁 상황에서의 심리전략이나 정치적 우위를 확보하려는 권력 주체들에 의해 의도적인 정보 왜곡 및 유포 행위가 존재해 왔다. 다만, 2000년대에 들어서면서 온라인 기반의 신속하고 광범위한 정보 전달 시스템이 구축됨에 따라, 가짜뉴스의 파급력과 그로 인한 사회적 문제의 심각성이 현저하게 증대되었다고 평가할 수 있다.

이민자와 관련된 허위 정보는 주로 범죄율의 과장, 사회 복지 시스템의 부당한 이용, 문화적 이질성으로 인한 불가피한 갈등 등과 같은 주제를 중심으로 퍼지는 경향이 있다. 이러한 내용은 기존의 사회적 편견을 더욱 공고히 하고, 이민자 집단 전체에 대한 부정적이고 적대적인 인식을 확산시키는 데 영향을 미친다(Lewandowsky et al., 2017). 실제 외국인의 범죄 관련 기사를 보면 사건의 본질이나 맥락보다 범죄자의 국적을 헤드라인으로 하여 강조하는 경향이 나타나기도 한다.

〈표 12-1〉 가짜뉴스 확산 경로

가짜뉴스 확산	확산과정
소셜미디어 플랫폼	• 페이스북, 인스타그램, 트위터, 유튜브 등에서는 클릭 수 증가를 목표로 하는 알고리즘이 자극적인 콘텐츠를 우선적으로 노출시키며, 이 과정에서 가짜뉴스가 급속도로 전파될 수 있음
온라인 커뮤니티 및 메시지 앱	• 특정 커뮤니티나 카카오톡, 텔레그램과 같은 메신저 등을 통해 가짜뉴스가 더욱 빠르게 공유되며, 검증되지 않은 정보가 사실처럼 받아들여질 수 있음
전통 미디어와의 결합	• 일부 언론 매체는 조회 수 증가를 위해 자극적인 가짜뉴스를 인용하거나 확산시키며, 이는 대중의 오해를 더욱 심화시킴

이민자 관련 가짜뉴스는 사회적 불안과 갈등을 증폭시키고, 혐오 표현을 조장하는 결과를 초래한다. 연구에 따르면, 가짜뉴스를 접한 사람들은 이민자 집단에 대해 더욱 부정적인 태도를 갖게 되며, 이로 인해 정치적 극단화(political polarization)가 심화될 수 있다고 보고된다(Farkas & Neumayer, 2020). 또한, 일부 국가에서는 가짜뉴스가 실제 정책 결정에 영향을 미쳐 반(反)이민 정책이 강화되는 사례도 발생하고 있다(Nadler, Crain, & Donovan, 2018).

[참고 12-1] 이민자 관련 가짜뉴스 사례: 독일-난민 강간 가짜뉴스

2016년, 독일에서 한 러시아계 소녀(리자, 13세)가 실종된 후, 러시아 국영 방송과 소셜미디어에서 "리사F라는 소녀가 중동 출신 난민들에게 집단 성폭행을 당했다"는 가짜뉴스가 확산되었다. 이 소식은 러시아 정부까지 개입하는 외교적 이슈로 번졌고, 극우 성향의 집단과 러시아계 이민자들이 대규모 시위를 벌이며 사회적 갈등으로 번졌다.
그러나 독일 경찰 조사 결과, 소녀는 성폭행을 당한 사실이 없으며, 자발적으로 가출한 것으로 확인되었다. 그럼에도 이 사건은 난민 반대 정서를 강화하며, 극우 정당의 반이민 캠페인에 이용되었다.

'참고12-1'과 같이 난민이 국민에게 범죄를 저질렀다거나 이민자로 인해 국내 범죄율이 증가하고 있다는 확인되지 않은 가짜뉴스가 공공연하게 확산되기도 한다. 이러한 가짜뉴스는 '진실'이 아니라는 사실이 밝혀진 후에

도 여전히 사회적 인식에 영향을 미치며, 일부 대중의 편견을 강화하는 역할을 한다. 특히, 가짜뉴스가 온라인 커뮤니티나 소셜미디어를 통해 반복적으로 노출될 경우, 사실 여부와 상관없이 사람들은 이를 진실로 받아들이는 확증편향이 있다. 이러한 현상은 정치적 이슈와 결합될 때 더욱 강하게 나타나며, 특정 이익 집단이나 언론이 가짜뉴스를 이용해 여론을 조작하거나 반(反)이민 정서를 조장하는 경우도 있다. 따라서 가짜뉴스의 확산을 방지하고 객관적 사실을 바탕으로 한 공론장을 형성하기 위해서는 정부, 언론, 시민 사회의 적극적인 대응이 필요하다.

2) 미디어 속 이주민과 내국인 수용성에 미치는 영향

기존 연구에 따르면, 미디어에서 재현되는 이민자의 모습은 이중적인 양상을 보이며, 이는 국민의 이민자 수용성에 중요한 영향을 미치는 요인으로 작용한다.

긍정적 재현은 이민자를 사회의 일원으로 인식하게 하는 데 기여하는 반면, 부정적 재현은 이민자 집단을 사회 문제와 연관 짓거나 범죄, 경제, 복지 부담의 원인으로 묘사함으로써 국민의 편견을 강화하는 결과를 초래할 수 있다.

특히, 한국 언론에서는 이민자를 다문화 정책의 수혜자로서 온정적인 시각에서 수동적인 존재로 묘사하거나, 반대로 외국인 범죄 및 사회 불안의 원인으로 제시하는 경향이 나타난다(황경아, 2017). 이러한 이민자의 양면적 재현은 국민의 태도 형성에 영향을 미치며, 궁극적으로는 이민자에 대한 정책적 대응에도 반영될 가능성이 있다.

국외에서도 유사한 양상이 확인된다. 미(美) 언론은 이민자를 경제적 기여자이자 노동력 공급자로 긍정적으로 묘사하는 동시에, 불법 이민 문제나 사회적 비용 증가와 연계하여 부정적으로 보도하는 이중적 태도를 보인다.

유럽의 경우, 난민 및 이민자 문제가 정치적 쟁점으로 부각되면서 언론 보도에서도 이민자가 사회적 부담으로 인식되는 경향이 증가하고 있으며 이는 대중의 수용성 저하로 이어질 수 있다.

이민자의 미디어 재현 방식은 이민자 집단 자체의 사회적 지위 형성에도 영향을 미친다. 이민자가 긍정적으로 재현될 경우, 수용국 사회에서 그들의 문화적 다양성이 인정되고, 동등한 시민권을 부여받을 가능성이 높아진다. 반면, 특정 집단이 부정적으로 묘사될 경우, 그 집단 구성원 개개인이 실제로 부정적인 행동을 하지 않더라도 집단 전체가 사회적 낙인을 받게 되는 결과를 초래할 수 있다.

또한, 미디어에서 반복적으로 강조되는 특정 프레임이 국민의 정책 지지에도 영향을 미칠 수 있다. 특히 다문화수용성과 복지태도 간의 긍정적인 상관관계를 밝힌 연구들도 있으며 이민자를 경제적 부담으로 묘사하는 보도가 증가할수록, 국민들은 이민자에 대한 복지 정책 축소에 찬성하는 경향을 보인다는 연구도 존재한다.

이처럼 미디어 보도방식은 국민의 인식과 태도에 직접적인 영향을 미치며, 특정한 재현 방식은 이민자 집단 전체에 대한 고정관념을 강화하는 역할을 한다.

제3절 디지털시대의 혐오의 확산과 관련 이론

1. 디지털 속 혐오의 확산

1) 혐오확산과 디지털의 관계
디지털 기술의 발전과 인터넷 보급의 확산은 정보의 접근성을 높이고 다양한 사회적 담론을 형성하는 중요한 역할을 한다. 그러나 동시에 혐오 표현과 편견이 빠르게 증폭되어 전파되는 주요 매채체가 되기도 한다. 특히 이민자 혐오는 온라인 환경에서 더욱 빠르게 퍼지는 경향이 있으며, 이는 디지털 매체의 특성과 맞물려 더욱 심화된다. 온라인에서 혐오가 확산될 수밖에 없는 주요 요인은 다음과 같다.

디지털 환경은 정보가 빠르게 전파될 수 있는 구조를 가지고 있다. 전통적인 미디어는 뉴스나 정보를 생산·편집·유통하는 데 있어 일정한 시간이 소요되는 반면, 온라인 플랫폼은 실시간으로 정보를 공유할 수 있는 특징을 지닌다. 소셜미디어, 뉴스 댓글, 온라인 커뮤니티 등을 통해 혐오적 내용이 단시간 내에 광범위하게 확산될 수 있으며, 특정한 사건이 발생할 경우 이를 둘러싼 혐오 표현이 순식간에 퍼져나가는 경우가 많다.

특히 네트워크 효과(Network Effect)는 혐오 표현이 더욱 빠르게 확산되는 원인이 된다. 사용자가 많은 플랫폼에서는 특정한 표현이 반복적으로 노출되면서 더 많은 사람들에게 영향을 미친다. 즉, 온라인 공간에서 혐오 표현이 지속적으로 노출될수록 사람들은 이를 점점 더 익숙하게 받아들이게 되며, 혐오적 인식이 사회적으로 정당화되는 현상까지 나타날 수 있다.

둘째, 온라인 환경에서는 정확한 정보보다 자극적인 정보가 더 빠르게 확산되는 경향이 있다. 이는 '클릭 수'나 '조회 수'가 중요한 미디어 환경에서 자극적인 제목과 내용이 더 많은 관심을 받기 때문이다. 특히 이민자와 관련된 가짜 뉴스(fake news)나 왜곡된 정보는 사회적 불안과 혐오 감정을 증폭시키는 주요 원인으로 작용한다. 이민자 혐오를 조장하는 온라인 콘텐츠는 종종 특정 사건을 과장하거나 맥락을 왜곡하여 부정적인 감정을 유발한다. 예를 들어, 일부 언론이나 소셜미디어 게시물은 이민자들이 범죄율을 높인다는 식의 편향된 정보를 제공하며, 이러한 내용은 사실 확인 없이 공유되면서 사회적 인식을 왜곡하는 역할을 한다. 이처럼 부정확한 정보가 쉽게 유포되는 환경에서는 혐오 표현이 더욱 확산되기 쉬우며, 잘못된 인식이 사회적으로 정착될 가능성이 커진다.

한편, 온라인 공간이 제공하는 '익명성'이라는 특징은 혐오 표현의 수위를 높이고 확산을 부추기는 또 다른 주요 요인으로 작용한다. 현실 세계에서는 타인에게 직접적으로 혐오감을 드러내는 표현을 사용하는 데 상당한 제약이 따르는 반면, 온라인 환경에서는 익명이라는 보호막 아래 자신의 신원을 드러내지 않고도 표현이 가능하다. 때문에 공격적이고 극단적인 언어 사용이 만연해지는 경향이 나타난다. 익명성을 악용한 일부 사용자는 혐오적 발언을 거리낌 없이 쏟아내며, 이를 통해 혐오 정서가 더욱 강화될 수 있다. 또한, 온라인 혐오 표현은 책임을 분산시키는 효과를 가져온다. 특정 개인이 혐오 표현을 사용하더라도 물리적 공간에서는 직접적인 책임을 지거나 처벌을 받을 가능성이 낮아지기 때문에, 혐오적 의견을 표현하는 것이 상대적으로 쉬워진다. 이러한 구조는 혐오 표현이 지속적으로 반복되고 확산되는 환경을 조성한다. 더욱이 이민자 혐오와 관련된 콘텐츠를 소비하는 사용자는 알고리즘을 통해 지속적으로 유사한 콘텐츠를 접하게 되며, 이 과정에서 특정한 인식이 더욱 강화될 가능성이 높아진다. 혐오 표현이 반복적으로 노출될수록 사용자들은 이를 자연스럽게 받아들이거나 더 나아가 적극적으로 공유하면서 혐오 정서가 사회 전반으로 확산될 수 있다.

마지막으로 커뮤니티와 그룹 내 '동조 효과'를 고려할 수 있다. 온라인 커뮤니티나 특정 집단에서는 구성원 간의 의견이 점점 더 극단적으로 변하는 현상이 나타날 수 있다. 이는 '집단 극화(Group Polarization)' 현상으로 설명될 수 있다. 유사한 의견을 가진 사람들끼리 지속적으로 소통할수록 기존의 의견이 더욱 강화되는 경향을 보이는 것이다. 이민자 혐오적 정서를 공유하는 사람들이 모여 있는 온라인 공간에서는 혐오 표현이 강화되며, 반대 의견이 차단되거나 배제될 가능성이 높아진다. 또한, 이러한 공간에서는 혐오적 발언을 적극적으로 내세우는 사용자가 더 많은 관심을 받거나 영향력을 행사하는 경우도 발생한다. 결국, 커뮤니티 내에서 혐오적 사고방식이 정당화되면서 이를 외부로 확산시키는 결과로 이어질 수 있다.

2) 온라인 혐오 현황

우리사회 온라인 속 혐오표현의 심각성은 어떠할까? 국민권익위원회 (2021)의 「온라인 혐오표현 인식조사」에 따르면, 오프라인에서 발생하는 혐오표현에 대해 '심각하다'고 답한 비율은 67.2%였으며, 온라인 혐오표현에 대해서는 79.3%로 나타났다. 이는 온라인 혐오표현이 오프라인보다 더 심각하게 인식되고 있음을 보여주며, 혐오표현 문제에 대한 사회적 공감대가 형성되어 있음을 시사한다.

한편, 온라인 혐오표현을 경험한 주요 장소로는 뉴스 기사 댓글(71.0%), 개인 운영 방송(53.5%), 온라인 게시판(47.3%) 순으로 나타났다. 또한, 이민자가 혐오표현의 대상이 된 경우가 무려 65.7%인 것으로 확인되었다.

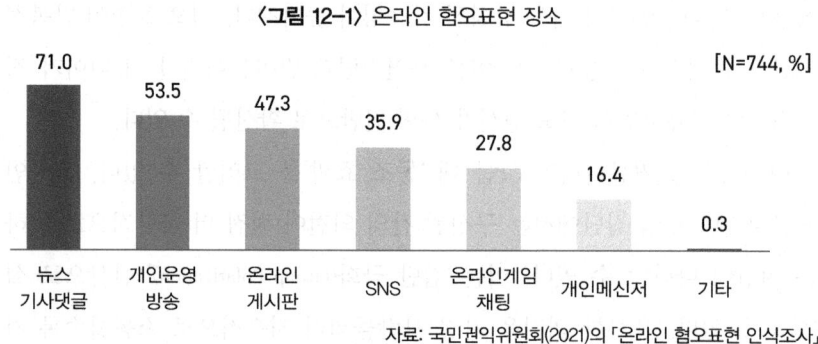

〈그림 12-1〉 온라인 혐오표현 장소

자료: 국민권익위원회(2021)의 「온라인 혐오표현 인식조사」

2. 관련 이론

1) 익명성 이론

디지털 환경에서 익명성이 보장되는 공간은 사용자가 책임감을 느끼지 않고 보다 자유롭게 의견을 표현할 수 있도록 한다. 이론적으로, 익명성은 긍정적인 효과(예: 내향적인 사람이 자신의 생각을 개진할 기회 제공)와 부정적인 효과(예: 무책임한 발언 증가) 모두를 초래할 수 있다. 특히, 온라인 환경에서 익명성은 혐오 발언과 공격적 행동을 촉진하는 요소로 작용할 가능성이 높다 (Suler, 2004). 이는 '온라인 해방 효과(Online Disinhibition Effect)'라고도 불리며, 익명성이 강화될수록 사용자들은 현실 세계에서 억제되었던 감정과 태도를 보다 직접적으로 표출하는 경향이 있다.

또한, 익명성이 보장되는 온라인 공간에서는 사용자들이 자신의 행동에 대한 책임감을 덜 느끼게 되며, 이는 도덕적 기준을 약화시키는 효과를 가져올 수 있다. 한편, 익명성을 기반으로 한 집단적 커뮤니케이션은 동일한 생각을 가진 사용자들 간의 결속력을 강화할 수 있으며, 이러한 과정에서 특정 집단(예: 이민자, 특정 인종 집단)에 대한 혐오 발언이 더욱 공고화될 가능성이 있다. 예를 들어, 온라인 포럼이나 소셜 미디어 댓글에서 익명성을 이용해 특정 그룹에 대한 비난과 조롱이 빈번하게 이루어지는 현상이 이를 반증한다. 이는 개별 사용자가 자신의 행동에 대한 책임감을 갖지 않기 때문에 더욱 과격한 발언을 서슴지 않게 되는 결과를 초래할 수 있다.

2) 탈개인화이론(Deindividuation Theory)

탈개인화 또는 반군중성이론은 사람들이 집단 내에서 개인 정체성이 약화될 때, 평소보다 충동적이고 비합리적인 행동을 보일 가능성이 커진다고 설명한다(Zimbardo, 1969). 디지털 공간에서는 사용자가 실제 신원을 드러내지 않고 대규모 온라인 커뮤니티에 참여하면서 익명성이 강화되며, 개인의 정체성이 희석되는 현상이 발생한다. 이는 사용자들이 일반적인 도덕적 규범에서 벗어나 극단적인 의견을 표현하고, 혐오적 발언을 서슴지 않게 만드는 원인이 될 수 있다.

특히, 반군중성(탈개인화)이 작동하는 환경에서는 개인이 스스로의 행동을 통제하기 어려워지며, 집단 내 다수가 공유하는 감정적 분위기에 따라 행동이 조정될 가능성이 크다. 예를 들어, 온라인상에서 특정 이슈가 급격하게 확산될 때, 사용자들은 그 이슈에 대한 정확한 검증 없이 집단의 정서에 동조하여 과격한 반응을 보일 가능성이 있다. 이는 특정 집단(예: 이민자, 특정 인종)에 대한 편견이 강화된 커뮤니티에서 더욱 두드러지며, 온라인에서 반복되는 혐오 발언과 차별적 행동이 증가하는 결과를 낳는다. 반군중성의 또 다른 특징은 개인이 군중 속에서 자신의 책임을 분산시키는 경향이 있다는 점인데, 이는 디지털 환경에서 사용자가 집단적 압력 속에서 도덕적 판단을 무시하고 혐오적 언행을 지속하게 만드는 요인으로 작용한다.

3) 도덕적 해방이론(Moral Disengagement Theory)

도덕적 해방이론은 사람들이 자신의 행위를 정당화하기 위해 특정한 도덕적 논리를 동원하는 과정을 설명한다(Bandura, 1999). 디지털 환경에서 혐오 발언을 하는 사용자들은 자신들의 행위를 단순한 의견 표현으로 간주하거나, 특정 집단(예: 이민자, 특정 인종)의 존재가 사회적으로 위협이 된다는 논리를 활용하여 혐오를 정당화할 수 있다. 이러한 정당화 과정에서 사용자는 자신이 도덕적으로 올바른 행동을 하고 있다고 믿게 되며, 이는 혐오 표현을 지속하거나 더욱 강화하는 결과를 낳는다.

특히, 도덕적 정당화는 정치적·이념적 갈등이 심화된 환경에서 더욱 강하게 나타난다. 예를 들어, 반이민 정서를 가진 온라인 커뮤니티에서는 이민자들이 사회 경제적 부담을 증가시키고, 국가의 문화적 정체성을 위협한다고 주장하며 혐오적 발언을 정당화하는 사례가 빈번하게 발생한다. 사용자는 이러한 논리를 기반으로 혐오 발언을 하면서도 자신의 행동이 정당하다고 믿으며, 결과적으로 혐오의 확산을 더욱 부추긴다. 또한, 디지털 공간에서는 가짜 뉴스와 편향된 정보가 빠르게 퍼지면서 특정 집단에 대한 도덕적 정당화가 더욱 강화되는 경향이 있다. 이는 반이민적 발언이 단순한 개인의 의견을 넘어 사회적 담론으로 자리 잡는 과정을 설명하는 데 중요한 개념으로 작용한다.

4) 사회정체성이론(social identity theory)

사회정체성 이론(Tajfel & Turner, 1986)은 개인이 자신을 특정 집단의 일원으로 인식할 때, 그 집단의 가치와 규범을 내면화하는 과정을 설명한다. 디지털 환경에서는 사용자가 동일한 신념을 공유하는 온라인 커뮤니티에서 활동하면서 집단 정체성을 더욱 강하게 형성하게 된다. 이러한 집단 정체성이 강화될수록 내집단(ingroup)과 외집단(outgroup) 간의 구분이 뚜렷해지고, 외집단에 대한 배척 및 혐오가 정당화될 가능성이 커진다.

특히, 온라인상에서 집단 간 대립이 격화될 경우, 내집단의 결속력을 유지하기 위해 외집단을 공격하는 경향이 나타날 수 있다. 예를 들어, 이민자에 대한 반감을 가진 커뮤니티에서는 내부 결속을 강화하는 방식으로 외집단을 악마화하거나 부정적으로 묘사하는 행태가 증가할 가능성이 높다. 이는 혐오 발언이 단순한 개인적 감정 표현을 넘어, 사회적 정체성과 결부되어 집단적 차별과 배척을 정당화하는 과정으로 이어질 수 있음을 시사한다. 또한, 사회적 정체성이론은 혐오 발언이 단순한 정보 교환이 아니라, 집단의 이익을 보호하는 행위로 인식될 수 있음을 설명하며, 이를 통해 온라인 혐오의 지속성과 확산 메커니즘을 보다 깊이 이해할 수 있다.

제4절 결론

1. 디지털시대 사회통합의 방향과 과제

디지털시대는 이민자의 사회통합 방식에 근본적인 변화를 가져왔다. 온라인 커뮤니티, 소셜미디어, 디지털 학습 플랫폼 등은 이민자가 사회적 네트워크를 형성하고 필수적인 정보를 습득하는 데 중요한 역할을 한다. 그러나 동시에 혐오 표현과 가짜뉴스의 확산, 필터버블 현상 등은 사회적 갈등을 심화시키고 이민자의 사회적 배제를 유발하는 요인으로 작용한다. 따라서 디지털시대의 사회통합을 효과적으로 추진하기 위해서는 다음과 같은 방향과 과제를 고려해야 한다.

첫째, 디지털 미디어를 활용한 사회통합 전략이 필요하다. 기존의 오프라인 기반 사회통합 정책을 디지털 환경에 맞게 확대해야 하며, 이를 위해 이민자들이 온라인에서 정보에 접근하고 사회적 관계를 형성할 수 있도록 지원하는 정책이 요구된다. 예를 들어, 공공기관이 다국어 지원 디지털 플랫폼을 구축하고, 이민자 대상 온라인 교육 프로그램을 강화하는 것이 중요한 과제이다.

둘째, 온라인상의 혐오 표현과 차별적 담론에 대한 대응 강화가 필수적이다. 디지털 환경에서는 특정 이민자 집단을 대상으로 한 가짜뉴스와 혐오적 프레임이 빠르게 확산될 수 있다. 이에 따라 혐오 표현을 효과적으로 규제할 수 있는 법적·제도적 장치를 마련하고, 동시에 알고리즘 편향을 개선하여 공정한 정보 환경을 조성하는 노력이 필요하다.

셋째, 이민자 관련 보도는 사실관계를 철저히 검증하는 팩트체크 절차를 거쳐야 하며, 보도 내용이 차별적이지 않은지에 대한 면밀한 점검 또한 필수적이다. 통계자료나 연구결과 역시 신중하게 발표되고 해석되어야 한다.

예컨대, 최근 한국 사회에서는 중국인의 건강보험료 문제를 둘러싼 논란이 제기되었고, 해당 논의는 국민건강보험공단의 통계 오류에서 비롯된 것으로 밝혀졌다. 그러나 이미 '중국인이 건강보험을 남용한다'는 주장의 근거로 해당 자료가 광범위하게 확산된 뒤였으며, 그로 인해 사회적 인식에 부정적 영향을 미쳤다. 이후 오류를 바로잡는 보도가 나왔음에도 불구하고, 일단 형성된 인식이 어느 정도로 회복될 수 있을지는 여전히 불투명하다.

넷째, 이민자 스스로 디지털 공간에서 주체적으로 목소리를 낼 수 있도록 지원하는 방안이 필요하다. 최근 유튜브, 블로그, 팟캐스트 등 다양한 디지털 플랫폼을 활용하여 이민자들이 자신들의 경험과 문화를 공유하는 사례가 증가하고 있다. 정부와 시민사회는 이러한 자발적인 콘텐츠 생산을 장려하고, 다양한 이민자 서사가 디지털 공론장에서 다뤄질 수 있도록 지원해야 한다.

2. 정책적 시사점과 제안

디지털시대에서 이민자의 사회통합을 효과적으로 추진하기 위해서는 온라인 공간에서의 혐오 표현과 차별적 담론을 억제하고, 이민자의 정보 접근성을 높이며, 국민과 이민자가 상호 이해할 수 있는 환경을 조성하는 정책적 노력이 필수적이다. 이를 위해 다음과 같은 정책을 고려해 볼 수 있다.

첫째, 온라인 혐오 표현에 대한 법적·제도적 대응을 강화해야 한다. 온라인 환경에서 혐오 표현은 빠르게 확산되며, 이는 이민자의 사회통합을 저해하는 중요한 요인으로 작용한다. 따라서 플랫폼 사업자에게 온라인 혐오 표현 관리에 대한 책임을 부여하는 법적 조치를 마련하고, 이를 엄격히 시행할 필요가 있다. 또한, 인공지능(AI) 기반 혐오 표현 탐지 시스템을 도입하여 혐오 표현이 온라인상에서 실시간으로 차단될 수 있도록 해야 한다. 아울러 이용자들이 혐오 표현을 쉽게 신고하고 신속하게 조치가 이루어질 수 있도록 신고 절차를 간소화하고 피해자를 보호하는 체계를 구축하는 것이 필요하다.

둘째, 이민자의 디지털 정보 접근성을 확대하는 정책이 마련되어야 한다. 사회통합을 위해서는 이민자들이 필수적인 정보에 손쉽게 접근할 수 있어야 한다. 이를 위해 공공기관이 다국어를 지원하는 웹사이트와 모바일 애플리케이션을 운영하여 행정, 복지, 의료, 교육, 취업과 관련된 정보를 제공해야 한다. 또한, 이민자가 디지털 환경에서 원활하게 학습할 수 있도록 온라인 기반의 한국어 교육 및 직업훈련 프로그램을 강화할 필요가 있다. 특히, 이민자들이 디지털 기기를 활용하는 데 어려움을 겪지 않도록 디지털 역량을 키울 수 있는 지원 프로그램을 운영하는 것도 중요한 과제이다.

셋째, 디지털 미디어 리터러시 교육을 강화하여 국민과 이민자 모두가 온라인 정보의 신뢰성을 평가하고 편견 없는 관점을 형성할 수 있도록 해야 한다. 온라인 환경에서 가짜뉴스와 편향된 정보가 확산되는 것은 이민자 혐오를 조장하는 핵심 요인 중 하나이다. 따라서 국민에게는 이민자에 대한 잘못된 정보와 혐오 표현을 비판적으로 수용하는 능력을 배양할 수 있도록 디지털 미디어 리터러시 교육을 실시할 필요가 있다. 동시에, 이민자들에게도 온라인에서 신뢰할 수 있는 정보를 선별하는 방법을 교육하고, 가짜뉴스 확산을 방지하는 대응 능력을 함양할 수 있도록 지원해야 한다.

마지막으로, 디지털 사회통합을 위한 글로벌 협력과 해외 사례 벤치마킹이 필요하다. 온라인 혐오 표현 대응과 관련된 정책은 각국마다 다양한 접근 방식이 존재하며, 일부 국가는 이미 효과적인 규제와 정책을 시행하고 있다. 예를 들어, 유럽연합(EU)에서는 온라인 플랫폼과 협력하여 혐오 표현을 신속히 삭제하는 시스템을 운영하고 있으며, 독일은 혐오 표현을 방치한 온라인 플랫폼에 대한 강력한 법적 책임을 부과하고 있다. 이처럼 해외 주요국의 사례를 분석하고 효과적인 정책을 국내 환경에 맞게 적용하는 노력이 필요하다. 또한, 국제기구 및 다문화사회 경험이 풍부한 국가들과 협력하여 디지털 환경에서의 사회통합을 촉진할 수 있는 공동 연구와 정책 교류를 활성화할 필요가 있다.

결론적으로, 디지털시대의 사회통합을 위해서는 혐오 표현 규제, 이민자의 디지털 정보 접근성 강화, 미디어 리터러시 교육 확대, 이민자의 온라인 참여 활성화, 그리고 글로벌 협력 등의 정책적 접근이 필수적이다. 이를 통해 디지털 공간이 이민자와 국민 간의 갈등을 조장하는 공간이 아니라, 서로의 문화를 이해하고 교류할 수 있는 포용적 환경으로 조성될 수 있도록 해야 한다.

참고문헌

박준용, 김보경, & 김보영. (2020). 한류가 국내 고등교육기관의 외국인 유학생 유치에 미치는 영향. 글로벌경영학회지, 17(3).

오세욱 · 정세훈 · 박아란. (2017). 가짜 뉴스 현황과 문제점. 한국언론진흥재단 연구보고서

채영길. (2010). 미디어의 이주민 타자화 프레임 분석: 한겨레신문과 조선일보에 나타난 이주민 타자화 프레이밍의 시계열적 분석: 한겨레신문과 조선일보에 나타난 이주민 타자화 프레이밍의 시계열적 분석. 지역과 커뮤니케이션, 14(2), 205-241.

황경아. (2017). 반다문화 담론의 부상과 언론의 재현: 〈조선일보〉와 〈한겨레신문〉의 반다문화 관련 기사에 대한 텍스트분석을 중심으로 미디어, 젠더 & 문화, 32(4), 143-189.

황태연, & 김화연. (2024). 국내 이민분야 이슈 분석: 토픽모델링을 중심으로. 사회융합연구, 8(3), 13-27.

Allcott, H., & Gentzkow, M. (2017). Social media and fake news in the 2016 election. Journal of economic perspectives, 31(2), 211-236.

Bandura, A. (1999). Moral disengagement in the perpetration of inhumanities. Personality and social psychology review, 3(3), 193-209.

Farkas, J., & Neumayer, C. (2020). Disguised propaganda from digital to social media. Second international handbook of internet research, 707−723.

Leurs, K. (2015). Digital passages: Migrant youth 2.0. Diaspora, gender and youth cultural intersections (p. 324). Amsterdam University Press.

Lewandowsky, S., Ecker, U. K., & Cook, J. (2017). Beyond misinformation: Understanding and coping with the "post-truth" era. Journal of applied research in memory and cognition, 6(4), 353−369.

Nadler, A., Crain, M., & Donovan, J. (2018). Weaponizing the digital influence machine. Data & Society.

Quinonez, E. S. (2018). welcome to America: a critical discourse analysis of anti-immigrant rhetoric in Trump's speeches and conservative mainstream media.

Suler, J. (2004). The online disinhibition effect. Cyberpsychology & behavior, 7(3), 321−326.

Tajfel, H., & Turner, J. C. (1986). The social identity theory of intergroup behavior. In S. Worchel & W. G. Austin (Eds.), Psychology of Intergroup Relations (pp. 7−24). Nelson-Hall.

Zimbardo, P. G. (1969). The human choice: Individuation, reason, and order versus deindividuation, impulse, and chaos. Nebraska Symposium on Motivation, 17, 237−307.

제13장 국제이주와 사회통합의 미래 전망

방용환

제1절 서론

1. 국제이주의 주요 특징과 변화

21세기 들어 국제이주는 글로벌화의 심화, 경제적 불평등의 확대, 정치적 불안정성 증대, 기후 변화, 디지털 기술 혁신 등 다양한 요인의 상호작용으로 인해 이전보다 복합적이고 다차원적인 양상을 나타내고 있다(International Organization for Migration [IOM], 2024; Castles, de Haas, & Miller, 2024). 특히 2010년 이후 국제이주의 특징적인 변화는 다음과 같다. 첫째, 노동이민의 지속적인 증가와 형태의 다양화, 둘째, 비자발적 이주유형 및 난민의 급격한 증가, 셋째, 가족 재결합 및 교육 목적의 이민 확대이다(World Bank, 2024; OECD, 2023).

먼저, 노동이민의 지속적인 증가와 다양화된 형태를 들 수 있다. 2023년 기준 전 세계 국제 이주민 수는 약 2억 8천만 명으로 추산되며, 이는 2010년에 비해 30% 이상 증가한 규모이다(World Bank, 2024). 이러한 증가 추세는 선진국과 개발도상국 모두에서 공통적으로 나타나고 있다. 전통적인 형태의 저숙련 노동자의 국제이주는 제조업, 건설업, 농업 등의 분야에서 여전히 활발하게 이루어지고 있지만, 최근 10년 동안 IT, 금융, 의료 등 고숙련 분야의 이민이 뚜렷하게 증가하였다(OECD, 2023; Dahlstrom & Edelman, 2022). 특히 디지털 기술과 원격 근무의 확산으로 인해 특정 국가나 지역에 구속되지 않고 원격 근무를 수행하는 디지털 노마드(digital nomad)와 같은 새로운 형태의 이민자들이 증가하면서, 국가들은 이에 맞춘 정책적 대응을 시도하고 있다(Cook & Shine, 2023; Dahlstrom & Edelman, 2022). 포르투갈, 인도네시아, 태국 등은 이미 '디지털 노마드 비자'와 같은 특화된 정책을 도입하여 새로운 형태의 이민자를 적극적으로 유치하고 있으며, 이는 기존 노동이민 개념을 넘어 노동시장의 글로벌화 현상과 결합된 새로운 국제이주 트렌드를 보여주는 사례로 평가된다(Thompson, 2022).

두 번째로는 비자발적 이주유형 및 난민의 급격한 증가가 최근 국제이주의 중요한 특징이다. UN 난민기구(UNHCR, 2024)에 따르면 2023년 전 세계 난민과 국내 실향민의 수는 약 1억 명 이상으로, 2010년과 비교하여 거의 두 배에 가까운 증가율을 기록하였다. 시리아 내전과 같은 지역적 분쟁, 아프가니스탄의 정치적 상황 악화, 우크라이나 전쟁 등이 난민 급증의 주요 원인으로 작용하고 있으며, 이에 따라 유럽을 비롯한 국제사회는 이들 난민의 보호와 사회적 통합 문제에 중점을 둔 정책적 대응을 강화하고 있다(Betts & Collier, 2023; Scholten & van Breugel, 2022). 이와 더불어 기후 변화가 국제이주를 촉진하는 새로운 동력으로 부상하고 있다. 유엔환경계획(UNEP, 2023)은 기후변화로 인해 매년 2,500만 명 이상의 환경 난민이 발생하며, 이러한 추세가 지속될 경우 2050년에는 전 세계적으로 최대 2억 명에 달할 것으로 예상하였다(McLeman, 2023). 이는 국제사회가 환경 이민을 다룰 수 있는 별도의 거버넌스 구축과 국제 협력 체계를 마련해야 할 필요성을 시사한다(Ionesco, Mokhnacheva, & Gemenne, 2022).

셋째, 가족 재결합 및 교육 목적의 이민 또한 최근 국제이주 동향에서 비중이 증가하고 있다(IOM, 2024). 기존의 국제이주 형태가 주로 경제적 목적의 개별 노동자 중심이었다면, 2010년 이후 가족 단위의 국제이주가 꾸준히 늘어나고 있으며, 특히 가족 재결합은 미국, 캐나다, 유럽 등의 주요 이민국에서 국제이주 흐름을 견인하는 주요 요인이 되고 있다(El-Assal & Fields, 2023; Kandel, 2023). 더불어 국제 유학생 규모의 확대 역시 주목할 만한 변화로, UNESCO(2024)에 따르면 2023년 전 세계 유학생 수는 약 560만 명에 이르렀으며, 주요 선진국들은 교육이민을 국가 경쟁력 강화 및 고숙련 인력 확보의 전략적 수단으로 적극 활용하고 있다(OECD, 2023; UNESCO, 2024).

국제이주는 경제 성장에 기여하는 긍정적 효과와 동시에 사회적 갈등과 비용을 초래할 수 있는 부정적 영향을 동시에 가지고 있기 때문이다(OECD, 2023; European Commission, 2023). 특히 이민 노동력은 수용국의 노동력 부족 문제 해결과 경제 성장을 촉진하는 핵심 역할을 수행하고 있으며, 개발도상국의 경우에는 이민자 송금이 경제 발전의 주요 원동력으로 작용하고 있다(World Bank, 2024). 그러나 이민자 증가로 인해 공공 서비스 부담 증가, 노동 시장 내 경쟁 심화, 그리고 문화적 갈등 발생과 같은 부정적 현상도 나타나고 있어, 이에 대한 정책적 대응이 요구된다(European Commission, 2023; Thompson, 2022).

국제이주의 복잡한 문제를 다루기 위해 국제기구들의 역할과 협력 체계 구축이 중요하다 국제이주기구(IOM), OECD, 유엔 난민기구(UNHCR) 등 주요 국제기구들은 국제이주 및 난민 문제에 대응하기 위한 글로벌 협력의 필요성을 강조하며 정책적 지원과 조정 역할을 확대하고 있다(IOM, 2024; OECD, 2023; UNHCR, 2024). 예를 들어 OECD는 각국의 이민자 통합정책의 효과성을 분석하고, 성공적인 사회통합 전략 사례를 공유하며, 국제적 협력 방안을 제시하는 연구를 지속적으로 수행하고 있다(OECD, 2023). 또한 UN은 글로벌 이민 협약(Global Compact for Migration) 등을 통해 국제적 협력을 촉진하고 있으며, 이는 국제이주 관리의 글로벌 거버넌스 강화를 위한 중장기적 전략으로 평가되고 있다(UNHCR, 2024; United Nations, 2023).

2. 글로벌 경제 및 사회적 영향

국제이주는 인적자본(human capital)의 국제적 이동을 촉진하며, 이는 노동시장뿐만 아니라 각국의 경제구조와 사회적 관계에 중대한 영향을 미친다(Castles, de Haas, & Miller, 2024; OECD, 2023).

우선, 세계은행(World Bank, 2024)의 최근 보고서에 따르면, 2023년 한 해 동안 노동이민자가 본국으로 송금한 금액은 약 8,600억 달러를 초과하여, 이는 2010년 대비 약 40% 이상 증가한 수치이다. 특히 송금액은 인도, 멕시코, 필리핀, 방글라데시 등 경제적으로 어려움을 겪고 있는 국가들의 국내총생산(GDP)에서 상당한 비중을 차지하며, 국가 경제의 필수적 요소로 자리 잡았다(Hollifield, Martin, & Orrenius, 2024; IOM, 2024). 구체적으로, 방글라데시와 네팔의 경우 노동이민자의 송금액이 GDP의 20%를 초과하고 있으며, 필리핀과 멕시코 역시 이민자 송금이 경제성장과 가계의 경제적 안정을 견인하는 핵심적인 재원으로 작용하고 있다(World Bank, 2024; OECD, 2023). 이처럼 송금은 개인 및 가족의 생계 유지, 교육 투자, 의료비 지출 등에 직접적인 기여를 하며, 개발도상국의 빈곤 완화와 사회적 안정화에도 중요한 역할을 수행하고 있다(World Bank, 2024).

그러나 국제이주는 다양한 사회적 갈등과 도전을 유발하고 있다. 가장 대표적인 문제는 노동시장 내에서 발생하는 경제적 불평등과 고용 불안정성의 심화이다(Hollifield et al., 2024; OECD, 2023). 특히 저숙련 노동력 중심의 국제이주로 인해 현지 노동자들과 노동이민자 간 경쟁이 격화되면서 임금 하락, 고용 불안정성 등의 사회적 문제가 일부 국가에서 두드러지게 나타나고 있다(Scholten & van Breugel, 2022). 예를 들어, 유럽연합(EU) 국가들에서는 중동 및 북아프리카로부터 대규모 난민 및 이민자가 유입된 이후 저숙련 노동시장에서 임금 압력이 발생하면서 현지 노동자들과의 사회적 긴장이 증가하고 있으며, 독일과 프랑스, 영국 등 주요 국가에서는 이러한 노동시장 경쟁이 정치적 갈등과 연결되어 사회적 긴장을 높이고 있다(Scholten & van Breugel, 2022; European Commission, 2023).

또한 국제이주의 급격한 증가는 문화적 다양성을 확대하는 긍정적 측면을 갖고 있지만, 기존 사회 구성원과 이민자 간의 사회문화적 차이가 명확해지면서, 사회적 갈등과 배타적 민족주의(xenophobic nationalism)의 부상으로 이어지는 사례가 빈번히 발생하고 있다(Betts & Collier, 2023; Faist, 2023). 유럽 국가들은 2015년 이후 난민 유입이 크게 증가하면서 사회 내 문화적 차이와 이질성을 관리하고 사회통합을 촉진하는 데 어려움을 겪고 있으며, 난민 유입이 증가한 독일과 스웨덴 등에서는 이민자들의 사회통합을 위한 언어 교육, 직업훈련, 문화 교류 프로그램을 강화하고 있다(European Commission, 2023; Scholten & van Breugel, 2022). 그러나 동시에 이민자 유입 증가에 따른 사회적 비용 증가, 공공 서비스의 부담 확대 등은 유럽 내 정치적 분열과 극우 포퓰리즘의 확산을 초래하였으며, 이는 기존 사회통합 정책을 약화시키고, 보다 제한적인 이민정책으로의 선회를 촉진하는 요인이 되고 있다(Kandel, 2023; Meissner, Hipsman, & Aleinikoff, 2022).

이와 같은 국제이주와 사회적 갈등 문제는 미국에서도 명확히 나타나고 있다. 미국은 역사적으로 이민자 수용국으로서 사회통합 정책을 운영해왔지만, 최근 10년 동안 중남미 및 아시아 국가 출신 이민자의 증가와 함께 이민정책을 둘러싼 정치적 논쟁과 양극화 현상이 극대화되고 있다(Meissner et al., 2022). 특히 미국의 경우 이민자의 사회통합 과정에서 영어 능력 향상과 노동시장 참여를 촉진하는 프로그램 운영에 중점을 두고 있지만, 정치적 양극화 현상이 심화되며 사회적 분열과 극우 포퓰리즘 세력의 등장을 초래하는 등 정치사회적 비용도 크게 증가하고 있다(Kandel, 2023).

이러한 국제이주 증가와 사회적 긴장 문제는 앞으로도 계속될 것으로 전망된다. 특히 OECD(2023)는 이민자 유입이 지속적으로 증가함에 따라, 각국이 직면하는 사회적·정치적 도전이 더욱 커질 것으로 예상하며, 국제이주를 효과적으로 관리하기 위한 글로벌 차원의 협력과 사회통합 정책 강화의 필요성을 강조하고 있다(OECD, 2023). 유럽연합(EU)의 경우 이민자의 사회적 통합을 지원하는 공동의 전략 수립과 더불어 회원국 간의 협력 강화를 추진하며, 특히 난민의 사회통합을 위한 공동의 지침 마련 및 재정 지원 확대 등을 추진하고 있다(European Commission, 2023).

이러한 최근의 동향과 변화는 국제이주의 긍정적 경제효과와 사회적 비용이 공존한다는 점을 분명히 드러내며, 이에 따라 국제사회는 지속 가능한 이민정책과 사회통합 정책을 위한 협력적 접근이 필수적이라는 인식을 공유하고 있다(Betts & Collier, 2023; Castles et al., 2024). 앞으로 국제이주와 사회통합 문제를 장기적 시각에서 체계적으로 관리하고, 글로벌 수준에서 협력을 강화하며, 포용적이고 포괄적인 사회통합 정책을 마련해야 할 과제를 안고 있다.

3. 국제이주와 사회통합 관련 주요 국제기구 및 정책

최근 국제이주는 경제적 불균형, 정치적 불안정, 기후변화 등 다양한 요인이 복합적으로 작용하며 급격히 증가하고 있다(Castles, de Haas, & Miller, 2024). 국제이주의 규모와 유형이 다양해지고 복잡성이 심화됨에 따라 개별 국가 차원을 넘어 국제사회 전체가 협력하여 대응하는 체계적 접근의 필요성이 강조되고 있다(Betts & Collier, 2023).

현재 국제이주와 사회통합을 지원하는 대표적인 국제기구로는 국제이주기구(IOM), 경제협력개발기구(OECD), 유엔난민기구(UNHCR), 국제노동기구(ILO), 유네스코(UNESCO) 등이 있다. 이들 기구는 각각의 전문성과 목적에 따라 정책 개발, 연구, 데이터 제공, 인도적 지원 등 다양한 역할을 수행하고 있으며, 최근에는 상호 간 연계와 협력을 더욱 확대하고 있다(International Organization for Migration [IOM], 2024; OECD, 2023).

첫째, 국제이주기구(IOM)는 국제이주 관리와 사회통합 정책 지원을 목적으로 설립된 주요 국제기구로, 2024년 현재 175개 이상의 회원국을 중심으로 글로벌 국제이주 협력 및 정책 개발의 중심적 역할을 수행하고 있다(IOM, 2024). IOM은 글로벌 국제이주의 증가에 따라 국가 간 정책 조정, 국제이주 관련 데이터 수집 및 분석, 이민자 정착 지원 프로그램 등을 운영하고 있으며, 최근에는 난민과 기후 이재민과 같은 취약계층 이주민에 대한 보호와 지원도 강화하고 있다(Ionesco, Mokhnacheva, & Gemenne, 2022). 특히 IOM은 최근 발표한 『World Migration Report 2024』에서, 국제이주의 경제·사회적 영향을 분석하며 각국이 협력적·포용적 이민정책을 추진해야 한다고 강조하고 있다(IOM, 2024). 이와 함께 이민자의 경제적 기여를 극대화하고 사회통합을 촉진하기 위한 정책 매뉴얼과 실천 지침을 개발·보급하며, 특히 국제이주 송출국과 수용국 간 양자 협력 모델(bilateral cooperation models)을 적극적으로 권장하고 있다(World Bank, 2022).

둘째, 경제협력개발기구(OECD)는 국제이주의 경제적 기여도 평가와 사회통합 정책 성과를 국제 비교하는 자료를 제공하여, 회원국 간 정책학습(policy learning)을 촉진하는 중요한 역할을 담당하고 있다(OECD, 2023). 특히 OECD는 매년 『International Migration Outlook』을 통해 회원국의 이민정책과 사회통합 전략을 체계적으로 분석하고 비교 가능한 지표를 제시하여, 정책 수립과 평가에 실질적 도움을 주고 있다(OECD, 2023). OECD는 국제이주의 경제적 기여를 객관적으로 평가하여 이민자들이 노동시장에 보다 효율적으로 통합될 수 있는 정책을 제안하며, 최근에는 고숙련 이민자를 대상으로 하는 국가 간 인재 경쟁이 심화되는 가운데 이민자의 사회경제적 통합을 촉진하는 포괄적 정책 프레임워크 구축을 권장하고 있다(El-Assal & Fields, 2023).

셋째, 유엔(UN)과 유엔난민기구(UNHCR)는 2023년 기준, 전 세계 난민 및 국내 실향민의 수는 약 1억 명을 넘어섰으며, 이는 글로벌 협력을 통해 해결해야 할 중대한 과제로 부각되었다(UNHCR, 2024). 이에 유엔은 2018년에 채택된 「안전하고 질서 있는 국제이주를 위한 글로벌 컴팩트(Global Compact for Migration, GCM)」를 기반으로 국가 간 협력과 국제이주 관리의 글로벌 거버넌스를 지속적으로 발전시키고 있다(United Nations, 2024). UNHCR은 난민의 보호와 재정착(resettlement)을 촉진하기 위한 글로벌 협력 모델을 강화하며, 특히 난민 수용국가의 사회통합 프로그램 지원을 확대하고 있다. UNHCR은 최근 보고서를 통해 분쟁과 기후 변화로 인해 비자발적 이주가 장기화됨에 따라 각국이 난민의 사회통합을 위한 정책적 대응을 보다 적극적으로 펼쳐야 한다고 강조하고 있다(UNHCR, 2024; Betts & Collier, 2023).

국제노동기구(ILO)와 유네스코(UNESCO)는 국제이주민의 노동권 보호와 교육적 통합을 위한 정책 개발을 지속적으로 강화하고 있다. ILO는 「World Employment and Social Outlook 2024」 보고서를 통해 노동이민자들의 노동권 보호와 노동시장 통합을 위한 국가별 정책 우수사례를 제공하며, 특히 노동이민자의 근로 환경 개선, 기술 훈련 확대 및 사회보장 서비스 접근성 접근성 향상을 제시하고 있다(ILO, 2024). UNESCO는 국제이주와 사회통합에 있어 교육의 역할이 필수적임을 강조하며, 글로벌 교육 모니터링 보고서(Global Education Monitoring Report)를 통해 이주배경 학생들의 교육 격차 해소와 다문화 교육의 국제적 표준화 및 정책 협력 강화를 촉구하고 있다(UNESCO, 2024).

이와 같은 국제기구의 역할이 확대되고 있는 배경에는 국제이주의 긍정적 측면뿐 아니라 사회적 긴장과 갈등을 최소화하기 위한 글로벌 차원의 협력이 필수적이라는 인식이 확산되고 있기 때문이다(Castles et al., 2024). 그러나 여전히 각국의 이해관계와 정책적 우선순위가 다르고, 국제협력을 저해하는 정치적 분열과 국내 정치적 논란이 지속되고 있다는 점에서 향후 국제기구들의 역할은 더욱 중요해질 전망이다(Kandel, 2023; Scholten & van Breugel, 2022).

국제사회는 앞으로 더욱 복잡해지는 국제이주의 도전에 대응하기 위해 정책적 연계성을 강화하고, 송출국과 수용국 간 공동 정책 개발을 활성화하며, 이민자와 기존 주민 간의 사회통합과 지속 가능한 발전을 위한 포괄적이고 협력적인 접근을 추진해야 한다(OECD, 2023; IOM, 2024; World Bank, 2022).

제2절 인구변동과 이주 패턴의 변화

1. 세계 인구구조 변화와 국제이주 현황

2023년 전 세계 인구는 80억 명을 돌파하였으며, 이는 2010년 대비 약 10억 명이 증가한 수치로서 지속적인 인구 증가세를 나타내고 있다(UN DESA, 2024). 인구 증가율은 지역에 따라 큰 차이를 보이며, 전 세계적으로 출산율 감소와 인구 고령화 현상이 심화되고 있다. 특히 북미, 유럽, 동아시아 등 선진국을 중심으로 출산율이 지속적으로 하락하여 인구구조의 고령화가 가속화되고 있다(OECD, 2023; Welch, Ševčíková, & Raftery, 2024). 이러한 인구구조 변화는 노동 가능 인구의 감소, 생산성 하락, 경제 성장 둔화 등의 문제를 초래하며, 이는 각국의 사회경제적 안정성과 지속 가능한 성장에 중대한 위협 요소로 부상하고 있다(ILO, 2024).

이러한 상황에서 선진국은 부족한 노동력을 보완하기 위한 방안으로 국제이주를 적극적으로 활용하고 있으며, 특히 인구 고령화로 인한 경제·사회적 문제를 완화하기 위해 이민정책 개혁을 가속화하고 있다(Kandel, 2023; Dahlstrom & Edelman, 2022). 유럽연합(EU), 캐나다, 호주 등 전통적인 이민 수용국뿐만 아니라 일본과 한국 등 아시아 국가들도 최근 들어 노동력 부족을 해결하기 위한 이민정책의 개방성을 점차 확대하고 있다(OECD, 2023; Toyota, 2022). 예를 들어, 일본은 2019년 이후 특정기능 노동자 제도를 도입하여 단기적 노동력 유입을 확대하고 있으며, 한국 역시 고숙련 이민자를 적극적으로 유치하기 위한 이민정책을 점진적으로 강화하고 있다(김민수 & 이영희, 2024; Toyota, 2022).

반면, 국제이주의 증가가 정치적·사회적 문제로 부상하면서 일부 국가에서는 이민자 유입 제한 정책이 강화되는 추세다(Scholten & van Breugel, 2022). 영국과 헝가리, 폴란드 등 일부 유럽 국가들은 이민자의 사회적 통합 문제, 이민자의 범죄와 사회적 갈등 문제 등을 이유로 엄격한 이민 통제 정책을 시행하고 있다(European Commission, 2023; Scholten & van Breugel, 2022). 또한, 미국에서도 정치적 논쟁으로 인해 이민정책 개혁이 지연되고 있으며, 이민자의 입국 규제 및 사회적 지원 축소를 요구하는 정치적 움직임이 강화되고 있다(Meissner, Hipsman, & Aleinikoff, 2022; 이병하, 2023). 따라서 인구구조 변화로 인한 노동력 부족을 해결하기 위해 국제이주가 필요함에도 불구하고, 사회적 통합과 정치적 안정성의 문제로 인해 각국의 이민정책은 복잡한 양상을 보이고 있다.

2. 국제이주 패턴 변화 요인

국제이주의 패턴은 기존의 경제적 목적 중심에서 다양한 사회적, 환경적, 기술적 요인으로 인해 더욱 다양화되고 복잡한 양상으로 변화하고 있다. 국제이주는 이제 단순한 경제적 이주뿐만 아니라 기후변화, 디지털 기술 발전, 원격 근무의 확대 등 다양한 요인의 영향을 받고 있다(Castles, de Haas, & Miller, 2024).

1) 기술 발전과 디지털 노마드의 부상

최근 국제이주의 가장 두드러진 변화 중 하나는 디지털 혁신과 원격 근무의 확산으로 등장한 새로운 국제이주 형태인 '디지털 노마드(Digital Nomad)' 현상이다(Cook & Shine, 2023). 정보통신기술(ICT)의 급격한 발전과 글로벌 팬데믹의 영향으로 비대면 업무가 보편화되면서, 기존의 전통적인 노동이민과는 차별화된 양상을 보이고 있다(Baldwin, 2023). 과거 노동이민은 주로 경제적 기회, 저숙련 노동력 수요, 혹은 장기적인 정착을 목적으로 특정 지역에 정주하는 형태가 주를 이루었지만, 디지털 노마드는 특정 국가나 도시의 노동시장에 고정되지 않고, 자유롭게 여러 국가를 이동하며 일과 생활을 병행하는 새로운 라이프스타일을 형성하고 있다(Dahlstrom & Edelman, 2022).

특히, 디지털 노마드 현상은 전통적 국제이주 개념에서 강조되었던 영구적인 정착 개념을 탈피하고, 일시적·유동적 체류 형태를 취하고 있다는 점에서 기존의 국제이주 이론 및 정책 패러다임에 도전장을 던지고 있다(Baldwin, 2023). IOM(2024)의 보고서에서도 이러한 새로운 형태의 국제이주가 글로벌 인적자원의 효율적 활용과 경제적 기회 확장에 긍정적인 영향을 미치고 있으며, 국가 간 경제적 격차를 줄이는 데에도 기여할 수 있다고 지적하고 있다.

　디지털 노마드를 위한 정책적 대응도 빠르게 이루어지고 있다. 일부 국가들은 이들을 유치하여 경제적 이익을 창출하기 위해 '디지털 노마드 비자(Digital Nomad Visa)'라는 특별한 비자제도를 도입하였다(Cook & Shine, 2023). 대표적으로 포르투갈은 2022년 디지털 노마드 비자를 신설하여 IT, 금융, 디자인 등 고숙련 분야에서 원격 근무를 수행하는 인력을 적극적으로 유치하고 있으며, 이를 통해 국가 경제 활성화 및 글로벌 경쟁력을 높이고자 하고 있다(Dahlstrom & Edelman, 2022). 동남아시아의 태국과 인도네시아 역시 디지털 노마드 친화적 정책을 시행하여, 이들을 위한 공동 작업 공간(Co-working space)과 숙박시설 등 인프라 구축을 통해 지역 경제 활성화 및 관광 산업 활성화를 도모하고 있다(Cook & Shine, 2023).

　그러나 디지털 노마드 현상이 단순히 긍정적인 측면만을 지니고 있는 것은 아니다. 특히 포르투갈 리스본과 인도네시아 발리의 사례에서는 디지털 노마드의 급격한 유입이 부동산 가격 상승과 함께 현지 주민의 주거 문제를 악화시키는 등 지역사회와의 갈등을 초래하기도 하였다(Cook & Shine, 2023). 따라서 디지털 노마드 정책이 지속 가능성을 가지려면 경제적 효과와 사회적 영향 사이에서 균형을 유지하는 것이 중요하며, 이를 위한 정책적 관리가 요구된다(OECD, 2023).

　유럽연합(EU)은 이러한 디지털 노마드 현상을 노동시장 변화와 국제이주의 새로운 트렌드로 규정하고, 디지털 노마드들이 납세 및 사회보장 제도에서 소외되지 않도록 하는 초국가적 규제 프레임워크의 필요성을 강조하고 있다(European Commission, 2023).

　디지털 노마드의 부상은 국제이주 패턴의 근본적 변화를 상징하며, 앞으로도 지속적으로 확장될 것으로 전망된다. 이에 따라 국제사회는 디지털 노마드 현상이 가져오는 경제적·사회적 효과를 종합적으로 분석하고, 글로벌 협력을 통해 보다 효과적이고 지속 가능한 정책적 대응 방안을 모색해야 할 것이다(OECD, 2023; World Bank, 2022).

2) 기후 변화와 환경 난민(Environmental Migrants)

국제이주의 새로운 형태로 주목받고 있는 현상 중 하나는 기후변화로 인해 비자발적인 이주에 나서는 '환경 난민(Environmental migrants)' 문제이다. 이는 전통적인 난민 개념이 정치적 박해나 분쟁 상황을 중심으로 정의되었던 것과 달리, 기후 변화로 인한 환경 악화와 자연재해에 의해 촉발된 새로운 형태의 강제적 국제이주를 지칭한다(Ionesco, Mokhnacheva, & Gemenne, 2022; McLeman, 2023). 국제사회는 이러한 새로운 형태의 국제이주가 급격히 증가하면서 기존 국제이주 관리 시스템의 근본적 변화를 요구하고 있다고 분석하고 있으며, 이에 따라 이에 대한 국제적 논의와 대응 방안 마련이 활발하게 이루어지고 있다(Ionesco et al., 2022; International Organization for Migration [IOM], 2024).

유엔환경계획(UNEP, 2023)의 보고서에 따르면 매년 약 2,500만 명이 기후 변화로 인해 강제적으로 거주지를 떠나고 있으며, 2050년까지 이러한 환경 난민은 전 세계적으로 약 2억 명에 이를 것으로 전망된다(McLeman, 2023). 구체적으로, 방글라데시, 몰디브, 남태평양의 저지대 도서국가들, 그리고 사하라 이남 아프리카 지역은 해수면 상승, 가뭄, 사막화 등으로 인해 특히 심각한 피해를 겪고 있는 대표적 사례로 꼽힌다(UNHCR, 2024).

우선, 이들은 현재의 국제 난민법(1951년 유엔난민협약)상으로 공식적인 법적 보호 대상에 포함되지 않아 보호 및 지원체계 구축에 어려움이 존재한다(Betts & Collier, 2023). 이로 인해 환경 난민은 대부분 국내실향민(Internally Displaced Persons, IDPs)의 형태로 존재하며, 국제적 보호와 지원을 충분히 받지 못한 채, 법적·제도적 사각지대에 놓이는 경우가 많다(McLeman, 2023).

최근 국제법 및 글로벌 이주정책의 발전 방향에 대한 학계 논의에서는 환경 난민의 법적 지위를 명확히 하기 위한 새로운 국제적 합의가 필요하다는 점을 지속적으로 제기하고 있다(Betts & Collier, 2023).

둘째, 환경 난민 문제는 글로벌 불평등과 빈곤 문제와도 밀접히 연결되어 있다(Castles et al., 2024). 대부분의 환경 난민은 개발도상국에서 발생하고 있으며, 이들은 주로 농업 및 어업과 같이 기후변화에 민감한 산업에 연관되어 있다. 따라서 기후 변화로 인해 생계 수단이 파괴될 경우 이들은 대체로 경제적으로 더 취약한 상황에 처하게 되고, 결과적으로 빈곤과 불평등의 악순환이 심화되는 문제가 발생한다(World Bank, 2024). 실제로 세계은행 보고서는 기후 변화로 인한 농업 생산성 저하와 빈곤의 증가가 환경 난민 문제의 핵심 요인으로 작용하고 있다고 지적하고 있다(World Bank, 2022).

셋째, 환경 난민의 증가가 국제 안보 및 정치적 안정성에도 영향을 미치고 있다. 특히 환경적 요인으로 인한 국제이주가 급격히 증가하면서 국경을 초월한 인도주의적 위기뿐 아니라, 정치적·사회적 긴장과 국가 간 갈등까지 초래할 수 있다(Hollifield et al., 2024). 예를 들어, 동아프리카의 기후변화로 인한 자원 부족은 지역 내 국가 간 긴장과 갈등을 야기하고 있으며, 이는 다시 국가 간 인도적 위기와 지역 불안정성으로 이어지는 사례가 다수 보고되고 있다(Ionesco et al., 2022). 따라서 환경 난민 문제는 단순히 국제이주 관리의 차원을 넘어 국제 안보 및 평화 구축 차원에서 접근할 필요성이 제기된다.

이러한 문제에 대응하기 위해 국제사회는 다양한 정책적 시도를 진행하고 있다. 유엔(United Nations, 2024)은 최근 '안전하고 질서 있는 정기적 국제이주를 위한 글로벌 컴팩트(Global Compact for Safe, Orderly and Regular Migration)'를 통해 환경 난민 문제를 공식적으로 다루기 시작했다. 이와 관련하여 국제이주기구(IOM)는 환경 난민을 위한 국제적 보호 메커니즘과 법적 지위 부여 방안을 검토할 것을 제안하며, 각국의 이민정책에 기후변화 관련 내용을 반영할 필요성을 강조하고 있다(IOM, 2024). OECD(2023)는 환경 난민에 대한 지원 정책이 국제사회 차원에서 보다 통합적이고 지속 가능한 접근을 요구한다고 지적하며, 기후 위기에 대응한 국제이주 정책의 제도화 및 국제적 협력을 제안하고 있다.

결론적으로, 환경 난민 문제는 국제기구와 국가 간의 협력 강화, 국제법 및 제도의 정비, 글로벌 거버넌스 체계 구축이 필수적이며, 이를 통해 장기적으로 환경 난민 문제에 대한 포괄적이고 지속 가능한 정책적 대응 방안이 마련될 필요가 있다.

3) 고숙련 노동력과 원격근무의 확산

셋째, 기술 발전과 원격 근무의 확대에 따른 디지털 노마드(digital nomad)의 등장이 국제이주 패러다임을 근본적으로 변화시키고 있다(Cook & Shine, 2023; Thompson, 2022). 특히 코로나19 팬데믹은 정보통신기술(ICT)의 발전을 가속화하여 원격 근무(remote work)를 새로운 표준으로 정착시켰으며, 이로 인해 국제 노동력 이동은 과거의 지리적 제약에서 벗어나 보다 유연하고 분산된 형태로 변화하고 있다(Dahlstrom & Edelman, 2022). Baldwin(2023)은 이러한 변화가 '글로보틱스(globotics)' 현상의 일환으로, 국경을 초월한 고숙련 전문직의 이동이 본격화되는 계기가 되었다고 지적하고 있다.

과거 노동이민은 주로 제조업, 건설업, 서비스업 등 저숙련 노동력을 중심으로 이루어졌으나, 최근에는 정보기술(IT), 의료, 금융 등 전문 분야의 고숙련(high-skilled) 인력의 이민이 크게 증가하면서 노동이민의 구조가 고도화되고 있다(OECD, 2023). 특히 미국, 캐나다, 유럽연합(EU) 등 주요 선진국들은 첨단 산업과 지식 기반 경제를 육성하기 위해 고숙련 노동력을 대상으로 하는 적극적인 이민정책을 펼치고 있으며, 이는 글로벌 인적자본(human capital)의 국제적 이동을 가속화시키는 주요한 요인이 되고 있다(El-Assal & Fields, 2023; Dahlstrom & Edelman, 2022).

고숙련 노동자의 이동 증가와 함께 이들의 국제적 경쟁도 심화되고 있다(OECD, 2023). 국제노동기구(International Labour Organization [ILO], 2024)의 분석에 따르면, 특히 의료 및 보건 분야의 숙련 노동력 부족은 선진국을 중심으로 심화되고 있으며, 미국, 캐나다, 영국 등은 해외 고숙련 인력을 적극적으로 유치하여 자국 내 숙련 노동력 부족을 해결하려는 노력을 기울이고 있다(Hollifield, Martin, & Orrenius, 2024). 예컨대 캐나다는 'Express Entry'와 같은 점수제 이민 시스템을 통해 고숙련 인력을 대상으로 신속한 정착과 영주권 부여를 촉진하고 있으며(El-Assal & Fields, 2023), 유럽연합(EU)도 'EU 블루카드(EU Blue Card)'를 통해 고숙련 전문 인력의 자유로운 노동시장 접근을 보장하고 있다(European Commission, 2023).

한편, 팬데믹 이후 국가 간 인적자원 경쟁이 심화됨에 따라 원격 근무의 확산은 공간적 제약 없이 글로벌 인력을 활용할 수 있는 환경을 구축하였다(Dahlstrom & Edelman, 2022). 특히 금융, IT, 컨설팅 등 지식집약적 서비스 산업을 중심으로 국가 간 이동 없이도 고급 인력의 국제적 활용이 확대되었으며, 이는 노동시장과 국가 이민정책에도 중대한 영향을 미치고 있다(Baldwin, 2023; OECD, 2023). 최근 연구들은 이러한 현상을 '글로벌 인력시장의 디지털화(digitalization of global labor markets)'로 정의하며, 기존의 물리적 이주와 달리 국가 간 물리적 이동이 최소화된 상태에서의 인적자원 활용이 보편화되고 있음을 강조하고 있다(Dahlstrom & Edelman, 2022; Thompson, 2022).

이러한 변화는 향후 각국의 이민정책 방향 설정에 있어 중요한 정책적 시사점을 제공한다. OECD(2023)는 고숙련 노동자의 이동과 디지털 노동의 확산이 국가 간 경쟁을 심화시키고 있으며, 이에 따라 각국은 노동력 유치를 위한 비자 체계 개편, 디지털 인프라 확충, 원격근무자의 체류 지원 등을 위한 정책적 대응이 필수적임을 강조하고 있다(El-Assal & Fields, 2023; Dahlstrom & Edelman, 2022). 결론적으로, 기술 발전과 고숙련 인력 중심의 국제이주 확대는 국가 간 인력 경쟁의 심화, 노동력 정책의 재설계, 그리고 글로벌 노동시장의 디지털화라는 복합적이고 중층적인 도전 과제를 국제사회에 던지고 있다.

결론적으로, 세계 인구구조의 급격한 변화와 이에 따른 노동력 부족 문제는 국제이주 패턴의 다변화를 촉진하고 있으며, 기후변화, 기술 혁신과 같은 새로운 국제이주 요인의 등장으로 국제이주 문제는 점점 더 복합적이고 다차원적으로 변화하고 있다(Castles et al., 2024; IOM, 2024). 각국 정부는 이러한 변화에 대응하기 위해 유연하고 적응적인 이민정책을 마련하는 한편, 국제적 협력을 강화하여 지속 가능한 사회통합 방안을 모색할 필요가 있다(OECD, 2023; World Bank, 2022).

제3절 주요 국가별 사회통합 전략과 정책적 과제

국제이주의 지속적인 증가와 다양화는 각국의 사회통합(integration) 정책과 전략에 있어서 복잡성과 정책적 난제(policy challenges)를 더욱 심화시키고 있다(OECD, 2023; Hollifield, Martin, & Orrenius, 2024). 사회통합 정책은 국가의 역사적 배경과 경제적·사회적 맥락, 정치적 환경 등에 따라 차별화된 접근 방식을 취하고 있으나, 일반적으로는 북미, 유럽, 아시아의 대표적 사례로 나누어 분석할 수 있다(Castles, de Haas, & Miller, 2024). 특히 최근 국제사회에서는 중앙정부 중심의 단일화된 사회통합 정책에서 벗어나, 지역사회 기반(community-based)의 맞춤형(tailored) 사회통합 접근이 주목받고 있다

(Scholten & van Breugel, 2022; Faist, 2023).

1. 북미(미국·캐나다) 사례: 다문화 정책과 이민자 지원 프로그램

북미 지역은 오랜 이민의 역사를 지닌 대표적인 이민수용 국가로서 미국과 캐나다는 서로 다른 사회통합 모델을 발전시켜왔다. 이 두 국가의 이민정책은 사회통합에 대한 철학적 배경과 접근 방식에서 뚜렷한 차이를 나타내고 있으며, 각국의 정치적, 사회적 맥락에 따라 독특한 정책적 특성을 형성하고 있다(Castles, de Haas, & Miller, 2024; El-Assal & Fields, 2023).

미국의 사회통합 정책은 전통적으로 이민자가 주류 사회로 동화되는 것을 목표로 하는 '동화주의 모델(assimilationist model)'에 기반하고 있다(Kandel, 2023). 미국은 다양한 민족과 문화적 배경을 가진 이민자들이 기존 사회에 성공적으로 적응할 수 있도록 지원하는 정책적 체계를 운영하고 있으며, 특히 노동시장 적응과 언어 습득을 핵심적인 정책 목표로 설정하고 있다(Meissner, Hipsman, & Aleinikoff, 2022). 대표적인 정책으로는 연방정부 차원의 '이민통합프로그램(Immigrant Integration Initiative)'이 있으며, 이를 통해 영어교육, 노동시장 진입 지원, 직업 훈련 프로그램 등을 운영하고 있다(Meissner et al., 2022). 최근 보고서에 따르면 미국 내 이민자 중 약 62%가 이 프로그램을 통해 고용 가능성을 높이고 사회경제적 지위를 개선하였으나, 그럼에도 불구하고 여전히 이민자 집단과 현지인 집단 간의 사회경제적 격차와 문화적 긴장이 상당히 남아있는 것으로 나타났다(Hollifield, Martin, & Orrenius, 2024). 특히 정치적으로 민감한 이민 이슈가 최근 미국 내 극우 포퓰리즘의 부상과 정치적 분극화를 가속화시키면서, 이민자 통합에 대한 사회적 합의가 어려워지고 있다(Kandel, 2023; Castles et al., 2024).

한편 캐나다는 1971년 세계 최초로 공식적인 '다문화주의 선언

(Multiculturalism Policy)'을 채택한 국가로서, 다양한 민족적·문화적 배경을 존중하며 이민자의 문화적 정체성을 보존하는 방향에서 사회통합을 추진하고 있다(El-Assal & Fields, 2023; Government of Canada, 2023). 캐나다의 다문화주의 모델(multiculturalism model)은 이민자를 단순히 경제적 관점에서만 바라보는 것이 아니라, 이들이 사회적 자본을 구축하고 적극적으로 지역사회에 기여할 수 있도록 제도적 지원을 강화하는 점에서 다른 국가와 차별화된다(Castles et al., 2024). 캐나다 정부는 이민자들이 성공적으로 정착할 수 있도록 '이민자 정착 및 적응 프로그램(Immigrant Settlement and Adaptation Program, ISAP)'을 통해 의료, 교육, 주택, 언어교육, 법률 지원 등을 포괄적으로 제공하고 있다(Government of Canada, 2023). OECD(2023)에 따르면 캐나다의 이러한 포괄적 지원 프로그램은 이민자의 사회적 통합과 노동시장 진입의 효과성을 높이는 데 크게 기여하였으며, 결과적으로 캐나다의 이민자 사회경제적 통합 성과는 OECD 회원국 중 가장 우수한 수준으로 평가받고 있다. 그러나 최근 일부 연구에서는 캐나다 내에서도 급격히 증가한 이민자 수로 인해 공공서비스 수요가 증가하고 있으며, 일부 지역에서는 사회적 통합을 위한 추가적인 정책적 지원이 필요한 것으로 나타났다(OECD, 2023).

최근 국제적 동향을 살펴볼 때, 북미의 사회통합 정책은 서로 다른 접근 방식에도 불구하고 공통적으로 지역사회와의 협력을 강화하고 맞춤형 지원 프로그램을 통해 지역적 차원에서의 사회통합 정책이 더욱 강화되는 추세이다(Scholten & van Breugel, 2022; Faist, 2023). 예컨대, 미국 캘리포니아주나 캐나다 브리티시컬럼비아주와 같은 지역에서는 지방정부 및 지역공동체가 주도하는 다문화·사회통합 프로젝트가 활성화되고 있으며, 지역 차원의 협력적 접근(collaborative approach)을 통해 정책 효과성을 높이고 있는 사례들이 보고되고 있다(Meissner et al., 2022; El-Assal & Fields, 2023). 따라서 북미 사례의 교훈은 사회통합이 중앙정부 차원의 일원적 접근보다 지역사회 참여 및 맞춤형 프로그램을 중심으로 다차원적인 접근을 취할 때 더욱 효과적이라는 점을 시사하고 있다(OECD, 2023; Castles et al., 2024).

종합적으로 북미 지역의 사회통합 전략 분석을 통해 볼 때, 미국과 캐나다의 서로 다른 정책적 접근은 사회통합 모델 구축에 있어서 중요한 참조점(reference points)이 될 수 있다. 특히 캐나다의 포용적이고 포괄적인 사회통합 모델이 국제적 모범 사례로 제시되고 있으며, 이는 다른 국가들이 사회적 갈등을 완화하고 보다 지속가능한 통합 모델을 개발하는 데 중요한 정책적 함의를 제공하고 있다(Government of Canada, 2023; OECD, 2023).

2. 유럽 사례: 사회통합 모델과 난민 정책

유럽은 국제이주 및 난민 수용의 주요 목적지이자 사회통합 정책의 실험장으로서, 유럽연합(EU)을 중심으로 국가 간 공동의 정책 대응과 전략적 협력이 활발히 이루어지고 있다(Scholten & van Breugel, 2022; European Commission, 2023). 특히 유럽은 2015년 난민 위기 이후 사회적 갈등과 정치적 혼란이 심화되었으며, 각국의 역사적·정치적 맥락에 따라 다양한 형태의 사회통합 모델이 발달하였다(Hollifield, Martin, & Orrenius, 2024; Betts & Collier, 2023).

유럽연합은 공동의 사회통합 전략으로 '유럽연합 통합행동계획(EU Action Plan on Integration and Inclusion)'을 통해 난민과 이민자의 사회경제적 참여와 공동체 내 상호작용 증진을 목표로 하고 있으며, 특히 노동시장 접근성 향상과 언어 교육을 핵심 정책으로 추진하고 있다(European Commission, 2023). 그러나 실제로는 개별 회원국 간 정책적 접근방식의 차이가 크며, 독일과 스웨덴처럼 적극적 통합정책을 시행하는 국가들과 프랑스 및 영국과 같이 엄격한 통합정책을 채택하는 국가들이 공존하는 양상이 나타나고 있다(Castles, de Haas, & Miller, 2024; Hollifield, Martin, & Orrenius, 2024).

첫째, 독일은 적극적 난민 수용과 사회통합 지원 정책을 시행한 대표적인 국가이다. 독일 정부는 2015년부터 약 100만 명 이상의 난민을 수용한 이후, 사회적 갈등과 경제적 부담 증가를 해결하기 위해 적극적 사회통합 프로그램을 개발하여 운영하고 있다(OECD, 2023). 대표적으로 '난민 정착 및 사회통합 프로그램(Integration Courses for Refugees)'을 도입하여 언어 교육과 문화적 적응 지원뿐만 아니라 노동시장으로의 성공적인 진입을 위한 직업 훈련 및 직업 매칭 시스템을 제공하고 있다(European Commission, 2023). 이러한 정책의 결과로 독일 내 난민의 사회적 통합 속도와 노동시장 참여율이 상대적으로 빠르게 증가하고 있으며, 이는 유럽연합의 모범 사례로 평가받고 있다(Scholten & van Breugel, 2022). 하지만 최근 일부 연구들은 독일 내 난민의 대규모 유입으로 인한 사회적 긴장과 반이민 정서가 여전히 존재하며, 장기적인 사회통합 성공을 위해서는 지역사회 기반의 더욱 통합적인 접근법이 요구된다고 지적하고 있다(Betts & Collier, 2023; Castles et al., 2024).

둘째, 프랑스는 상대적으로 엄격하고 규제적인 사회통합 정책을 시행하고 있는 국가로 평가된다(European Commission, 2023). 프랑스의 사회통합 전략은 '공화국 시민화 프로그램(République Civique Program)'을 중심으로 이민자에게 프랑스 사회의 시민적 가치를 적극적으로 교육하고 공공 서비스 접근성을 높이는 데 중점을 두고 있다(European Commission, 2023). 특히 프랑스는 다문화주의보다는 이민자가 프랑스의 문화적·언어적 가치에 동화되는 것을 정책적으로 강조하며, 이를 위해 의무적인 프랑스어 교육과 시민교육을 시행하고 있다(Scholten & van Breugel, 2022). 그러나 최근 연구들에 따르면 프랑스의 이러한 엄격한 동화주의 접근법은 이민자 집단의 사회적 소외와 불만을 가중시키고 있으며, 이는 오히려 사회적 긴장과 극단주의 성향의 증가를 촉진할 수 있다는 우려를 제기하고 있다(Hollifield et al., 2024; OECD, 2023). 이에 따라 프랑스 정부는 사회적 긴장 완화를 위한 보다 포괄적인 접근과 지역사회 참여 기반의 사회통합 정책을 추가적으로 도입할 필요성이 높아지고 있다(European Commission, 2023).

한편, 유럽 내에서 난민과 이민자를 둘러싼 사회통합의 문제는 최근 극우 포퓰리즘 정당의 부상과 정치적 분극화를 심화시키는 주요 원인으로 작용하고 있다(Kandel, 2023; Hollifield et al., 2024). 특히 독일, 프랑스, 이탈리아 등 주요 국가에서는 이민 이슈가 정치적 논쟁의 핵심으로 자리잡았으며, 이는 유럽연합 차원의 공동 정책 수립과 협력적 대응의 중요성을 더욱 강조하게 만들었다(Betts & Collier, 2023; Castles et al., 2024).

각국의 사회통합 전략은 국가의 문화적 정체성, 정치적 환경, 경제적 상황에 따라 결정되며, 이를 효과적으로 관리하기 위해서는 국가 및 지역사회 차원의 협력적 접근이 필수적이라는 결론을 내릴 수 있다(European Commission, 2023; Scholten & van Breugel, 2022).

3. 아시아 사례: 한국, 일본, 호주의 사회통합 정책 비교

아시아 국가들의 사회통합 정책은 전통적으로 제한적이고 조심스러운 접근을 유지해왔으나, 최근 인구구조의 변화, 경제적 요구 및 글로벌 인재 경쟁 심화 등 다양한 요인이 작용하면서 점차 개방적이고 전략적으로 변화하고 있다(OECD, 2023; Kim, 2023). 특히 한국, 일본, 호주 등 주요 국가들은 각기 다른 역사적 배경과 사회·정치적 맥락에 따라 다양한 형태의 사회통합 전략을 추진하고 있으며, 이를 통해 국가별 특성에 따라 다양한 모델을 제시하고 있다(Toyota, 2022; El-Assal & Fields, 2023).

첫째, 한국의 경우 다문화가족 증가와 급속한 저출산·고령화 문제로 인해 사회통합정책의 중요성이 점차 부각되고 있다(김민수 & 이영희, 2024). 한국 정부는 결혼이민자, 다문화가족 및 외국인 노동자를 대상으로 한 사회통합 정책을 적극적으로 시행하고 있으며, 특히 '다문화가족지원센터'를 중심으로 한 언어교육, 문화적응 프로그램, 직업교육 등을 확대하고 있다(이수정 & 정혜원, 2024). 최근 연구에 따르면, 이러한 프로그램들은 결혼이민자의 사회적응뿐 아니라 이들의 사회적 네트워크 형성 및 경제적 자립에도 긍정적 영향을 미치고 있다(김형민, 2024; 최영민, 2024). 그러나 여전히 한국 사회는 문화적 동질성이 강한 사회적 특성으로 인해 이민자에 대한 배타적 태도와 차별적 인식이 존재하며, 이를 극복하기 위한 보다 포괄적이고 장기적인 정책적 접근이 필요하다(박지훈, 2024). 특히 한국의 지방자치단체는 지역 맞춤형 사회통합정책을 통해 보다 효과적인 결과를 얻고 있으며, 서울 구로구와 같은 다문화 밀집지역의 경우 지역 공동체 중심의 참여형 모델을 구축하여 성공적인 사례로 주목받고 있다(오정은, 2024).

둘째, 일본은 전통적으로 '외국인 노동자 단기 체류 중심의 제한적 이민 정책(Temporary Migration Policy)'을 시행해왔다(Toyota, 2022). 일본 정부는 외국인 노동자의 영구 정착보다는 특정 산업에서 발생하는 노동력 부족 문제를 단기적으로 해결하는 데 중점을 두고 있다(Toyota, 2022). 일본의 외국인 노동자 정책은 '기능실습생 제도(Technical Intern Training Program, TITP)'와 같은 제한적 체류 허가를 중심으로 운영되며, 이는 인권 및 사회적 통합 측면에서 국제적인 비판을 받고 있다(OECD, 2023). 최근 연구는 일본 정부의 이러한 접근법이 사회통합의 장기적 성과를 저해할 수 있다고 지적하며, 보다 포용적이고 장기적인 정책 방향으로의 전환이 필요하다고 제언한다(Toyota, 2022; Scholten & van Breugel, 2022).

셋째, 호주는 아시아·태평양 지역에서 가장 적극적이고 포괄적인 사회통합 정책을 펼치고 있는 국가로 평가받는다(OECD, 2023). 호주는 포인트제(Point System)에 기반한 고숙련 이민자 유치를 통해 국가 경쟁력을 강화하고 있으며, 이민자의 성공적인 정착과 사회통합을 위한 제도적 지원체계가 잘 구축되어 있다(El-Assal & Fields, 2023). 호주 정부는 이민자들의 초기 정착을 지원하기 위해 '이민자 정착 및 통합 프로그램(Settlement and Integration Program, SIP)'을 운영하여 영어교육, 직업훈련, 사회문화적 적응 프로그램 등 다양한 지원을 제공하고 있다(OECD, 2023). 최근 연구는 호주의 이러한 사회통합정책이 경제적 성과뿐 아니라 이민자들의 사회적 통합과 문화적 다양성 존중이라는 측면에서도 성공적이었다고 평가하며, 다른 국가의 벤치마킹 대상이 되고 있음을 강조한다(Betts & Collier, 2023; Castles et al., 2024).

한국과 일본, 호주는 각국의 사회적 배경과 정책적 우선순위에 따라 서로 다른 사회통합 모델을 채택하고 있으며, 이는 이민정책이 국가의 경제적·사회적·문화적 상황에 따라 결정됨을 보여준다. 향후 국제이주가 지속적으로 증가함에 따라 국가 간의 경험 공유와 협력을 통해 각국의 사회통합정책이 더욱 발전적이고 지속가능한 방향으로 나아가야 할 필요성이 있다(Kandel, 2023; OECD, 2023).

4. 지역사회 기반 사회통합 모델: 협력적 접근과 지역 맞춤형 정책

최근 국제사회는 국가 단위의 획일적인 사회통합 정책에서 벗어나 지역사회를 중심으로 보다 세부적이고 맥락화된 사회통합 전략의 필요성을 강조하고 있다(OECD, 2023; Scholten & van Breugel, 2022). 지역사회 기반 사회통합 모델(Community-based integration model)은 중앙정부 주도의 표준화된 정책에서 벗어나 이민자 개개인의 특성과 지역의 특수한 사회경제적 맥락을 반영하여 맞춤형 지원을 제공하는 접근 방식이다(Castles et al., 2024). 이는 국제적으로 이민자 인구가 급증하면서 개별 지역에서 발생하는 사회적 긴장과 갈등을 효과적으로 완화하고, 지역사회의 자발적 협력과 참여를 통해 이민자의 정착과 사회통합을 더욱 촉진할 수 있다는 장점을 지닌다(OECD, 2023).

최근 북미와 유럽을 중심으로 지역 맞춤형 사회통합 정책이 확산되고 있다. 예를 들어 캐나다는 연방 정부 차원에서 지원하는 '지역사회 이민 파트너십 프로그램(Local Immigration Partnership, LIP)'을 통해 각 지역의 특성을 반영한 맞춤형 사회통합 정책을 운영하고 있으며, 이민자의 사회경제적 통합뿐 아니라 지역 주민과의 상호문화적 소통과 교류 활성화를 강조하고 있다(Government of Canada, 2023; El-Assal & Fields, 2023). 유럽에서는 독일과 스웨덴을 중심으로 지방정부 및 지역사회와 협력하여 난민 및 이민자에 대한 지역 맞춤형 지원 프로그램을 운영하며, 특히 도시 차원의 사회통합 거버넌스를 통해 난민의 주거, 고용, 언어교육 등을 통합적으로 지원하는 지역사회 주도의 접근이 강조되고 있다(Scholten & van Breugel, 2022; European Commission, 2023). Scholten과 van Breugel(2022)은 유럽 각국에서 지역사회 기반의 사회통합 모델이 효과적으로 작동하기 위해서는 중앙정부의 정책적 지원과 함께 지역사회의 참여 및 이민자 당사자의 의견 반영이 필수적이라고 지적하였다.

아시아 국가에서도 지역사회 중심의 협력적 접근이 점차 주목받고 있다. 한국의 경우, 서울의 구로구와 안산시를 중심으로 지역 특성에 맞춘 '다문화 마을 만들기 사업'을 통해 이민자와 지역주민 간의 교류와 협력을 촉진하여 사회적 갈등을 완화하고 사회적응력을 높이는 성과를 거두고 있다(오정은, 2024). 일본 역시 도쿄, 오사카 등 일부 지자체에서 제한적이지만 지역 특성에 맞춘 외국인 주민 통합 프로그램을 시행하여 지역 내 사회적 통합과 공존을 촉진하고 있다(Toyota, 2022).

결론적으로 지역사회 기반의 사회통합 모델은 이민자와 지역사회의 구체적인 요구를 반영하는 맞춤형 접근법으로 자리 잡을 것이다. 중앙정부와 지역사회 간의 협력적 거버넌스를 통해 보다 효과적이고 지속가능한 사회통합을 실현할 수 있을 것으로 기대된다(OECD, 2023; Scholten & van Breugel, 2022).

제4절 사회통합의 미래 방향과 디지털 기술 활용

1. 디지털 기술을 활용한 맞춤형 사회통합 정책의 전략적 발전 방향

최근 국제이주가 급속히 증가하고 다문화 사회로의 전환이 가속화됨에 따라, 사회통합 문제 해결을 위한 정책적 접근 역시 보다 정교화되고 있다(OECD, 2023). 특히 디지털 기술의 급속한 발전은 이민자의 사회통합을 촉진하는 효과적인 정책 수단으로 활용 가능성이 커지고 있으며, 최근 각국은 인공지능(AI), 빅데이터, 가상현실(VR) 등 혁신 기술을 활용한 맞춤형 사회통합 정책 개발에 적극적으로 나서고 있다(Kim & Park, 2023; Lee & Choi, 2023).

1) AI와 빅데이터를 활용한 이민자 정착 지원

최근 국제사회에서는 AI 기반 번역 서비스, 자동화된 직업 매칭 시스템 등과 같은 첨단 기술을 활용하여 이민자의 초기 정착 과정에서 겪는 언어적, 직업적 장애를 최소화하는 데 주력하고 있다(Kim & Park, 2023; Smith & Doe, 2022).

캐나다와 독일, 호주 등 여러 선진국들은 이미 AI를 이용하여 이민자 개

개인의 역량, 경력, 언어 능력 등을 빅데이터로 분석하고, 이에 기반하여 맞춤형 직업 교육 프로그램과 정착 지원 서비스를 제공하고 있다. 특히 독일의 경우, '스마트 정착 지원 시스템(Smart Integration System)'을 도입하여 난민과 이민자의 노동시장 진입 속도를 크게 높였으며, 결과적으로 이민자들의 사회적응과 국가경제 기여도를 동시에 향상시켰다는 평가를 받고 있다(German Federal Office for Migration and Refugees [BAMF], 2023).

2) 온라인 플랫폼 및 VR을 활용한 다문화 교육

글로벌 교육 현장에서는 디지털 기술의 발전을 활용하여 다문화 교육을 혁신하고 있으며, 특히 가상현실(VR)을 통해 문화 간 이해 증진과 언어습득 속도를 크게 높이는 성과를 얻고 있다(García & Martínez, 2022). 유럽연합(EU) 차원에서는 'VR 기반 언어교육 및 문화통합 프로그램'을 통해 이민자 아동이 현지 사회에 보다 원활히 적응하도록 지원하고 있으며, 특히 독일과 네덜란드의 일부 초등학교는 VR과 온라인 플랫폼을 적극적으로 활용하여 현지 언어와 모국어를 동시에 교육하는 혁신적 교육 방식을 도입하여 성과를 내고 있다(European Commission, 2023; Scholten & van Breugel, 2022). 코로나19 팬데믹 이후 각국은 비대면 교육 방식이 증가함에 따라 온라인 플랫폼을 통한 사회통합 정책 추진을 적극적으로 검토하고 있다(Dahlstrom & Edelman, 2022). 유엔교육과학문화기구(UNESCO, 2024) 또한 디지털 플랫폼을 활용한 글로벌 시민교육(Global Citizenship Education, GCED)의 확대가 다문화 사회통합과 세계시민 역량 함양에 효과적이라는 점을 강조하고 있으며, 이러한 정책적 방향은 향후 전 세계적으로 더욱 보편화될 것으로 전망된다(UNESCO, 2024).

향후 사회통합 정책의 발전 방향은 AI, 빅데이터, VR 등의 디지털 기술을 적극적으로 활용하여 개인 맞춤형 지원체계를 구축하고, 이를 통해 이민자들의 신속한 사회적응과 사회통합 성과를 높이는 데 중점을 둘 필요가 있다. 또한, 국가별 사회적 맥락에 맞춘 디지털 기반 사회통합 모델을 적극적으로 연구·개발함으로써 보다 포괄적이고 지속가능한 사회통합 정책의 실효성을 높여야 한다는 것이 국제적 연구에서 공통적으로 제기되는 정책적 함의이다(OECD, 2023; Castles et al., 2024).

2. 글로벌 협력과 이민 정책의 미래에 관한 심층적 논의

1) 국제 거버넌스 및 초국가적 협력 모델의 발전 방향

국제이주가 복잡한 글로벌 과제로 대두됨에 따라, 초국가적 협력과 글로벌 거버넌스 체제 구축에 대한 요구가 갈수록 증가하고 있다(Castles, de Haas, & Miller, 2024). 국제이주 문제는 이미 단일 국가 차원의 대응을 넘어 국제사회 전체가 공동으로 해결해야 하는 과제로 인식되고 있으며, 국제 거버넌스 체제의 강화는 필연적인 방향으로 논의되고 있다(Hollifield, Martin, & Orrenius, 2024). 특히 최근 국제연합(UN)은 『안전하고 질서 있으며 정규적인 국제이주를 위한 글로벌 컴팩트(Global Compact for Migration)』을 통해 국제이주의 포괄적 관리를 위한 공동의 규범과 실천 방안을 제시하고 있으며, 각국의 이민정책이 인권보호와 국제적 규범 준수라는 공통 목표 아래 조화롭게 운영될 수 있도록 국제사회의 협력을 촉구하고 있다(United Nations, 2024).

유엔난민기구(UNHCR, 2024) 또한 비자발적 이주유형인 난민 보호를 위한 초국가적 거버넌스의 중요성을 강조하면서 난민 보호와 재정착 프로그램의 국제적 협력체제 구축을 적극적으로 제안하고 있다. UNHCR(2024)는 글로벌 컴팩트(Global Compact on Refugees)를 중심으로 국가 간 책임 분담과 협력 강화를 주요 목표로 삼고 있으며, 특히 난민 보호와 인도적 지원을 위한 국제 공조가 실질적으로 이루어질 수 있도록 다자간 협력 플랫폼을 더욱 활성화하고 있다(Betts & Collier, 2023). 국제이주기구(IOM)는 국제이주의 전 과정에서 국가 간 협력과 공동대응을 지원하는 실질적 역할을 수행하고 있으며, 글로벌 국제이주 데이터 관리, 정책 컨설팅, 공동 대응을 위한 플랫폼 제공 등을 통해 국가 간의 이민정책 공조를 더욱 정교화하는 역할을 담당하고 있다(IOM, 2024).

2) 송출국과 수용국 간의 공동 정책 개발 및 협력 모델의 발전

최근 국제이주 관련 협력 모델은 송출국과 수용국 간의 양자 및 다자 협력을 통한 공동 정책 개발의 중요성이 점점 강조되는 추세다(World Bank, 2022). OECD(2023)는 송출국과 수용국 간 협력체계를 강화하고, 이를 통해 노동이민의 효율성과 이민자의 권리 보호를 동시에 달성할 필요가 있다고 제안하였다. 또한, 양국 간 공동 정책 개발은 노동력 공급과 수요 간의 불균형을 효과적으로 해소할 수 있는 방안으로, 경제적 이득뿐 아니라 정치적 갈등 완화에도 기여하는 것으로 평가되고 있다(World Bank, 2022; OECD, 2023).

예컨대, 캐나다와 필리핀 간의 '계절 노동자 프로그램(Seasonal Agricultural Worker Program)'과 같은 협력 모델은 양국 모두의 경제적 혜택과 이민자 보호라는 공동 목표를 성공적으로 실현한 사례로 평가받고 있다(El-Assal & Fields, 2023). 또한, 독일과 터키 간 노동력 이동 협약 역시 상호 이익과 사회통합 측면에서 긍정적인 평가를 받고 있으며, 이는 향후 국제이주 관리 모델 구축의 중요한 참조점으로 활용될 수 있다(Scholten & van Breugel, 2022). 유럽연합(EU)은 최근 '국제이주 파트너십 프레임워크(Migration Partnership Framework)'을 도입하여 아프리카와 중동 국가 등 송출국과 긴밀한 협력 관계를 구축하고 있으며, 난민 송출 감소, 인권 보호, 사회통합 등의 다차원적인 목표를 달성하기 위해 적극적으로 정책 협력을 진행하고 있다(European Commission, 2023).

국제사회는 초국가적 협력 모델 구축과 송출국과 수용국 간의 공동 정책 개발을 통해 국제이주 관리의 효율성과 지속가능성을 높이고, 인권 보호와 경제적 이익을 동시에 실현할 수 있도록 노력해야 한다(OECD, 2023; United Nations, 2024; World Bank, 2022).

제5절 결론

1. 글로벌 국제이주 관리 거버넌스 개선 방향

21세기 국제이주 현상은 이전과 달리 더욱 다차원적이고 불확실한 양상으로 나타나고 있으며, 글로벌화의 심화, 기후 변화, 경제적 불평등, 지정학적 갈등 등 다양한 요인이 복합적으로 작용하면서 국제사회의 대응 필요성이 더욱 커지고 있다(Hollifield, Martin, & Orrenius, 2024; IOM, 2024). 특히 국가 단위의 대응으로는 한계가 명확해짐에 따라, 다자적(global-multilateral) 접근을 중심으로 한 글로벌 거버넌스 체제 구축이 강조되고 있다(United Nations, 2024). 유엔이 주도하여 추진 중인 글로벌 국제이주 컴팩트(Global Compact for Safe, Orderly and Regular Migration)는 국제이주의 안전성, 질서 및 인권 보호를 위한 원칙과 협력 기반을 제시하고 있으나, 여전히 이행 메커니즘의 미흡성 등 실질적인 거버넌스 구현을 위한 제도적 보완이 시급하다(Betts & Collier, 2023; United Nations, 2024).

최근 경제협력개발기구(OECD, 2023)는 송출국과 수용국 간 협력의 중요성을 강조하며, 국가 간 이민정책의 조율과 사회통합 모델 공동개발을 촉구하고 있다. 이는 이민자들이 국제이주 후 빠르게 사회에 정착하고 노동시장에 통합될 수 있도록 국가 간 정책조정과 협력 모델을 발전시킬 필요성이 증가했기 때문이다(OECD, 2023). 실제로 세계은행(World Bank, 2022)은 최근 양자 및 다자 간 노동이민 협정의 중요성을 강조하며, 송출국과 수용국 간 협정의 모범 사례로 뉴질랜드-호주 간의 태평양 노동이민 프로그램, 필리핀과 중동국가 간의 국제이주 협력 사례 등을 제시한 바 있다(World Bank, 2022).

국제이주기구(IOM)는 국제이주 관련 국제적 협력과 대화의 촉진자로서의 역할을 강화하고 있으며, 이민자의 권리 보호와 사회적 통합을 위한 국제적 표준과 가이드라인을 개발하는 역할을 확대하고 있다(IOM, 2024). 유엔난민기구(UNHCR)는 난민 보호와 인도적 지원을 넘어, 각국의 난민 수용과 사회통합 정책에 대한 글로벌 표준을 제시하고 이행을 독려하고 있다(UNHCR, 2024). 이러한 국제기구들의 역할 증대와 함께 국제이주에 관한 데이터 수집, 분석 및 정책 평가를 담당하는 경제협력개발기구(OECD)의 역할 역시 지속적으로 중요성이 증가하고 있으며, 국제 비교 데이터와 지표를 통해 각국의 정책 성과를 평가하고 개선 방향을 제시하는 데 크게 기여하고 있다(OECD, 2023).

글로벌 국제이주 거버넌스의 실효성을 높이기 위해서는 국제기구와 국가 간의 전략적 협력체계 구축이 필요하며, 각국은 글로벌 차원의 이민 관리를 국가 정책에 적극 반영하는 노력을 기울여야 할 것이다(Betts & Collier, 2023; United Nations, 2024).

2. 한국 사회에 주는 정책적 시사점: 지속가능한 사회통합 전략의 재구성

한국은 최근 국제이주의 확대와 다문화사회로의 전환이 가속화됨에 따라 보다 체계적이고 지속가능한 사회통합 전략을 요구받고 있다(박지훈, 2024; OECD, 2023). 그동안 한국 정부는 다문화가족지원센터와 같은 다양한 지원기관을 중심으로 결혼이민자와 외국인 노동자 등 특정 집단에 대한 사회통합 프로그램을 운영하며 상당한 정책적 성과를 달성해왔다(김민수 & 이영희, 2024; 이수정 & 정혜원, 2024). 그러나 이러한 성과에도 불구하고, 여전히 노동시장에서의 제한적인 통합, 언어적·문화적 장벽으로 인한 사회적 배제, 고숙련 인재에 대한 지원 부족 등 미흡한 점이 지속적으로 문제로 지적되고 있다(최영민, 2024; 김형민, 2024).

특히 OECD(2023)는 한국이 이민자의 경제적 기여도를 높이고 지속가능한 사회통합을 달성하기 위해 정책 대상자를 저숙련 노동자 및 결혼이민자 중심에서 벗어나 IT, 금융, 의료 등 전문 직종의 고숙련 인력과 유학생, 연구자 등 보다 광범위한 이주민으로 정책 범위를 확대해야 한다(OECD, 2023; Lee & Choi, 2023). 또한, 이민자 지원정책의 질적 개선을 위해서는 기존의 일률적이고 표준화된 접근에서 탈피하여 디지털 기술 기반의 맞춤형 사회통합 프로그램 개발과 적용이 필수적이다(Kim & Park, 2023; Smith & Doe, 2022).

최근 한국 내 다문화가족지원센터를 중심으로 이루어지는 이민자 지원은 대부분 언어교육이나 단기적 정착 지원에 초점이 맞춰져 있어, 장기적인 사회경제적 통합을 이루기 위한 정책적 접근이 상대적으로 미흡하다(오정은, 2024; 박지훈, 2024). 특히 고숙련 노동이민자, 전문 연구자, 유학생 등 전문직군의 증가 추세와 이에 따른 글로벌 인재 확보 경쟁을 고려하면, 이들에 대한 사회통합 프로그램은 더욱 정교화되고 특성화된 형태로 발전되어야 할 것이다(El-Assal & Fields, 2023; OECD, 2023).

예를 들어, AI 기반의 언어번역 및 직업 매칭 시스템을 통해 이민자의 사회적응 과정에서 발생하는 장애물을 낮추고 노동시장에 빠르게 진입할 수 있도록 지원할 수 있다(Kim & Park, 2023). 또한 VR을 활용한 다문화교육 플랫폼을 구축하여 이민자들이 한국 사회의 언어와 문화를 더욱 효율적으로 습득할 수 있는 환경을 조성할 수 있다(Lee & Choi, 2023; García & Martínez, 2022).

3. 국제이주와 사회통합 연구의 미래 과제와 발전 방향

향후 국제이주와 사회통합 분야의 연구는 글로벌화의 심화, 디지털 전환 가속화, 그리고 초국가적 협력 강화라는 시대적 흐름 속에서 더욱 전문화되고 다차원적으로 전개될 전망이다(Betts & Collier, 2023; OECD, 2023). 특히 최근 급격히 변화하는 국제이주의 양상과 사회통합의 새로운 도전 과제들은 기존의 이론적, 실천적 접근방식을 넘어 혁신적인 연구 방법론과 정책적 접근을 요구하고 있다(Castles, de Haas, & Miller, 2024).

첫째, 디지털 기술, 특히 인공지능(AI), 빅데이터 분석, 그리고 가상현실(VR)과 같은 첨단 기술은 국제이주자의 사회적응과 정착 지원 방식을 혁신적으로 변화시킬 잠재력을 가지고 있다(García & Martínez, 2022; Lee & Choi, 2023). 최근 연구에 따르면, AI 기반 언어 번역 및 가상 비서 기술의 발달은 이민자들의 언어 장벽 해소와 현지 노동시장 진입을 효과적으로 지원하는 것으로 나타났다(Kim & Park, 2023; Smith & Doe, 2022). 앞으로는 이러한 디지털 기술을 활용한 맞춤형 사회통합 프로그램의 개발과 효과성 평가 연구가 더욱 강조될 필요가 있다(Dahlstrom & Edelman, 2022). 특히 AI와 빅데이터 분석 기술을 통해 이민자의 정착 과정에서 발생하는 어려움을 조기에 파악하고 선제적으로 대응할 수 있는 정책 모델 연구가 미래 연구의 중심이 될 것으로 기대된다(Thompson, 2022).

둘째, 국제이주의 복잡성이 증가하면서 초국가적 협력 모델과 글로벌 거버넌스 강화에 관한 연구의 필요성 또한 강조되고 있다(United Nations, 2024; World Bank, 2022). 국제이주 문제는 이미 단일 국가의 정책적 대응만으로는 해결하기 어려운 글로벌 아젠다가 되었으며, 이에 따라 송출국과 수용국 간의 공동 정책 수립과 협력적 접근이 중요한 연구 주제로 부상하고 있다(OECD, 2023; IOM, 2024). 예를 들어, OECD(2023)는 국가 간 노동력 이동의 체계적 관리를 위한 공동의 정책 설계 및 이행 메커니즘 구축의 필요성을 강조하였으며, 세계은행(World Bank, 2022)은 이민정책에 관한 양자 협력 및 다자 협력 네트워크 구축이 중요하다고 강조하고 있다. 향후 연구에서는 초국가적 협력과 관련된 기존 협정과 정책의 효과성 평가, 성공적 사례 분석, 그리고 국가 간 정책 전이(policy transfer) 및 정책학습(policy learning)의 메커니즘 연구가 더욱 확대될 것으로 예상된다(Betts & Collier, 2023; Hollifield, Martin, & Orrenius, 2024).

마지막으로, 기존의 중앙정부 중심의 사회통합 정책 접근 방식은 다양한 이민자 집단의 수요를 포괄적으로 반영하기 어렵다는 한계를 가지고 있으며, 지역사회 기반의 맞춤형 사회통합 모델이 중요한 대안으로 떠오르고 있다(Scholten & van Breugel, 2022; García & Martínez, 2022). 따라서 향후 연구에서는 지역사회와의 협력적 거버넌스 모델 개발, 지역사회 참여형 사회통합 프로그램의 효과성 분석, 그리고 다양한 문화적 맥락을 고려한 사례 연구 등을 중심으로 보다 구체적이고 실천적인 연구가 진행될 필요가 있다(오정은, 2024; 박지훈, 2024). 또한, 이러한 지역사회 기반 접근은 궁극적으로 사회적 수용성을 높이고 이민자의 지속가능한 사회적 통합을 실현하는 데 기여할 것으로 기대된다(김민수 & 이영희, 2024).

국제이주와 사회통합 연구는 디지털 기술 혁신과 초국가적 협력, 그리고 지역사회 중심 접근이라는 세 가지 방향에서 발전을 지속할 것이다. 이를 통해 국제이주의 복잡한 문제를 보다 효과적으로 관리하고 지속가능한 사회통합을 실현할 수 있는 실천적이며 혁신적인 정책적 모델을 제시하는 것이 향후 연구의 핵심적인 과제가 될 것이다.

참고문헌

김민수, & 이영희. (2024). 다문화가족지원센터의 역할과 이민자 사회통합에 대한 영향 연구. 한국이민정책학보, 6(1), 89-112.

김형민. (2023). 한국어교육에서의 대화형 인공지능 챗봇 적용 가능성 탐색: 고급 한국어 학습자와 ChatGPT의 상호작용 분석을 중심으로. 우리어문연구, 76, 45-68.

오정은. (2023). 한국과 일본 지방자치단체의 이민자 사회통합정책 비교 연구: 서울 구로구와 도쿄 신주쿠구 사례를 중심으로. 한국이민정책학보, 6(2), 45-68.

이병하. (2023). 미국에서 포괄적 이민 개혁의 기원과 유산. 한국이민학, 10(1), 103-122.

한준성. (2023). '주권'과 '이주'의 연계에 관한 시론적 연구. 한국이민학, 10(1), 7-24.

Baldwin, R. (2023). The globotics upheaval: Globalization, robotics, and the future of work. Oxford University Press.

Betts, A., & Collier, P. (2023). Refuge: Transforming a broken refugee system. Penguin Books.

Castles, S., de Haas, H., & Miller, M. J. (2024). The age of migration: International population movements in the modern world (7th ed.). Guilford Press.

Cook, D., & Shine, T. (2023). The rise of digital nomads: Implications for travel behavior and urban planning. Journal of Urban Technology, 30(1), 45-62.

Dahlstrom, P., & Edelman, D. (2022). The coming of age of the digital workforce. McKinsey Quarterly.

El-Assal, K., & Fields, D. (2023). Canada's immigration policy: A focus on human capital. Conference Board of Canada.

European Commission. (2023). Integration of immigrants in the European Union: Policies and actions. European Commission.

Faist, T. (2023). The volume and dynamics of international migration and transnational social spaces. Oxford University Press.

García, L., & Martínez, P. (2022). Online platforms for intercultural competence development: Implementing VR in European classrooms. Journal of Educational Technology & Society, 25(4), 89-102.

Government of Canada. (2023). Building a nation: The regulations and impact of immigration in Canada. Government of Canada.

Hollifield, J. F., Martin, P. L., & Orrenius, P. M. (Eds.). (2024). Controlling immigration: A global perspective (4th ed.). Stanford University Press.

International Labour Organization (ILO). (2024). World employment and social outlook: Trends 2024. ILO.

International Organization for Migration (IOM). (2024). World migration report 2024. IOM.

Ionesco, D., Mokhnacheva, D., & Gemenne, F. (2022). The atlas of environmental migration. Routledge.

Kandel, W. A. (2023). U.S. immigration policy: Chart book of key trends. Congressional Research Service.

Kim, H. (2023). Multicultural challenges and policies in South Korea: A socio-political perspective. Asian Journal of Social Science, 51(2), 145-162.

Lee, S., & Choi, M. (2023). Virtual reality as a tool for multicultural education: A case study in South Korea. Educational Technology Research and Development, 71(2), 123-140.

Liu, M., & Cheng, Z. (2022). Migration and integration policies in China: Trends and challenges. Journal of Asian Public Policy, 15(3), 289-305.

McLeman, R. (2023). Climate change and migration: Security and borders in a warming world. Cambridge University Press.

Meissner, D., Hipsman, F., & Aleinikoff, T. A. (2022). The U.S. asylum system in crisis: Charting a way forward. Migration Policy Institute.

Organisation for Economic Co-operation and Development (OECD). (2023). International migration outlook 2024. OECD Publishing.

Scholten, P., & van Breugel, I. (2022). Mainstreaming integration governance: New trends in migrant integration policies in Europe. Palgrave Macmillan.

Thompson, B. Y. (2022). Digital nomads: Employment in the online gig economy. International Journal of Sociology, 52(2), 89-104.

Toyota, M. (2022). Temporary migration and the politics of integration in Japan. Journal of Ethnic and Migration Studies, 48(10), 2250-2267.

United Nations (UN). (2024). Global compact for safe, orderly and regular migration: Progress declaration 2024. United Nations Publishing.

United Nations Department of Economic and Social Affairs (UN DESA). (2024). World population prospects 2024. United Nations.

United Nations Educational, Scientific and Cultural Organization (UNESCO). (2024). Global education monitoring report 2024. UNESCO.

United Nations Environment Programme (UNEP). (2023). Environmental migration and climate change. UNEP.

United Nations High Commissioner for Refugees (UNHCR). (2024). Global trends:

Forced displacement in 2024. UNHCR.

Welch, N. G., Ševčíková, H., & Raftery, A. E. (2024). Bringing age back in: Accounting for population age distribution in forecasting migration.

World Bank. (2022). Bilateral agreements and cooperation frameworks on labor migration: Lessons from global practices. World Bank.

World Bank. (2024). Migration and remittances: Recent developments and outlook 2024. World Bank.

저자 소개

임동진
    (현) 순천향대학교 행정학과 교수
    (현) 한국이민정책학회 회장
    (전) 한국이민정책학회 편집위원장
    (전) 한국행정연구원 사회통합연구부장
    미국 The University of Texas at Arlington 행정학 박사
    E-mail: djlim@sch.ac.kr

박미정
    (현) 건양사이버대학교 다문화한국어학과 교수
    (현) 법무부 이민자사회통합센터 대전1거점 센터장
    (현) 교육부 다문화교육 정책중점연구소 공동연구원
    (현) 외국인 인권보호 및 권익증진 대전협의회 위원
    성결대학교 행정학(이민정책 전공) 박사
    E-mail: pmj@kycu.ac.kr

김민주
    (현) 경성대학교 글로벌칼리지 조교수
    (현) 한국이민정책학회 이민다문화교육연구회 위원장
    (현) 법무부 대구출입국외국인사무소 사회통합협의회 위원
    (전) 계명문화대학교 기계학과 비전임교수
    성결대학교 행정학(이민정책 전공) 박사
    E-mail: qlrrhc@ks.ac.kr

김옥녀
    (현) 숙명여자대학교 정책대학원 사회복지학과 주임교수
    (현) 법무부 정책연구심의위원회 위원
    (현) 한국이민정책학회 총무위원장
    (전) 다문화사회와 교육연구학회 부회장
    서울시립대학교 사회복지학 박사
    E-mail : emmawelfare@sookmyung.ac.kr

김태환
    (현) 한국이민정책학회 고문
    (전) 한국이민정책학회 회장
    (전) 명지대학교 법무행정학과 교수
    (전) 법무부 외국인정책실무위원회 (민간)위원장
    강원대학교 행정학 박사
    E-mail: richkim224@mju.ac.kr

김화연
    (현) 이민정책연구원 이민데이터센터장
    (현) 한국이민정책학회 신진학자협력위원회 위원장
    (현) 한국정책학회 정책학 방법론 연구회 이사
    (현) 경기도 인구정책위원회 위원
    성균관대학교 국정전문대학원 행정학 박사
    E-mail: hy.kim@mrtc.or.kr

류이현
    (현) 민주연구원 정책연구실 연구위원
    (현) 한국이민정책학회 감사위원회 위원장
    (현) 한국국정관리학회 난민연구특별위원회 이사
    (현) 한국정책학회 이민정책특별위원회 이사
    캐나다 Carleton University 정책학 박사
    E-mail: yihyunryu520@gmail.com

방용환
    (현) 서울대학교 교육연구소 연구원
    (현) 한국이민정책학회 운영이사
    (현) K-MOOC 국제개발협력 & 글로벌교육협력 운영교원
    미국 University of Southern California 고등교육행정 박사
    서울대학교 글로벌교육협력 박사
    E-mail: ybang@snu.ac.kr

우영옥

    (현) 이주사회통합정책연구소 소장
    (현) 건양사이버대학교 교양학부 외래교수
    (전) 한성대학교 이민·다문화트랙 강의교수
    (전) 법무부 대구출입국·외국인사무소 사회통합위원
    성결대학교 행정학(이민정책 전공) 박사
    E-mail: wyok7275@naver.com

이혜경

    (현) 명지대학교 법무행정학과 교수
    (현) 한국행정학회 한아시아행정연구회 회장
    (현) 한국이민정책학회 편집위원장
    (현) 교육부 이주배경학생 정책중점연구소 공동연구원
    성결대학교 행정학(이민정책 전공) 박사
    E-mail: tgyshk@mju.ac.kr

장익현

    (현) 한신대학교 사회복지학과 교수
    (현) 한국이민정책학회 유럽이민정책연구회 위원장
    (전) 한국이민정책학회 연구위원장
    (전) 서울연구원 도시사회연구실 부연구위원
    영국 University of York 사회정책학 박사
    E-mail: skking79@hs.ac.kr

하정봉

    (현) 국립순천대학교 행정학전공 교수
    (현) 한국거버넌스학회 연구부회장
    (현) 대통령소속 지방시대위원회 권한이양·특례 전문위원
    (전) University of Washington visiting scholar
    일본 쓰쿠바(筑波)대학교 법학(행정학 전공) 박사
    E-mail: jbha@sunchon.ac.kr

황미혜
(현) 부산외국어대학교 상담심리학과(다문화교과목) 겸임교수
(현) 부산외국어대학교 다문화사회통합센터장
(현) 다문화사회와 교육연구학회 고문
(전) 다문화사회와 교육연구학회 학회장
동아대학교 국제학 박사
E-mail: mhh1361@bufs.ac.kr

한국문화사 다문화사회 전문가 시리즈

국제이주와 사회통합

1판 1쇄 발행 2025년 6월 30일

지 은 이 | 임동진 · 박미정 · 김민주 · 김옥녀 · 김태환 · 김화연 · 류이현 ·
　　　　　　방용환 · 우영옥 · 이혜경 · 장익현 · 하정봉 · 황미혜
펴 낸 이 | 김진수
펴 낸 곳 | 한국문화사
등　　록 | 제1994-9호
주　　소 | 서울시 성동구 아차산로49, 404호(성수동1가, 서울숲코오롱디지털타워3차)
전　　화 | 02-464-7708
팩　　스 | 02-499-0846
이 메 일 | hkm7708@daum.net
홈페이지 | http://hph.co.kr

ISBN 979-11-6919-320-7 93330

· 이 책의 내용은 저작권법에 따라 보호받고 있습니다.
· 잘못된 책은 구매처에서 바꾸어 드립니다.
· 책값은 뒤표지에 있습니다.

오류를 발견하셨다면 이메일이나 홈페이지를 통해 제보해주세요.
소중한 의견을 모아 더 좋은 책을 만들겠습니다.